Helping Young Children
Learn Language and Literacy:
Birth Through Kindergarten
(Fifth Edition)

[美]
卡罗尔·乌克利希
(Carol Vukelich)

比利·恩兹
(Billie Jean Enz) ◎著

凯瑟琳·罗斯科斯
(Kathleen A. Roskos)

詹姆斯-克里斯蒂
(James F. Christie)

帮助儿童学习
语言和读写

从出生至幼儿园

周红 吴彦 ◎译

第五版

中国社会科学出版社

图字：01-2019-7461号

图书在版编目(CIP)数据

帮助儿童学习语言和读写：从出生至幼儿园：第五版／(美)卡罗尔·乌克利希等著；周红，吴彦译 . —北京：中国社会科学出版社，2022.1

书名原文：Helping Young Children Learn Language and Literacy：Birth Through Kindergarten(Fifth Edition)

ISBN 978-7-5203-9033-0

Ⅰ.①帮⋯ Ⅱ.①卡⋯②周⋯③吴⋯ Ⅲ.①语言教学—教学研究—学前教育 Ⅳ.①G613.2

中国版本图书馆CIP数据核字（2021）第202296号

Authorized translation from the English language edition, entitled Helping young children learn language and literacy：birth through kindergarten, 5e, ISBN：9780134866598 by Carol Vukelich, Billie Jean Enz, Kathleen A. Roskos, James F. Christie, published by Pearson Education, Inc., Copyright © 2020, 2016, 2012 by Pearson Education, Inc. 221 River Street, Hoboken, NJ 07030. All rights reserved. No part of this book may be reproduced or transmitted in any form or by any means, electronic or mechanical, including photocopying, recording or by any information storage retrieval system, without permission from Pearson Education, Inc. .
Chinses simplified language edition published by China Social Sciences Press, Copyright © 2022.

本书中文简体字版由 Pearson Education Limited（培生教育出版集团）授权中国社会科学出版社在中华人民共和国境内（不包括香港、澳门特别行政区及台湾地区）独家出版发行。未经出版者书面许可，不得以任何方式抄袭、复制或节录本书中的任何部分。
本书封底贴有 Pearson Education（培生教育出版集团）激光防伪标签，无标签者不得销售。

出 版 人	赵剑英
责任编辑	马　明
责任校对	任晓晓
责任印制	王　超

出　　版	中国社会科学出版社
社　　址	北京鼓楼西大街甲158号
邮　　编	100720
网　　址	http：//www.csspw.cn
发 行 部	010-84083685
门 市 部	010-84029450
经　　销	新华书店及其他书店

印　　刷	北京明恒达印务有限公司
装　　订	廊坊市广阳区广增装订厂
版　　次	2022年1月第1版
印　　次	2022年1月第1次印刷

开　　本	710×1000　1/16
印　　张	22.5
字　　数	382千字
定　　价	98.00元

凡购买中国社会科学出版社图书，如有质量问题请与本社营销中心联系调换
电话：010-84083683
版权所有　侵权必究

中文版致谢

许多杰出的教育者帮助我们完成了本书的撰写。另有一位教育者和同事，周红博士将我们的书翻译成中文，在此表示感谢！感谢你所做的巨大努力，感谢你为本书的中文版找到了出版者。感谢中国社会科学出版社看到本书对中国幼儿教师的潜在益处。我们感到非常荣幸，期待收到来自中国读者的反馈。

多位同事为本书的完成提供了帮助。路易莎·阿劳霍博士（Luisa Araujo）和梅娅·韩博士（Myae Han）通过准备感兴趣的专题来分享他们的专业知识——教师如何帮助英语学习者成为双语和双语者，劳拉·杰斯博士（Laura Justice）和凯伦·伯斯坦博士（Karen Burstein）分享了教师如何满足特殊需要儿童的需求，秀贤·米查姆博士（Sohyun Meacham）、凯伦·伯斯坦博士和科琳·奎因女士（Colleen Quinn）分享了评估相关理念，米歇尔·罗德斯先生（Michelle Rhodes）和玛丽莲·莱顿女士（Marilyn LaCount）分享了父母如何支持孩子的语言和读写发展。像我们一样，他们在电脑前工作了许多天。感谢你们！

几位来自一线的教师和教授分享了他们的秘密，展示了理论和研究如何与高质量的课堂实践相关联。感谢丽萨·来莫斯（Lisa Lemos）、凯茜·科波尔（Cathy Coppol）、帕蒂·格里森（Patty Gleason）、道恩·弗利（Dawn Foley）、蒂芙尼·波德曼（Tiffany Bodemann）、马西娅·尤里奇（Marcia Euriech）和黛安·科利（Diane Corley）。从这些教师和像他们一样的教师那里，我们看到，当教师和儿童参与有目的的语言艺术活动时，语言和读写学习是多么令人兴奋。从他们和他们的年轻学生身上，我们学到了很多。

多位同行在本书架构的过程中发挥了作用，他们愿意参与我们许多关于儿童语言和读写学习的对话。苏珊·纽曼（Susan B. Neuman）、杰伊·布兰查德（Jay Blanchard）、科里·汉森（Cory Hansen）、南尼·瓦格纳

（Nany Wagner）和莎朗·沃尔波尔（Sharon Walpole）等学者从不吝啬听取我们的意见并分享自己的想法，极大地帮助我们构建了论点。此外，我们培养和教育的学生，无论是幼儿还是大学生，都影响了我们思想的发展。他们的问题，他们的谈话，他们的游戏，他们的回答，他们的热情，他们中的每一个人都教会了我们语言艺术在生活中的重要性。他们对我们想法的积极回应促使我们更广泛地分享这些想法。

最后，家人支持我们完成了本书。我们的孙辈为使用和享受口头和书面语言提供了精彩的实例，他们成为熟练的语言使用者的故事给本书中讨论的研究和理论带来了生命力。三位丈夫——唐（斯基普）、罗恩和菲利普，一位妻子——玛丽，给了我们写作的时间，也让我们从电脑中脱离出来体验生活——古董展、博物馆、旅行、家庭报告。最后是我们的大家庭——我们的父母大卫和多萝西·帕姆（David and Dorothy Palm）、阿特和艾玛·拉尔森（Art and Emma Larson）、比尔和珍妮·富勒顿（Bill and Jeannine Fullerton）、威廉和阿琳·申克（William and Arlene Schenk），为我们提供了早期的读写说听经验，并帮助我们了解学习和教授语言艺术的乐趣。

卡罗尔·乌克利希

比利·简恩兹

凯瑟琳·罗斯科斯

2021 年 9 月

前　　言

我们将《帮助儿童学习语言和读写：从出生至幼儿园（第五版）》献给亲爱的同事詹姆斯·克里斯蒂（James Christie）。詹姆斯在他最爱的亚利桑那州北部莫因坦度假地（moimtain retrea）逝世。他在第五版中留下了许多宝贵的思想财富，对此我们倍感珍惜并感谢他的贡献。我们怀念他。

《帮助儿童学习语言和读写：从出生至幼儿园（第五版）》是关于语言艺术的教学——促进从出生至幼儿园阶段儿童听、说、读、写的发展。语言艺术在日常生活中至关重要，是所有学习的中心，通过读、听、写和说，孩子们逐渐了解世界。要成为一名成功的语言和读写教师，需要了解儿童的语言和读写能力如何发展，以及如何帮助儿童流利、灵活且有效地使用口头和书面语言。儿童是所有良好的语言和读写教学的中心。这一原则贯穿至全书的四个主题，它们分别是整合自然法和明确指导法的教学观、尊重多样性、基于指导进行评估以及家庭参与读写学习。

本书提供了一个综合的视野，说明儿童从低龄至入学第一年是如何学习语言和读写的。它描述了听说技能的出现和发展，而听说技能是儿童在学校取得成功所需要的读写基础。本书以友好和引人入胜的风格写成，展示了儿童如何学会有效使用语言以及参与读写经验，进而发展对文字目的和用途的认识。我们相信，儿童可以通过参与他人的整合且有意义的功能性活动来建构自己的口头和书面语言知识。儿童并非先"学习"说，接着是听，再接着是读和写，而是通过参加嵌入了语言和读写的活动来学习。我们也相信，可以通过直接和系统的指导来提高读写能力。指导通常采取游戏和其他吸引人的活动形式，但也包含直接指导的要素，如解释、教师示范、指导性练习和独立练习。

第五版增补了相关内容，反映了语言艺术教育领域的最新发展。

· 本书继续强调的很重要的一点是，要在更广泛的国家范围内，将本书提出的理念与美国语言和读写的发展相结合。本书第三版介绍了幼儿园至12年级英语语言艺术的"共同核心国家标准"（Common Core State Standards），到第四版时，许多州已经制定了出生至5岁的标准，尽管只有少数州声称它们希望低龄公民知晓并能够达到标准。本版第一章介绍了"共同核心国家标准"和各州5岁以下标准，其他每章适时均有契合章节内容的相关标准呈现。我们的目标是让儿童看到学习期望和教学之间的联系。我们已极大扩展了在家庭和日托环境中提高婴幼儿语言和读写能力的策略范围。考虑到家庭儿童保育和日托机构中的幼儿人数，本版扩充了对儿童学习环境的讨论，并将家庭环境中的学习也涵括在内。这些讨论的重点是创建低成本的早期读写学习环境。

・应审稿人的要求，本书也将对早期阅读和书写教学的讨论扩展到了初期阅读和书写。

・自本书第四版出版以来，已有许多关于如何最好地支持儿童语言和读写能力发展的文献发表。鉴于此，我们修改了相关论点，这样分享的信息就能反映当今语言和读写能力的发展。我们删减了一些提供过时信息的参考文献，同时增补了许多新的参考文献。第五版调整了超过30%的参考文献。

・本书描述了技术在语言和读写教学中日益重要的作用，学习者将学习支持语言和读写经验及其发展的数字方法和资源。

・本书要感谢经验丰富的教师，他们描述了如何为儿童提供有效的语言艺术指导。这是本书先前所有版本的特点。本版运用了多张插图来说明所描述的指导策略如何应用于特定情境，以及教师如何处理真实课堂中出现的实际问题。

・本书新增了一些教育特色，包括：

章节目标：概述了通过多项选择性评价和应用练习来评估各章学习目标；

停下来思考：鼓励学习者反思本章内容；

实践链接：使学习者能够在进行观察和实习的教室中应用关键概念。[1]

儿童是所有良好的语言和读写教学的中心，这一原则是贯穿全书四个主题的基础：将自然法和明确指导法整合融入高质量项目，尊重多样性，将指导与评估和家庭参与有机关联起来。

---

[1] 本书还配套有电子文本，涵盖视频示例、应用练习和自测，本书翻译时省略了涉及电子文本的相关内容。

第一个主题承认在教授儿童语言和读写能力上的两种截然不同的观点，自然法和明确指导法。我们相信，这两种早期读写教学法各有优势。自然法提供了儿童自行或在教师和同伴帮助下学习读写的机会。对每个孩子来说，学习可以以适当的速度进行，并以已有经验作为基础。这一方法为儿童提供了丰富的机会习得口语，进而发展前阅读和书写能力。这种方法的不足在于，并非所有儿童都能做足准备或能够充分利用这些学习机会。在那些只强调自然方法的课程中，这些孩子倾向于"被遗漏"，而且几乎没有进步。对这些孩子来说，他们需要被明确地教授词汇、语音意识（phonological awareness）、字母表和文字概念（concepts of print），才能完全受益于前读写计划中的学习经验。本书描述了在不同的环境中，儿童如何习得语言和文化知识，教师如何设计真实的课堂机会来运用口头和书面语言，以及教师如何设计发展适宜的方法来明确教授能够预测今后阅读成绩的核心技能。

第二个主题是尊重多样性。儿童在家庭和学校的个人经历是学习的重要因素。在这个多元化的社会，无论是在生活经历上还是语言上，儿童都是带着迥异的背景走入学校的。在为儿童设计教学活动以及评估儿童对这些活动的反应时，必须考虑这种多样性。在本书中，可以找到教师如何与不同的学习者有效合作的例证。本版在几章中都体现了如下特征：解释了如何使英语学习者和特殊需要儿童适应教学。每个孩子入学时都会获得大量有关现实世界中书面和口头语言如何发挥作用的信息，教师必须通过适当的课堂活动发现每个孩子已有的知识，并以此作为他们学习的基础。

评估与良好的教学是分不开的，与教学相关的评估是本书的第三个主题。第一章介绍了评估指导教学的原则。第九章着重于评估，描述了教师可以在具体的学习和教学事件中使用相关策略来理解儿童的语言和读写发展。第九章还描述了如何使用标准化测验来记录学校和教师的工作表现。在当前的政治气候下，这种评估的"问责"功能变得越来越重要，因此，教师了解如何解释这些标准化评估工具的结果是至关重要的。基于此，评估指导教学是第三个主题，旨在找出儿童知晓什么，能够做什么，并根据每个儿童的需求规划教学。

第四个主题是家庭在儿童语言和读写发展中的重要性。家庭和家庭环境塑造了儿童早期的语言和读写经验，包括他们听到的声音和单词、聆听过的故事以及书面语言经验。连接家庭和学校非常重要。一些章节描述了幼儿教师如何与家庭联系,以及如何让幼儿所在学校或中心的照料者参与进来。这样做的目的有两个:一是提供有效的沟通策略,与照料者分享有关儿童的信息,并从照料者那里获取有关儿童的信息;二是为家庭支持和鼓励儿童在家学习语言和读写提供建议。

目　　录

第一章　语言和读写的基础 ……………………………………（1）
　一　引言 ……………………………………………………（1）
　二　语言和读写：定义与相互关系 ………………………（2）
　三　早期读写教学法：简史 ………………………………（6）
　四　一项早期读写指导计划 ………………………………（14）
　五　小结 ……………………………………………………（21）

第二章　家庭在儿童读写学习中的作用 ………………………（23）
　一　引言 ……………………………………………………（23）
　二　家庭读写经验 …………………………………………（28）
　三　书本之外 ………………………………………………（37）
　四　观察读写能力的发展：案例研究 ……………………（39）
　五　不同的家庭背景：一个复杂的交织着
　　　各种家庭因素的故事 …………………………………（44）
　六　针对不同家庭的工作：首要是沟通 …………………（50）
　七　小结 ……………………………………………………（58）

第三章　家庭以外的教育环境 …………………………………（60）
　一　引言 ……………………………………………………（60）
　二　为什么教室环境很重要？ ……………………………（62）
　三　家庭式儿童保育情境 …………………………………（86）
　四　组织教室的日程安排：明智地使用时间 ……………（88）
　五　小结 ……………………………………………………（98）

第四章　语言：读写学习的基础 …………………………………（100）
一　引言 ………………………………………………………（100）
二　观察和描述儿童语言的正常发展 ………………………（102）
三　决定语言习得率变化的因素 ……………………………（127）
四　小结 ………………………………………………………（136）

第五章　发展口语理解 ……………………………………………（138）
一　引言 ………………………………………………………（138）
二　什么是口语理解？ ………………………………………（139）
三　培养口语理解能力的语境 ………………………………（141）
四　口语和早期读写的关系 …………………………………（148）
五　提供支持性的学习环境 …………………………………（154）
六　小结 ………………………………………………………（162）

第六章　与儿童分享好书 …………………………………………（163）
一　引言 ………………………………………………………（163）
二　故事书阅读的重要性 ……………………………………（165）
三　选择与儿童分享的书籍 …………………………………（168）
四　互动式故事书阅读 ………………………………………（170）
五　共享大型读物阅读 ………………………………………（175）
六　小结 ………………………………………………………（185）

第七章　教授早期阅读 ……………………………………………（187）
一　引言 ………………………………………………………（187）
二　早期阅读教学的基础 ……………………………………（188）
三　早期阅读教学方法 ………………………………………（193）
四　单词层级的教学技巧 ……………………………………（202）
五　意义层级的教学技巧 ……………………………………（210）
六　习惯 ………………………………………………………（213）
七　实施一项综合的语言和读写计划 ………………………（214）
八　小结 ………………………………………………………（217）

第八章　教授早期书写 (219)
一　引言 (219)
二　为什么早期书写很重要？ (221)
三　儿童的书写发展 (222)
四　研究如何诠释儿童的书写发展 (227)
五　支持儿童作为书写者的发展 (229)
六　书写工作坊 (238)
七　手写 (245)
八　小结 (247)

第九章　评估早期读写学习的基础 (249)
一　引言 (249)
二　早期学习标准的作用 (251)
三　评估体系 (252)
四　早期读写评估的注意事项 (253)
五　早期读写评估的原则、类型和特征 (254)
六　评估模式 (261)
七　早期读写评估方法和工具 (263)
八　有效运用评估信息 (280)
九　评估双语学习者 (284)
十　小结 (286)

附录　家庭活动 (288)

参考文献 (299)

译后记 (347)

第一章

语言和读写的基础

本章目标

（1）解释语言和读写之间的关系。

（2）解释"共同核心国家标准"为何对幼儿教育工作者实施计划具有重要意义。

（3）揭示幼儿教师能够用于支持儿童早期读写学习的源于自然法或明确指导法的教学策略。

（4）描述有效的早期读写指导计划的原则。

一 引言

奶奶和3岁的卡罗尔（Carol）依偎在一张绿色的厚垫椅子上。奶奶问："我该读什么书呢？"卡罗尔选了一本以前没读过的书，由埃斯菲尔·斯洛博德·基那（Esphyr Slobod-kina）所著的《卖帽子》（*Caps for Sale*）。奶奶和卡罗尔端详着封面。奶奶说："你觉得那个戴帽子的人在干什么呢？"卡罗尔回答是马戏团的人。她们开始阅读，很快就发现了一个词"货物"，奶奶怀疑卡罗尔是否知道这个词。奶奶解释说，货物是用来出售的。她提醒卡罗尔，她们最近去过城市药店，奶奶问道："我们在那里看到了什么？"卡罗尔记得糖果、奶奶的处方和卡片。奶奶一边读，一边用简单的、方便孩子理解的定义解释卡罗尔可能不知道的其他单词，然后再一起谈论这个故事。卡罗尔特别喜欢树上的猴子和奶奶的喷喷声。合上书时，奶奶问:"那么,这个人是马戏团演员吗?"这时,卡罗尔知道他是一位头顶货物的小贩,有些货物并不在商店的货架上售卖。

二 语言和读写:定义与相互关系

"语言"和"读写"这两个术语有很多界定。**语言**可以被广泛定义为任何用来传递意义的符号系统,这些符号可以由声音、手指动作、文字等组成。**读写**也有几个不同的含义,可以指通过不同媒介创造意义的能力(如视觉素养)、关键概念和理念的知识(如文化素养)以及有效处理不同学科领域和技术的能力(如数学素养、计算机素养)。

本书的主题是幼儿语言艺术——它是幼儿班(preschool)和幼儿园(kindergarten)课程的一部分,① 旨在帮助幼儿学习说、听、读、写——因此,我们基于学校层面的定义(school-based definition)来使用这些术语。语言意指口头语言(通过说和听进行交流),读写意指阅读和书写(通过文字进行交流)。然而,当我们描述儿童在这两个领域如何发展时,很明显,语言习得和读写习得与儿童的整体发展——学习思考、理解世界以及与他人相处等密切相关。

名词解释

字母知识(Alphabet knowledge):关于字母书写系统的知识(如字母名称、字母发音、字母组合)。

共同核心国家标准:全美幼儿园至12年级英语语言艺术和数学标准,说明期望每一年级的学生知晓和能够做什么。

语境线索(Context cues):接近一个未知单词的信息,可以帮助读者推断词义。

情境语言(Contextualized language):能够就日常实际经验进行面对面对话,听者可以通过有关单词的前后文来建立想法。

情境文字(Contextualized print):嵌入前后文的文字,读者据此可以

---

① 美国的"kindergarten"一般指小学前一年的教育学段,附设在小学中,主要面向5岁儿童。美国的"preschool"一般指面向3至4岁幼儿的早期教育阶段,属前幼儿园教育(pre-kindergarten)。——译者注

猜测词义。

去情境语言（Decontextualized language）：在直接语境中脱离日常有形和熟悉经验的语言，没有直接环境的支持来帮助人们理解。

去情境文字（Decontextualized print）：去掉了背景的文字（如没有金色拱门的麦当劳标志）。

发展适应性指导（Developmentally appropriate instruction）：根据每个孩子的年龄和特殊需要进行差异化教育。

双语学习者（Dual language learners）：在家和教室同时学习两种语言的儿童。

早期读写（Early literacy）：儿童从出生至5岁的阅读和书写行为。

前阅读和书写形式（Emergent forms of reading and writing）：儿童运用的阅读和书写形式，它们会发展为规范的阅读和书写。

表达性语言（Expressive language）：口语和书写交流所用的语言。

文外对话（Extratextual conversations）：读者之间进行的与文本相关但不被文本包含的内容或主题的对话。

高频词（High-frequency-word）：读者不用想即能识别的单词。

高亮胶带（Highlighting tape）：用来强调文中重要部分的彩色透明胶带。

非正式评价（Informal assessment）：通过观察或其他非标准化程序进行的评价。

语言（Language）：指口头语言（通过说和听进行交流）。

读写（Literacy）：指阅读和书写（通过文字进行交流）。

语音意识：对语音系统的认识（如单词边界、重音模式、音节、声母韵母单位和音素）。

文字意识（Print awareness）：了解书面语言的习惯和特点（如文字的指向性、阅读文字而非图片、识别书籍封面和封底）。

字谜图卡（Rebus picture）：代表一个单词或一个音节的图片或符号（例如，以"How R U"表示"你好"，以"I ▼ U"表示"我爱你"）。

接受性语言（Receptive language）：在听和读中用于理解的语言。

图式（Schema）：记忆中的一种心理结构，包括对事件、对象和关系的抽象表征。

边想边说（Think-aloud）：教师在参与一项任务时大声说出自己想法的一种技巧或策略。

标准化评价（Standardized assessment）：每次实施时都以完全相同的方式进行的评价，并有一个参照组来定义特定年龄组的标准。

持续评价（Ongoing assessment）：通过定期收集儿童作品来说明儿童的知识和学习。

虽然本书将口头语言和读写分成了不同章节，但我们知道这两种语言是相互联系的。口头语言是读写的基础。口头语言包括一阶象征（first-order symbolism），用口语词汇来表示意义。而书面语言则是建立在口头语言一阶象征基础上的二阶象征（second-order symbolism），书面符号代表了口头文字，而口头文字又代表了意义。你看到语言和读写之间的联系了吗？

口头语言和书面语言之间一个明显的联系就是词汇。对于读者来说，从文本中识别和获取意义，前提是文本中的大部分词汇必须已在读者的口语词汇中。如果读者能够认出文本中的大部分词汇，那么，**语境线索**就可以帮助读者理解一些完全陌生的词语的含义。同样，书写者的词汇选择也受到口语词汇量的限制。

几年前，凯瑟琳·斯诺（Catherine Snow）和她的同事（Snow, Chandler, Lowry, Barnes & Goodman, 1991）指出了口语和读写之间一个不那么明显但同样重要的联系。他们指出，口头语言实际上是一系列关系到不同功能的技能。其中一套技能与人际关系的协调有关，包括儿童面对面谈论日常有形经验的能力，以及听者通过使用词语所处的前后文（**情境语言**）来建立思想。另一套技能是使用语言向不在现场的观众传达信息的能力（**去情境语言**）。去情境语言脱离了日常有形的和熟悉的直接背景经验，没有来自直接环境的支持帮助人们理解。去情境语言在读写中起着至关重要的作用，因为它是一种典型的用于书面文本的语言。例如，麦当劳的标志上，"麦当劳"几个字镶嵌在金色拱门中就是情境语言的一个例证，没有金色拱门图样的"麦当劳"即是一个去情境语言的实例。

儿童通过各类活动获得语言不同层面的经验。他们通过参与同他人的对话来熟练掌握情境语言，通过听故事、参与解释和个人叙事以及创造幻想世界来获得去情境语言的能力（Snow 等，1991）。因此，有研究（如 Dickinson & Tabors, 2001; Wells, 1986）表明，在家中拥有丰富口语经验的儿童更易成为早期阅读者，小学时阅读成绩也更好。

儿童一旦成为阅读者，其读写能力和口语之间的关系就会变得互惠。20 多年前的一项研究表明，广泛阅读能提高儿童的口语能力，尤其是词汇知识。坎宁安和斯坦诺维奇（Cunningham & Stanovich，1998）提出的证据表明，人们在文本中遇到罕见不熟悉单词的可能性比在成人话语中要大得多。斯旺本和德格洛珀（Swanborn & de Glopper，1999）对偶然单词学习研究的元分析显示，在正常阅读过程中，学生会学习他们所遇到的未知单词的15%，儿童读得越多，词汇量就越大。在学前阶段，给幼儿读得越多，他们的词汇量也就越大。

当然，本书涉及的是读写能力发展的早期阶段。教师为培养儿童的口语能力，特别是词汇知识和处理去情境语言的能力所能做的任何事情，都将有利于他们读写能力的发展。因此，即使教师的主要任务是提高儿童的读写能力，也需要注意培养他们的口语能力。

停下来思考

成人给儿童阅读的好处

根据你的经验，解释为什么像祖母在本章开篇小插曲中对孙女卡罗尔所做的那样给孩子讲故事，能够帮助他们发展语言和读写能力。

共同核心国家标准

标准是什么？标准定义了儿童——所有孩童——必须获得的知识和技能，标准澄清和提出期待。标准确定了所有儿童必须知道和能够做的事情，定义了要教什么，以及期望儿童的表现达到什么样的水平。

1983年，国家卓越教育委员会（National Commission on Excellence in Education）准备了一份题为《处于危险中的国家》的报告。委员们警告说，学校"日益增长的平庸"威胁到国家的未来，必须行动起来。委员们建议的解决办法是制定标准。委员们相信，高而严格的标准将恢复美国在世界上的地位，并因此发起了标准运动。虽然最初的标准运动集中于设立幼儿园至12年级的英语语言艺术、数学、科学和社会研究的内容标准，但注意力很快转至前幼儿园教育①标准的制定。到21世纪初，几乎每个州都制定了从幼儿园至12年级的内容标准。特别是在前幼儿园阶段，针对幼儿

---

① 美国的前幼儿园教育一般面向3至4岁幼儿，旨在为入学做好准备。——译者注

的社会、情感和身体发展也出台了相应的标准。

然而，有一个问题给标准运动蒙上了阴影。每个州的标准都不一样，人们发现这一点后，美国随即出现了"统一标准"的重大运动。2009年，48个州、2个地区以及哥伦比亚特区与全美州长协会（National Governors Association）和全美州首席教育官理事会（Council of Chief State School Officers）签署了一份谅解备忘录，致力于启动制定一套严格的、基于研究的幼儿园至12年级的英语语言艺术和数学标准，即"共同核心国家标准"。一年后，它们发布了这套标准。各州可以选择性地采用"共同核心国家标准"。最初，45个州、哥伦比亚特区、4个地区和国防部教育处（Department of Defense Education Activity）采用了这一标准，随后，这些标准取代了原先每个州的州标准。"共同核心国家标准"也开始在幼儿园中运用。这促使各州修订了英语语言艺术和数学的前幼儿园标准，以确保在这两个领域与"共同核心国家标准"中的幼儿园标准保持一致。

为什么标准对教师和儿童都很重要？尽管标准（如"共同核心国家标准"）设定了对儿童成就的期待，但它们并未告诉教师在课堂上应使用什么课程或采用什么教学策略。然而，标准驱动着教学和评估。当教师计划课程时，他们会使用标准来指导相关决策，包括给儿童读的书籍种类、所需购买和供儿童使用的教学材料、将要提供的明确的教学指导、中心时间活动①（centertime activities），以及如何评估儿童的学习。标准运动仍被视为提高美国各级教育质量的重要手段。

三　早期读写教学法：简史

（一）自然法

20世纪90年代，读写学习的自然方法是早期阅读和书写的主导性观点，大多数最佳实践的概念源于这种以意义为中心的读写学习观。根据这种方法，儿童在很小的时候就开始学习阅读和书写，通过观察及与成人和同伴互动，他们在日常生活活动中运用读写能力。研究者描述了儿童如何观察谷物包装盒上的图案来选择自己最喜欢的品牌，如何观看父母记笔记

---

①　我国称为区角活动。——译者注

和阅读报纸，以及如何参与着重于读写的日常活动，如与父母或年长的兄姐一起阅读故事书。根据这些观察和活动，研究者报告说，儿童对文字的功能和结构形成了自己的概念，然后通过**前阅读和书写形式**（儿童运用的阅读和书写形式，它们会发展为规范的阅读和书写）来尝试这些方法，这些方法通常与成人使用的常规形式相去甚远。根据他人对自身早期尝试的反应，儿童会做出修正，并构建更为复杂的读写系统。一些研究者描述了儿童早期的书写尝试如何从涂鸦发展为随意的字母流（random streams of letters），以及越来越复杂的语音拼写系统（systems of phonetic spelling），比如用"ILE"表示"jelly"（Sulzby，1990）。通过参与有意义的读写活动、与成人和同伴互动以及一些偶然事件，儿童最终成为规范的读者和书写者。

自然的方法是通过观察、探索及与他人互动来学习语言和读写。儿童扮演着学徒的角色，模仿、吸收和适应更有知识的人的词汇和读写活动。随着儿童参与社会互动，其新的经验与先前的知识融合在一起，建构和检验假设来产生意义。他们将这些新建构的知识储存在心智结构中，可称其为**图式**。

自然法的支持者认为，只要有适当的环境、经验和社会互动，多数儿童学习读写只需要很少的正规教育。基于自然法的幼儿语言艺术课程具有以下特征。

· 创设文字丰富（print-rich）的课堂环境，包括大量优秀的儿童书籍、规范的文字展示（如字母饰条、教师编写的图表）、功能性标识（functional print）（如辅助图表、每日时间表、标签）、儿童书写品、游戏相关文字（如家政戏剧中心的空谷物盒）。

· 教师经常为儿童读故事并进行大量互动。

· 与儿童共享大型读物阅读（shared big-book reading），并对文字相关概念进行嵌入式指导（如作者和标题的概念、书面语言中从左到右的顺序）。

· 教师分享书写经验，在儿童的主导下写下口述故事。

· 设计将语言、阅读和书写活动联系在一起的专题和（或）单元。

· 在中心时间活动和家庭读写活动中为儿童提供参与有意义的阅读和书写的机会。

自然法的支持者认为，这些类型的读写经验是建立在儿童已经学到的书面语言的基础上的，它们提供了家庭和学校之间的平稳过渡，有助于确保儿童阅读和书写的初步成功。教师的角色是提供材料、经验和互动，使儿童能够学习读和写。有关字母识别和字母发音关系（letter-sound relationships）等技能的明确指导，仅针对那些未能通过与文字进行有意义的互动来学习这些技能的儿童。

停下来思考

儿童的语言和早期读写能力什么时候开始发展？

自然法的研究者得出结论，儿童的语言和早期读写能力的发展早在他们入园之前就开始了。研究者因何得出这一结论？

（二）明确指导法

2002年，"好的开始，发展智能"（Good Start, Grow Smart）行动以及"早期阅读优先"（Early Reading First）——一项由联邦政府资助、旨在支持低收入学前儿童的语言和**早期读写**（儿童出生至5岁的阅读和书写行为）的计划，均将基于技能的方法推广到早期读写指导中，这使得基于科学的阅读研究变得突出起来。这项运动最有价值的贡献可能在于，它确定了儿童要成为成功的读者所必须具备的核心知识和技能（National Early Literacy Panel, 2008; Snow, Burns & Griffin, 1998）。纵向研究表明，学前儿童的口头语言（**表达性语言**——用来进行口语和书写交流的语言）以及**接受性语言**（在听和读中用于理解的语言，包括词汇发展）、**语音意识**（对语音系统的认识，如单词边界、重音模式、音节、声母韵母单位和音素）以及**字母知识**（关于字母书写系统的知识，如字母名称和字母发音），均可预测小学生的阅读成绩。**文字意识**，包括文字概念（如从左到右、从上往下的顺序）、书籍概念（作者、书名）和常见词识别（sight word recognition），也被发现与小学生的阅读能力呈正相关（NELR, 2008）。迄今为止，已经确定了11个变量来预测今后的阅读成功。这11个变量包括字母知识、文字知识、口语（词汇）、环境标识（environmental print）、发明拼写（invented spelling）、听力理解、语音短时记忆、快速命名、音素意识（phonemic awareness）、视觉记忆和视觉感知技能。其中，字母知识、口语（词汇）、语音短时记忆、音素意识、视觉感知技能是与学龄儿童的解码技能（decoding skills）相关性最高的技能。

支持这种儿童语言和读写学习方法的研究者也关注确定有效的策略，以便向儿童教授这一核心读写内容。研究指出，可以通过明确且系统的指导来提高核心的早期读写技能。这种指导通常采取游戏和其他吸引人的活动形式，但也包含直接指导的要素，如解释、教师示范、指导性练习和独立练习。

研究者建议在大组（large group）和小组（small group）中进行指导。大组指导可能发生在圆圈时间（circle time），即全班坐在教师旁边的地板上，可能包括以下内容。

·阅读故事书和词汇教学。在阅读完《你见过羊驼吃睡衣吗》（*Did You Ever See llamas Eating Their Pajamas*）后，教师提问："有人知道羊驼是什么吗？"（相关技能：口语）

·字母表，每个字母配有一首诗，其中包含许多"目标字母"实例。例如，在阅读了字母"a"的配图诗"苹果安迪①出去玩，度过了糟糕的一天。他被一只蚂蚁咬了，忘了自己住在哪儿。现在他满怀沮丧"②之后，教师请儿童用高亮胶带（彩色透明胶带）标记出包含字母"a"的单词。（相关技能：字母知识）

·所有儿童都有机会做出回应。例如，教师可能会说出一系列单词，其中一些单词以"p"的发音开头，而另一些单词则不是。如果一个单词以"p"的发音开头，孩子们则竖起大拇指。（相关技能：语音意识）

也可以以小组为单位进行指导。根据明确指导法支持者的说法，这样做的好处是，如某项活动需要儿童做出反应，那么所有儿童都将获得多个参与机会。例如，教师可以使用袖珍图（pocket chart），给一小群孩子中的每一位发放高频词闪存卡片（**高频词**是读者不用想即能识别的单词，如我的、这/那、是、大、快）和**字谜图卡**（代表一个单词或一个音节的图片或符号，如以"How R U"表示"你好"，或者是一辆卡车、一只猫、一个女孩或一栋房子的图片）。在复习完卡片上的单词后，教师可以通过说出单词并在图表中放置卡片来帮助孩子们造句（例如，"我的猫很大"，"我的卡车速度很快"，"我的房子很大"）。（相关技能：文字意识）

---

① 苹果（Apple）、安迪（Andy）这两个英文单词均以字母"A"开头。——译者注

② 这首诗的英文原文是：Andy Apple went out to play, Andy Apple had a bad day. He got bit by an ant and he forgot his address. Now Andy is full of dismay.

研究者得出结论，儿童也需要机会来练习和巩固在大组和小组中学到的知识。这通常发生在活动时间，当儿童独立工作或在学习中心进行小组学习时。这要求教师将中心的活动与课程中所教授的技能关联起来。

（三）整合两种方法

早期读写教学的自然法和明确指导法各有优势。实践自然法的计划为儿童提供了自行或在教师和同伴帮助下学习读写的机会。对儿童来说，学习可以适当的速度进行，并以已有经验作为基础。这一方法为儿童提供了丰富的机会习得口语，进而发展前阅读和书写能力。这种方法的不足之处在于，并非所有儿童都能做足准备或能够充分利用这些学习机会。在那些只强调自然方法的课程中，这些儿童倾向于"被遗漏"，而且几乎没有进步。对这些儿童而言，他们只有被明确地教授词汇、语音意识、字母表和文字概念，才能完全受益于自然读写计划中的学习经验。

我们提倡将这两种方法的关键部分融合在一起进行指导（见图1.1）。这一方法的特点是文字丰富的课堂、故事书阅读、共享书写、项目（单元）和前读写的拥护者所倡导的有意义的基于中心的读写活动，以及明确指导法中针对核心语言和读写技能的显性教学和实践。通过结合这两种方法，教师可以为低龄学习者提供高质量的早期读写计划。

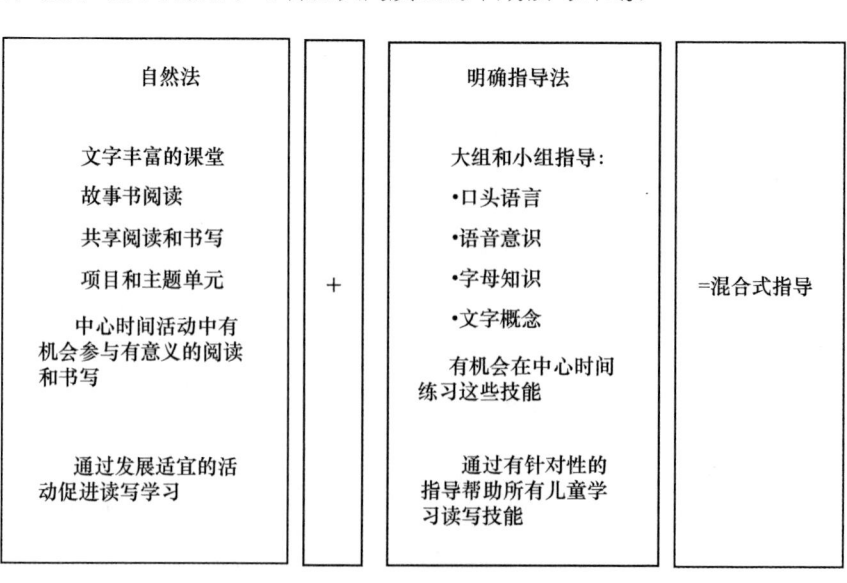

图1.1　混合式指导

特别收录
一个早期读写教学实例

课堂中使用的是一套商业版课程《探索之门》(*Doors to Discovery*)(Wright Group/McGraw-Hill，2002)，它是实施混合式早期读写计划的范例。该课程由为期 1 个月的"探索"或吸引儿童的主题单元组成，这些主题包括交通工具、自然、食物和学校。这一课程由三个相互关联的部分组成。

大组时间 先以歌曲和押韵的海报(rhyme poster)来"热身"和教授语音意识(如押韵识别)。接下来是分享大型读物，在这一过程中，教师鼓励孩子们一起阅读，并围绕书籍进行交谈。每个单元使用 3 本共享阅读的书籍，分别是 1 本故事书、1 本信息书(informational book)和 1 本概念书(concept book)。开始介绍故事时，教师会通过"图片环游"来介绍主要的概念和词汇。关于文字的概念、语音意识和字母知识的教学被纳入共享阅读课程之中。这两项活动大约持续 20 分钟。

探索中心时间 在 60 分钟的时间里，孩子们在各学习中心进行自由选择的活动，包括戏剧游戏、美术、积木、书写、数学和科学。许多这样的活动都与共享阅读的主题和故事有关。教师手册中包含了一系列与主题相关的精彩词汇，在孩子们参与中心活动时可以使用。这些中心备有与主题相关的读写道具和材料，为孩子们提供了一个文字丰富的环境。如在交通运输这一单元，戏剧游戏中心变成了一个加油站，道具包括一个加油站的标志(如"雪佛兰")、带有标签(如"汽油")的纸板加气泵以及代表加仑和汽油价格的数字。

小组时间 在 10 分钟的时间内，教师和助教将孩子们分成小组，每人给孩子们上了一堂课。有一节课的重点是词汇。教师使用了 1 本互动书籍：这是一本没有文字的大书，其中包含许多与单元主题相关的插图。例如，交通工具单元使用的《我们的驾驶大书》(*Our Big Book of Driving*)中包含了不同类型的车辆(公共汽车、救护车、摩托车)、汽车零件(车门、轮胎、车速表)以及一个繁忙的十字路口场景。教师鼓励孩子们讨论这些图片。另一节课使用的是《我们的

> 大剪贴簿》（*Our Big Scrapbook*），这是一本空白的大书。教师对语言体验法或共享书写法进行了调整，在孩子们观看时写下他们的口头语言。孩子们主导的主题各不相同，可以是他们游戏活动的照片或美术作品。例如，他们可能画出父母驾驶的车辆类型。接着，每个孩子口述一句话（如"我妈妈开着一辆蓝色货车"），教师在孩子的画上写下这些话语，再将他们的创造粘贴到剪贴簿的空白页上，并将剪贴簿放置在教室的图书馆中心，供孩子们在中心时间阅读。

　　上述课程的一个积极特征是不同的组成部分和活动都与当前的主题相关联。下面的小插曲发生在本书作者在某节课上的观察。这个单元是关于建筑和施工的：

> 在大组圆圈时间，教师和孩子们唱了一首关于建造树屋的歌曲。教师稍作停顿，指出与歌曲押韵的单词，然后鼓励孩子们想出其他与歌曲押韵的单词。教师还专注于与工具相关的词汇：锤子和钉子。接下来，教师用一本建造狗屋的大书上了一节共享阅读课。在与孩子们一起阅读这本书之前，教师进行了"图片环游"活动，让孩子们讨论书中的图片。教师将孩子们的注意力集中在几个工具词汇上：锤子、钉子、锯子、卷尺和护目镜。然后，教师阅读全书并鼓励孩子们一起阅读。由于文本和图片的线索简单，许多孩子能够做到跟老师一起阅读。在中心时间，几个孩子选择在戏剧游戏中心玩耍，那里是房屋建筑工地的一部分。有一幢用大纸板箱做成的"房子"，此外，还有玩具工具（锤子、锯子、卷尺、水平仪）、护目镜和安全帽，一些高尔夫球座被用来作为假钉子和标志（"戴安全帽区域""危险""建筑工地"）。两个女孩和一个男孩在中心待了30分钟，使用玩具工具测量、规划和建造房屋。在游戏中，他们反复使用目标词汇并探索工具的用途。当男孩试图使用玩具锯而没有先戴上安全护目镜时，其中一个女孩提醒他戴上护目镜。戏剧游戏中心发挥了通道的作用，为儿童提供机会来练习和巩固课程教授的词汇和概念。

当然，教师的课程实施，对课程于特定儿童群体是否合适和有效具有很大影响。苏珊·纽曼和凯西·罗斯科斯（Kathy Roskos）（2005）分享了他们在使用商业版早期读写课程的幼儿班所进行的一项观察，该课程符合我们对"混合"课程的界定。教室里确实有一个文字丰富的环境，墙壁上装饰有文字、袖珍图、字母、数字、标志和环境标识。但是，纽曼和罗斯科斯观察到的指导在发展上并不适宜参加小组课的3岁半至4岁幼儿，因为教学活动长达45分钟。教师邀请所有孩子（共14名）在黑板前写下他们名字的头两个字母。接着，她要求孩子们拼写本周班级小助手的名字，背诵和拼写一周中的七天；然后，她将周一与周二、周二与周三、周二与周四的（英文单词）组成字母进行了比较。最后，她转向日历，要求孩子们数一个月的天数，一直数到当前日期（第30天）。45分钟后，圆圈时间结束。显然，可以选择一种混合课程，来避免出现倾向于一种或另一种方法而导致教学内容太少或太多的状况。纽曼和罗斯科斯观察到的活动并没有内在错误：用孩子的名字书写字母，拼写班级小助手的名字，背诵一周中的七天，比较一周中七天的（英文单词）组成字母以及数数。但问题在于，该课程包含的这些活动，对于3岁半至4岁的孩子来说为时过长。这些活动原本可以缩短（如用几个孩子的名字而不是所有孩子的名字来书写字母）和分散为几天的安排。

因此，对于幼儿教育工作者来说，挑战在于如何通过有意义的经验来精心计划和教授关键要素。我们的目标是，帮助教师结合自然法和明确指导法来创设一种平衡和有效的早期读写计划，在关键的早期读写领域提供有意义的经验以及直接的和适宜的指导，根据每个儿童的年龄和特定需求以不同方式进行教育。

实践链接

观察一名幼儿教师，描述这位教师的语言和早期读写教学的哪些方面反映了读写学习的自然法，哪些方面反映了明确指导法。你认为这位教师的语言和早期读写教学与自然法、明确指导法或混合式教学法是一致的吗？为什么？

四 一项早期读写指导计划

我们相信，这两种教学法需要紧密结合，为学前儿童提供高品质的有效阅读、书写和口语项目。我们相信，两种观点对这项计划都有重要贡献。儿童需要在文字丰富的环境和书籍中与文字进行有意义的互动，需要在读写活动中与同伴和教师进行互动，需要许多机会参与有意义的阅读、书写和演讲活动。此外，他们在阅读、书写和口语技能方面需要明确的指导。

通过整合自然法和明确指导法，我们已建立了一套有效的早期读写教学的基本原则。我们认为，这些原则应该指导教师教授儿童的语言和读写。这些原则也指导我们完成本书的撰写。

（一）明确教给儿童关键的研究支持的技能

研究已经确立了早期阅读的关键技能。相关文献（如 NELP，2008）指出，早期语言和读写教育应该集中于核心内容：那些能够预测日后阅读成功的技能（如字母知识、音素意识、文字概念和文字知识）。此外，还有大量的语言发展研究帮助教师理解口语的关键特征（如音素、句法、语义、语用）。在每个领域，研究都确定了有效的教学策略来教授儿童这些技能。这其中的许多教学策略要求教师明确地教育儿童：有时是一大群孩子，有时是一小群孩子，通常情况下是一个孩子。无论教育对象有多少，教师使用的策略都应适合儿童的年龄。

（二）为儿童提供一个文字丰富的教室环境

高质量的读写计划需要一个有许多材料来支持儿童学习的读写丰富的环境。这样的环境包括用于儿童探索和操作的材料、引导儿童学习的有意义的文字、用以支持儿童课堂活动和参与材料操作的物理空间架构，以及几乎所有活动均涵括的阅读和书写材料。一个文字丰富的环境是儿童学习语言和读写的中心。

丰富的物理环境不是偶然发生的，创设一个支持儿童学习、教师教学和课程实施的教室环境需要预先进行计划。这类教室环境的特点包括一个藏书丰富的图书角和书写中心、大量的功能性标识、游戏区内与主题相关的读写道具，以及儿童的书写展示。这类环境给儿童提供了为现实生活目标而进行交谈、倾听、阅读和书写的机会。

（三）每天给儿童阅读

生活在一个文字丰富的世界，为儿童提供了许多阅读**情境文字**的机会。也就是说，儿童根据一个单词所在的前后文对这个单词的意思做出假设。正如本章其他部分所描述的，儿童很小即学会了阅读麦片盒、停车标志和麦当劳标志。虽然与文字建立这种联系很重要，但儿童也需要有去情境文字的多种体验。

给儿童讲故事是让他们熟悉**去情境文字**的最好方法之一（去掉了背景的文字，如没有金色拱门的麦当劳标志）。优秀的幼儿教师为儿童创造大量的机会来体验故事书阅读。在中心时间或孩子们挣扎着午睡时，教师每天在图书区为个别孩子朗读，在小组教学时间或中心时间向小组的孩子朗读，每天至少为全班孩子朗读一次。然而，对儿童来说，聆听故事是不够的，让他们参与谈论和分享故事对促进其语言和读写学习的发展更为有效（Heath，1983；Wasik & Iannone-Campbell，2013；Whitehurst & Lonigan，1998）。一些教师通过让儿童参加与他们将要读的故事相关的讨论来开启整个朗读活动。阅读过程中，教师通过提问来引导儿童理解故事，并邀请他们评论、分享回应或提问。阅读结束后，教师让儿童参与讨论，这样做的目的是加深他们对故事的理解。这被称为"**文外对话**"（Cabell，Justice，Vukelich，Buell & Han，2008），这是读者之间进行的与文本相关但不被文本包含的内容或主题的对话。这种故事书阅读的方法被称为互动式阅读（interactive reading）（Barclay，2014）。在互动式阅读中，成人和儿童都是书本内容对话的积极参与者。

（四）展示和示范读写

儿童会尝试去做他人所做的事情。当教师朗读时，儿童独自拿起书本，说单词的方式可能会让听众认为他们在阅读。听起来好像儿童在阅读文字，但他们的视线却集中在插图上。当儿童看到父母和老师因各种目的而使用文字——写购物清单、在书本或互联网上查找信息以及记笔记的时候，他们开始学习语言的实际应用，并理解阅读和书写为何是值得从事的活动。当教师展示"**边想边说**"（教师在参与一项任务时大声说出想法）并示范如何理解文本时，儿童开始运用同样的理解策略。例如，教师可以在读故事时评论说"这让我想起了……",以此建立儿童与已有经验的联系(激活先前的知识)。这种心理意象的策略可以通过类似"我正在画……"这样的评论来展示。教师可以通过示范说"我认为主旨是……"来确立故事的主旨思想。最后,教师可以用"我认为……即将发生,因为……"这样的语句来阐述相关假设。在最后一个实例中,教师通常要回到故事文本来为假设提供证据。利用文本支持答案是"共同核心国家标准"强调的一项重要技能。教师提出"是什么使你认为……?"这类问题,会促使儿童用文本中的证据来支持他们的观点。

当然,教师并不是教室环境中唯一提供读写展示的人。专业文献中经常建议创建一个"读写学习者社区"(community of literacy learners)。儿童选择一本书是因为同伴选择了同一本书。他们相互谈论正在阅读或已经读过的书,相互寻求信息和帮助来解码或拼写单词,如"怎样拼写'早上'这个词?""这个词是什么意思?"。

研究者记录了教师创设一个可以相互展示或相互指导的游戏环境时会发生的情景。后文的同伴互动阐述了一名孩子如何指导另一名孩子拼写名字:

艾比(Abby)假装是兽医办公室的接待员,坐在办公室的入口处。在她身后是等待区,那儿有椅子、玩具以及在等待看诊时为生病的宠物朗读的儿童读物。安托万(Antwon)带着他生病的宠物(一个毛绒玩具)走了进来。

艾比:等等!看医生需要你签名。你的宝宝叫什么名字?

安托万:金格尔(Ginger)。

艾比:怎么写呢?

安托万:G,(艾比写了一个小写的 g)不,是大写的。(安托万用手指在桌上比画大写字母 G,艾比写了一个 G。)好的。

艾比:接下来呢?(安托万教她练习 N、G、R 等字母的发音和用手指在桌上比画字母。)他怎么了?

艾比:金格尔是女孩!她不太好,发烧了。

艾比:去那儿坐着吧,等着被叫到。

当教师重视儿童的贡献并赞美他们所知道的东西时,他们会看到彼此的长处。在这样的支持性氛围中,儿童练习他们所知晓的,并承担因学习而发生的风险。这种环境鼓励儿童向自己、向他人和向教师学习。

（五）在读写丰富的环境中为儿童提供工作和游戏机会

一位幼儿园教师和孩子们在户外学习。他们到池塘里去收集蝌蚪和鱼。除了开展一些科学调查（如以日记的形式记录蝌蚪的变化，研究鱼并标记出鱼的鳍、鳃、眼等身体部位，解剖鱼了解它的骨骼结构）外，孩子们决定建造一座池塘作为戏剧游戏的场景。他们想要一个钓鱼场，于是将水桌（water table）变成池塘，并命名为"林氏池潭"（Lum's pond）。孩子们在艺术中心制作了鱼和鱼竿，将回形针系在鱼身上，磁铁系在鱼竿上绳子的末端。孩子们很快就钓到了鱼。但是钓鱼需要许可证。因此，孩子们又在书写中心创建了一张表，由公园管理员来确保未获得许可证的情况下没有人钓鱼，如没有许可证钓鱼，则须开具罚单。

当孩子们获得读写工具的时候，他们便开始以非常自然和贴近生活的方式将文字融入戏剧游戏中。他们的书写有多重目的（如控制他人行为、分享度假经历、预订帐篷）。他们阅读并书写，谈论并协商各种"池塘"图式来建构新的共享图式。在每个游戏场景中，孩子们都有机会练习他们在课堂外目睹的读写活动并增加读写知识。拥有适当读写材料的丰富的游戏环境，为儿童提供了读写学习和练习语言和读写的重要机会。游戏是儿童学习的中心。

停下来思考

读写丰富的游戏环境的重要性

为什么围绕儿童在课堂上体验过的主题来创设读写丰富的游戏环境很重要？

（六）鼓励儿童尝试读和写

对教师来说，让儿童在"无风险"的环境中练习并将所学新技能与已有知识结合起来是非常重要的。多年前，人们认为，在学会规范书写即正确书写字母和单词的拼写之前，儿童不会书写；直到能够正确识别大量的印刷体单词，他们才开始阅读。20世纪70年代，玛丽·克莱（Marie

Clay，1975）和查尔斯·雷德（Charles Read，1971）帮助我们了解到，前阅读和书写，即儿童运用的阅读和书写形式，会发展成为规范的阅读和书写。我们了解到，儿童会建构、测试和完善有关书面语言的假设。他们的研究，使得伊丽莎白·苏尔兹比（Elizabeth Sulzby）和同事（Sulzby，1985a，1985b；Sulzby，Barnhart & Hieshima，1989）提出儿童在成为规范的阅读者和书写者的道路上所历经的发展顺序。（从此，许多儿童的密切观察者提出类似的发展顺序。）

今天，杰出的幼儿教师不会立即期望儿童的书写和阅读与成人的正确模式一致，而是期望儿童用文字尝试涂鸦，做一些看起来像字母的标记，写一串字母等。他们期望儿童看图，用口语"读"一则故事；期望他们看图，用书面语"读"一则故事；期望他们注意文字并用书面语"读"一则故事。通过这样的探索，儿童创造意义和交流，教师则用材料和评论来支持他们的探索。一旦儿童关于文字的假设正确，教师会予以确认。

（七）为儿童提供针对真实目的和受众运用语言和读写的机会

大多数关于学习的研究都支持这样一个命题，即知晓导致学习现状的缘由，了解任务的目的，可以帮助儿童学习。来到学校或早期教育中心时，许多孩子已经有了针对不同受众的各种目的。如果允许孩子们用纸和铅笔尝试，这些目的就会在他们最初的书写尝试中显现出来：他们会给人写信和留言，草草记下需要做的事情，在门上做标记、警示他人不要靠近。

同样，当孩子们来到学校或早期教育中心时，他们已经有了许多为真实目的而阅读的机会。孩子们在杂货店购物——当带他们去购物的人拒绝购买其"读到"并想要的麦片盒时，他们有时会尖叫。当司机放慢速度，在停车标志前没有完全停下来时，他们会告诉司机："那意味着停车！"他们喜欢独自"读"一本成人反复给他们读了多遍的书。他们学习十几岁的哥哥姐姐做的指示牌，将有线性涂鸦的指示牌挂在门上并喊道："你不识字吗？这上面写着'禁止入内！'"他们"读"了邮箱中信封上的地址，然后说："你不会喜欢的，这是账单！"

请注意，这些阅读和书写机会中有多少是与日常生活事件交织在一起的读写事件。事件定义了读写活动的目的。

（八）运用多种形式的评价发现儿童知晓什么和能够做什么

儿童的发展是否遵循预期的轨迹？儿童是否获得了核心的早期读写技能？当今的教师使用标准化的测量方法和持续的进度评测工具来评估儿童在掌握关键要素或核心技能方面的进展。

不久以前，读写领域建议不要使用标准化测试，尤其是针对幼儿的测试和小组纸笔测试。1998年，国际阅读协会（International Reading Association，IRA）和全美幼儿教育协会（National Association for the Education of Young Children，NAEYC）发表联合声明，强调了教师获得儿童的知识、技能、性格的可靠和有效指标的重要性，告诫教师不要仅使用标准化测试，鼓励教师通过基于课堂真实生活的阅读和书写任务来收集儿童知道做什么和能够做什么的证据。有了从这些任务中获取的知识，教师就能更好地根据儿童的需要调整教学。几年后，也就是2005年，全美幼儿教育协会与幼儿专家全国协会（National Association of Early Childhood Specialists）在美国教育部发布关于评价的联合声明，再次提醒早期领域不要过度使用常模参照测验（norm-referenced tests），并鼓励教师在儿童工作和游戏时进行观察，以了解他们知晓什么和能够做什么。

两项联合声明都建议幼儿教师使用多重指标来评估和监测儿童的发展和学习。我们完全同意。然而，该领域也承认，**标准化评价**每次都以完全相同的方式进行，并且有一个参照组来定义特定年龄组的标准，这可以为教师提供有价值的信息。重复使用同样的工具可以让教师记录儿童的成长过程。然而，无论是标准化的还是**非正式的或持续评价**（通过观察或其他非标准化的方法进行评价）都不能单独使用。运用多种来源的数据，准确理解儿童读写发展水平和读写学习的可能性就会增加。

高效能的教师使用这两种评价来改进教学。他们收集信息，分析信息，使用所了解到的信息来指导教学。事实上，这是评价的一个关键目的。评价—计划—教学—评价的模式是有效的教师课堂评价的核心。

（九）尊重和适应儿童的发展及其文化和语言多样性

儿童带着不同的**语言**和读写需求来到教室。我们面临的挑战是使每个儿童的长处和需求与教师所要教授的东西相契合，教师提供的教学与他们的发展及其语言和文化相吻合。

一些孩子来到学校时，已经学会了如何用教师期望的方式说话，但也有一些孩子并没有学会这一点。换句话说，我们赋予意义和使用词语的方式，取决于社区成员的共同实践——词语的选择、句子结构的使用以及在他人评论之后发言的决定。社区越来越多样化，由许多不同的文化组成，教师比以往任何时候面临着更大的挑战来理解这种多样性对其教学和儿童的学习意味着什么。教师的教学方式必须能让儿童发挥长处，而这些长处将与他们的文化背景相关。

直到20世纪80年代，研究者才对非主流家庭和社区的早期读写学习进行调查。在一项开创性的研究中，雪莉·布希斯（Shirley Brice Heath，1983）描述了成长于一个工人阶层社区的儿童如何学会阅读——静静地坐着和读出单词，遵循规则；另一个工人阶级社区的儿童学到的是，用口语讲述一则好故事比能够阅读书面文本更为重要。这些读写的概念与来自中产阶级家庭的儿童有很大的不同。重要的问题是，这些文化差异应该被视为儿童在学校取得成功必须"修复"的缺陷，还是应该被视为教师帮助儿童学习语言和读写时可以利用的积极特征？本书给出了一些提供文化敏感性的语言教育和早期读写教育的建议。

双语学习者是一个重要且不断增长的多样化学习者群体。2014—2015学年，以英语以外的语言入学且需要语言援助计划来帮助获得英语语言能力的美国儿童估计为450万人（9.4%）（美国教育部国家教育统计中心，2017）。2014—2015学年，在幼儿园就读、说英语以外语言的儿童比例较高（16.7%）。2016年，参加开端计划（Head Start）的儿童中，说英语以外语言的儿童比例甚至更高（29%）（美国卫生与社会服务部儿童与家庭管理办公室，2016），其中，24%的儿童来自西班牙语家庭。

那些很少说或根本不会说英语的儿童被称为有限英语熟练（Limited English Proficient）、英语语言学习者（English Language Learners）或双语学习者。有些儿童则会说两种语言，精通程度不同的英语和母语。这些儿童的母语可能是西班牙语、葡萄牙语、日语或其他语言。我们承认，从出生至幼儿园，所有儿童都是语言学习者，所以我们选择使用"双语学习者"这一术语来描述那些在家和教室里同时学习两种语言的儿童。

（十）与家庭建立合作关系

几乎所有父母都想支持孩子的读写学习，但许多人不确定什么是最佳的开始方式。同样，多数父母和其他主要照料者都严重低估了他们在帮助儿童成为有能力的语言使用者方面的重要性。

研究一致表明，家庭为儿童的语言发展提供了丰富的社会环境（Black, Puckett & Bell, 1992；Field, Woodson, Greenberg & Cohen, 1982；White, 1985）。从出生那一刻至学龄前的数千小时，亲子互动为语言提供了基础。研究者（如 Hart & Risley, 1995）已经证明，家庭社会经济地位等因素对儿童经历的亲子互动数量有显著影响，来自福利院的儿童在幼儿班时期听到的词汇要比来自专业家庭的儿童少得多。如果单词是美元，那么，来自不同社会经济背景的儿童会有截然不同的银行储蓄。

同样，父母在帮助儿童学习文字方面也扮演着重要角色。在家中聆听父母朗读对孩子日后的阅读成绩有着显著影响（Enz, 2003）。不幸的是，许多父母没有资源或文化遗产提供给孩子（Enz & Foley, 2009）。与口头语言一样，研究表明低收入家庭尤其如此（Christian, Morrison & Bryant, 1998；Griffin & Morrison, 1997）。帮助父母了解他们是孩子首要和最具影响力的读写榜样，是教师最重要的任务之一。

实践链接

观察一名幼儿教师，说说这位教师的语言和读写指导如何与本章所描述的教学原则相匹配？

五 小结

本章为儿童语言和早期读写的发展奠定了基础。

第一，解释语言和读写之间的关系。语言（通过听说交流）和读写（通过文字交流）是相互关联的。儿童的语言习得和读写习得与儿童学习思考、理解世界、与他人相处等全面发展密切相关。

第二，解释"共同核心国家标准"为何对幼儿教育工作者实施计划具有重要意义。标准很重要，因为它们定义了儿童必须获得的知识和技能。"共同核心国家标准"是一套严谨的、以研究为基础的幼儿园至 12 年级英语语言艺术标准，它为包括幼儿园孩子在内的每个年级的儿童设立了明确的目标和期望。"共同核心国家标准"及其相关的出生至幼儿园标准非常重要，因为教师要将课程和教学材料与这些标准相匹配。

第三，揭示幼儿教师能够用于支持儿童早期读写学习的源于自然法或明确指导法的教学策略。文献描述了早期读写教学的两种方法，即自然法和明确指导法。这两种方法所建议的教学方式有所不同。自然法的策略包括为儿童提供文字丰富的课堂环境，经常给儿童朗读，给儿童阅读大型读物，提供分享书写经验的机会，将阅读和书写融入课程的各个方面，以及在中心时间活动中为儿童提供许多参与有意义的阅读和书写的机会。明确指导法的教学策略包括为儿童朗读故事时结合有意识的词汇教学，用字母表和字母诗来教授字母的名称，开展语音意识教学等。与每种方法相关联的教学策略各不相同。最好的早期读写计划同时运用源于这两种方法的策略。

第四，描述有效的早期读写指导计划的原则。本章最后阐述了高效能的幼儿教师应该使用的 10 个原则，这些原则将在后续章节中展开分析。这些原则包括：（1）明确教给儿童关键的研究支持的技能；（2）为儿童提供一个文字丰富的教室环境；（3）每天给儿童阅读；（4）展示和示范读写；（5）在读写丰富的环境中为儿童提供工作和游戏机会；（6）鼓励儿童尝试读和写；（7）为儿童提供针对真实目的和受众运用语言和读写的机会；（8）运用多种形式的评价发现儿童知晓什么和能够做什么；（9）尊重和适应儿童的发展及其文化和语言多样性；（10）与家庭建立合作关系。

本书后续章节将提供许多促进儿童语言和读写发展的教学策略。此外，尊重儿童多样性的主题和与评价相关的指导贯穿全书。本书也适时涉及了双语学习者的特殊需求。

第二章

家庭在儿童读写学习中的作用

本章目标

（1）找出促进儿童语言、阅读和书写发展的家庭环境因素。
（2）描述阅读和书写发展的最初阶段。
（3）回顾家庭多样性和可能影响早期读写能力的人口因素。
（4）制定促使家庭参与儿童读写发展的策略。

一 引言

1岁的提拉（Tiera）依偎在妈妈身边，听妈妈讲她最喜欢的睡前故事之一——玛格丽特·怀斯·布朗（Margaret Wise Brown，1947）的《晚安月亮》（*Goodnight Moon*）。

提拉指着照片说，"妈妈，大老鼠"。

"没错，提拉"，妈妈说完继续读故事。

过了一会儿，提拉摸了摸故事书中坐在摇椅上的兔妈妈的照片说："她像奶奶。"

妈妈回答："是的，提拉，她看起来像奶奶。"整个故事中，提拉对插图进行了评论。妈妈读完故事的最后一行，提拉困了，打着哈欠说："妈妈，晚安。"

如果经历过提拉那样的时刻，你确实是幸运的。母亲温和的支持鼓励提拉学习语言，阅读故事书则为她学习母语基础知识和基本阅读技能提供了一幅简单而有效的蓝图。

家庭是学习语言和读写的第一个环境。近年来，研究者在拓展我们对早期语言和读写能力发展的理解方面取得了很大进展。现在我们知道，儿童习得口头语言和书面语言的方式大致相同。两者都是社会性和建设性的过程。在口语中，儿童倾听周围的语言，发现模式和规律，制定自己的说话规则，然后在与他人的日常活动中尝试和完善这些规则。同样，在书面语言中，儿童观察周围的印记，观察父母和他人在日常生活中运用阅读和书写来完成事情，然后建立起自身的读写概念和规则，并在社会环境中加以试验。在经验和成人的支持下，儿童建构的阅读和书写形式变得越来越像规范的成人形式。儿童的学习和发展与家庭息息相关，因此，早期阅读和书写发展在很大程度上依赖于家庭文化实践（全美幼儿教育协会，2009：项目标准7）。然而，过去50年的研究也表明，来自不同的家庭环境，可能会影响父母与孩子互动的方式，包括互动的数量、频率和质量（Heath等，2014）。

名词解释

成就差距（Achievement gap）：学生群体之间学习成绩的一致性差异，通常基于种族/民族和社会经济地位。

文字相关概念（Concepts about print）：包括意识到文字是一种信息且遵循相关规范（如方向是从左到右、从上往下），了解字母和单词之间、大小写之间的区别，认识标点符号，知晓书籍的共同特征。本质上，文字相关概念是理解文字和文本如何工作，这涉及理解一本书的元素（文字讲述故事、封面、标题、作者、从开始到结束、从左到右和从上往下的顺序），理解句子（句子的意思、开头和结尾、大写字母和标点符号的作用）、单词和字母。

规范的（Conventional）：指儿童的书写发展至看起来像成人书写的印刷字体，包括拼写。

描述性研究（Descriptive study）：用来描述一个群体或正在研究的现象的特征，并不回答这些特征是如何/何时/为何发生，而是解答"它是什么"。如在某个家庭中，人们都有哪些读写行为？在不改变或控制环境的情况下收集以上信息。

前读写（Emergent literacy）：读写能力发展观认为，儿童通过建构、测试和完善自身对文字的假设来学习读写。儿童的阅读和书写技能同时发展且相互关联,并不依序发展。

前阅读(Emergent reading):儿童的阅读行为呈现出一种发展模式,注意力逐渐从图片转移到文字上,发声方式也从口头讲述故事转变为阅读。就像儿童书写的发展一样,其前阅读的发展并未形成严格的层次体系。虽然儿童通常倾向于更规范的阅读行为,但他们可能在游戏或假装时以一种不太成熟的方式阅读。当儿童走向规范的阅读时,他们使用的阅读形式包括以下内容。

(1)**专注于图片,并不形成故事**(Attending to pictures, not forming stories):儿童观看书中的图画,给它们贴上标签或进行评论。

(2)**专注于图片,形成口头故事**(Attending to pictures, forming oral stories):儿童观看书中的图画并创编故事,但其语调听起来像在讲述一则口头故事,听众必须看图才能跟上故事的进度。

(3)**专注于图片,形成书面故事**(Attending to pictures, forming written stories):儿童通过观看书中的图画来阅读,其措辞和语调听起来像阅读,听众通常不必看图就能跟上故事的进度。

(4)**专注于文字**(Attending to print):儿童读故事时,注意的是文字而不是图画。儿童可能会因为文字意识而拒绝阅读,可能只使用文字的某些方面(如字母与声音的关系),或者按照常规来阅读。

前书写(Emergent writing):儿童的书写行为呈现出一种发展的模式,从象形文字到涂鸦,再到类似字母的形式(letter-like forms),再到非音素字母流(nonphonemic letter streams),再到规范的书写,这中间,字母符号与声音之间有很强的相关性。就像儿童阅读的发展分类一样,其前书写的发展过程并不形成严格的层次体系。虽然儿童通常会倾向于更规范的书写方式,但他们在游戏或假装时可能会以一种不太成熟的方式阅读。(详见表2.3)。

(1)**象形文字**(Pictographs):儿童理解图画具有意义(详见表2.3"图1")。

(2)**涂鸦书写**(Scribble writing):儿童理解文字的含义,并试图模仿成人的书写(详见表2.3"图2")。

(3)**类似字母的形式**:儿童在环境中观察文字,并开始使用字母描述所见。

(4)**非音素字母流**:儿童会根据所处环境中看到的特定符号进一步改进书写(详见表2.3"图3")。

(5)**发明拼写**:儿童开始通过理解声音—符号关系(语音)来书写

(详见表2.3"图4")。

环境标识：日常生活的文字，如杂货店、电视、杂志、报纸和互联网上的符号、标志、数字和颜色，它们为儿童开始学习读写提供了很好的切入点。

民族（Ethnicity）：指拥有共同文化习俗、历史和祖先的群体，还可能包括拥有共同的语言、宗教和服饰。民族差异不是遗传的，而是习得的。

表达性语言：通过任意信号系统（如声音、手势或文字符号）进行思想和情感交流。

文字的功能（Functions of print）：儿童会意识到文字的意义，认识到文字可以用来达成重要目的。

家庭读写经验（Home literacy experiences）：儿童在家庭环境中观察和参与读写说的机会。阅读和书写的数量和质量对儿童日后的学校成绩有所影响。

信息文本（旁白文本）（Informative text/expositional text）：告知或指引读者通常有关自然或社会世界的内容。

元分析（Meta-analysis）：一种严谨的方法，可以系统组合来自多个选定研究的研究数据，进而得出单个研究结论。通常用于医学和教育研究。

叙事文本（故事书文本）（Narrative text/storybook text）：虚构或真实的故事，遵循基本的标准格式，所述的内容包括情节、背景、人物、结构（介绍、冲突、结局）和主题。

自然拼读法（Phonics）：书面语言中声音和字母的关系。

文字意识：儿童对文字性质和用途的理解。儿童的文字意识与其词汇意识或将单词识别为口头和书面交流不同要素的能力密切相关。

定量研究（Quantitative studies）：指通过统计、数学或计算技术对社会现象进行的系统实证调查。

问题：

（1）**封闭式的**：限定答案，如"是"或"不是"。

（2）**推论**：根据文本中给定的事实或信息合理作答或得出结论。

（3）**解释性的**：产生最吸引人的讨论，并有多个正确答案。

（4）**预测**：有根据的猜测、意见或先前经验。例如，看完封面插图后回答问题"你认为这则故事可能是关于什么的？"

（5）**开放式的**：不用简单的"是"或"不是"作答，也不用特定的信息作答，答题者可以给出他们认为合适的信息。开放式问题有时是一种需要回应的陈述式表达。

种族（Race）：指具有相似生物学（遗传）特征的人群，这一特征在历史上被认为对社会具有重要意义，如一个人的肤色。

稀有词汇（Rare vocabulary words）：特殊的术语，通常是多音节的，由于正常阅读情况下很少遇到，所以读者并不知晓。

大声朗读（Read-aloud）：有时也被称为"亲子阅读"，即父母（照料者）和孩子之间的故事阅读活动。

接受性语言：对语言输入的理解，包括对单词和手势的理解。接受性语言不仅包括词汇技巧，还包括理解说话者意图的能力。

共享互动式阅读（Shared-interactive reading）：类似于朗读，但高度吸引人。父母（照料者）提问，鼓励孩子在阅读过程中谈论所读故事。

书面语域（Written language register）：就像言语交流中的社会语域（social register）一样，书面语也有多种风格，但通常比言语交流更正式。

本章将描述儿童文字知识的发展以及家庭在这一过程的作用。对生活在重视读写的文化中的儿童来说，学习读写的过程很早即开始，通常在他们的第一个生日之前。儿童有潜力成为有能力的语言使用者。然而，儿童语言习得的发展在很大程度上依赖于家庭和家庭环境所扮演的角色。（第四章提供了有关语言发展的详细信息和案例研究）本章将讨论家庭的多样性及其在儿童早期读写能力发展中的潜在作用。我们还提供了案例研究，观察蒂芙尼（Tiffany）如何在家庭支持下发展读写技能。最后，我们描述了教师可以用来告知家长、有关他们在孩子语言和读写能力发展中扮演关键角色的策略，以及家长和教师如何通过合作来促生家庭中的语言、阅读和书写机会。

停下来思考

你的早期读写经验

还记得和一位特别的人依偎在一起、分享一本书的珍贵时刻吗？

还记得和一位给了你很多经验的成人的交谈以及描述这些经验所用的词汇吗？

当你还是孩子时，你是如何使用平板电脑、笔记本电脑或智能手机这样的科技产品的？还记得生活中有一位成人帮助你读单词吗？

二　家庭读写经验

正如第一章所解释的，对**前读写**的兴趣始于对早期读者的研究，即在进入幼儿园之前即学会阅读的儿童。这项研究促成了对学前儿童通常如何学习文字的调查。同时，研究者开始对儿童的**家庭读写经验**进行探究，试图发现促进早期读写的相关因素。

伊丽莎白·苏尔兹比和威廉·提尔（William Teale）（1991）对家庭读写学习进行的一项具有里程碑意义的研究集中于伞特性（umbrella characteristics），如家庭收入和家长受教育程度的影响。结果显示，这些变量与儿童入学早期的阅读成绩呈正相关，如中等收入家庭的儿童往往比低收入家庭的儿童更易阅读。不过，这一发现并不能解释这些变量如何直接影响儿童的读写能力。新近的研究缩小了关注范围，并试图描述儿童在家中与读写相关的实际经验（Froiland, Powell, Diamond & Son, 2013; Jarrett & Coba-Rodriguez, 2017）。这些有关家庭读写能力的研究已经一致确认，有几项因素在儿童早期读写能力的习得中扮演着重要角色。后文将对这些因素进行分析。

（一）可获取文字和书籍

学习读写，儿童必须有机会看到大量文字且容易获取书籍。2010年，吉姆·林赛（Jim Lindsay）主导了一项元分析的研究，探讨接触文字材料对儿童的影响。这项由"阅读是基础"（Reading Is Fundamental）委托进行的研究发现，接触书籍会产生以下效果。

·提高儿童的阅读能力。研究表明，给儿童提供文字材料有助于他们更好地阅读。在所有研究中，当幼儿园的孩子能够随时接触到适合年龄的书籍时，其阅读能力体现出最大程度的提升。

·帮助儿童学习阅读基础知识。给儿童提供阅读材料可以促进他们发展基本的阅读技能，如字母和单词识别、音素意识和完成句子。

·促成儿童阅读更多和更长时间。向儿童提供文字材料可让家长和孩子更多地共同阅读。收到书籍的儿童阅读频率更高，阅读时间更长。

·提升儿童对阅读和学习的态度。有更多机会接触书籍和其他文字材料的儿童，无论是借阅书籍还是收到书籍，均表现出更多的书籍、阅读和学术上的乐趣。

由于社会的文化天性，儿童被大量的**环境标识**包围，如随处可见的产品容器（麦片、百事可乐）上的文字，以及路牌（停车）和商店标志（麦当劳、必胜客）。但在接触儿童读物和其他形式的阅读材料方面，儿童之间确实存在差异。1997 年，研究者考特尼·史密斯（Courtney Smith）、丽贝卡·康斯坦丁诺（Rebecca Constantino）和史蒂芬·克拉申（Steven Krashen）发现，在不同社会经济地位的社区，儿童阅读书籍的渠道存在显著差异。他们对南加州的三个邻近社区进行了研究：贝弗利山（Beberly Hills）的平均年收入为 8.3 万美元，每个家庭平均拥有 199 本适合儿童年龄的书籍；康普顿（Compton）的平均年收入为 2 万美元，每个家庭平均拥有不到 3 本适合儿童年龄的书籍；瓦茨（Watts）的平均年收入为 1.5 万美元，每个家庭平均只有不到 1 本适合儿童年龄的书籍。近 20 年后的 2016 年，研究者苏珊·纽曼和娜奥米·莫兰（Naomi Moland）研究了不同社会经济地位社区中适合儿童年龄的书籍的可获得性。他们再次发现，儿童在获取阅读材料上存在巨大差异。他们描述了底特律、洛杉矶和华盛顿特区低收入地区的"图书沙漠"，在这些地区，只有 2% 的企业向 0 至 18 岁的儿童出售图书。中等程度社会经济地位的社区拥有的书籍数量是高度贫困社区的 16 倍。在更富裕的地区，他们发现商店里有 2000 多种儿童读物，也就是说，每两名孩子可以买一本书。

一直以来，有关读写的研究证实了教育者多年来所知道的事实——儿童与书籍接触越多，他们越容易成为更好的读者。相反，在家无法接触到书籍的儿童在读写方面处于劣势（Froiland，Powell & Diamond，2014）。

如今，台式电脑、笔记本电脑、平板电脑和智能手机也被认为是读写材料，但美国公民的使用状况似乎存在很大差异（Becker，2000；Buckleitner，2009）。皮尤研究中心（Pew Research Center，2015a）的一项研究发现，在农村社区，年收入低于 3 万美元的成人中，约有三成未拥有移动技术。对于生活在城市社区的低收入家庭来说，结果却大不相同，70% 的家庭同时拥有平板电脑和智能手机。虽然数字鸿沟正在缩小，但收入似乎仍然起着重要作用，因为年收入 10 万美元的家庭几乎 100% 拥有这些设备（Anderson，2017）。

一项在大型城市儿科诊所进行的研究调查了低收入家长的科技产品拥有状况以及他们如何与孩子一起使用这些设备。卡巴里等人（Kabali 等，2015）发现，几乎所有儿童（96.6%）都在使用移动设备，其中的多数在

1岁时就使用了这些设备。此外，大多数3至4岁的儿童在没有成人帮助的情况下使用电子设备。家长给孩子这些设备的目的，是娱乐孩子，分散孩子的注意力以及让孩子平静下来（Kabali等，2015）。

（二）成人展示读写行为

儿童还需要观察父母、其他成人或年长的兄姐在日常生活中如何运用读写，如写购物清单、在电脑上搜索信息、在智能手机上查找地址（Enz & Foley，2009）。当儿童看到家人为了各种目的而使用文字——写购物清单、付账单、浏览目录或网站、阅读邮件或互发短信——他们开始学习书面语言的实际应用，并理解为什么阅读和书写是值得做的活动（Smith，1988）。如果家长碰巧以阅读为乐，那就更好了，这些家庭的孩子还将文学视为娱乐的来源。然而，研究发现，儿童对这类功能性和娱乐性读写展示的接触存在很大差异（Halle等，2009）。

（三）成人提供支持

早期读者的父母往往非常支持他们的早期读写尝试（Mui & Anderson，2008）。这些家长很少尝试直接教授孩子如何阅读和书写，而是通过如下途径来支持孩子读写能力的提高。比如：（1）回答孩子关于文字的问题；（2）指出环境中的字母和单词；（3）经常阅读印刷版和电子版的故事书；（4）定期到当地图书馆和书店参观；（5）为孩子提供多种体验，如逛商店、公园、博物馆等；（6）发起功能性读写活动（如建议孩子给祖母发短信或写信，或帮助他们列一张购物清单）。学前儿童获得以上支持的方式因家庭而异，这些差异对儿童在幼儿园和小学阶段的读写学习有相当大的影响（Hernandez，2011；Hindman，Skibbe & Foster，2014）。

（四）独立参与读写活动

儿童需要获得可操作的读写材料，并有机会参与早期形式的阅读和书写。通过这种探索和试验，儿童可以尝试并完善他们不断增长的关于书面语言功能、形式和规范的概念。独立参与读写活动通常与游戏有关。一般情况下，一旦儿童通过朗读熟悉一本故事书，他们就会开始与这本书游戏并假装阅读它。许多研究者认为，这种类似阅读的游戏方式是促进儿童**早期读写**的最重要因素之一（Martini & Senechai，2012；Roskos & Christie，2007）。

儿童也会在功能性的、非游戏的场合中运用读写能力。一个很好的实例来自格伦达·比塞克斯（Glenda Bissex，1980）：她4岁的儿子保罗（Paul）在无法通过语言手段引起她注意后，在一张邮票上写下了"RUDF"（你聋了吗?）。为保护隐私，他还在门上挂了"请勿打扰天才工作"的牌子。参与这类独立读写活动的机会取决于书籍和书写材料的获得。如前所述，对儿童家庭环境的研究表明，儿童书籍和其他阅读材料的可得性存在较大差异。类似的差异也存在于书写材料的可用性方面。威廉·提尔（1987）对低收入学前儿童的家庭环境进行了开创性的**描述性研究**，结果显示，24名孩子中只有4名能够便捷地获取纸张和书写工具。如你所料，他注意到这4名孩子比参与研究的其他对象更擅长于前书写。表2.1的"读写材料"提供了一些实惠且可反复使用的材料的建议，儿童可以进行低成本或无成本的游戏和学习。

供儿童用来探索文字用途和功能的读写材料可以是低花费的，甚至可以重复使用。请帮助儿童成功地将物品放置在有标签的小盒子里或可重复密封的塑料袋中。

表2.1 **读写材料**

报纸	索引卡片
旧杂志	任何大小、颜色或类型的纸张
"垃圾"邮件	小的、可擦的磁性白板
信封	粉笔板或粉笔
旧卡片	铅笔、蜡笔或记号笔
优惠券	胶带或胶棒
有地址的邮票	

（五）阅读故事书

阅读故事书无疑是家庭读写研究最多的层面。**定量研究**试图确立家长阅读对儿童的重要性和价值。一致的研究（Dunst, Simkus & Hamby, 2012; Trivette, Dunst & Gorman, 2010）表明，亲子朗读（**信息文本和叙事文本**）与以下结果呈正相关。

- 理解**文字相关概念**（有时也称为**文字意识**），如理解文字代表口头语言，学习如何拿书和翻书等。
- 发展**语音意识**——操纵口语声音的能力。
- 学习**自然拼读法**——书面语言中声音和符号的关系。
- 发展词汇，扩大**表达性语言**和**接受性语言**，特别是在口语中较少可能遇到的复杂词汇。
- 学习不同于口语的**书面语域**的句法和语法。
- 获得故事如何有开头、中间和结尾的故事图式。
- 从说明文字中获得概念知识（concept knowledge）。
- 培养理解策略，学习如何辨别叙事性故事中的人物、时间、地点、内容和原因。
- 学习如何**推断**、**预测**、**解释**和应用信息。
- 培养积极的阅读态度。

随着平板电脑和智能手机的普及，关于儿童使用电子书的研究也越来越多。虽然这些研究相对较新，但最初的发现表明，即使电子书设计得很好，在电子书阅读过程中亲子间的对话却往往是关于平台和电子设备的管理，而纸质书的对话通常与书的内容有关（Reich, Yau & Warschauer, 2016）。（更多关于电子书的信息详见第五章和第六章）

研究者还探讨了文化因素如何影响家长为孩子阅读的方式。自雪莉·布希斯（1982）里程碑式的研究开始，众多研究发现，中产阶级父母倾向于帮助孩子将书本信息与其他经验联系起来。例如，约翰·朗格斯特夫（John Langstaff）所著的《噢，我们去狩猎》（*Oh, A-Hunting We Will Go*）（Macmillan, 1974），这本通俗易懂的书有一页包含单词"婴儿车"（pram）以及坐在婴儿车上的羊羔图片。为帮助孩子理解"婴儿车"一词，中产阶级父母可能会说："婴儿车看起来就像你妹妹的婴儿车。"工人阶级父母则倾向于不将书本内容扩展到超出其原始内容的范围，而是简单地为孩子定义"婴儿车"这个词。许多研究者推测，这些故事阅读风格的差异可能对儿童早期读写能力和词汇习得有相当大的影响（Gutierrez & Rogoff, 2003；Lynch, 2008）。

（六）大声朗读

近年来的研究表明，是否有家庭读写经验会深刻影响儿童日后读写能力和语言的发展（Dunst 等，2012）。**大声朗读**或**共享互动式阅读**的几个方面，包括朗读的时间、阅读的书籍类型和阅读投入质量，均会影响儿童语言和读写能力的发展。

1. 时间

除了阅读适合年龄的书籍，研究还揭示了成人阅读书籍的时间与儿童词汇发展和语言习得之间的联系。唐纳德·埃尔南德斯（Donald Hernandez，2011）为安妮·凯西基金会（Annie E. Casey Foundation）进行的一项研究发现，美国只有不到一半（48%）的幼儿每天有父母陪伴进行亲子阅读。在低收入家庭中，每天有父母陪伴阅读的比例更低（只有36%），这些家庭的孩子面临读写问题的风险是最高的。即使在高收入家庭中，也有超过五分之二的孩子不能每天与父母一起进行亲子阅读。就累计接触量而言，这意味着低收入家庭的儿童仅有25小时一对一阅读的机会，而中产阶级家庭的儿童则接受1000至1700个小时一对一的图画书阅读（Mol, Bus, de Jong & Smeets，2008）。（有关故事书阅读和语言发展的更多信息请参见第四章）

2. 书籍类型

获得适合年龄的文本对儿童读写能力和口语的发展至关重要。故事、信息、图片以及伴随而来的成人与儿童之间的互动（这让人想到第六章描述的共享视觉注意）促进了语言的运用，增加了表达性和接受性词汇（Brooks & Meltzoff，2005）。表2.2列出了适合不同年龄儿童的家长支持和书籍的特征。

故事书或叙事文本给儿童提供了许多学习故事模式的机会，即故事是由开头、中间和结尾组成的。因此，与那些很少有机会参与故事活动的儿童相比，经常有机会聆听故事的儿童能够更好地讲述故事（Roberts, Jurgens & Burchinal，2005）。

信息文本也称为信息型文本、写实文本或解释性文本。当儿童面对并探索周围世界时，他们自然会被内容丰富的文本所吸引。这类文本有时也称为信息型书籍，它们在帮助儿童学习新的和**稀有词汇**方面非常有用（Bortnem，2008）。写实的目的是呈现用于告知和指引的信息。儿童写实书籍中的信息是通过文本以及图表、照片和图画等视觉元素提供的。有趣的是，一项针对参加开端计划的儿童的母亲的研究发现，与叙事文本相比，父母在大声朗读信息文本时会问更多问题，也会引入更多词汇（Lennox，1995）。

表 2.2　按年龄划分的家长支持和书籍的特征

年龄（月）	使用的书籍	推荐书目	成人支持
0—6	婴儿的书籍由坚固的纸板、布或软塑料制成，可以承受大量的爱抚和啃嚼。以简单图片为特色，这样婴儿可以将视觉集中于对象并仔细检查插图。由于婴儿的视力未完全发育，且对大胆的对比色的反应最佳，因此有高对比度的颜色，如黑色/白色或红色/黄色是合适的。	1.《黑底白字》(Hoban, T. *White on Black*. New York: Greenwillow Books, 1993.) 2.《毛茸茸的蜜蜂和它的朋友们》(Priddy, R. *Fuzzy Bee and Friends*. New York: Macmillan/Priddy Books, 2003.) 3.《你好，宝贝：脸》(Priddy, R. *Hello Baby: Faces*. New York: Macmillan/Priddy Books, 2013.)	将书置于离婴儿的脸10—12英寸处，在这个距离，婴儿的视线和注意力最佳。4个月时，婴儿的视力已接近成人的敏锐度。 婴儿习惯专注于面部，并会研究真实的面部，图片和面部图像。 用父母语（parent-ese），即人们用来和婴儿交流的夸张和冗长的语言形式，指向并标记对象。父母语的使用，对帮助婴儿分析和吸收父母语的语音要素起着重要作用。 每天至少阅读和反复阅读5至10分钟。
6—12	用简单的插图和大胆的颜色刺激婴儿的视觉并引发其兴趣。鼓励婴儿伸手触摸书页面，并享受阅读的触摸书体验。书籍的材质能使婴儿建立对周围对象的感官探索。	1.《棕熊棕熊，你看到了什么》(Carle, E. *Brown Bear, Brown Bear, What Do You See*. New York: Henry Holt & CompanyLLC, 1992.) 2.《触觉和感觉：动物宝宝》(Kindersley, D. *Touch and Feel: Baby Animals*. New York: Dorling Kindersley Publishing, 1999.) 3.《拍拍小兔》(Kunhardt, D. *Pat the Bunny*. Newark: Golden Books, 1940.)	指向并标记对象。经过几次阅读后，可开始要求婴儿指认熟悉的物体（如"你可以指出瓢虫吗？"）。这项活动称为排练（rehearsal），可以增强短时记忆。 运用描述性语言来描述婴儿感受到的毛茸茸的毯子是柔软的材质，如"蓝色毯子是柔软的"。 婴儿和成人的共同注意有助于发展他们的词汇量。 至少每天阅读和反复阅读5至15分钟（取决于婴儿的注意力集中时间）。

第二章 家庭在儿童读写学习中的作用　35

续表

年龄（月）	使用的书籍	推荐书目	成人支持
12—24	用有趣的角色发展幼儿对故事的理解，从故事的开始、中间再到结尾，并尝试解决幼儿能够关联起来的一个问题。故事或叙事书籍中的插图有助于讲述故事。促进幼儿更深入地了解世界，说明性（事实或书写实）文本通常描述植物、动物、汽车/卡车/火车/飞机/船舶，可能会使用详细的现实照片或插图。有机会直接书写书籍页面互动，如坚固的翻页书和纹理书（texture books）。	1.《小青蛙穿好衣服》(London, J. *Froggy Gets Dressed*. New York: Scholastic, 1992.) 2.《洗澡啦》(Boynton, S. *Bathtime*. New York: Workman Pub. Co., 2007.) 3.《饥饿的毛毛虫》(Carle, E. *The Very Hungry Caterpillar*. New York: Penguin Books, 1969.) 4.《巴士上的轮子》(Stanley, M. *The Wheels on the Bus*. Bristol: Baby's First Book Club, 2002.) 5.《脚趾头、耳朵和鼻子》(Bauer, M. D. *Toes, Ears & Nose*. New York: Little Simon, 2003.)	观着书的封面，讨论插图，让幼儿预测故事的发展。随着短时和长时记忆的发展，幼儿此时可以开始经历语言爆炸，父母可开始要求孩子命名熟悉的物体，如指着某一对象提问：这是什么？鼓励幼儿拿书并翻页，并在讲故事时负责此项工作，这有助于提高他们的兴趣和注意力。至少每天或根据幼儿的兴趣反复阅读10至15分钟（取决于幼儿的注意力集中时间）。请记住，幼儿喜欢他们一遍又一遍地阅读。
24—36	鼓励幼儿认识或讨论情绪。故事情节能反映幼儿常经历的现实生活事件，如兄弟姐妹间的竞争，遇到睡觉、害怕。提供学习颜色和形状的机会并开始学习识数。	1.《朱丽丝，世界上最棒的姐姐》(Henkes, K. *Julius, the Baby of the World*. New York: Harper-Collins, 1990.) 2.《野兽家园》(Sendak, M. *Where the Wild Things Are*. New York: Harperlrophy, 1988.) 3.《大卫，不可以》(Shannon, D. *No David*. New York: Scholastic Trade, 1998.) 4.《壁橱里有个怪兽》(Mayer, M. *There's a Nightmare in My Closet*. New York: DialBooks, 1968.)	理解最依赖的是幼儿的兴趣、注意力和记忆力。为了促进三者的发展，父母需要在阅读前、阅读中和阅读后向孩子提出互动性的问题。概括起来就是"FIVE-A"："F"代表事实问题。要求幼儿找到、记忆和识别文本中可找到的关于故事的关键事实。例如： · 这个角色叫什么名字？ · 故事首先发生了什么？ · 企鹅在哪里产卵？

续表

年龄（月）	使用的书籍	推荐书目	成人支持
24—36		5.《画了一匹蓝马的画家》（Carlile, E. The Artist Who Painted the Blue Horse. New York: Penguin Books, 2011.） 6.《小蓝和小黄》（Lionni, L. Little Blue and Little Yellow. New York: Random House, 1959.） 7.《十只小瓢虫》（Gerth, M. Ten Little Ladybugs. Franklin: Dalmatian Press, 2000.）	"I" 代表推理和解释性问题。要求幼儿利用先前的知识和经验以及文本中的暗示来理解故事。 · 你认为他这样做的原因是什么？ · 你认为接下来会发生什么？为什么？ · 你认为这个角色的感受是什么？为什么？ "V" 代表词汇问题。要求幼儿解释一个单词的意思或提供一个意思相近的单词。 · 你认为这个单词是什么意思？ · 这个词与____是同义词。
36—60	教授信息和基本技能。例如，孩子正在学习字母这一重要符号时，可用快乐的韵律来教授有字母表的书。 提供唱歌和活动时间，包括用手指弹奏教授的时间。 持续教授视觉科学，自然和数学。 讨论感觉和行为。这些故事还鼓励戏剧游戏，使孩子可以练习情绪反应。	1.《字母水果蔬菜书》（Ehlert, L. Eaing the Alphabet Fruits and Vegetables from A to Z. New York: Houghton, Mifflin, Hartcourt, 2007.） 2.《小蜘蛛》（Trapani, I. The Isy Bitsy Spider. Watertown, MA: Charlesbridge Publishing, 1993.） 3.《海马先生》（Carlile, E. Mister Seahorse. New York: Penguin Books, 2004.） 4.《莉莉的紫色小包》（Henkes, K. Lilly's Purple Plastic Purse. New York: Harper-Collins, 1996.）	"E" 代表评价性问题。允许幼儿提出自己的意见，做出判断，进行比较和对比，发展推理能力。 · 你最喜欢的野生动物是什么？为什么？ · 如果可以改变故事中的一件事，你会改变什么？为什么？ "A" 代表应用性问题。应用性问题帮助幼儿将在一种情境中学到的知识迁移至另一种情境。要求幼儿将故事与自己的经历联系起来。

阅读时间应该有趣轻松。
与孩子一起快乐时光将以爱和喜悦镌刻在记忆中，并为他们日后的学习打下基础。
至少每天或根据孩子的兴趣阅读和反复阅读10至20分钟（取决于孩子的注意力集中时间）。

3. 阅读参与质量

当孩子依偎在父母膝上，或坐在椅子或床上，阅读时间创造了一个舒适的私人时间，可以在一起交谈、分享和学习信息，并发展新的词汇（Lever & Senechai，2011）。然而，一些家长不确定如何成功地让孩子参与讲故事的时间（DeBruin-Parecki，2007）。可以通过与故事有关的开放式问题来鼓励孩子运用语言。通常，孩子会联想到人物和故事情节，并在鼓励下说出有趣的观点。下面的对话发生在多米尼克（Dominique）4岁时，在他读完《金发姑娘和三只熊》（*Goldilocks and the Three Bears*）后：

妈妈：你最喜欢这个故事的哪一部分？

多米尼克：当金发姑娘把小熊的东西弄得一团糟的时候。

妈妈：这个故事里你最喜欢谁？

多米尼克：熊宝宝。

妈妈：为什么？

多米尼克：因为熊宝宝和我一样。他所有的东西都被金发姑娘弄坏了，谢里塔（Sheritta）（她18个月大的妹妹）也把我的东西弄得一团糟。

请注意，多米尼克的母亲询问了一些**开放式的问题**，并接受儿子的回答。开放式的问题鼓励口头作答，鼓励对故事进行诠释。**封闭式的问题**通常只需要单一的答案——"是"或"否"，或者"正确答案"。开放式的问题没有正确或错误答案，鼓励儿童多说并使用更丰富的语言。

三　书本之外

除了电视，21世纪还带来了电子工具的虚拟仙境：智能手机、电子阅读器、笔记本电脑和平板电脑。此外，家庭可以接触到几十个有线电视频道、数百个电脑游戏、数千个手机应用程序和无数的网站。全美幼儿教育协会与圣文森特学院（Saint Vincent College）的弗雷德·罗杰斯早期学习与儿童媒体中心（Fred Rogers Center for Early Learning and Children's Media）在联合声明中声称，技术和互动媒体是服务于0至8岁儿童早期项目的工具（NAEYC & Fred Rogers Center for Early Learning and Children's Media，2012），同时回顾并描述了技术和媒体的有效使用。他们认可鼓励儿童的主动性、操作和参与，给儿童控制权，并提供支架帮助儿童以自身速度发展技能的工具和媒体。最后，他们建议将电子媒体用作支持儿童学习的一个选择，技术和互动媒体应该扩大儿童接触新内容和新技能的渠道（Rosenqvist, Lahsti-Nuuttila, Holdnack, Kemp & Laasonen, 2016）。当技术和媒体真正结合在一起时，使用技术和媒体就变成了一种互惠的学习机会——儿童或教育者关注的是活动或探索本身而不是技术。例如：

> 安妮（Annie）的父亲会将科学碟片带回家给他的学生观看。4岁的安妮着迷于一个名为"昆虫世界"的程序。程序中谈论瓢虫的部分尤其引起了她的兴趣。看完这个节目后，她发现了一本名为《瓢虫，瓢虫飞回家》（*Lady Bug, Lady Bug Fly Away Home*）的书。她要求妈妈在互联网上查找有关瓢虫的信息和图片，恳求妈妈打印这些图片以便制作成书。几天后，妈妈收到一封科学教学目录的邮件。一天，当妈妈浏览教学目录页面时，安妮看到一个培养瓢虫的工具箱。她走近妈妈，要求妈妈为她订购一些瓢虫。终于收到了渴望已久的瓢虫，安妮兴奋不已！除了丑陋的还未发育成熟的毛毛虫外，还有一本随赠的色彩鲜艳的信息手册。安妮仔细研究了手册所描述的瓢虫的发育阶段，并要求了解标记每个阶段的单词（谁都知道瓢虫有蜕变）。安妮每天都会坐着，手里拿着放大镜检查毛毛虫！偶尔，安妮还能说服妈妈用手机拍下这些生物的照片。几周后，在图书馆，安妮看到了一本书——约翰逊（J. Johnson）1996年出版的《昆虫和蜘蛛：儿童指南》（*Children's Guide to Insects and Spiders*），这本书的封面上有几只蝴蝶、瓢虫和蜘蛛。这本书帮助安妮不断探索了解这些小生物。除了书，妈妈帮忙拍摄的照片以及"安妮网"（website Annie）都描画了她在罐子里观察到的瓢虫的样子。多媒体学习经历是安妮学习新概念和词汇的绝佳机会。

在上述实例中，触手可及的技术促进并增强了安妮对知识的追求。科技将永远存在，当有目的和适当使用技术和互动媒体时，它们是支持学习和发展的有效工具（Hirsh-Pasek等，2015）。

> 有关电子媒介与婴幼儿的特别提示
>
> 在汽车座椅上，18个月大的布里昂·奥哈拉（Breon O'Hara）在妈妈的平板电脑上饶有兴致地读着《我床底下有条鳄鱼》（*There Is an Alligator under My Bed*），故事的作者是默塞·梅尔（Mercer Mayer）。

布里昂读着故事，发出轻微的笑声，她很开心地去日托中心。在布里昂注意力转移时，奥哈拉太太打电话给一位客户，开始了一天的工作。

这段 5 分钟的 YouTube 视频很有趣，在母亲开车送布里昂去日托中心的过程中，阅读很快转移了她的注意力。尽管儿童对智能手机和平板电脑的使用正在迅速增加，但关于这种即时可用的娱乐资源对儿童语言和读写能力发展的影响的研究却滞后了。因此，我们仍然不确定这类电子媒体对低龄儿童语言和早期读写能力的长期影响。

让我们更仔细地研究一下这则小插曲。因为布里昂和奥哈拉太太都非常忙碌，奥哈拉太太和女儿没有说话，她们错过了一个相互交谈和倾听的好机会。这种情形促使我们考虑其他的发展问题。虽然使用移动媒体一开始对忙碌的父母是有帮助的，但父母在处理事情、开车和外出就餐等日常事务中使用移动媒体来占据孩子的时间，已经使电子移动媒体变成了电子奶嘴。由于儿童需要发展内在的自律机制，因此，虽然使用移动设备在短期内是有益的，但如果将其作为教导孩子冷静下来的主要方式，则可能对其日后的社交情绪产生不利影响（Radesky，Schumacher & Zuckerman，2015）。

实践链接

观察在杂货店或餐馆里与父母在一起的孩子。

孩子和父母在一起做什么？是在交谈吗？还是孩子在玩电子设备？

描述你所看到的。你觉得这个场景怎么样？你担心什么？我们怎样才能让孩子从电子教育或娱乐中获益的同时与其进行愉快的交谈呢？如果孩子的父母问你有关电子媒体的问题，你会怎样建议？

四 观察读写能力的发展：案例研究

接下来的内容将呈现一个**前阅读**和**前书写**发展的案例研究。我们将跟踪蒂芙尼婴儿期至幼儿园阶段的发展。蒂芙尼是教育研究者的孩子，除了父母是研究人员，她的发育和世界上几乎所有正常孩子一样。阅读时，请注意蒂芙尼成长过程中经历的家庭读写经验类型。

蒂芙尼

蒂芙尼的父母在她出生后不久即开始给她朗读故事，到 1 岁时，蒂芙尼就开始积极参加故事书朗读活动。当妈妈朗读卡莱尔（Carlile）1967 年所著的《棕熊，棕熊，你看到了什么》时，她会让蒂芙尼指着棕熊。每读一页，妈妈都会提问：

> 蒂芙尼，黄鸭子的眼睛在哪里？妈妈的眼睛在哪里？
> 蒂芙尼，白狗的舌头在哪儿？你的舌头在哪里？

蒂芙尼会指认上述每一个对象（**专注于图片，并不形成故事**），有时还给它们命名。共享注意力（将在第四章中详述）和非言语的暗示，包括指认被命名的物体，开始迅速建立蒂芙尼的词汇（Cartmill 等，2013；Liszkowski & Tomasello，2011）。

现在，两年多过去了，30 个月大的蒂芙尼开始尝试独立阅读。故事从她的卧室开始，她正和姐姐道恩（Dawn）一起看理查德·斯凯瑞（Richard Scarry）的《最好的单词书》（*Best Word Book Ever*）（Western Publishing Company，1980）。虽然家里有许多儿童读物，但这本书是她最喜欢的书之一。蒂芙尼喜欢标记出这些照片并描述兔子一家在熟悉的日常生活中的行为。当蒂芙尼指着妮基兔宝宝（Nicki Bunny）去医生那里做检查的照片时，她和道恩都笑那些着盛装的动物："妮基兔宝宝穿鞋子啦！"尝试读这则故事时，蒂芙尼展示了对文字的概念，包括处理书和翻页（从书的封面到封底），以及享受故事书阅读。

几个月后，在去杂货店的路上，蒂芙尼一家路过了麦当劳的标志。33 个月大的蒂芙尼高兴地喊道："当劳，嗯，吃汉堡。"像大多数在读写文化（literate culture）中长大的孩子一样，蒂芙尼已经开始意识到她的世界充满了环境标识。尽管蒂芙尼对麦当劳标志的解读更多来自对标志颜色和形状的解读而非对字母的区分，但这表明她已经知晓文字具有意义——这是另一个重要的发展里程碑。

蒂芙尼也开始表现出对书写和口语交流意义的理解。30 个月大的蒂芙尼和妈妈在银行等待时，她拿着几张银行的表格。在妈妈和银行经理谈话时，蒂芙尼用笔填写了表格。她的作品中有许多弯弯曲曲的线条和一些图像。妈妈问她写了什么，蒂芙尼回答说："我写的是，蒂芙尼可以买到钱"（见表2.3"图1"）。在这个阶段，儿童的书写通常包括**象形文字**（代表文字的图片）和**涂鸦书写**。请注意，蒂芙尼的涂鸦已经有了成人英文草书的外观。有趣的是，儿童的涂鸦反映了他们在文化中看到的书写风格。例如，中国儿童的涂鸦会看起来像汉字，而埃及儿童的涂鸦会像阿拉伯文字。因此，即使是儿童最早的书写，也是对他们所拥有的书写风格的仔细诠释。

表2.3　　　　　　　　　　　蒂芙尼的前书写

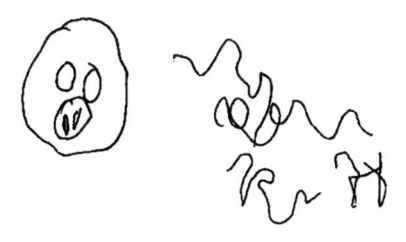

图1　30月龄的蒂芙尼 象形文字和涂鸦书写："蒂芙尼可以买到钱。"	图2　36月龄的蒂芙尼 象形文字和类似字母的形式。购物清单、甜甜圈、鸡蛋和培根、比萨、桃子和尿片。
图3　48月龄的蒂芙尼 类似字母的形式和非音素字母流："我爱Ruffy"（她的小狗）。	图4　65月龄的蒂芙尼 发明拼写："书里没有图片。"

42个月大的时候，蒂芙尼坐在爸爸的腿上，开始给他"读"莫里斯·桑达克（Maurice Sendak）的《野兽家园》（Scholastic，1988）：

　　这个穿狼睡衣的坏男孩对他妈妈很凶。因为生气，他跑掉了。他上了一艘像鲁巴杜布（rubba a dub）的船（蒂芙尼的浴缸玩具船）。然后遇到了一些大坏鸡怪物。坏鸡怪物大叫着，让他当国王，因为他的叫声非常大！然后他就回家了，因为他想吃东西。

蒂芙尼讲的故事包括了她对文本插图的解释，她用一种讲故事的口吻拿着书翻页。这一行为揭示了伊丽莎白·苏尔兹比提出的前阅读分类，即**"专注于图片，形成口头故事"**（Sulzby & Barnhart，1990）。尽管蒂芙尼口头复述的故事相当准确，爸爸还是指出，她没有用包含怪物的叠句——"它们转动着可怕的眼睛，磨咬着可怕的牙齿，露出可怕的爪子！"蒂芙尼省略了故事的这一重要部分，可能是因为在前阅读阶段，故事的复述是由插图而不是文字来引导的。由于图片没有明确说明这句话的细节，蒂芙尼缺乏可以触发详述这句话的视觉线索。

4岁时，蒂芙尼继续提高对文字的功能的理解。蒂芙尼和她最好的朋友贝卡（Becca）坐在过家家的桌子旁，蒂芙尼嘴里含着一支铅笔，对着一张纸沉思：

> 蒂芙尼：你认为婴儿会吃什么？
>
> 贝卡：婴儿食品，蒂芙。
>
> 蒂芙尼：我知道！什么样的婴儿食品呢？
>
> 贝卡：哦，我想是橙色的东西，而不是绿色的东西。
>
> 蒂芙尼：（将这些信息写下来）好。还有什么？
>
> 贝卡：你得写下猫粮并取出优惠券。
>
> 蒂芙尼：（从抽屉里拿出一沓优惠券并分类，直到找到普瑞纳猫粮优惠券。）耶，这张优惠券上写着"免费猫粮"。

蒂芙尼现在已经开始出现**类似字母的形式**（见表2.3"图2"）。虽然她继续使用象形文字，但可以区分文字和图片。她指着一幅画说："这是一幅画，里面有甜甜圈、比萨、培根和鸡蛋。"她继续描述类似字母的形式，并附上说明："这里写着买桃子和尿片。"

上述片段表明，蒂芙尼读优惠券的同时在继续扩大她的环境标识词汇。事实上，她已经非常善于识别几十种产品的名称。每次蒂芙尼加入父母的杂货店购物探险队时，父母的赞扬和鼓励都培养了她的这种能力。

4岁时，蒂芙尼开始上幼儿班，所开展的第一项学术活动是识别并书写自己的名字。和往常一样，蒂芙尼最初几次书写自己名字的尝试有些令人沮丧。虽然她很擅长创作类似字母的形式，但以特定顺序复制特定的字母是一项挑战。当时，蒂芙尼收到了祖父母给她的一块黑板。新的书写工具似乎激发了她更多的练习，很快蒂芙尼便掌握了书写自己名字的艺术。

除了书写自己的名字，蒂芙尼和她多数的同伴也开始对命名和书写字母表感兴趣。这一兴趣是由教师通过直接且发展适宜的指导激发的。上幼儿班之前，蒂芙尼只是随意观看了《芝麻街》节目的字母部分，她关注的是该节目中各个角色的戏剧表演。到了 4 至 5 岁，蒂芙尼成了一个精明的字母猎手——当字母在电视屏幕上闪过时，她会非常权威地大声喊出字母的名称。蒂芙尼唱字母歌，读字母书，做字母谜题和字母点对点工作表，还有捏黏土字母。她用各种可以想到的书写工具——记号笔、钢笔、铅笔、水彩和画笔——勤奋地书写字母表符号。她在所有可能的物体表面上书写，包括卧室的墙壁上！一直以来，她最喜欢的字母活动是用香皂蜡笔在浴缸上或淋浴间的墙壁上书写。

蒂芙尼对字母新的熟练程度导致产生了许多随机的大写和小写字母字符串，以苏尔兹比（1990）的术语来表示就是"**非音素字母流**"。需注意的是，尽管蒂芙尼知道很多大写和小写字母，但还未形成单词或以单词为单位将字母聚类起来（见表 2.3 "图 3"）。

蒂芙尼进入幼儿班后不久，她开始有兴趣和姐姐道恩（7 岁）一起玩学校的游戏。在戏剧游戏环节，蒂芙尼会听道恩读课本和她们最喜欢的故事书。作为老师，道恩会在给蒂芙尼读故事的过程中和之后问一些事实性的问题。例如，在读完莫里斯·桑达克的《野兽家园》后，道恩问："怪物们对马克斯（Max）说了什么？你认为马克斯为什么盯着怪物看？"道恩会在黑板上示范书写字母，然后让蒂芙尼抄写字母。蒂芙尼尽力再现了道恩写的字母。蒂芙尼常常跑到妈妈面前说："你看，上面写了什么？"

那年晚些时候，当道恩上学时，蒂芙尼会独自玩学校的游戏，只是这次是由她来扮演老师。她穿着白色百褶裙、高跟鞋和夹克，看上去很像姐姐二年级的老师欧女士。她会给泰迪熊和一排排的洋娃娃学生读故事，她会用尺子指着贴在墙上的字母卡片。她会让泰迪熊集中注意力，然后让安妮（一个洋娃娃）告诉她是什么字母。有趣的是，在蒂芙尼扮演老师时，她的书写变得更为**规范**了。她一边认真书写，一边练习说道恩之前说过的那些话："从顶部开始，画一个平顶，然后找到中间，画一条直线。你看，这就有了字母 T。"

4 岁半的蒂芙尼坐在小摇椅上，抱着心爱的娃娃拉玛尔达（Ramalda），开始读另一则她最喜欢的故事——斯坦（Stan）和简·贝兰斯坦（Jan Berenstain）（Random House，1976）的《旧帽子，新帽子》（*Old Hat*, *New Hat*）。蒂芙尼指着照片，背诵了故事情节，"新帽子，新帽子，新帽子"

和"太柔软,太粗糙",然后是激动人心的结尾,"刚刚好,刚刚好,刚刚好!"蒂芙尼的朗读包括跟着图片,回忆她听到并和父母重复了几十次的句子。在成长的这个阶段,蒂芙尼读故事的方式开始听起来像阅读,她模仿父母给她读故事时使用的表达方式和措辞(**专注于图片,形成书面故事**)。

5岁上幼儿园时,蒂芙尼已能够认出字母表中的多数字母。在幼儿园的第一年,蒂芙尼学到了每个字母组成一种特殊发音,有些字母则有两种到三种发音。对蒂芙尼来说,这种语音知识是迈向读写的令人兴奋的一步。她陶醉于用黄油烘焙出大鸟先生(Big Bird)[①]的棕色香蕉面包,研究气泡和弹跳球里的科学。

蒂芙尼的老师 C 女士也在每天结束时示范书写过程。她先让孩子们总结当天所学的知识,当他们自愿提出想法时,她会写下来。C 女士在书写时会提问:"谁知道熊宝宝(Baby Bear)是用什么字母开头的?""你还听到了什么声音?"C 女士非正式的示范点燃了蒂芙尼阅读与书写之间的链接。这位敏感的教师还让孩子们根据自身水平写日记。表 2.3 中的"图 4"展示了蒂芙尼第一次创造的拼写日志。此时,蒂芙尼开始区分单词并**专注于文字**。

五 不同的家庭背景:一个复杂的 交织着各种家庭因素的故事

蒂芙尼的家人支持她的语言和读写能力的发展,为她提供书写工具和适合年龄的书籍。他们示范阅读和书写,无数次地读故事。但不是所有的家庭对儿童的发展有着同样的理解,也不是所有的家庭都有同样的机会提供资源。如今,教师比以往任何时候都更能接触到各类家庭。对教师和保育提供者而言,理解和尊重所有家庭是非常重要的,全美幼儿教育协会将这一点作为其项目标准的一部分,"高效能的教师必须努力了解儿童的家庭,了解塑造他们家庭和社区生活的价值观、期望和因素"(全美幼儿教育协会,2009;项目标准 7)。

了解家庭及其生活有助于教师理解与他们共同工作的儿童所拥有的资

[①] 大鸟先生是《芝麻街》中的角色。

源和风险因素。想象如下 3 个孩子第一次入学时的家庭生活：

3 岁的艾拉塞利（Araceli）今天开始上幼儿班。她妈妈和阿姨握着她的手向老师问好。艾拉塞利的父母讲西班牙语，他们最近移民到美国。艾拉塞利与父母、弟弟以及叔叔、阿姨和他们的 3 个孩子住在一起。他们住在亚利桑那州南部乡村的一个小镇。她的叔叔是一家生菜农场的经理，略懂英语。艾拉塞利的父母为叔叔工作，阿姨则负责照顾家和年幼的孩子。

3 岁的莎拉（Sarah）今天开始上幼儿班。她妈妈布里奇特（Bridgette）是纽约一家著名律师事务所的律师。除莎拉外，她还将 4 岁的诺亚（Noah）和 5 岁的布雷克（Blake）带到一所提供课后看顾的私立学校。这两个男孩都是她现任男友兼同事赛斯（Seth）的儿子。虽然赛斯和布里奇特的经济状况很好，但两人每天工作 13 个小时，没有太多时间留给家人。

5 岁的杰登（Jayden）今天开始在北卡罗来纳州某市市区的一所公立学校上幼儿园。他妈妈名叫莉迪亚（Lydia），是单身的非裔，怀孕后就从高中辍学了。杰登和妈妈大部分时间都与祖母住在一起，目前，他们和祖母的男友住在一起，他是一位技工。莉迪亚主要从事服务员的工作，最近刚完成高中同等学力证书考试，开始上技术学校，打算成为一名医士。

正如上述实例所揭示的那样，艾拉塞利、莎拉和杰登在入学之初就有潜在的危险因素，但他们都有家庭提供的积极资源和机会。影响儿童学习的家庭因素是什么？在过去的四分之一世纪，研究一直将儿童家庭生活环境或状况与对儿童的健康、社会情感准备和认知能力的影响联系起来（Aikens & Barbarin, 2008; Emig, 2000; Janus & Duku, 2007）。进一步的研究确定了包括家庭结构、家长年龄和受教育程度、语言、种族和社会经济水平等具体因素，这些因素是儿童入学前对其读写能力发展影响最大的交织变量（Federal Interagency Forum on Child and Family Statistics, 2015; Robbins, Stagman & Smith, 2012）。我们将简要定义以上每一个因素，回顾当前美国有关这些因素的家庭人口统计数据，最后研究这些家庭因素如何潜在地影响入学准备和学业成就。

（一）家庭结构

社会学家广义地将家庭定义为一群通常由于血缘关系、婚姻关系或同居关系而生活在一起的个体或是这些条件的组合。皮尤研究中心（2015b）进行的人口调查显示，双亲家庭的数量正在下降，从1960年的73%下降至2014年的66%。

双亲家庭的比例在种族上存在显著差异，其中大多数是亚裔家庭（83%）、白人家庭（74%）和西班牙裔家庭（60%），只有34%的非裔儿童与双亲生活在一起（Child Trends，2015）。单亲家庭从1960年的4%增至2014年的26%。

当前的人口普查数据还显示，家庭构成的流动性很大。在过去，一对已婚夫妇所生的孩子很可能在父母婚姻持续的状况下长大。然而，这种情况在今天已不常见；因为孩子的生活安排会随父母关系状态的调整而改变。琳达·洛夫林（Lynda Loughlin）2014年的研究依据2010年美国人口普查数据，发现在超过三年的时间里，6岁以下的儿童中，约有三成的儿童经历过父母离异、分居、结婚或同居等家庭或家庭结构的重大变化。这些情况经常导致混合家庭，其家庭由继父母和继兄弟姐妹组成。结果是，美国不再拥有一个占主导地位的家庭形式。如今的父母正在日益多样化的背景下养育子女，对许多孩子而言，家庭结构也在不断演化（Pew Research Center；2015b）。

家庭结构的变化对儿童的健康构成了潜在的挑战。多数情况下，单亲家庭成长的儿童与双亲家庭成长的儿童没有相同的经济或人力资源（Barajas，2011）。事实上，每10名单身母亲的孩子，就有7名来自贫困或低收入家庭（Mather，2010）。然而，双亲家庭并不能保证经济稳定或情感文明。因此，家庭如何运作似乎比家庭如何组成更为重要（Cooper，Osborne，Beck & McLanahan，2011；Hattie，2008；Lee & McLanahan，2015）。研究表明，家庭结构本身并不能准确预测儿童在学校的学业成败；但它是一个复合变量，特别是在与父母的年龄、受教育程度和社会经济地位结合起来时（Amato，Patterson & Beattie，2015）。

（二）家长年龄

虽然现在的父母结婚的可能性比过去小得多，但他们可能年纪更大，受教育程度更高。1970年，第一次为人父的平均年龄是27岁，第一次为人母的平均年龄是21岁，而在2015年，这两个数字分别是31岁和26岁。上述年龄转变在所有州、所有种族和民族中都有发生。社会学家认为，这一变化是由于更好的教育和就业机会，更有效的生育控制以及推迟婚姻（Conger，Conger & Martin，2010；Pew Research Center，2015b）。

相应地，1991年以来，青少年的生育率几乎一直在下降，2015年达到历史新低，每千名出生人口中有24名婴儿的父母为青少年。尽管生育率普遍下降，但由于种族和民族不同，青少年的生育率仍然存在较大差异，非裔和西班牙裔青少年的生育率要高于白人或亚裔青少年（Child Trend，2013）。这是一个好消息，因为总的来说，青少年父母所生的孩子在入学时的认知成绩要低于年长父母所生的孩子（Fomby，James-Hawkins & Mollborn，2015）。不过，并非所有青少年父母所生的孩子都处于不利地位。继续接受教育并得到家庭支持的青少年父母，其子女更有可能表现出认知和行为上的入学准备（Mollborn & Dennis，2012a，2012b）。

（三）家长受教育程度

令人鼓舞的是，拥有学士及以上学位的美国父母的比例在过去30年里显著增长，从1970年的15%升至2010年的35%。此外，只有13%的儿童与没有高中文凭或高中同等学力文凭的父母住在一起（Child Trends，2015）。

家长受教育程度的提高与儿童在许多领域取得的积极成果密切相关，包括入学准备和教育成就。这种关系反映了高等教育水平和较高的金钱报酬之间的联系，反过来，这使家庭拥有更多的物质、医疗、人力和社会资源（Froiland，Powell，Diamond & Son，2013）。

（四）语言多样性

美国人口普查局（U. S. Census Bureau，2015）的数据显示，美国80%的人口说英语；报告还指出，美国家庭使用的语言有350多种，西班牙语是第二常用的语言（占13%）。数据还显示，五分之一的人口在家不说英语，四分之一的儿童在学校将英语作为第二语言学习，其中的多数儿童是移民（Child Trends，2012；Genesee，2009）。

世界上大约66%的儿童是在双语环境中长大的（Marian & Shook，2012）。在全球范围内，双语能力是一项重要财富，因为那些能流利读写一种以上语言的人通常可以获得高薪的工作前景（European Commission，

2012）。此外，掌握双语的儿童在认知、社交和情感发展方面获益（Bialystok, Craik & Luk, 2012; Dennaoui 等, 2016）。

最近的神经学研究一致表明，年轻的大脑擅长学习两种语言，婴儿期和幼儿期是成为双语者的最佳时间（Barac & Bialystok, 2012; Ramirez & Kuhl, 2017）。不幸的是，移民儿童比本国出生的儿童更小可能进入学前教育项目，这使他们在学习准备的认知层面和英语流利度方面处于劣势（Bialystok, 2016; Konishi, Kanero, Freeman, Golinkoff & Hirsh-Pasek, 2014; May, Downs, Marchant & Dymond, 2016）。

遗憾的是，美国没能接受双语。1998 年以来，大约有 30 个州通过法律指定英语为官方语言。一些州（如加利福尼亚州、亚利桑那州和马萨诸塞州）更进一步，要求州立学校只教授英语。这些法律做出了一个政治承诺，即英语浸入式教学将缩小英语使用者和英语学习者之间的成就差距（Jimenez-Castellanos & Garcia, 2017）。然而，由儿童趋势（Child Trends, 2014a）进行的一项研究显示，使用国家教育进展评估（National Assessment of Educational Progress）的四年级阅读测试，只有 31% 的英语学习者达到了基本水平或以上，而达到同等水平的非英语学习者学生的比例超过 72%。民权项目（Civil Rights Project）也发现了类似的结果。这项研究还发现，在亚利桑那州，越来越多的英语学习者被安排进入特殊教育班级，在马萨诸塞州，英语学习者的辍学率有所上升（Ullman, 2014）。

学习第二语言并不是学习困难的根源（McCabe 等, 2013）。研究表明，这一变量与学生的社会经济地位结合而导致情况更为复杂，因为美国近四分之一的移民人口生活在贫困中（Camarota, 2012; Child Trends, 2014a）。

（五）种族和民族

美国在种族和民族上是多元化的。**种族**指的是一群人具有相似的生物（遗传）特征，这些特征在历史上被认为具有重要的社会意义，如一个人的肤色。**民族**是指拥有共同文化习俗、历史和祖先的群体，还可能包括拥有共同的语言、宗教和服饰。民族差异不是遗传的，而是习得的。

尽管美国的人口来自世界各地，但美国仅在普查中正式承认六个种族（"生物"）类别：白人美国人、黑人或非裔美国人、美洲原住民和阿拉斯加原住民、亚裔美国人、夏威夷原住民和其他太平洋岛民以及拥有两个或多个种族的人。美国人口普查局也将美国人归类为"西班牙裔或拉美裔"，尽管该族裔被认为是由普遍使用西班牙语来决定的。

2016年，美国人口普查局的人口调查发现，白人仍是美国最大的人口群体，占美国总人口的61%。非裔美国人占比13%。亚裔（5%）和多种族（2%）人口是美国人口增长最快的两个群体，美洲原住民、阿拉斯加原住民和夏威夷原住民仅占总人口的2%。拉美裔占美国居民的17%，在美国人口中占比第二。美国各地的社区反映了广泛的种族和民族分布。例如，怀俄明州居民85%是白人，新墨西哥州有44%的拉美裔人口，39%的夏威夷居民是亚裔美国人，哥伦比亚特区则有46%的非裔美国人（The Kaiser Family Foundation，2015）。

描述美国的种族和民族构成相对简单，不像教育问题那样具有争议性。生物学上，人类种群99%的基因是相似的（Sussman, Allen & Templeton，2016；Yudell, Roberts, DeSalle & Tishkoff，2016）。然而，不同群体的学生在学业表现上存在一致的差异，这被称为**成就差距**。这种差距指的是不同种族和社会经济地位的学生在成绩、标准化考试成绩、选课、辍学率和大学完成率方面的差异。长期以来的研究表明，来自低社会经济地位背景的儿童在标准化测试中的表现明显低于中高社会经济地位背景的儿童。同样，研究也发现了有色人种学生和白人学生之间的差距，请记住一点，有色人种家庭的贫困率是最高的（Sirin，2005）。

（六）社会经济地位

作为社会科学中研究最广泛的结构之一，社会经济地位常通过家庭收入、家长受教育状况和职业地位的量化来衡量。相关研究一致表明，社会经济地位与儿童的健康、认知和社会情感等一系列广泛的结果相关，其影响从出生之前即开始，并持续至成年（Aikens & Barbarin，2008；Reardon, Valentino & Shores，2013；Shonkoff 等，2012）。

全美贫困儿童中心（National Center for Children in Poverty）的一份报告（Jiang, Ekono & Skinner，2016）发现，美国44%的儿童生活在低收入家庭，而这些低收入家庭的儿童中，有一半被认为是贫困儿童。只有收入达到联邦贫困线的200%才被认为是低收入，这意味着一个四口之家的收入不到47248美元。贫困人口的定义是贫困水平的100%，即一个四口之家的年收入不到23624美元（这些数字每年有所调整）。在被确定为生活贫困的人口中，黑人或非裔美国人占28%，美洲印第安人和阿拉斯加原住民占27%，西班牙裔占27%，夏威夷和太平洋岛民占17%，亚裔占14%，白人占10%。在从属于两个或两个以上种族的人口中，有18%生活在贫困线以下（The Kaiser Family Foundation，2015；U. S. Census Bureau，2014）。全美贫困儿童中心指出，特别令人担忧的是，美国6岁以下的儿童中有五分之一生活贫困（Robbins等，2012）。

有证据表明，社会经济地位会影响家庭稳定，包括儿童的养育方式及其发展结果（Conger等，2010）。尽管没有一个家庭能够免受不稳定或健康风险的影响，但研究不断显示，贫困家庭比中高社会经济地位家庭更有可能面临健康风险，离婚、儿童虐待或忽视的可能性也更高。

研究还显示，家庭的社会经济地位通常会影响儿童的学业。在美国，低收入家庭的儿童与同龄儿童相比，小学一年级时的词汇量更少（Hart & Risley，2003），阅读技能更低（Crosnoe, Benner & Davis-Kean，2016）。研究也表明，来自低社会经济地位家庭和社区的儿童的学习技能发展比来自高社会经济地位群体的儿童要慢（Bergen, Zuijen, Bishop & Jong，2016；Froiland, Powell & Diamond，2014）。

总结有关家庭多样性的信息可以清楚地看到，所有家庭都有潜在的风险因素，也有自身的财富（Robbins等，2012）。但是，风险因素中最主要的是家庭的社会经济地位，这似乎会产生连锁反应（Isaacs，2012）。例如，生活在低社会经济地位家庭的儿童在阅读和数学成绩上的得分往往比富裕家庭的同龄儿童低，这一成绩差距在幼儿园就表现出来了（Chatterji，2006）。而来自低社会经济地位家庭的多数儿童是非裔或西班牙裔（Clark，2015）。同样，多数说第二语言的儿童都是来自低社会经济地位背景的移民儿童（Sirin，2005），多数与单亲母亲生活在一起的儿童都处于贫困中（Mather，2010）。但家庭风险因素并不能预测儿童的命运（Li，2009）。高效能的教师和学校是所有儿童的财富，对那些存在多重风险因素的儿童来说尤其如此。后文将讨论教师如何针对所有儿童运用最佳的读写实践。

六　针对不同家庭的工作：首要是沟通

帮助所有家长成为成功的语言和读写榜样是幼儿教师最重要的任务之一。为了履行这一职责，教师必须不断与家长互动。汉诺威研究（The Hanover Research，2016）的报告《参与多元化家庭的最佳实践》（*Best Practices in Engaging Diverse Families*）确定了教师和学校可以参与的几项活动，这些活动可以帮助建立影响儿童学业和行为成功的教育伙伴关系。这些活动包括家访、课程工作坊、频繁交流和家长会。

与家长的沟通通常包括帮助父母了解孩子的学习成果，描述帮助孩子取得学业成就的学习活动，与父母分享支持孩子在家学习的方式。家长也急于了解孩子在老师面前的表现及其与同伴的互动（Kuhn, Marvin & Knoche, 2017）。尽管家长和教师交流的目标与50年前一样，但交流的方式可能有很大不同。皮尤研究中心（2015）的一项调查发现，美国拥有台式电脑、笔记本电脑、平板电脑和智能手机的家庭数量不断增加，互联网接入也在持续增加。18至29岁的群体尤其如此，他们中85%的人每天多次使用智能手机进行交流、搜索信息和在线购物（Thompson, Mazer & Flood-Grady, 2015）。

最近的研究还表明，家长更喜欢通过电子方式接收信息（Goodall, 2016），尤其是接收短信而不是电话（Alton, 2017）。因此，多数教师应该能够通过电子邮件、脸书（Facebook）页面或班级网站"发布"他们的课堂教学。这些平台应该使用限于教室的分配表（distribution list）（Ramasubbu, 2015）。然而，由于并非所有家庭都拥有或使用科技，因此我们鼓励教师快速调查家庭来确定他们喜欢的交流方式。下面的实例描述了一位教师发现的信息：

> 波德曼（Bodemann）夫人是堪萨斯州某乡村社区的一名教师。作为工作的一部分，她要照顾幼儿园至六年级的孩子。今年年初，为确定与这些家庭持续沟通的最佳方式，她调查了所在班级孩子的家长。结果很有趣，近75%的家庭使用智能手机。调查也显示，这些家长也使用脸书，因此，波德曼女士和她的许多同事一样，创建了一个只面向班级的脸书页面，班级中的家庭可以加入。她的调查还提供了电子邮件地址，允许她创建面向相关家庭的电子邮件分配表。有趣的是，她的调查还发现，这些家庭中的大多数更喜欢发短信而不是打电话。随着波德曼夫人继续研究调查数据，她意识到，大约10%没有电子设备的家庭来自不允许使用科技设施的宗教团体，另有15%的家庭无法在经济上负担设备和互联网服务；因此，她需要确保这些家庭收到纸质信息。

如前所述，教师需意识到，英语可能不是家长的主导语言，在个人和书面交流中，教师可能需要翻译的帮助。我们的经验是，不论教师选择如何交流，不论交流的内容、媒介或语言是怎样的，教师只要热情地传达并表现出尊重和真切的关注，相关信息就会得到强化。本节将描述人际互动和书面交流这两类交流活动。

（一）人际互动

人际互动是家长和幼儿教师（照料者）在对话中共享有关儿童个人需求的信息或是学习支持性教学策略的机会，包括家访、电话或视频通话、家长会和家长研讨会。

1. 家访

家访通常在孩子入学前进行，通过会面，教师有机会与孩子及其家长建立融洽的关系。在会面中，教师可以完成类似游戏的评估，初步确定孩子的优势和需求。教师还可以对家长进行调查或访问，以了解更多有关孩子健康和兴趣的信息。访问期间，家长通常会填写联系信息表格，明确孩子的监护安排并完成调查，以帮助教师和学校管理者确定最佳的沟通方式（Bierman, Heinrichs, Welsh, Nix & Gest, 2017）。如今，许多表格都是在平板电脑上填写的，因此信息可以立即上传至中心或地区数据库中。

2. 电话或脸书视频

95%的人使用固定电话或手机。电话（无论是移动电话还是固定电话）是与家长沟通的强大工具（美国人口普查局，2015）。成功的教师发现，简短、积极和频繁的电话或面对面交谈有助于与家长建立牢固的伙伴关系。当家长接到有关学校发生的令人兴奋的事情的电话时，他们会立即感受到教师教育孩子的热忱，更有可能参与课堂活动（Gauvreau & Sandall, 2017）。因此，只要有可能，即应将电话用作传达好消息的工具。考虑到当前有很多再婚家庭，所以无论何时出于何种原因拨打电话，正确称呼家长是非常重要的。

3. 家长会

儿童是复杂的社会性个体，他们必须适应学校和家庭这两种截然不同的文化。当家长和教师从独特的角度分享有关儿童的信息时，他们能够更好地重视儿童的个人需求和长处，并为其利益而共同努力（Harvard Family Research Project, 2017）。让家长参与这类讨论的最佳机会就是家长会。会议应以双向的信息交换为特色，我们鼓励采用表 2.4 所示的五步式家长会的形式。这一形式为家长共享信息提供了明确的时机。

家长会的成功取决于教师分享信息和突出孩子的学业或社会能力优势（Pillet-Shore，2016）。这项任务是通过使用成长档案袋来完成的，成长档案袋记录了孩子一段时间内的学业进步和社会行为（见第九章）。成长档案袋可以是电子的，也可以是纸质的；它提供学习作品和观察数据，帮助更全面地展现孩子的课堂表现。

讨论所关注的领域时，成长档案袋可以提供孩子的学习实例或教师的观察数据来阐述论点。一旦确立学习目标，提供具体的想法和资源帮助家长支持孩子的学习是尤其重要的（Cheatham & Ostrosky，2013；Tanner，2014）。

表2.4　　　　　　　　　　　　　五步式家长会

程序	主要内容
积极的开始	教师的第一句话有助于为一次积极的会议奠定基础。积极的陈述是真诚且个别化的。例如："＿＿＿＿喜欢在圆圈时间唱歌，或者，＿＿＿＿喜欢用积木搭房子。"
回顾会议过程	回顾会议过程可以缓解压力，帮助会议朝着积极方向发展。例如，"今天我要请您跟我谈谈＿＿＿＿在学校的经历。我将与您分享一些个人的观察和他的工作，然后谈谈如何帮助他继续进步，最后将快速总结信息，确保您的问题得到了答复"。
家长的贡献	与教师见面时，家长关注孩子的学业和社交能力是很重要的。同样重要的是教师理解家长最为关切的问题。家长在谈话时，教师可能做笔记。开启对话时教师可能会问："您能否分享下今年对孩子的观察，哪些让您对他的学习感到满意，哪些让您感到担忧？"
教师的观察和建议	从孩子的优点开始非常重要。使用来自成长档案袋的样本（作品）有助于说明孩子的进步，描述孩子正在学习的内容有助于家长理解学习目标和教育术语。例如："请允许我给您看一些＿＿＿＿的工作。请注意他是如何开始在书写中使用字母的。他用第一个字母'S'开始了《星球大战》（*Star Wars*）的书写。这是成为读者和书写者的第一步。他开始在字母符号和字母发音之间建立联系。"接下来，教师过渡到重点关注的领域。如关注的领域是行为，教师可以使用观察记录。例如："正如您从我们的字母识别测试中看到的，＿＿＿＿仍在学习一些字母。为帮助他在家练习，可以运用我们在学校使用的字母游戏。您能在家和他一起玩这个游戏吗？"
小结和后续	让家长简要叙述在会议上分享的内容，这有助于检查家长对共享信息的理解，有助于鼓励家长持续地支持。教师也可以再次确认会打电话或发短信询问家长是否有进一步的建议或问题。最后，记得要感谢家长参加会议。例如："烦请告知您今天了解到了＿＿＿＿的进展？下周可以打电话或发短信给您、听听您有关孩子进步的意见吗？很感谢您抽空前来参加家长会，感谢您的到来。"

4. 家长工作坊

大多数家长和其他主要照料者极大低估了他们在帮助儿童成为有能力的语言使用者方面的重要性（Suskind, Suskind & Lewinter-Suskind, 2015）。幸运的是，家长工作坊是让幼儿班和幼儿园孩子的家长参与并直接告知他们如何支持孩子语言和读写能力学习的一个非常有效的策略。工作坊的目的是分享有关儿童发展的明确信息，提供家长在家中支持儿童学习的实用建议（DeBruin-Parecki & Gear, 2013; Enz & Stamm, 2014）。

工作坊还帮助教师和其他教育者"在相互信任、尊重和支持的基础上与家庭建立关系"（全美幼儿教育协会，2009）。工作坊"让家庭参与儿童的教育成长，并邀请家庭全面参与"（全美幼儿教育协会，2009：有效教学第5条指南）。通过加强与家长的伙伴关系来促进入学准备是一项复杂但有价值的任务。当学校承认儿童的家庭文化是一种合法的学习环境时，他们可以通过有意义的活动为家庭学习提供支持环境，这些活动既可以使家庭参与，又可以增强家庭的能力（Jarrett & Coba-Rodriguez, 2017; Rhodes, Enz & La Count, 2006）。

首先，教师应设计一份调查表来确定家长的特殊利益和需求。调查表应询问家长倾向的工作坊主题、时间及其儿童保育需求。反馈调查结果并统计后，教师应公布并"宣传"工作坊的日程安排。我们建议教师选择"最热门"的两个或三个主题并确定时间和日期，以方便多数家长。一般来说，最便捷的会议场所是教室或学校的多功能厅。童子军、家长志愿者或年龄较大的孩子可以提供低龄儿童的看护服务。

其次，教师应让家长通过电话、电子邮件、推特（Twitter）、短信或回帖确认他们是否参加工作坊。这些信息帮助教师准备足够的材料并确保适当的儿童保育安排。记得在工作坊前一天发出提醒。如果一开始只有少数家长参加，切勿感到惊讶。家长工作坊可能是一个新的概念，也许需要一些时间让家长适应这种方式的家长教师互动。

再次，教师必须为家长工作坊做好准备。教师需要提供足够的用品供应，需要整理空间，需要设置茶点（家长教师组织或中心预算通常可以报销教师的茶点费用）。教师需要准备姓名标签，仔细检查儿童保育安排，为工作坊准备评估表并制订教学计划。以下是成功举办家长工作坊的一些建议。

- 应快速开始工作坊。
- 从熟悉的活动开始，让参与者放心并以轻松积极的心情工作。
- 不要总对家长说教，而是让他们动手并高度参与活动。

- 在家长参加活动后，为他们提供活动为何有效的简短信息。
- 与家长一起享受活动体验。
- 请家长填写一份简单的工作坊评估表，这将有助于不断提高工作坊的质量。

请参阅后文的"**飞跃家庭工作坊**"。

飞跃家庭工作坊

米歇尔·罗德斯　玛丽莲·莱顿

飞跃（Leaps and Bounds）项目是一项基于研究的项目，旨在为高需求社区中讲英语和西班牙语的家长和家庭成员提供必要的实用知识，为他们的孩子进入幼儿园做好准备。家庭友好的活动使用共同的家庭相关项目来促进孩子逻辑数学知识、语言读写能力和社交能力的发展（Rhodes, Enz & LaCount, 2006）。当家长或家庭参加时，他们会得到免费的儿童读物作为额外奖励。零食通常是学习活动的一部分，如将做煎饼作为阅读《如果你给猪一个煎饼》（*If You Give a Pig a Pancake*）活动的一部分（Numeroff, 1998）。

在"课堂世界"系列工作坊中，家长、家庭成员和孩子参加了4个、各为时75分钟的工作坊。在这些工作坊中，他们参加了由项目推进者（通常是学校所在地幼儿班和幼儿园的教师）和大学生实习生展示的活动。四个工作坊内容如下。

- 工作坊1和工作坊2——在家学习：活动集中于在家和家周围的学习，包括厨房、浴室和家庭娱乐室等场所。活动也将集中于音乐、美术和游戏的学习。家长学习如何通过环境中的日常活动来教育孩子（可参看活动1）。
- 工作坊3和工作坊4——在环境中学习：活动集中于各类熟悉环境中的家庭外出活动（如棒球赛、杂货店、外出就餐、逛公园等）。活动重点是进行社区旅行时的读写学习和音乐。

工作坊最重要的特点之一是家长、孩子和项目推进者会花时间一起讨论家庭如何拓展这些简单的学习活动。通过积极的参与和开放的社交互动，飞跃项目为家长和家庭成员提供了成为孩子第一任老师所必需的支持和信心。通过简单地向家长和家庭成员提供知识和支持，使用便捷和可即刻获得的资源，家长可以有更多时间与孩子在一起，更好地履行他们作为孩子第一任老师的角色。飞跃项目这类计划可以增进家长在家的参与，进而提高孩子在学校的学习和表现。

活动1：在家学习

这些活动为什么重要？它们鼓励阅读和书写，增加了有意义的语言体验和早期数学思维的机会，也激发想象力和创造力。

给我讲个故事！

所需材料：

儿童读物、蜡笔或无毒记号笔或铅笔、绘图纸和一个假想物。

过程：

（1）让孩子为您画一幅画，然后讲一个与之相关的故事。

（2）让孩子告诉您故事的开头、中间和结尾发生了什么。

（3）请您画一幅画，然后告诉孩子一个故事。

（4）延伸活动：可以在孩子最喜欢的一本书中创编与图片相关的故事。

** 请记住，每天至少给孩子阅读15分钟！

实践链接

计划一个家长工作坊，帮助家长成为高效能的故事书读者。向全班展示你的工作坊调查、确认信函、工作坊评估信和课程计划。

（二）书面沟通

过去20年的**元分析**研究一致表明，家长参与提高了学生的学业成就，而家长参与则始于频繁的家长与教师沟通（Castro等，2015）。

1. 简讯

这些交流是友好和简短的，通常保持每周一致。简讯提供以下内容：

・说明相关课程，帮助家长了解如何支持孩子在家学习；

・分享即将发生的事件；

・认识那些帮助课堂学习的家长，如陪同班级实地考察的家长；

・为家长提供特定网站或YouTube视频网站上最受欢迎的故事书阅读建议（Patrikakou，2016）。

简讯很容易创建。名为MailChimp的应用程序使创建各种有吸引力的每周简讯变得简单，可通过电子邮件完成简讯的分发，但请记住，要打印纸质副本送给无法使用电子设备的家庭。

需注意的是，虽然多数家长、家庭和儿童喜欢观看其取得的成绩和相关活动的照片，但对教师来说，遵守学校发布儿童图像的政策是非常重要的。多数学校在将照片或视频发布到媒体（包括社交媒体网站、网站或新闻通讯）之前，都需要获得儿童家长或监护人的书面同意。

2. 新闻资讯

这些通知通常提供关于特殊事件的简短提醒，如照片日（picture day）或（如因家长会导致的）学校日程变化。除了电子邮件外，脸书可能是这类交流的理想场所（平台）；推特上的一条推文也可以作为简短的提醒（Knutson，2016）。

3. 短信

与电话一样，短信主要用于私人交谈。像打电话一样，短信也应该用来分享正面信息。例如："阿伦（Arron）今天认出了所有的字母！"在当前的文化中，双向的文本交流已经成为一种常态，家长无时无刻不在回复短信，并且潜在地期待教师即刻回复短信。因此，预先制定教师的工作时间指南对双方都有帮助。

过去，书面交流通常是单向的信息形式，家长回应或进一步提问的机会有限。如今，电子论坛使互动更容易，这既有利又有弊。例如，一封发给15位家长的电子邮件可能会产生一打"回复"，这很快会淹没教师和家长的邮箱。多数电子邮件系统有不回复的功能，可以防止这个问题。如果家长有具体的意见或担忧，可以直接将回复反馈给教师。同样，教师和家长需要对他们的评论多加考虑，在社交媒体上保持良好的数字公民身份（Hollandsworth，Donovan & Welch，2017）。

实践链接

制作一份简报，向未来的家庭介绍自己。描述你的沟通计划，包括你计划如何使用脸书、推特和色拉布（Snapchat）等。

使用免费的通信应用程序，如 MailChimp 来设计你的公告。

七　小结

本章讨论了儿童文字知识的发展，以及家庭在这一持续发展过程中所扮演的重要角色。

第一，找出促进儿童语言、阅读和书写发展的家庭环境因素。促进儿童阅读和书写发展的家庭环境因素包括以下内容。

- 可获取文字和书籍。为了学习读写，低龄儿童必须有机会观看大量的文字，必须有易获取的书籍。
- 成人展示读写行为。儿童还需要观察父母、其他成人或年长的兄姐在日常生活中运用读写。
- 成人提供支持。早期读者的父母往往非常支持孩子早期的读写尝试，他们回答孩子关于文字的问题，指出环境中的字母和单词，经常阅读故事书，定期访问当地图书馆，给孩子提供各种各样的体验（如逛商店、公园和参观博物馆），发起功能性的读写活动（如建议孩子给祖母写信或帮助他们列一张购物清单）。
- 独立参与读写活动。儿童需要掌握读写材料，并有机会参与早期阅读和书写活动。

第二，描述阅读和书写发展的最初阶段。一般情况下，儿童在阅读和书写的早期阶段会遵循如下发展进程。

- 专注于图片，并不形成故事。儿童观看书中的图画，给它们贴上标签或进行评论。
- 专注于图片，形成口头故事。儿童观看书中的图画并创编故事，但其语调听起来像在讲述一则口头故事，听众必须看图才能跟上故事的进度。
- 专注于图片，形成书面故事。儿童通过观看书中的图画来阅读，其措辞和语调听起来像阅读，听众通常不必看图就能跟上故事。
- 专注于文字：儿童读故事时，注意的是文字而不是图画。儿童可能会因为文字意识而拒绝阅读，可能只使用文字的某些方面（如字母与声音的关系），或者按照常规来阅读。
- 儿童的书写也有一个发展的过程，其技能从象形文字到涂鸦，再到类似字母的形式，再到非音素字母流，再到规范的书写。在规范的书写中，字母符号与声音之间有很强的相关性。

第三，回顾家庭多样性和可能影响早期读写能力的人口因素。家庭的多样性在儿童的入学准备中起着重要作用。研究发现，家庭结构、家长年龄和受教育水平、语言、种族和社会经济状况等特定因素是相互交错的变量，对儿童入学前读写能力的发展有着最大影响。

第四，制定促使家庭参与儿童读写发展的策略。帮助所有家长成为成功的语言和读写榜样是幼儿教师最重要的任务之一。教师和照料者与家长的互动，有助于建立教育伙伴关系，对儿童的学业和行为成就产生影响。履行这一职责，教师必须与家长进行面对面的和书面的交流。人际互动包括家访、电话、课程工作坊和家长会。书面交流包括简讯、新闻资讯和短信。公告的分发包括通过纸质文档、电子邮件、脸书、推特等。无论何时，教师都必须保护家庭和课堂的隐私。

第 三 章

家庭以外的教育环境

本章目标

（1）描述教师如何创设布置合理、读写丰富的教室环境，为婴儿和学步儿童、前幼儿园和幼儿园阶段儿童的读写学习提供理想的环境。

（2）确立设计精良的图书馆中心、书写中心和戏剧游戏中心的特征。

（3）加深对家庭式儿童保育环境的了解，考虑如何为之创设读写环境。

（4）解释一日时间安排如何支持婴儿和学步儿童、前幼儿园和幼儿园阶段儿童的语言和读写学习。

一 引言

走进阿尔塔米拉诺（Altamirano）夫人中心式（center-based）的幼儿班教室时，你立刻就会注意到，房间很吸引人，里面摆满了有意义的图案，而且分成了不同的区域，每个区域都有不同的侧重点。有一个舒适的图书馆中心，里面存放着大量高质量的儿童书籍。附近是一个书写中心，配备了许多材料和设备用于书写。房间的另一边是一个读写丰富的游戏中心。本周它被设置成医生办公室，配备了许多与医疗相关的阅读和书写材料（病人文件夹、处方垫、墙上的标志、预约簿等）。此外，房间的墙壁上设置了有意义的文字材料，包括功能性标识（如帮助表、存储标签）、孩子们的书写样本以及教师听写用的图表。你还会注意到，随着孩子们从大组圆圈时间过渡到小组指导时间，整个日程安排节奏平稳。之后，孩子们有机会在中心独立学习，参加与大组或小组指导内容相关的活动。从一项活动到另一项活动浪费的时间很少，而且这些过渡通常包括简短的、可以帮助孩子们练习和增强课程学习技能的活动。

名词解释

图书角（Book nooks）：家庭保育环境中的特殊区域，提供与阅读相关的书籍和材料。也可用于私人住宅，以增加儿童的书籍获取和阅读兴趣。

中心式儿童保育（Center-based child care）：为婴儿和学步儿童以及（或）学前儿童提供照护的有资质的中心，这些中心通常全天开放。

戏剧游戏（Dramatic play）：一种高级游戏形式，在这种游戏中，儿童扮演角色，表演虚构的故事和情景。

功能性读写活动（Functional literacy activities）：达成真实生活目的的阅读和书写活动，如书写清单和阅读指导。

功能性标识：指导日常课堂活动的标识（如标签、列表、说明、签到纸）。

家庭式儿童保育（Home-based child care）：有时也称为家庭托儿，由开办者提供居家幼儿看护。儿童同龄或混龄活动，师幼比较低。照护能够更个性化，时间更灵活，开办者可能会提供晚上和周末看护。

图书馆中心（Library center）：教室里的特别区域，摆放着与阅读有关的书籍和材料。

读写丰富的教室环境（Literacy-rich classroom environment）：使用适宜的主题相关的读写材料来强化的游戏中心。

按需时间表（On-demand schedule）：婴儿的需求和行为方式决定他们何时入睡、进餐和游戏。

常规（Routines）：完成特定活动的一组一致的行为，如圆圈时间。

时间表（Schedules）：描绘一日学习活动的概况，即每天要完成的一系列主要活动。

书写中心（Writing center）：教室的特殊区域，摆放着书写材料和常规工具。

书写角（Writing corner）：以家庭为基础的照护环境或私人住宅中的特殊区域，摆放了各种类型的纸张和书写工具。这个角落的目的是为儿童提供方便的书写材料，增加他们探索文字和书写的机会。

二　为什么教室环境很重要？

生态心理学试图解释人类行为如何受到周围环境的影响（R. Barker, 1978；Gifford, 2007）。环境被视为塑造我们行为的情境。每个情境——电影院、杂货店、健身房、图书馆——都包含着一种选择和约束，规定着人们在特定场景中的行为方式。根据生态心理学家的说法，环境倾向于强迫或推动人们以可预测的方式行事（Gump, 1989）。

教室就是这样一种行为情境。如何安排教室及其所包含的材料可以对儿童的行为和学习产生巨大影响，当教室设置中包含许多有意义的文字、语言和读写机会，即能有效促进儿童的读写学习（Neuman & Roskos, 2005）。在本章开篇，阿尔塔米拉诺夫人的教室就是一个很好的实例。她为孩子们提供了一个读写丰富的教室环境来支持他们的早期阅读和书写发展。教室环境作为一名编外"教师"，为孩子们提供了许多丰富的学习机会。

不幸的是，这类支持性的教室环境比较少见。雷·麦吉（Lea McGee, 2007）报告说，虽然大多数幼儿教育工作者认为他们的课堂内容丰富，语言也丰富，但实际上这些教师仅提供给儿童基本的环境支持。她使用"早期语言和读写课堂观察"（Early Language and Literacy Classroom Observation, ELLCO）工具包（M. Smith & Dickinson, 2002）来评估幼儿班的教室环境，该工具包共计41分。麦吉发现，她所观察的大多数幼儿班教室的分数在10分到22分之间，只占总分值的1/3至1/2。虽然大部分教室都设立了图书馆中心，那里有足够数量的图书，但并未提供与幼儿班幼儿能力和兴趣相匹配的、类型和难易程度多样的图书。而且，仅有个别教室拥有装备精良的书写中心或遍布其他中心的阅读和书写材料，或文字丰富的戏剧游戏区域。因此，许多幼儿教师需要更好地理解丰富的环境及其实施。

停下来思考

学习与环境

本部分介绍了一些描述幼儿学习环境的概念和技能。思考你所处的物理环境，观察你上这门课的大学教室的物理环境的特点。座位是怎样安排的，是成排的还是围着桌子摆放？这对你与老师和同学们的互动有什么影响？如果你正在进行在线学习，请描述你的工作环境及其如何影响你的课程参与。

（一）为婴儿和学步儿童设计教室环境

为婴儿和学步儿童设计的良好环境当然是安全的，支持他们的情感和社会福祉，刺激其认知发展，挑战他们的运动技能并提供交流机会。除了满足所在州资质标准的期望外，一间高质量的婴儿和学步儿童教室应具有高度的功能性和灵活性，具有审美吸引力，具有年龄适宜性和以儿童为中心，且对成人友好（Bullard，2016；Lally，Stewart & Greenwald，2009）。我们建议，设计高质量的婴儿和学步儿童环境应考虑如下四个基本要素。

安全——安全的环境能让婴幼儿无所畏惧地自由探索，也能让照料者轻松积极地监督。安全的环境有足够的空间和人员。（详见表3.1"师幼比和建筑面积"）安全的环境具备以下几点。

- 由无毒材料，如天然木材制作的年龄适宜的设备。
- 带圆角的低且稳定的置物架。
- 防滑地板，如在室内地毯下放置防滑垫。
- 房间完全可视。

表3.1　　　　　　　　师幼比和建筑面积

儿童年龄（月）	比例	班额规模（人）	最低建筑面积（平方英尺）
0—8	1∶3	6	350
6—18	1∶3	9	500
16—36	1∶4	12	600
混合年龄			
0—36	1∶4	8	600

卫生——干净、通风良好的教室可以保护照料者和婴幼儿免受感染和疾病。在许多教室里，照料者在门口脱鞋，穿上室内鞋并定期清洗。健康

的环境安排应设置与食物准备和喂养区分开的独立的尿片更换区或如厕区。健康的环境遵循一致的健康习惯。

·照料者使用一次性手套来更换尿片和准备食物。

·婴幼儿和照料者经常洗手。

·使用后清洁教室的所有区域。

便利——组织有序和清晰划分的游戏、午睡、就餐和如厕空间，在一个井然有序的教室中充当隐形的伙伴。便利的环境包含以下几点。

·将同类设备和材料组合在一起。例如，将婴儿床和摇椅放在一起，就餐的桌椅靠近食物准备区等。可参看图3.1"婴儿的教室"和图3.2"学步儿童的教室"。

·有足够的贴有标签的存储单位，确保尿片袋、背包和外套离开地面但容易获取。所有的儿童包都标有孩子的名字以便查看和识别。

·有适合家庭使用、界定明确的供家长接送孩子的空间。由于这两种过渡每天都会发生，而且可能引发家长和孩子的焦虑，一个受欢迎的空间有助于缓解这些潜在的压力。这一空间也是家长和照料者交流孩子的家庭和学校需求以及成就的地方。

舒适——高质量的教室创造了一个和谐的环境，让孩子和照料者全天都能轻松地互动。婴儿和学步儿童最好在以下场所活动。

·使用自然光和（或）全光谱灯，不要使用荧光灯。

·有窗户，可以让自然光照亮房间。

·有吸声瓷砖和地毯垫，帮助吸收噪声，防止滑倒。

·有儿童尺寸和成人尺寸的家具。

·有移动式和（或）泡沫式房间隔板，便于移动房间以适应孩子不断发展的流动性。

房间颜色的最佳选择存在争议：一些教育者主张用明亮的原色来刺激眼睛和大脑发育（Zemach，Chang & Teller，2007），另一些人则提倡用柔和的中性颜色（Cadwell，2002）。然而，"最佳"颜色的选择似乎反映了文化偏好而非生物普遍性（Ceppi & Zini，1998）。此外，研究表明，不仅是颜色，色调、饱和度和亮度也会影响情绪（Manav，2007）。也许这就是为什么史蒂夫·希金斯（Steve Higgins）、伊莱恩·霍尔（Elaine Hall）、凯特·沃尔（Kate Wall）、帕米拉·伍尔纳（Pamela Woolner）和卡洛琳·麦考伊（Caroline McCaughey）（2005：22）在调查了200项关于学校环境的研究后得出结论："关于色彩的效果，证据相互矛盾，但观点很有力。"

1. 从婴儿到学步儿童

儿童生命的头几个月是身体、情感和认知发展最具形成性的时期。为方便从家庭到学校的过渡，家长可以发送家庭成员的照片并为每个孩子制作一本家庭相册（Virmani & Mangione，2013）。照料者应该创造一个和平又刺激的环境。最容易做到的是，在所有活动中与婴儿交谈，与婴儿面对面唱歌，给婴儿阅读，指出和标记熟悉的和新的物体，和婴儿一起游戏和大笑。当婴儿游戏时：

·设置安全的空间，让婴儿在地板上无论是仰卧还是趴着，都能观察到成人的行动；

·提供柔软、可咀嚼（易清洁的）且易获得的玩具；

·将熟悉物品的照片放在墙壁、婴儿床和架子的两端，与婴儿的眼睛齐平。

随着婴儿的成长，他们很快就会动起来，教室必须转变为可以安全挑战他们快速发展的运动技能的环境。婴儿需要能够爬行和学习走路的安全空间。例如，可以攀爬和行走的低的、铺着地毯的立管，可以拉起来站立和行走的安全轨道，可以安全行走、跌倒后爬起来再行走的地方。这些环境可以通过使用平台、凹陷区域和矮墙（如沿着教室外围放置固定的架子）来创建；可以将房间打造成一个年龄适宜的多种活动的区域。当墙壁围成活动区域时，教室的中心仍保持相当的开放，允许婴儿和照料者流动，同时提供灵活的空间来容纳不断变化的、反映婴儿不断发展的兴趣和技能的活动。婴儿需要可以随意玩耍的玩具和不同质地的独特材料，需要滚动的球，需要阅读的书，还需要简单的道具（围巾、帽子）来模仿和假装。同样，房间的布置必须让照料者有完整的视觉通道来监督年幼的探索者们。最后，重要的是记住，无论移动的婴儿有多么忙碌，他们仍然需要柔软的区域和地方与成人一起坐下，获得拥抱和安慰（Harms，Cryer；Clifford & Yazejian，2017）。精心设计的婴儿教室如图 3.1 所示。

2. 学步儿童

这个年龄是身体的年龄，儿童通过身体来学习。环境必须为安全的跳跃、攀爬、投掷、翻滚、爬过隧道提供空间，儿童有时需要跑，有时则需要独处的安静时间。这个年龄段的最佳环境是有几个多用途的区域，支持集体游戏、同伴游戏和个人独处。这些半封闭的活动区域容易为照料者监督，它们提供了一系列的社会环境，对幼儿的自我概念和同一性（identity）

的发展至关重要。蹒跚学步的儿童仍然需要成人的安慰,图书馆角落的摇椅或滑翔梯是多数孩子最喜欢的地方(Wittmer & Petersen,2013)。

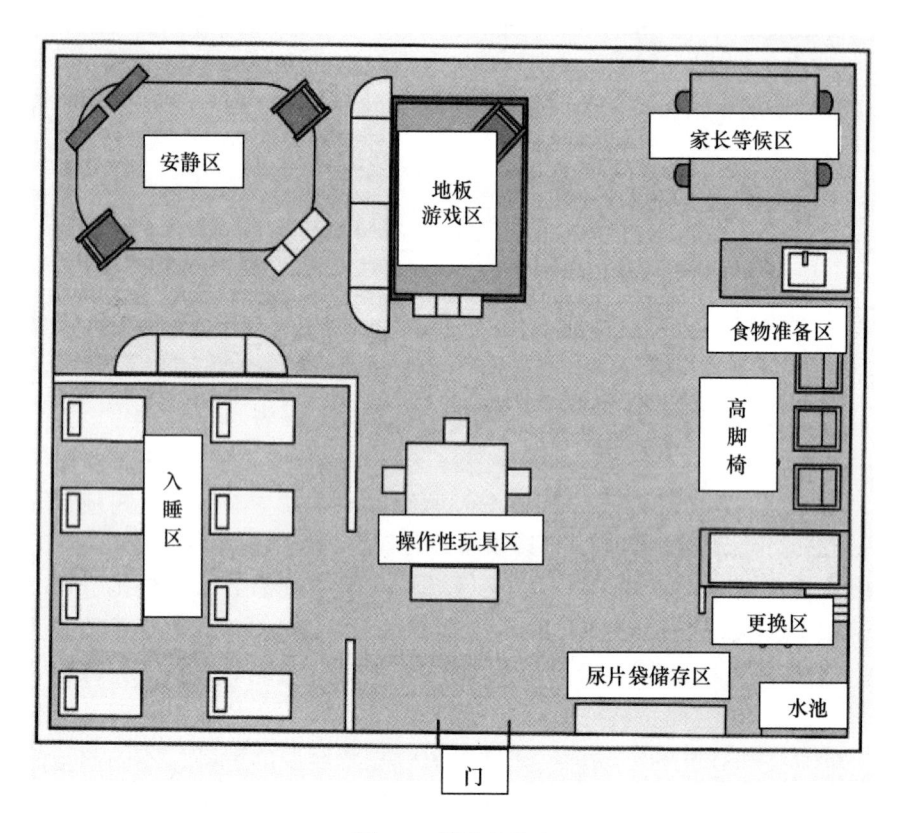

图 3.1　婴儿的教室

在这一年龄段,中心包括美术区、戏剧游戏区、操作游戏区、图书角,以及摆放了许多深受幼儿喜爱但还未准备好分享的玩具的自由游戏区。嵌套的小睡床有足够的和容易管理的存储空间,允许最大限度地灵活使用教室。这个日益复杂的教室安排帮助学步儿童过渡到幼儿班环境(Curtis & Carter,2014;Lally,Butterfield,Mangione & Signer,2004)。后文中的图 3.2 "学步儿童的教室" 提供了一个精心设计的学步儿童教室环境实例。

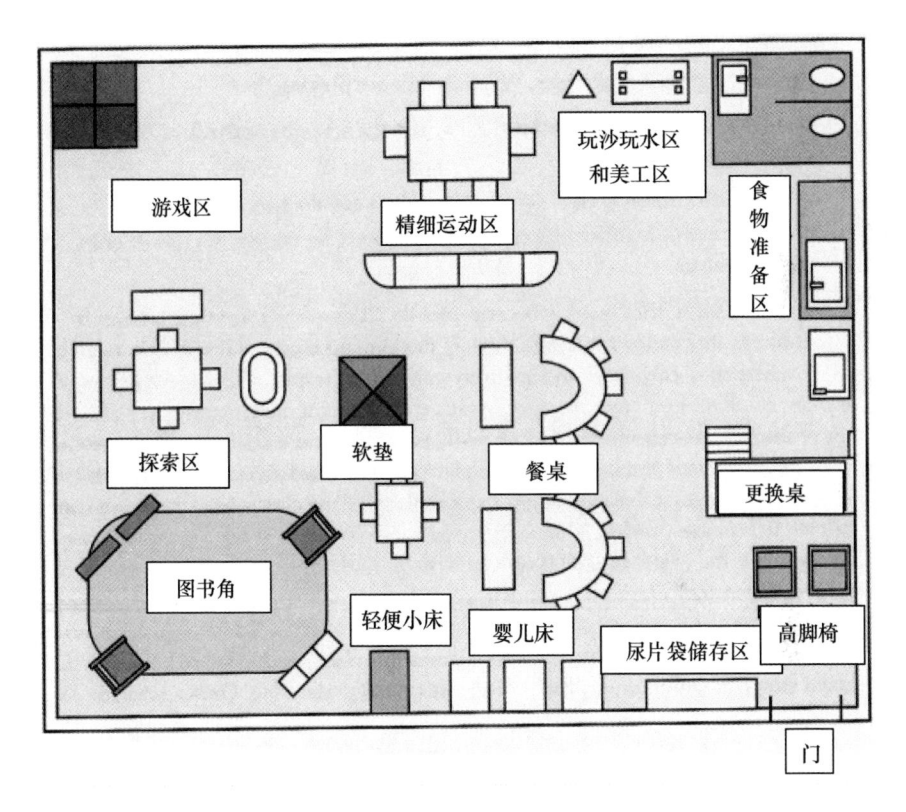

图 3.2 学步儿童的教室

实践链接

结合设计基础、本书提供的婴儿和学步儿童的环境创设知识以及你所在州的早教机构资质要求，绘制并标记一张婴儿或学步儿童的教室图表。

观察婴儿和（或）学步儿童教室的环境创设，思考其空间如何符合文中所述的标准？

（二）设计文字丰富的前幼儿园和幼儿园教室环境

为 3 至 5 岁的儿童设计一个读写丰富的教室环境有几个基本原则。一间精心设计的教室如图 3.3 所示，其展示了教室设计的四个基本要素。

- **将大的教室空间划分为明确定义的区域**：图3.3中的教室划分了一些小而明确界定的活动范围。小且明确定义的区域相对较大的区域而言，鼓励更多的互动和持续的活动。此外，相对小的空间容纳更少的儿童，从而营造出一间安静的教室，行为问题也更少发生。教室区域也经常被称为"中心"，可以通过可移动的家具（如书架、碗柜、桌子、盒子）、屏幕和大型植物（真实的或人造的）来明确界定。通常情况下，这些中心是围绕每个内容区域而设计的。因此，教室里有科学中心、数学中心、图书馆中心、书写中心、戏剧中心等。为了帮助儿童理解区域的用途，每个区域都应该在符合他们视线高度的地方清晰地以标志标示。对于低龄儿童，应该在标识上添加适当的图片或符号。

- **收集适当的资源来支持儿童的学习**：通常，支持儿童参与活动所需要的材料都在不同的中心。每种物品都要有指定的存放地点。这种指定帮助儿童轻松找到材料，并进行之后的材料替换。这意味着每个中心需要有放置材料的架子、桌子或盒子，并明确标记出每种材料的指定位置。在每个中心，应该充分考虑展示材料的方法。例如，不同尺寸、不同形状或不同材质的积木应该放置在积木中心（有时也称为建构区）。可用长的、长方形的木块或者小的、正方形的木块或红色塑料块进行标示。每种配有单词的积木图片都将支持低龄儿童的阅读。

- **将相似或相关的中心就近安排**：在图3.3所示的教室中，图书馆或图书中心与书写中心相距较近。之所以将这两个中心就近安排，是因为它们都鼓励儿童的发展和运用读写能力。事实上，一些教育者将这些中心合并成一个读写中心，因为它们的重点都是儿童的读写发展。这两个区域也都涉及低噪声和低体力的活动。在另一个实例中，美工区和玩水桌相邻，这两个中心均涉及混乱而嘈杂的活动。

- **让读写材料成为每个中心的一部分**：在图3.3的教室中，科学中心有许多科学书籍，积木区有以建造为特色的书籍，家庭中心的特色是食谱和食谱卡片。通过在每个中心提供书籍、书写工具、有文字的海报、杂志和其他相关材料，每个中心发展儿童读写能力的潜力得到了提高。将读写材料置于各个中心，能够支持儿童的读写发展，是教师提升儿童读写学习的重要途径。丰富所有的中心，儿童可以通过读、写、说、听以及观察来学习。

在图3.3这样的教室环境中，儿童在每个中心都能沉浸于读写学习。这样的环境全天支持儿童的自然读写试验。由于这些环境中有丰富的印刷品（如书籍、杂志、海报、功能标志、书写纸和工具），儿童可以在现实生活中进行有意义的说、听、读和写的探索。他们看到"打开"的标示，知晓这意味着什么，他们在学习日志中记录自己的观察，帮助记住所见。他们是读者和书写者，因为教师为其提供了与书面词汇互动的多重机会。

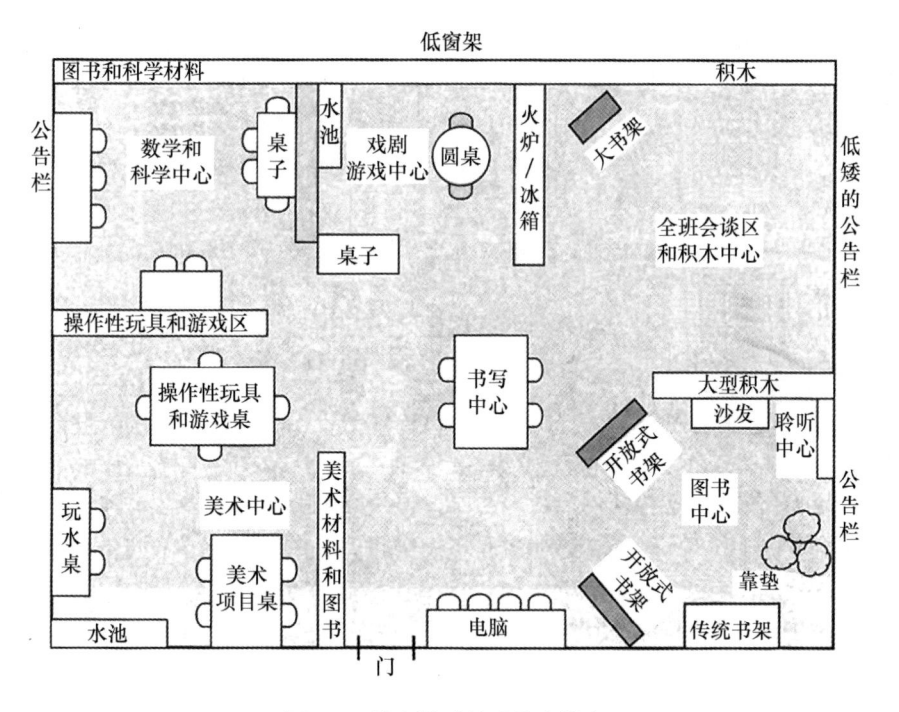

图3.3　精心设计的幼儿班教室

接下来的章节将描述教师如何通过设计有效的图书馆中心、书写中心和读写丰富的戏剧游戏中心以及为教室提供环境和功能标识来建立支持性的教室环境。

1. 图书馆中心

40多年前，斯蒂芬·克拉申（Stephen Krashen，1987：2）指出："儿童周围的书籍越多，他们便会读得越多。"教室图书馆为儿童提供方便的书籍获取以及舒适的浏览和阅读场所，进而促进其独立阅读。儿童在有图书馆的教室里比在没有图书馆的教室里能阅读更多的书籍（Baroody & Diamond，2016；Morrow & Weinstein，1982）。

为了吸引和保持孩子们的兴趣，教室的图书馆中心必须提供许多好书。专家建议，教室的图书馆最好为每个孩子提供 5 至 8 本图书（Morrow，2005；Neuman & Roskos，2005）。根据这一准则，一个由 20 名孩子组成的班级需要 100 至 160 本图书。应将这些图书划分为核心馆藏以及一次或多次循环收藏。核心馆藏由高质量的文献组成，全年保持恒定和可用。这些书籍应能吸引班上的大多数孩子，而且他们会不止一次地阅读。

循环收藏每隔几周更换一次，以配合孩子们当前的兴趣和课堂上的学习主题。例如，如果有几个孩子迷上了某位作家，比如托米·德·宝拉（Tomie de Paola）、埃里克·卡尔（Eric Carle）或莫里斯·桑达克，那么，就应该充分利用孩子们的兴趣，将这位作家的图书带进图书馆。如果课程研究种子和植物，则可以添加与这些主题相关的图片故事书和信息型书籍。当孩子们的兴趣转移到新的作者或新的主题时，旧的循环书籍会被新的循环书籍所取代。

在为教室图书馆选择书籍时，质量和多样性也非常重要（Bickle，2017）。为了激发孩子们自愿阅读，并向他们渗透对书面文本的积极态度，书籍必须吸引他们的注意力，抓住他们的兴趣点，激发他们的想象力。只有高质量的文学作品才能达成这些目的。

然而，仅有一座提供好书的教室图书馆并不足以确保儿童大量使用。图书馆必须有足够适当和有趣的图书供他们阅读。设计特性也很重要。莱斯利·莫罗（Lesley Morrow）和卡罗尔·韦恩斯坦（Carol Weinstein）(1982)发现，儿童在中心时间不会选择使用"贫瘠和无吸引力的"图书角。然而，当图书馆中心的设计特征得到改善后，他们使用图书馆的频次迅速增加。研究者确立了一系列促使图书馆具有吸引力并促进阅读的物理特征（Morrow，2009；Morrow，Freitag & Gambrell，2009；Neuman & Roskos，2005）。

· 隔墙：使用书架、屏风、大型植物或其他屏障将图书馆与教室的其他部分隔开，这给儿童一种隐私感，为阅读提供了舒适安静的环境。

· 足够的空间：至少要有足够的空间让 5 至 6 名孩子同时使用图书馆。

· 舒适的家具：图书馆的环境越舒适，儿童就越有可能使用它。柔软的地毯、椅子、旧沙发、豆袋（bean bags）和摇椅都有助于创造舒适的阅读氛围。

· 开放式书架和传统书架：传统书架展示书籍时书脊是外露的，而开放式书架展示的是书籍的封面。开放式书架在吸引儿童注意特定的书籍方面非常有效。研究者发现，当使用两种类型的书架时，幼儿园的孩子会从开放式书架上选择超过 90% 的书籍（Fractor，Woodruff，Martinez & Teale，1993）。传统书架也非常有用，因为它们可以容纳比开放式书架更多的图书。许多教师在传统书架和开放式书架之间轮换书籍，每周提供不同的图书。

·与书籍相关的展示和道具：海报（可从儿童图书委员会网站 http://www.cbcbooks.org、美国图书馆协会网站 http://www.ala.org 以及国际读写协会网站 http://www.reading.org 获取）、玩偶、涂有故事人物图案的法兰绒板和填充动物玩具，可以鼓励儿童进行阅读并表演他们最喜欢的故事。儿童阅读时，填充玩具也可以充当听众或他们的宝贝。

·中心的标识：就像将图书区与教室分隔一样，符号提示可以帮助定义空间并确定适合儿童的活动。同时使用"图书角"的标识以及与图书馆某书套相关的符号，以及某位孩子正在阅读的照片，可以帮助即使是最小的孩子也能阅读图书角的标志。

米里亚姆·史密斯（Miriam Smith）和大卫·迪金森（David Dickinson）（2002）在前述几点的基础上补充了以下几点。

·聆听中心：这个中心通常位于一张大桌子上，足够让 4 到 6 名孩子围在一台磁带或 CD 播放机旁戴上耳机聆听录音故事。教室会给孩子们提供多份磁带或 CD，这样他们可以一边听故事一边翻书。在许多前幼儿园和幼儿园教室里，聆听中心配置的是带耳机的平板电脑。

图书馆中心设计得越好，儿童使用它的机会就越多。也就是说，在自由选择时段，会有更多的孩子选择参与阅读和文学相关的活动。因此，很少有孩子自愿使用被怀疑为设计不良的教室图书馆中心。一个吸引人的图书馆中心是什么样的呢？图 3.4 提供了可供参考的幼儿教室的图书馆角落。

实践链接

观察幼儿教室的图书馆中心，评估中心的藏书和设计特点。中心有大量和多种书籍供孩子们阅读吗？有没有遗漏基本类型的书籍？图书馆中心是否有隔板、足够的空间、舒适的陈设、开放式书架和传统书架以及与书籍相关的道具和展示？图书馆中心的附近有书写中心吗？

访问 Pinterest 网站，探索不同的教室图书馆，该网站展示了数千个图书馆的实例，找出最能反映本部分所提建议的三个图书馆中心。

图 3.4　图书馆中心

说明：Casey Cook 作，作者授权再版。

2. 书写中心

书写中心是教室里的一个特殊区域，里面存放着邀请儿童书写的材料（见图 3.5）。朱迪·希基丹兹（Judy Schickedanz）和蕾妮·卡斯伯格（Renee Casbergue）（2009）建议书写中心应该包含多种书写工具，如记号笔、铅笔以及不同大小、质地和颜色的钢笔和纸张。这些材料为从事书写活动提供了环境压力。另外，教师可以通过在书写中心提供桌子和至少两把椅子来为书写提供社交刺激。儿童想与同伴分享书写，想知道同伴在写什么，并寻求帮助来建构自己的文本"早上好，'早上'怎么拼写？"

除了一张桌子和几把椅子，教师还在书写中心储备了一些可以让孩子们进行书写和游戏的材料。这些材料包括但不限于以下内容。

·不同种类的纸（如有横线的主题纸、典型的故事纸、一面干净的废弃电脑或办公室信笺纸、大量的无格纸、切成不同形状以建议书写特定主题的纸，以及折叠的可制作空白书、信纸、信封和卡片的纸）。

图3.5 装备精良的书写中心

说明：Casey Cook 作，作者授权再版。

·各种书写工具（如铅笔、记号笔等能承受儿童书写压力的工具，蜡笔、毡头笔、计算机或带有文字处理程序的计算机）。

·储存每个孩子书写成果的书写文件夹。

·一张在儿童视线水平、从所有椅子上都可以看到的字母表。

·用来存放文件夹的盒子或抽屉。

不推荐使用特大号（粗）铅笔和特种有格纸（special primary-lined paper）作为唯一的笔和纸。对于年龄较小的儿童，米里亚姆·马丁内斯（Miriam Martinez）和比尔·蒂尔（Bill Teale）（1987）推荐使用无格纸，因为这种纸并不显示应该如何书写，儿童可以更自由地使用前书写形式，如绘画、涂鸦、类似字母的书写形式等，而这些书写形式不适合传统的有格书写纸或故事纸（如上半页空白下半页有格的纸）的线条。

除以上这些要求外，一些教师还在教室书写中心设置：

·一个公告板，展示儿童的书写样本、不同的书写实例（如感谢信、信件、明信片、故事）、以书写传达的相关信息（如"这是我们的杂货清单""看，肖恩的妹妹在报纸上发表了一则故事"）。

·多张海报，展示人们正从事的书写活动。

·为想在桌子以外书写的儿童准备的多张剪贴板。

- 多个信箱，鼓励儿童写便条和写信（对象可以是同伴、老师、校长或中心主任以及其他适合的人，具体由儿童决定）。
- 在书写桌上放置字母条，这样当儿童开始尝试将字母发音知识与字母构成知识联系起来时，就有现成的模板可用。
- 空白书，在两张彩色建筑纸（construction paper）之间放两到三张空白纸，并在一边钉好，通常剪成与所研究主题相对应的形状（如研究环境时剪成蝴蝶或树木形，研究身体时剪成心形）。
- 多套特殊单词卡（如与所研究的主题相关的单词、同班幼儿的名字、常用单词），具体做法是在索引卡上写上一个单词，（可能的话）附加这个单词的图片，再在卡片一角打孔，然后用银环将卡组固定在一起。
- 擦写板或魔法板。
- 邮票和信笺簿。
- 塑料、木制和（或）磁性字母及字母模板。

如今，大多数幼儿教室的书写中心都有台式电脑、笔记本电脑或平板电脑。研究一致表明，科技促进儿童更多地使用语言，因为他们在合作计划、修改和讨论拼写、标点符号、行距和文本意义时，与同伴进行了更多交谈（Clements & Sarama，2003）。如图3.5所示，每台电脑前有两把椅子，这种安排鼓励同伴之间的交谈。此外，当儿童正在学习如何书写文字时，技术鼓励他们更多地书写，因为在电脑上进行字词处理比组成字母（forming letters）更容易（Patchan & Puranic，2016）。研究还表明，交互软件程序可以帮助儿童发展前阅读技能，如字母识别和字母发音（Arndt，2016；Neumann，2018）。

进入学校时儿童的"计算机素养"有较大差异。一些前幼儿园和幼儿园阶段的儿童来自数字化丰富的家庭环境，家中已拥有平板电脑、智能手机和电脑，这些儿童对于如何使用电子设备几乎不需要任何指导。其他一些在家较少或没有机会使用这些设备的儿童，在学习文字处理技能时，将需要大量的时间以及电脑或平板电脑的使用指导。为了满足不同的需求，我们熟识的一位幼儿园教师在开学前的迎新日向她的学生介绍文字处理。然后，在孩子们的自由游戏时间里观察他们进行文字处理，并根据每个孩子的需要提供指导。许多儿童需要时间来试验这一工具，就像他们需要时间来试验铅笔、钢笔、记号笔等一样。正如儿童互相教授如何使用书写工具一样，他们也明确地互相教授如何使用电子工具和程序。

建议教师逐步向儿童介绍材料。如在开学的第一天即将所有材料置于书写中心,许多孩子会觉得难以应对。教师应该定期添加新材料和新工具,让书写中心焕然一新,令人兴奋。

书写中心有许多不同的材料,保持材料的整齐并配足材料非常耗费时间。有些教师会在书写中心贴上各种工具和纸张的标签,这样可以帮助所有孩子知晓将用过的材料归还至何处,也可以帮助一名"值日生"知道如何在清洁时间将中心整理好。标记物品的位置,还能帮助孩子尽快知晓缺失哪些库存和需要哪些物品。

3. 其他中心的书写材料

教师应该在教室里提供阅读和书写机会。每个中心都应有与调查主题相关的印刷材料(如书籍、杂志、小册子)供儿童使用。每个中心还应有支持儿童书写探索的道具(如纸张和书写工具)。

一旦每个中心都有书写工具,儿童便可以运用书写来达到各种目的,并练习使用他们当时需要的书写形式(线性涂鸦、基于语音的拼写)。例如,在科学中心,教师应提供表格鼓励儿童记录他们的科学观察。在图书馆中心,书写工具则鼓励儿童使用书籍作为他们书写的范本。当蓝色的纸和书写工具出现在积木中心时,儿童会为他们打算建造的建筑物绘制"蓝图"并在房间上做标记。在学习建筑这一单元期间,沿着积木中心墙壁排列的"蓝图"为孩子们的绘画和书写提供了模板。艾琳·费尔德格斯(Eileen Feldgus)和伊莎贝尔·卡多尼克(Isabel Cardonick)(1999:72)教室里的孩子们在数学中心用纸制作了条形图来说明同班同学对某个问题的回答,观察不同物体的重量并记录他们对罐中有多少物品的猜测。显然,将书写工具放在儿童手头,可以促使他们将这些工具用于多种用途。

实践链接

在早期教育中心参观为 3 岁和 5 岁儿童设立的教室,画出每间教室书写中心的示意图,并列出教师提供的书写材料。将这些教室的书写中心的材料与本部分推荐的材料列表进行比较。描述为 3 岁儿童设立的书写中心与为 5 岁儿童设立的书写中心之间的区别。

4. 环境标识

在家和社区,低龄儿童被具有现实功能的标识所包围:麦片盒和软饮料罐上的标签、路标、广告牌和餐馆菜单。这种类型的标识称为环境标识。因为情境提供了标识含义的线索，环境标识通常是儿童最先能够识别和理解的印刷品类型。

环境标识的教育好处存在争议。一方面，前读写能力的倡导者认为，环境标识是一种有价值的教学资源（Christie, Enz, Han, Prior & Gerard, 2007）。另一方面，其他研究者认为，环境标识在教学中不具重要性。例如，埃里（Ehri）和罗伯茨（Roberts）（2006）发现，有证据表明儿童在环境标识中并没有关注字母表中的字母，他们更倾向于关注明显的视觉线索，如颜色和标志设计。埃里和罗伯茨（2006：121）由此得出结论："即使儿童能够阅读环境标识，但这种能力似乎并不能促进字母学习。"

我们的立场是，环境标识是有意义的，容易阅读且容易获得，它应该在所有的幼儿班和幼儿园教室中使用。为了促进字母知识和语音学习，教师需要设计活动，有意吸引儿童注意环境标识中的字母。我们推荐以下环境标识策略。

·环境标识字母卡：教师可以要求儿童从家中携带以他们正在学习的特定字母开头的环境标识示例。例如，对于字母 T，孩子可能会带上标有"塔吉特"（Target）① 或"塔可钟"（Taco Bell）② 徽标的物品。将选中的物品展示在 Tt 卡片上，并将标志的首字母圈出来。美术中心和字母中心提供额外的优惠券或广告，孩子们经常用徽标创建自己的字母书（Enz, Prior, Gerard & Han, 2008）。

·环境标识公告板：一个"我可以阅读"的公告板可能包含空的、干净的产品容器（谷物盒、牛奶盒、糖果包装、玩具盒）、当地快餐店的菜单、带有商店标识的购物袋、有插图的商店优惠券等。孩子们可以以小组为单位，尝试弄清黑板上所有环境标识的含义。

·环境标识文件夹：可以将选定的环境标识附加至文件夹中来制作环境标识书籍（Anderson & Markle, 1985）。孩子们可以通过将比萨广告、优惠券和快递容器上的产品标识粘贴到文件夹的内页上来制作比萨书，可以用比萨相关插图来装饰书的封面。其他可能的书包括牙膏书、饼干书、牛奶书、麦片书和软饮料书。这些环境标识文件夹应该放在教室图书馆里，这样孩子们就可以向朋友们展示他们阅读这种情境化印刷品的能力。

---

① 美国著名零售商品牌。
② 美国著名连锁餐饮品牌。

・社会戏剧游戏（sociodrama play）：正如我们后文所解释的，环境标识可以作为儿童戏剧游戏的道具。例如，麦片盒和牛奶盒等空的产品盒，可以用在戏剧游戏的厨房区或家政中心。当孩子们表演与家庭有关的主题，如准备晚餐时，他们将有机会尝试阅读容器上的文字。教师应该让孩子们注意与游戏有关的字母。

5. 功能性标识

与校园外的环境标识不同，**功能性标识**与日常课堂活动息息相关。这种标识既实用又有教育意义。正如我们第二章所解释的那样，儿童的家庭读写经验通常是功能性的，他们见证父母和兄姐使用阅读和书写来实现现实生活中的各种目的（如阅读指导、书写清单）。教师可以提供机会让儿童通过日常**功能性读写活动**持续学习阅读和书写。后文将描述在幼儿班和幼儿园教室中常见的功能性标识的主要类型，包括标签、清单、说明、时间表、日历、消息、签到表和签到单以及库存清单。

・标签：标签可以用来描述分配给儿童的任务，如领队员、削铅笔员、宠物喂养员或送纸员。标签也可以用来帮助组织教室。例如，小柜子上可以贴上孩子的名字，这样他们就知道自己的物品放在何处。容器贴上标签标明里面放置的东西，且可以在架子上使用标签来指示物料的存储位置。将物品放置在有标签的指定位置，有助于孩子们找到并归还他们需要的材料。标签还可以用于指定教室的不同区域（图书馆、家政中心、积木区、游戏区、美工区），告诉孩子们每个地方应该进行的活动类型。最后，标签可以用来传达信息。例如，教师经常使用标签来识别展示中的物品（如贝壳的种类）和图片（"这是……"）。

・清单：清单在教室里有多种实际用途。可以将每个孩子的照片和名字放在一个口袋上来制作考勤表。孩子们在盒子里找到自己的名字卡，将它和各自在表格上的名字配对，即可以完成签到。待孩子们熟悉自己的名字，就可以删除这些图片。教师可以使用第二组姓名标签将工作张贴在一张辅助表上（见图3.6）。这张表包含了所需完成的工作以及帮助完成这项工作的孩子的名字。当考勤表和辅助表在日常生活中使用时，孩子们很快就学会辨认自己的名字和同伴的名字。

・说明：可以张贴CD播放机、电子笔记本和计算机等设备的使用说明，可以展示课堂规则（如"我们应走进教室"）、提醒儿童适当的行为。此外，儿童可以创建他们自己的个人指令。例如，一个孩子可能会在一个新完成的艺术项目或积木上放置"只能看，不要碰！"的标志。一开始，

图 3.6　辅助表

说明：Casey Cook 作，作者授权再版。

孩子们在阅读这类指示时需要教师或同伴的帮助，但很快他们就会学会使用周围的环境来帮助记住这些指示。教师可以不断地让孩子们参照这些贴出来的指示。例如，如果一名孩子在教室里跑，教师可以将他的注意力引向"我们应走进教室"的标志，然后问："牌子上写了什么？"说明还可以包括烹饪食谱或美术活动指导，可以将相关说明贴在挂图上。即使是非常小的孩子，也能遵循使用单词和图片的简单指示。

·时间表：每天的时间表可以在上课开始时提供给孩子，以便为即将到来的活动做好准备。图片可以帮助孩子们记住一天中不同的时段（见图 3.7）。如果孩子们问接下来会发生什么，教师可以用图表来帮助说明。

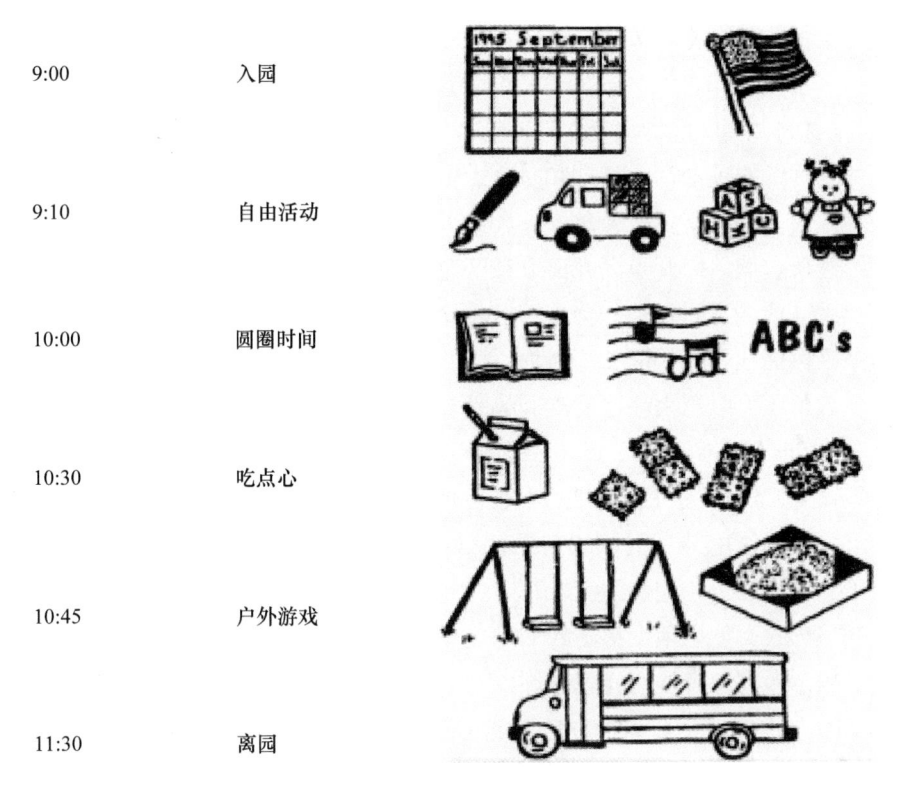

9:00	入园
9:10	自由活动
10:00	圆圈时间
10:30	吃点心
10:45	户外游戏
11:30	离园

图 3.7　一日时间表

说明：Casey Cook 作，作者授权再版。

- 日历：可在每个月的月初设置每月日历来标记孩子们的生日、舞会以及其他特殊事件（如实地考察、教室参观或某位孩子的宠物狗生了狗宝宝）。教师可以鼓励孩子们使用日历来确认特殊事件发生的时间，并记录对他们来说重要的事件。
- 信息：通常情况下，无法预见的事件会改变当日计划。例如，一旦下雨，户外活动时间便没有了。除了告知孩子们，一些教师还书写了信息。例如：

圆圈时间是我们今天早上要做的第一件事！

我们今天会有一位特殊的访客，她会和我们分享她带来的饼干。

这些信息告诉孩子们那些直接影响他们一天的活动，即使是最小的孩子也会很快学会密切关注这些信息。

·签到表和签到单：孩子们可以基于多种用途在列表上写下他们的名字。例如，幼儿园教师波比·费舍尔（Bobbi Fisher，1995）在一张9×18英寸的画纸的顶部写上日期和时间，要求孩子们每天早晨一到教室就在上面写下自己的名字。费舍尔女士和她的助教也在名单上签名。圆圈时间在班级进行宣读，以此点名并建立社区意识（a sense of community）。当孩子们熟悉彼此名字时，他们会接管这项活动。费舍尔女士定期使用这个签到程序来评估孩子们的前书写能力。

名单还可以用来注册受欢迎的教室中心和操场设备。朱迪斯·希克丹兹（Judith Schickedanz，1986）描述了波士顿大学实验幼儿班的教师如何指导孩子们注册使用受欢迎的中心，如积木区和戏剧游戏区。这样，前一天没有机会使用某个区域的孩子，第二天就会有机会第一个使用该区域。孩子们在操场上轮流使用三轮车时，也可以使用签到表。应鼓励孩子使用前书写形式。如果某个孩子的书写完全难以辨认，教师可能需要按规范在孩子的个人笔迹旁边写上孩子的名字。教师可以这样解释："这是我写你名字的方式。"一旦孩子的名字能够被辨认，教师即可以终止这一支架（scaffold）。

·库存清单：清单还可以用于创建不同教室区域的用品清单。苏珊·纽曼和凯西·罗斯科斯（2005）给出了运用图表的实例，其中包含了美工区的物品清单。清单上有每种物品的图片、名称以及数量。这一标志告诉孩子们，美工区有8支画笔、12把剪刀及很多纸。整理时，他们可以使用这些信息来确保中心为将来的使用做好准备。

在上述功能性读写活动中，周围的环境——每天在教室里要做的事情——使儿童更容易识别和理解标识。与此同时，功能性的读写活动使教室的运行更加顺畅。因此，功能性标识是一个双赢的策略。

实践链接

参观幼儿班或幼儿园教室，记录不同类型的功能性读写活动以及它们在教室里的使用方式。孩子们在课堂上对功能性标识有何反应？教师会涉及功能性标识吗？

（三）读写丰富的游戏中心

戏剧游戏是指儿童扮演角色，用假装来表演情景和情节。例如，几个孩子可能扮演家庭成员假装准备晚餐，或者成为超级英雄从事奇特的冒险。这种类型的戏剧游戏——也称为社会戏剧、虚构、假装或想象游戏——在儿童4至7岁时达到顶峰（Johnson, Christie & Wardle, 2005）。

正如将在第五章中解释的，戏剧游戏是发展儿童口语的理想环境。这种高级的游戏形式也可以提供一种环境，在这一环境中，儿童可以与阅读和书写进行有意义的真实互动（Roskos & Christie, 2013）。后文的小片段涉及4岁的学前儿童，描述了戏剧游戏的读写学习潜力：

> 在老师的帮助下，诺亚（Noah）和几个朋友正准备进行一次虚拟的飞机旅行。教室里的阁楼装配了椅子且变成了飞机，附近的一个主题中心变成了售票处。诺亚走进售票处，拿起记号笔，开始在几张小纸片上涂鸦。老师带着旅行用的行李经过。诺亚说："喂，库尔特（Kurt），给你几张票。"老师说："哦，太好了，这是飞行常客计划呀！"然后，诺亚又为自己制作了一张票，用的是同样的涂鸦纸。老师把票分给几个孩子，解释说他们需要这些票才能登机。当诺亚离开中心时，他在墙上的标牌上涂鸦。当被问到写了什么时，诺亚解释说，他想让人知道他将离开一段时间。

为了提供这类与标识的丰富互动，戏剧游戏区需要具备"丰富的读写"——根据每个区域的游戏主题设置丰富的阅读和书写材料（见表3.2）。这样做的目的，是使这些游戏中心像儿童在家和社区中遇到的读写环境一样。例如，比萨中心可以配备以下道具。

- 硬纸板比萨皮（大圆圈）。

- 比萨配料（番茄酱——与硬纸板比萨皮一样大小的红圈、意大利辣香肠、黑橄榄、洋葱等）。
- 铅笔、钢笔和记号笔。
- 记录订单的记事本。
- 菜单（真实的和/或由儿童制作的）。
- 墙上的标牌（"这里下单""这里付款""需要衬衫和鞋子"）。
- 员工姓名标签。
- 环境标识——印有公司名称和标志的比萨盒。
- 烹饪书。
- 银行支票、现金和信用卡。
- 报纸广告和优惠券。

这些小道具能让儿童将熟悉的比萨餐厅的读写程序融入游戏。将读写和游戏联系起来最明显的好处是，游戏可以为读写学习提供动力。当儿童把读写融入游戏时，他们即开始将阅读和书写视为一种需要掌握的令人愉快的技能。

第二个好处在于，在游戏区域添加与标识相关的道具，可以显著增加游戏期间的读写活动（Roskos, Christie, Widman & Holding, 2010）。这给儿童提供了有价值的前阅读和书写练习。随着儿童不断接触标识相关道具，发展字母和视觉单词识别能力的机会就出现了。一些孩子可能学会识别字母"p"，因为它是比萨的第一个字母。另一些孩子可能学会辨认整个单词，如"pepperoni"（意大利辣味香肠）、"menu"（菜单）和"cheese"（奶酪）。研究表明，儿童在游戏情境中学会识别环境标识（Christie 等，2007；Neuman & Roskos, 1993；Vukelich, 1994）。

此外，读写丰富的游戏情境为儿童提供了学习文字重要概念的机会。比萨店这一情境包含了功能性运用标识的实例。标识用于传递菜单和比萨盒上的信息。"此处下单"和"排队从这里开始"等标志说明了标识的调节功能。比萨店也与读写规范，即一种文化中阅读和书写行为的常规做法有关（Neuman & Roskos, 1997）。这些规范展示了标识的工具性功能，并为儿童提供了使用前书写和阅读的机会。顾客可以在下单时阅读或假装阅读菜单，服务员和前台职员可以使用记事本写下订单，稍后厨师将使用这些订单来决定要烤哪种类型的比萨。厨师可以查阅食谱，了解如何制作比萨。待比萨烤好，顾客就可以使用报纸上的折扣券来减少餐费，也可以用支票付账。

表 3.2　　　　　　　　　戏剧游戏中心的读写道具

家政中心	营业部
铅笔、钢笔、记号笔 记事本 便签 保姆指导表（Baby-sitter instruction forms） 电话号码簿 电话留言贴 留言板 儿童书籍 杂志、报纸 食谱、食谱盒 来自儿童家庭的产品容器 垃圾邮件	铅笔、钢笔、记号笔 记事本 电话留言表 日历 键盘 订单 信纸、信封、邮票 文件夹 墙上的标志 电子平板电脑 垃圾邮件
餐厅	邮局
铅笔 记事本 菜单 墙上的标志（"在此付款"） 银行支票 烹饪书 产品容器	铅笔、钢笔、记号笔 信纸和信封 邮票 邮箱 地址标签 墙上的标志（"从这里开始排队"）
杂货店	兽医办公室
铅笔、钢笔、记号笔 记事本 银行支票 墙上的标志（"超市"） 储存区的货架标签（"肉类"） 产品容器 优惠券	铅笔、钢笔、记号笔 预约簿 墙上的标志（"接待员"） 印有宠物名字的标签 病患图表 处方表 杂志（等待室）
机场（飞机）	图书馆
铅笔、钢笔、记号笔 机票 银行支票 行李标签 杂志（机载） 印有说明的呕吐袋 地图 行李认领标签	铅笔 书籍 书架上的书籍标签（"ABCs""动物"） 墙上的标志（"保持安静！"） 图书卡 图书结账卡

学习理解能力的机会也是存在的。纽曼和罗斯科斯（1997）详细阐述了在文字丰富的环境中游戏如何引导儿童发展几种类型的策略知识，这些知识有助于他们理解文本。在比萨店里，孩子们有机会：（1）寻找信息（如询问同伴菜单上的一个单词）；（2）检验假设是否正确（如询问教师"'比萨'是这样拼写的吗？"）；（3）自我纠正错误（如在标牌上写下"比

萨"这个单词时，某个孩子可能会惊呼："哎呀，比萨这个单词有两个'z'呢！"）。检验和纠正是一种自我调节机制，能够为阅读过程中的认知监控（cognitive monitoring）奠定基础。

读写丰富的游戏情境策略易于实施。教师只需要在戏剧游戏中心添加主题相关的阅读和书写材料即可。当中心的主题与其他学业课程相联系时，戏剧游戏区的读写学习潜力得到进一步的加强（Roskos & Christie, 2007）。游戏和课程所能提供的"网络"，让儿童有机会练习和巩固在大组和小组指导中教师所教授的技能和概念。

本节我们描述了为前幼儿园和幼儿园阶段的儿童创造读写丰富的环境的一些特征。在后文中，梅娅·韩描述了如何调整教室环境来满足双语学习者的需求。

特别收录

英语学习者的教学策略：改变教室环境

特拉华大学 梅娅·韩

想象你在一个地铁站，试图找到去另一个车站的方法。增加一些想象：现在你身处异国他乡，所有的路标都以你看不懂的语言标示，你要如何找寻到路？

这可能是新移民的孩子第一次进入美国课堂时的感受。幸运的是，大多数幼儿班的教室都提供让孩子参与的动手材料和活动。教师可以调整教室环境，使双语学习者更容易进入课堂，这样的环境能充分适应孩子的文化和语言需求，有助于双语学习者顺利从家庭过渡至学校。这样的环境还支持双语学习者语言和读写能力的发展。以下几个策略可以使教室环境更适合双语学习者。

· 以双语学习者第一语言的图片和单词来标示的教室区域和物品。

· 展示带有图片的日程安排，如故事时间、点心时间、整理、盥洗等。这样可以了解一日活动的结构。

· 用图片展示孩子的名字，并尽可能多地用语言表达出来。让其他说英语的孩子说出双语学习者的名字，这有助于建立积极的同伴关系。在一间人口多元的教室里，同伴是非常有用的。研究者发现，同伴辅导对英语学习者和双语学习者都有积极的影响（Hirschler, 1994）。

·有足够的游戏材料，孩子可以在没有帮助的情况下游戏。教师应该确保在教室中为双语学习者提供让他们感到舒适、能干和充实的地方。

·在学年初期，最好坚持使用严格的日程，以最大限度地减少双语学习者的混乱。这有助于双语学习者在教室中进行调整，并更快地感受到安全。

·在教室图书馆里放置一本图片字典。

大多数幼儿班的教室在白天均提供自由活动时间。研究者发现，长时间的游戏时间（至少45至60分钟）可以促进儿童的自我表达和自我引导（lsenberg & Jalongo，1993）。当儿童知道他们在学校有足够的时间来完成自己所选择的学习活动时，他们就成为自主学习者。对于双语学习者来说，自由游戏时间比结构化的小组时间压力要小，而且在这样快乐的活动背景下，教室里的成人可以为双语学习者提供个人支持。

在自由游戏时间，教师可以做些什么来支持双语学习者？泰伯斯（Tabors，1997）提出了两种策略：运用评论和前后文嵌入语言。运用评论是一种名为"边说边做"的策略。当教师使用这一策略时，他们会将自己或他人的行为作为一个活动展开来进行解释。例如，教师可能会说，"我从架子上拿了一些信纸，我需要书写工具盒里的魔法记号笔。我在给自己写张便条，提醒自己记着明天给大家买爆米花。我写的是爆米花（p-o-p-c-o-r-n）［边写边说每一个字母］。"前后文嵌入语言是指与当前情境相关的语言，特别是在社会戏剧游戏过程中的语言。在孩子发起的活动中，他们首先创设一个情境，然后教师跟随孩子的行动，这样，教师的语言对孩子来说更有意义。比如，马丁内克（Martinec）和德泽布拉（De'Zebbra）在积木区的角落里建造。教师说："德泽布拉正放下一块积木，马丁内克正在德泽布拉的积木上放一块积木，德泽布拉正在马丁内克的积木上放一块积木。"教师在对话中继续描述孩子们的行为，直到她说："看，马丁内克和德泽布拉搭建了一座高塔！"

三　家庭式儿童保育情境

全美有数百万家庭在工作或求学时依靠**家庭式儿童保育**。事实上，在美国，家庭式儿童保育是最普遍的非监护（noncustodial）托儿形式，对婴儿和学步儿童以及贫困儿童来说尤是如此（The National Survey of Early Care and Education Project Team，2016）。通常，在以家庭为基础的保育中，看顾提供者一般照顾3至5名孩子。尽管各州对经营家庭式儿童保育机构的要求不同，但许多州要求这类机构除了取得营业执照外，还要取得日托执照。此外，多数州规定了儿童看护和安全标准，提供者必须达到这些标准才能维持责任保险。显然，许可证对于确保儿童的健康、安全和教育非常重要（Tonyan，Paulsell & Shivers，2017）。

实践链接

与同伴一起设计一个读写丰富的游戏中心，选择适合一小组儿童的情境。描述如何在教室里建立这个中心。游戏中心可以放置哪些读写道具？可以运用什么标识来传达信息？在这个中心，儿童可能会使用哪些读写常规？他们和教师可能扮演什么样的角色？

选择家庭式保育有很多原因。有些家庭，特别是那些新移民家庭，之所以选择亲戚或朋友作为看顾者，是因为他们拥有相同的文化、语言、价值观和育儿习惯。另外，在非传统时间——晚上、午夜、周末或不规律时间工作的父母，也可能会使用基于家庭的保育，因为它足够灵活，可以满足他们的需求。有些家庭选择家庭式保育则是因为他们负担不起中心式儿童保育的费用，或者没有机会进入社区或城镇的儿童保育中心（Porter，Paulsell，Nichols，Begnoche & Del Grosso，2010）。

目前，对家庭式儿童保育的大规模研究非常有限。已有研究表明，许多家庭保育的提供者积极参与儿童的活动并提供安全健康的环境（Rusby，Crowley，Jones & Smolkowski，2017）。然而研究也表明，家庭保育情境提供较低水平的认知刺激（Paulsell 等，2010）。这可能是由于家庭式保育提供者获得的资源和支持要比中心式儿童保育的教师少（Brandon，2005；Rusby 等，2017）。

幸运的是，儿童早期的状况正在发生令人鼓舞的变化。亚利桑那州的"第一件事"（Arizona's First Things First）（2006）就是全州努力的成果。这是一项主要由烟草税支持的选民倡议，目标旨在支持亚利桑那州所有从出生至 5 岁的儿童的发展、健康和早期教育。"质量第一"（Quality First）是亚利桑那州"第一件事"的一个标志性项目，它是一项全面的专业发展项目，旨在提高亚利桑那州中心式和家庭式儿童保育的质量。自愿参加"质量第一"课程的家庭式儿童保育和中心式儿童保育的教职员工，有机会获得早期教育大学课程的奖学金，接受现场指导，并可以参加免费的职业发展。"质量第一"还为改善物理环境和购买学习材料提供资助。

家庭式的保育环境与中心式的情境一样，可以通过创建以读写机会为特色的图书角和书写角来支持儿童正在形成的阅读和书写技能。在家庭活动室或卧室的角落里，保育提供者可以收集各类读写材料。例如，儿童书籍和杂志可以收集起来放在一个小书架上，或者放在篮子里供孩子们阅读。大枕头、豆袋椅或儿童大小的摇椅，可以让孩子们舒适地阅读。家庭保育提供者也可以通过收集所有类型的纸张和书写工具，如蜡笔、记号笔和铅笔来创建一个书写角。一些提供者甚至增设了安全剪刀和胶带，以鼓励儿童创造书籍。提供者可以用一张小桌子、几把椅子来创建一个书写空间。在这里，孩子们可以书写能够"出版"的书，并将这些书放置在图书角中。通过使用本章前面讨论的环境标识活动，可以低成本地提供字母识别的机会。在家中设立这种特别读写场地的家庭保育提供者报告说，这大大增加了读写活动，并且有更多机会鼓励年轻的读者和书写者。

实践链接

访问你所在州的卫生部门网站：该州对家庭儿童保育执照做何规定？希望从事家庭儿童保育的个人需要营业执照吗？他们需要获得日托执照吗？他们需要遵守哪些日托标准？

访问 Pinterest 网站，搜索有关图书角的创意，找出家庭在家中创造读写空间和阅读机会的三个实例。

四　组织教室的日程安排：明智地使用时间

有效的早期读写教育需要的不仅仅是文字丰富的环境、适龄的教育以及有意义的阅读和书写经验的机会，还需要制定一张时间表，让儿童有最佳的时间来利用这些学习机会，不能太少也不能太多。此外，需要精减过渡活动，以免浪费时间（Vukelich & Christie，2009）。在前文所述实例中，阿尔塔米拉诺女士示范了如何有效地组织早期读写指导，她通过制定每日时间表来有效管理时间，为孩子们提供在大组、小组和基于中心的环境中学习语言和读写技能的机会。孩子们顺利地在这些教学环境之间过渡，几乎没有浪费时间。这种有效的课堂管理和组织是有效指导的重要组成部分（Foley，2010）。当指导顺利进行并得到环境和时间表的支持时，教师就可以将注意力集中于指导而不是控制儿童的行为。

停下来思考

为婴儿计划一天

想想你熟悉的婴儿，说说他们有什么样的一日安排？想象同时有 6 名婴儿，你如何安排时间？如何在喂养婴儿和给他们更换尿片的同时还能找时间游戏并为他们阅读？

常规和**时间表**经常互换使用。然而，时间表代表了一幅大的图画——每天要完成的主要活动的序列，而常规则代表了儿童和教师用来完成活动的一致步骤。时间表和常规非常重要，因为它们为儿童提供了一致性。一旦儿童能够预测接下来会发生什么，这将帮助他们感到安全并做好准备。研究表明，当儿童熟悉课堂安排和常规时，他们更有可能积极参与并保持专注（Wittmer & Petersen，2013）。

（一）婴儿时间表

刚出生几个月的婴儿通常需要**按需时间表**：饥饿时给他们喂餐，困倦时让他们小睡，机敏时让他们游戏，并根据需要进行调整。在 5 个月到 6 个月大时，婴儿的活动方式开始变得更加可预测。明智的照料者意识到，随着婴儿的成长，他们的需求也会发生变化，其一日安排也必须进行相应调整（Kovach & De Ros-Voseles，2015）。

然而，婴儿确实需要常规：他们喜欢喂餐时间的一致性，喜欢更换尿片时一致的过程和谈话，喜欢一遍又一遍地读自己喜欢的故事。这些养育性的、可预测的常规以及婴儿和照料者之间的互动，对于他们的社会情感发展和语言习得尤为重要（Jamison，Cabell，LoCasale-Crouch，Hamre & Pianta，2014）。

从 6 个月到 12 个月，随着婴儿在饮食、睡眠和游戏方面逐渐形成一种更加一致的模式，成人可以更容易地制定时间表。表 3.3 的"婴儿一日时间表"提供了上述活动模式的实例。

表 3.3　　　　　　　　　　婴儿一日时间表

时间	活动
8：00—8：15	入园
8：15—8：30	地板游戏
8：30—9：00	吃点心和刷牙
9：00—9：20	俯卧时间/讲故事和听歌曲
9：20—10：20	晨间小睡
10：20—10：40	吃点心
10：40—11：00	讲故事和听歌曲/俯卧时间
11：00—11：20	户外游乐或大肌肉运动
11：20—11：50	午餐和刷牙
11：50—12：00	背部游戏时间
12：00—13：45	午睡
13：45—14：00	离园和家长接送　根据需要更换尿片

（二）学步儿童时间表

在为学步儿童制订一日计划时，重要的是考虑以下几点。

·活动的平衡——涉及不同噪声水平的活动、大组和小组活动、不同节奏的活动、不同引导者（儿童或成人）的活动以及不同地点（室内或室外）的活动。

・中心和玩具的数量——儿童可以找到各种各样的玩具，这些玩具能够激发他们的兴趣，但又不会有很多玩具让他们长时间独自玩耍。

・可用于监督和促进儿童技能发展的成人数量。

・儿童对感兴趣的材料和活动的注意力。

・儿童的机敏度——多数学步儿童在早晨都是活跃和机敏的。

・儿童的文化和语言背景——运用相关活动和材料，表示你在关注孩子的这一点。

・游戏时间的延长会导致游戏行为的增加——确保儿童至少有30分钟的时间深入参与游戏中心的活动。

低龄儿童还不能完全理解时间的概念，所以他们不会以小时和分钟来安排生活，而是以发生的事件来安排生活。如果每天的事情都以同样的顺序发生，儿童会对他们的世界有更好的了解，因此会感到更安全。常规也有助于儿童发展自控能力，因为他们知道必须要等到某一特定的时间才能做某项特定的活动。常规可以培养责任感和独立性，因为如果儿童以前在相同的环境中多次做过同样的事情，他们就能够独自做更多的事情。一旦确立了常规，便很少会产生争议，因为对行为的期望被认为是理所当然的。这种秩序感不仅会让儿童感到安全，而且也会让他们在成长过程中内化一种组织自身生活的自觉意识。必须通过示范来教授常规，必须通过练习和言语来强化常规。

教师应在多大程度上严格遵守时间表？卡罗尔·维也纳（Carol Wien）和苏珊·柯比史密斯（Susan Kirby-Smith）（1998）建议教师考虑相关事件的顺序，但允许儿童决定活动变化的时机。柯比史密斯与学步儿童（18—30月龄）的教师合作，测试了让儿童的兴趣决定活动时间的想法。教师发现儿童更喜欢：(1) 入园时有人向自己打招呼，有人帮助他们做出活动选择；(2) 拥有较长的自由游戏时间，在这一时间段，吃点心和盥洗自然发生而不会打断整个小组的游戏；(3) 自由游戏时间后有一个短时间的圆圈时间，且伴随着音乐和律动；(4) 以户外游戏时间结束上午的活动。现在，这些蹒跚学步的孩子"共同拥有"了这门课程。

对于参加半日课程的学步儿童来说，每天的时间表和日程可能如表3.4所示。参加全天课程的学步儿童的时间表如表3.5所示。

表 3.4　　　　　　　　　　　　　学步儿童半日时间表

时间	活动	常规
8：30— 8：40	入园	·家长在儿童出勤记录上签字。 ·教师欢迎儿童。 ·教师和儿童收拾书包。 ·挂大衣等。
8：40— 9：00	自由游戏的 过渡时间	·儿童选择游戏中心。 ·在过渡到小组时间的前 3 分钟，教师按铃。 ·在教师的大力支持下，儿童收拾玩具。 ·演唱《整理》这首歌，帮助过渡。
9：00— 9：20	集体时间—— 圆圈时间	·儿童在地板垫上围成一圈。 ·儿童蜷腿①坐着。 ·儿童（教师）唱歌。 ·教师带着签到——儿童找到标有姓名（或照片）的签到牌。 ·教师使用任务分配轮游戏来帮助儿童知晓将在哪个中心游戏。
9：20— 10：10	活动时间—— 中心活动	·儿童到指定的中心签到，并将签到卡放在中心。多数中心可以容纳 2 至 3 名儿童。 ·在过渡到小组时间的前 3 分钟，教师按铃。 ·在教师的大力支持下，儿童收拾玩具。 ·教师提醒儿童按需使用卫生间或更换尿片。
10：10— 10：25	故事时间	·儿童在地板垫上围成一圈。 ·儿童蜷腿坐着。 ·教师介绍故事，开启同伴对话式阅读。 ·儿童回答教师的提问。 ·教师指导儿童过渡到操场。
10：25— 10：50	户外游戏或 大肌肉运动	·儿童在门口排队。 ·教师携带安全工具箱。 ·教师拿来水杯和水。 ·儿童在户外游戏。 ·在过渡到吃点心时间的前 3 分钟，教师按铃。 ·在教师的大力支持下，儿童收拾玩具。
10：50— 11：15	吃点心和刷牙	·儿童盥洗（洗手）。 ·洗手后儿童坐在桌子旁的椅子上。 ·待儿童坐好，教师以"家庭"为单位分发点心。 ·儿童和教师一起吃点心和聊天。 ·教师分发牙刷。 ·儿童排好队，每次 3 人同时刷牙，其他人则演唱《刷牙》歌。

---

① 此处原文是"孩子像椒盐卷饼一样坐着"（Children sit like a pretzel）。

续表

时间	活动	常规
11:15—11:30	离园和家长接送	·儿童拿取背包和夹克。 ·儿童围成一圈，和教师谈论今天最喜欢什么、学到了什么。 ·家长到达后，在儿童离园时，主班教师与家长进行简短交谈。 ·家长在离园簿上签名。

表3.5　　　　　　　　　　学步儿童一日时间表

时间	活动
8:00—8:15	入园
8:15—8:40	早餐和刷牙
8:40—9:00	自由游戏
9:00—9:20	集体时间——圆圈时间
9:20—10:10	活动时间——中心活动
10:10—10:30	故事时间和唱歌
10:30—11:00	户外游戏或大肌肉运动
11:00—11:30	午餐和刷牙
11:30—12:00	活动时间——中心活动
12:00—13:45	午睡
13:45—14:00	离园和家长接送
延长时间	
14:00—14:30	吃点心和刷牙
14:30—15:00	户外游戏或大肌肉运动
15:00—15:30	活动时间——中心活动
15:30—15:45	故事时间
15:45—16:00	离园和家长接送

（三）前幼儿园和幼儿园时间表

像学步儿童一样，前幼儿园和幼儿园阶段的儿童也需要时间表和常规。然而，3至5岁的儿童正在学习自律，需要更多的独立性和选择。与年龄较他们小的幼儿不同的是，学前儿童能够进行分享，并且需要频繁的机会来合作解决问题。此外，这个年龄段的儿童从支架游戏中获益较大，在这类游戏中，教师提示和引导儿童学习特定的概念和词汇（Fuligni, Howes, Huang, Hong & Lara-Cinisomo, 2012；Moyer, 2017）。

表3.6提供了半日制学前时间表的实例。在制定时间表时，教师遵循了几个原则：

· 平衡安静时间和嘈杂时间，静坐时间、聆听时间和运动时间；
· 为个人和小组调查提供大量时间，为全班活动提供较短时间；
· 认识到孩子们的工作需要时间，涉及全班一起工作、在小组中与同伴一起工作以及独立工作；
· 重视让孩子自行选择以及决定如何安排个人时间的价值。

越来越多的儿童参加全日制学前教育项目。此外，越来越多的州正在实施全日制幼儿园项目；在一些州，全日制幼儿园是强制性的，而在另一些州，全日制幼儿园是可选择的，或者只是在一些地区试行。全日制项目的定义和资金来源也因州而异（Education Commission of the States, 2016）。迪克西·温特斯（Dixie Winters）、卡罗尔·赛勒（Carol Saylor）和卡罗尔·菲利普斯（Carol Phillips）（2003）调查了全日制幼儿园的好处，他们发现，全日制幼儿园对儿童的社会性发展和学业成就的影响是积极的，对来自低收入背景的儿童来说尤其如此。当然，需要注意的是，要有高质量的课程和适宜的教学实践。教师对全日制模式反应积极。他们报告说，这一模式对于儿童来说，节奏更轻松，不那么累，压力也更小。对于教师而言，这一模式会有更大的成就感，因为他们能够加快所有儿童的语言和读写技能学习。家长的反应也很积极。对于有工作的家长来说，全日制项目意味着他们的孩子在一天的大部分时间里都能得到高质量的照顾，由此他们经历的日托问题也更少。家长报告说，在全日制项目里，教师对孩子的了解更深入，孩子的早期读写能力也大大提高了。对学前儿童来说，全天的日程安排是什么样的呢？表3.6、表3.7分别展示了半日制和全日制的学前时间表。

表3.6　　　　　　　　　　半日制学前时间表

8：00—8：30	儿童入园，签到，在等待集体时间开始的同时使用图书馆中心的资源
8：30—9：00	全班晨会，分享晨间信息，讨论正在研究的主题，概述一天的活动

续表

9：00—10：00	在读写丰富的游戏情境中活动，教师与各组儿童一起进行适合他们需要的读写活动
10：00—10：20	整理和吃点心
10：20—10：45	分享故事书阅读（由教师和助教带领各组完成）
10：45—11：15	户外游戏
11：15—11：45	歌曲、诗歌、运动
11：45—12：00	回顾当日活动，做好离园准备

表3.7　　全日制学前时间表

8：00—8：30	儿童入园，签到，在等待集体时间开始的同时使用图书馆中心的资源
8：30—9：00	全班晨会，分享晨间信息，讨论正在研究的主题，概述一天的活动
9：00—10：00	在读写丰富的游戏情境中活动，教师与各组儿童一起进行适合他们需要的读写活动
10：00—10：20	整理和吃点心
10：20—10：45	分享故事书阅读（由教师和助教带领各组完成）
10：45—11：15	户外游戏
11：15—11：45	全班活动：歌曲、诗歌、运动
11：45—12：15	午餐
12：15—12：40	以小组为单位阅读故事书
12：40—13：40	户外游戏
13：40—14：10	在读写丰富的游戏情境中活动，教师与各组儿童一起进行数学和科学相关的活动
14：10—14：40	全班圆圈时间，重点总结当日的活动、预测明日的活动，回顾小组时间的故事书阅读
14：40—15：00	离园准备

通过运用上述原则，教师展现了对于儿童在日常活动中存在多样性需求的认可。他们还认识到儿童对可预测的和日常的工作的要求，这一节奏为他们的学习奠定了基础。

以下实例说明了日常时间表的每个主要组成部分发生了什么。

·全班时间：有些教师称全班时间为会谈时间或圆圈时间。在这段时间里，儿童和教师聚在一起，通常是在教室里铺着地毯的地方。在一日中的第一个全班时间，教师通常会点名、发表公告，与儿童一起背诵效忠誓言，核对日历上的日期，报告当天的新闻以及讨论当日计划。其他时候的全班会谈包括：介绍和讨论所要学习的综合单元、教师大声朗读文学作品、教师介绍有关书写或阅读策略的课程、唱歌、合唱诗歌以及结束一日活动。

全班指导是有效的，因为教师可以同时指导整个班级。它还建立了一种教室社区的感觉，给予儿童共同的经验，并将他们关联在一起成为一个学习共同体。但是，为了适应3至4岁儿童的发展特点，全班指导应该是快节奏的、有吸引力的和简短的。对4岁儿童来说，30分钟通常是一个有效的大组活动的最长时间。对3至4岁儿童来说，20分钟是最佳时长。有些教师会安排30分钟的大组活动，但会安排助教在10到15分钟后将年龄较小的孩子带出来。接下来，这些孩子会以小组为单位接受指导，而班上的其他孩子则继续完成大组学习。

当然，这些建议只是大致的，全班活动的最佳长度也受到内容的影响。如果儿童对全班的集体课程非常感兴趣并参与其中，那么，较长的时间是合适的。当儿童参与他们感兴趣的活动时，其注意力的持续时间会非常长。另外，纽曼和罗斯科斯（2005）描述了一种课堂情景：学前儿童必须忍受45分钟的圆圈时间，班上的每个孩子都必须面对字母表指认自己名字的前两个字母，比较一周七天名称中的所有字母，然后数到30。孩子们很快变得无精打采。这是由死记硬背、枯燥乏味的技巧和内容以及过长的时间造成的。不建议使用这种冗长的活动，因为它们适得其反，并且几乎总是导致行为问题。

·小组活动时间：越来越多的幼儿教师认识到，有必要将各小组的孩子聚集在一起，对他们进行语言和读写技能的明确指导。小组活动使所有孩子都能积极参与一项活动并有机会交谈。小组越小，每个孩子的参与机会越多。小组指导使教师能够将重点放在儿童需要学习的特定技能上。大组指导通常是一种折中，以教授许多孩子需要但并非所有孩子需要的技能。

麦吉（2007）认为，幼儿教师通常以两种方式组织小组：（1）在单独的小组指导时间里，将班级分为几个小组，教师与其中一个小组一起工作，助教则与另一个小组一起工作；（2）在中心时间里嵌入小组指导，抽出少量孩子进行强化指导，班级其他孩子则在中心工作和游戏。

有一个运用上述策略的实例：在佛罗里达州的一个托儿项目中，教师将孩子分成三组进行小组指导。每天有 30 分钟的时间，孩子们在三个读写活动中轮流（每个小组活动耗时 10 分钟）。教师与 6 名孩子进行对话式阅读活动，助教和另外一组 6 名孩子一起参与一项文字意识活动，第三组孩子独自参与读写相关材料游戏。每隔 10 分钟，孩子们就换一项新的活动。通过这种方式，教师能够与一小组的孩子一起工作，明确地教授读写策略。有时，拥有相似读写能力需求的孩子被分在一个小组。其他时候，教师有意将有不同读写需求的孩子分在一组。

·**中心或活动时间**：幼儿班和幼儿园的教室通常被划分为活动区或学习中心，每个区域都有自己独特的材料和活动。在基于中心的教室中，儿童与集中的材料进行互动，并彼此帮助建立自己的知识和技能。教师的角色是创设环境，观察儿童与材料的互动，必要时提供帮助和指导，偶尔为每个中心介绍新的活动。如果建立了适当的中心和有效的管理体系，教室环境会在很大程度上发挥教育作用。

通常，全班会谈会激发孩子们的好奇心或引发他们的注意力。在中心时间，孩子们可以按自己的兴趣行事。在这些时间里，他们可以在教室里自由活动，选择感兴趣的区域或中心。他们可以在书写中心书写，在舒适的图书角阅读，在积木或建构中心搭建，在科学中心调查和记录自己的观察。对教师来说，让孩子有时间从事自己选择的活动并计划好时间是非常重要的。

在自由选择的时间里，孩子们可以与一小群同伴一起回答共同感兴趣的问题。其他情况下，小组可能是自发形成的。例如，对戏剧游戏区感兴趣的 5 个孩子聚在一起玩，直到他们厌倦了在这里游戏。在自由选择的时间里，教师积极参与孩子的学习是很重要的。这不是教师完成行政任务的时候。当孩子参与中心活动时，教师与他们的互动"对其语言发展非常重要，而且你不想失去这样的机会"（McGee，2005：125）。大卫·迪金森（2010）同意麦吉的观点。几年前，他收集了教师与学前儿童互动的数据，后来又研究了他观察到的不同类型的教师互动与儿童四年级阅读成绩之间的关系。他发现，教师在中心时间与孩子交谈的频率和质量对其日后的阅读成绩至关重要。

中心活动的时间一般为 40 到 60 分钟。为什么中心活动的时间长而全班集体活动的时间短呢？因为儿童需要大量不受干扰的时间来游戏。他们要花相当多的时间和同伴一起计划游戏，互相协商角色并实施游戏想法。儿童通常需要 30 分钟的时间来发展和表演一幕游戏场景（Christie & Wardle，1992）。最好的游戏场景是在几天内逐步形成的，而且儿童每天都在恢复和延长他们的游戏时间。

·过渡：过渡是指儿童每天从一项活动转换到另一项活动的时间。这些过渡时间通常包括一天的开始，在大组小组和中心活动之间转换，准备户外游戏、用餐和（或）午睡，以及准备离园（Hemmeter, Ostrosky, Artman & Kinder，2008）。教师需密切注意这些过渡时间有如下原因。首先，研究表明，学前儿童通常在这些过渡中花费多达 20% 到 35% 的时间（Wilder, Chen, Atwell, Pritchard & Weinstein，2006），因此，过渡占据了日常工作的很大一部分。其次，过渡通常会带来挑战性行为，特别是当过渡次数太多、时间太长或计划不充分时（Ergin & Bakkaloglu，2017；Ostrosky, Jung & Hemmeter，2008）。

我们建议，允许孩子从一处移动至另一处，而不必等待整个班级都准备完毕（例如，当孩子们吃完点心后，在等待小组指导开始时，他们可以在图书馆拿起一本书阅读）。我们还建议，要让过渡活动更具教育意义和吸引力。过渡可以为孩子们提供一个完美的机会来练习语言和读写能力。亚利桑那州布尔黑德市（Bullhead City）一家儿童保育机构的教师，在孩子们结束户外游戏回到教室时，请他们说出"密码"。密码是海报或图片（或单词卡）上与主题相关的词汇。在有关运输的单元中，密码是不同种类的汽车的名称。在有关建造的单元中，密码是工具的名称。这些活动以轻快的步骤进行，这样，孩子们不需要等待超过 2 到 3 分钟的时间便能轮到自己。当然，如果孩子们完成任务时遇到困难，教师便有了给予支架的绝佳机会。

停下来思考

时间与学习

时间表是如何影响学习的？还记得那些又长又无聊的教学演示吗？还记得那些过于简短和匆忙的会谈吗？抑或是时间正好的教学演示或者会谈？

实践链接

参观幼儿班或幼儿园的教室，了解其每日时间表。根据本章所讨论的标准对其时间表进行评估。

五　小结

第一，描述教师如何创设布置合理、读写丰富的教室环境，为婴儿、学步儿童以及前幼儿园和幼儿园阶段的儿童的读写学习提供理想的环境。如有效布置教室并包含大量有意义的标识，则儿童的读写机会便会增加。本章讨论了教学组织的两个关键要素：规划教室环境和安排指导时间。

教师在为婴儿和学步儿童设计教室环境时，必须考虑他们的健康和安全。教室应该是方便和舒适的，因为这类环境支持婴儿和学步儿童的情感和社会福祉，刺激他们的认知发展，挑战他们快速发展的运动技能，并为他们提供与同伴和照料者交流的机会。高质量的婴儿和学步儿童教室应具有高度的功能性和灵活性，具有审美吸引力，适宜儿童的年龄且以儿童为中心，并对成人友好。

第二，确立设计精良的图书馆中心、书写中心和戏剧游戏中心的特征。当教师组织学前教室时，他们必须将空间分割成精心布置的、读写丰富的中心，为学习阅读和书写提供理想的环境。这样的环境全天都在支持儿童自然的读写尝试。因为这些环境有丰富的印刷品（如书籍、杂志、海报、功能标志、书写纸和工具），儿童可以从事有意义的说、听和读的探索，并在现实生活中书写。最重要的是，教师必须发展组织良好、配备齐全的教室图书馆、书写中心和读写丰富的戏剧游戏中心。

第三，加深对家庭式保育环境的了解，考虑如何为家庭式儿童保育创设读写环境。本章简要讨论了家庭式儿童保育，认可这是美国最普遍的非监护托儿形式，对婴儿和学步儿童以及贫困儿童来说尤是如此。家庭式保育的条件和规定可能相差较大，无论这些环境如何，均能够而且应该为儿童提供发展语言和读写技能的机会。

第四，解释一日时间安排如何支持婴儿、学步儿童以及前幼儿园和幼儿园阶段儿童的语言和读写学习。本章最后讨论了一日时间表的重要性。有效的一日时间表为儿童提供了在大组、小组和中心情境中学习语言和读写技能的机会。精心实践的常规允许儿童在不同的指导情境之间顺利过渡。本章还讨论了课堂管理和组织如何成为有效指导的重要组成部分。当指导顺利进行并得到环境和时间表的支持时，教师就可以将注意力集中于指导而不是控制儿童的行为。

第四章

语言：读写学习的基础

本章目标

（1）回顾语言和读写之间的联系。

（2）回顾儿童从出生至5岁的语言和语言习得的正常发展。

（3）讨论技术和互动媒体如何影响儿童的语言发展。

（4）识别影响儿童语言习得率的因素。

（5）比较儿童的第二语言习得与母语发展之间的关系，提出成人可以使用的、使儿童更易将英语作为第二语言来学习的策略。

一 引言

9个月大的道恩坐在购物车里跟妈妈说着牙牙语。当她们走向收银台时，收银员和妈妈打招呼。道恩微笑着大声说，"嗨！"并挥了挥手。吃惊的店员对道恩笑了笑，开始和她说话。道恩显然很高兴得到这样的关注，又对着店员说起牙牙语。

正如这个场景所揭示的，语言的力量对于它最年轻的使用者来说是显而易见的。道恩证明了她知道如何使用语言来表达和实现她成为一名重要交流者的愿望。到18个月大的时候，道恩的词汇量将达到数十个，她将会说由两个词组成的句子。到36个月大的时候，她的词汇量将达到数百个，而且会使用完整的由5个和6个词组成的句子。除了交流，语言是读写和其他学习的基础。

口语代表我们的思想，我们所使用的词汇是其他学习的基础。词汇给人、地点、事物和经验贴上标签。我们用词汇来描述与我们互动的人和事物以及所从事的活动，使用词汇来提问、寻求信息、提供想法、协商、指示和解释。此外，词汇帮助我们对信息进行分类和组织，这反过来又帮助我们检索信息，并将新信息与先前的知识联系起来（Johnson & Johnson, 2011）。

儿童的口语发展是显著而普遍的。道恩以及其他儿童是如何学习语言的呢？儿童的语言如何发展得如此之快，他们或父母似乎没有付出任何努力？数百年来，这个问题一直吸引着学者和家长，这也是本章所要探讨的主题。

名词解释

儿向语（Child-directed speech）：有时称为父母语。当与婴幼儿（尤其是婴儿）交流时，父母或照料者使用的说话方式，通常包括简化的词汇、有旋律的音高、重复的问题以及缓慢或从容的语速。

先天性疾病（Congenital disorders）：用于说明出生时出现的状况，无论是由遗传还是环境引起的。

对话式阅读（Dialogic Reading）：使用简单的问题来保持儿童的兴趣，提高其语言能力。

回声性语言（Echolalia）：婴儿发出类似单词的声音。

快速映射（Fast mapping）：能够将新单词与已经存在的内化概念联系起来，在一次接触后记住并使用。

单词句词（Holophrastic words）：一个词承载着整个句子或短语的语义责任。

互动媒体（Interactive media）：基于数字计算机系统的产品和服务，通过呈现文本、移动图像、动画、视频、音频和视频游戏等内容来响应用户的操作。相关设备通常包括台式电脑、平板电脑、智能手机和游戏机。

共同视觉注意（Joint visual attention）：当一个人通过眼神凝视、指向、其他语言或非语言的暗示来提醒另一个人注意某一物体时，就可以实现两个人的共同关注。

平均话语长度（Mean length of utterance）：对儿童语言能力的度量。

元信息传递（Metacommunication）：发生在儿童停止正在进行的戏剧游戏表演转而讨论情节或角色动作时。

语素（Morpheme）：语言中最小的意义单位［例如，cats 包含两个语素：cat（动物）和 s（复数）］。

母语（Native language）："母亲的舌头"或"母亲的语言"是指个体儿时在家中（通常从父母那里）学习的语言。

中耳炎（Otitis media）：耳朵内部的炎症，会延缓语言习得。

父母语：成人经常对婴儿使用的慢速、高音调、夸张、重复的语言。

个人叙事（Personal narratives）：源于个人生活或经历的故事。

音素（Phoneme）：语言中声音的最小单位。英语中大约有 44 个音素。

语用（Pragmatic）：影响语言在不同社会环境中如何使用的规则。

假装交流（Pretend communication）：戏剧游戏中，当儿童扮演一个角色并以角色的身份与其他角色交谈时发生的交流。

韵律（Prosody）：语言的重音和语调模式。

支架：成人对儿童学习的支持。

社会互动论（Social-interactionist perspective）：认为语言的发展是遗传和成人支持的结果。

社会语域：一种用于特定目的或特定社会环境的语言。

声音游戏（Sound play）：婴儿学习如何使用发声器官、改变音调和语调结构来发声。

语法（Syntax）：单词造句的规则。

电报式语言（Telegraphic speech）：两个词或三个词的句子，只包含传达意思最必要的单词。

言语回合（Verbal bouts）：儿童和成人之间的交流，双方共同努力建立意义和理解词汇。

发音（Vocables）：表现出类似谈话的语调和行为，如轮流发言、眼神交流和可识别的手势。

最近发展区（Zone of proximal development）：儿童目前的发展水平与在成人帮助下能达到的水平之间的距离。

二 观察和描述儿童语言的正常发展

大多数儿童进入学校时，他们已经掌握了语言的基本结构，并且是相当熟练的交流者。尽管个体差异确实存在，但语言的快速习得往往遵循一个可预测的顺序。了解这一进展对家长、教师和照料者至关重要；全美幼儿教育协会明确指出，高效能的教师必须了解儿童的发展（学习）。

> 了解儿童的发展和学习。理解在每个年龄和早期发展阶段的典型特征是至关重要的。这种基于研究的认识，帮助我们决定哪些经验最有利于儿童的学习和发展。（全美幼儿教育协会，"三个核心考量"）

这一进展将通过道恩从婴儿期到幼儿园阶段的发展来说明。道恩的父母使用了一个简单的日历符号程序来收集她的语言发展信息。当父母每天早晨查看记事本（日历）时，新词汇即被记录下来。这样，记录道恩的成长变得容易。当忙碌的父母进行反思时，他们会记录下对某一事件的回忆并标注日期。在家庭庆祝活动中，摄影机被用来详细记录事件以及道恩如何使用语言。有时，也用录像带来记录故事时间。通过使用日历笔记、短文和录像带，父母惊讶于道恩的成长和发展。

我们从**社会互动论**的视角来看待道恩 5 年的发展。这意味着，我们相信她的语言习得是一个复杂的、由后天养育（习得行为）和先天发展（遗传特质）共同作用的过程。这种动态互动融合了她的神经发育和身体协调，特别是嘴部和舌头的发展，以及家人的支持和她的交流愿望。

（一）出生之前

虽然父母看不见，但道恩在子宫里就开始发展语言了。听觉和大脑机制在孕期 24 到 26 周发展，新的研究表明，未出生的婴儿在孕期的最后几周会聆听母亲说话（Saxton，2017）。当产前的婴儿听到母亲的声音，他们便开始熟悉母语（在家使用的语言）的韵律（包括语调和节奏的声调模式）。乌塔科·米奈（Utako Minai）、凯瑟琳·古斯塔夫森（Kathleen Gustafson）、罗伯特·菲奥伦蒂诺（Robert Fiorentino）、阿拉德·琼曼（Allard Jongman）和琼·塞雷诺（Joan Sereno）在 2017 年进行的一项研究发现，婴儿在出生前就能区分母语和外语的声音。他们对胎内 35 周的婴儿进行了研究，发现婴儿能够区分日语和英语这两种节奏不同的语言（见后文"评估产前婴儿和新生儿"）。这些发现有力地表明，根据在子宫内所能获得的语言信号，胎儿甚至在出生前就开始调整耳朵来聆听他们将要获得的语言。胎儿期对语言韵律特性的敏感可能是儿童习得语言的第一块基石。

> **评估产前婴儿和新生儿**
>
> 研究人员如何评估产前婴儿？一种新的方法是使用胎儿生物磁测量（fetal biomagnetometry）技术，这项技术使研究人员能够观察和检测子宫里的婴儿在聆听家里说的语言的磁带和外语磁带时心率的变化。这项研究发现，当婴儿听到新奇的语言时，他们的心率会发生显著变化，而这些语言是他们在产前环境中通常不会听到的。
>
> 如何评估新生儿的语言识别呢？长期以来，科学家一直用婴儿的吮吸反射来测量他们对语言和声音的识别程度或熟悉程度。为出生只有几个小时的婴儿提供一个与一台电脑相连的电子奶嘴，这台电脑将测量并记录婴儿吮吸反应的速率、强度和持续时间。婴儿对语言或声音的兴趣取决于他们吮吸奶嘴的频率和时间。世界各地的婴儿对熟悉的语言或声音的反应都是更频繁地吮吸。
>
> 此外，脑磁图（magnetoencephalography）可以很容易地绘制婴儿大脑活动的地图，这是一种新的无声物理神经成像技术，这一技术显示，新生儿的大脑已经表现出类似于成人大脑的语言加工的专业化（Gervain，2015）。显然，婴儿一出生就准备学习语言。

（二）出生至 1 月龄

道恩出生时，像世界上所有其他婴儿一样，相较于其他声音更喜欢人声。她已经认识了母语的韵律，而且最喜欢母亲的声音（Filippa 等，2017）。

在道恩出生的第一个月，她的口头交流主要是啼哭。与所有婴儿一样，道恩表达需求的唯一方式就是哭。这是一种发出痛苦信号的自主反射。当道恩感觉有需要时，它会刺激突然吸入空气，然后通过声带强力排出空气，声带振动产生哭喊。和其他父母一样，道恩的父母发现，即使是在凌晨 2 点，她的哭声也能引起他们即刻的强烈反应。科学家认为，人类大脑会本能地对婴儿的哭声做出反应（Jha，2012），而这种神经和神经化学效应在刚刚分娩的母亲身上表现得最为强烈（Bornstein 等，2017）。

道恩的父母面临的最大挑战是如何诠释她哭声中细微的变化。他们花了大约三个星期的时间才明白，道恩强烈而尖锐的哭声意味着她饿了，短促嘶哑几乎是喊叫的哭声表明她需要更换尿片，每天晚餐时间发出的那种烦躁挑剔的哭声则意味着她累了。

(三) 2—3月龄

2个月大的道恩坐在她的跳跃球里，研究正和她说话的母亲的脸。母亲用一种尖细的声音，用唱歌的方式夸张地说着：看妈妈，我看到宝宝道恩在看妈妈。道恩模仿母亲的嘴部动作，用微笑、摆动和非常大声的咕咕声回应她。在道恩安静下来后，母亲有意回应道恩的反馈：是的，对的，妈妈确实爱道恩。

道恩的父母和祖父母本能地使用一种夸张的语言模式，这称为**儿向语**，也称为**父母语**或婴儿语。直到最近，父母们还被告诫不要对婴儿使用婴儿语，因为这被认为会培养婴儿不成熟的语言形式。然而，最近的研究表明，这种慢速、高音调、夸张、重复的话语实际上促进了儿童的语言发展，因为父母说话的频率和音调与婴儿的听觉处理速度和听觉范围完全匹配。父母语还包含一个更重要的元素——它传达了意思，尽管信息的内容被简化为强调名词和动词。随着婴儿的成熟，他们的大脑最终达到正常的语言处理速率（Golinkoff, Can, Soderstrom & Hirsh-Pasek, 2015）。

父母语的语速缓慢，这让婴儿有更好的机会去观察和聆听声音是如何发出的，从而学会控制自己的发声器官。当婴儿仔细观察父母、兄姐和其他照料者时，他们会经常模仿所看到的舌头和嘴部的动作（Meltzoff & Kuhl, 2016）。婴儿经常在这些言语回合中回应他们的照料者，开始学习交流的本质——交换和轮流（Bornstein, 2013）。

实践链接

如何描述父母语对初为人父母者的好处？它是如何帮助婴儿学习语言的？

(四) 3—6月龄

在与父母交谈时，道恩经常会动嘴、嘴唇和眼睛，模仿父母的面部动作。第4个月开始，道恩发现了自己的声音，并为自己能发出的各种声音感到高兴，有时还会咯咯笑。道恩（典型发展中的婴儿）几乎可以发出母语英语的所有音素、元音和辅音。她不停地咕咕咯咯地笑，愉快地试验着音位、音高和音量变化。当有人跟她说话时，她会开始自己的"声音游戏"，就像成人说话那样。

研究表明，在儿童理解单词之前，他们就开始理解信息的情绪音调和意图（Gerson, Gattis & Weinstein, 2017；Muir, Lee, Hains & Hains, 2005）。在6个月大的时候，道恩已经成为模仿音调和音调变化的专家。例如，当母亲因为猫抓了家具而大喊大叫时，道恩也会用她的声音技能对那只可怜的动物大喊大叫。当听到父母之间关于一位年老邻居健康问题的悲伤谈话时，她哭了起来。虽然道恩听不懂对话的内容，但她能感受到父母的语气和面部表情，并对此做出反应。

（五）6—9月龄

6个月大时，道恩的肌肉力量、平衡和协调能力让她能够更好地独立控制环境，因为她掌握了在家具周围爬行和匍匐行走的艺术。这些身体上的成就刺激了她进一步的认知发展，因为她现在拥有了用自身的力量探索世界的能力。

7个月大时，道恩的牙牙语急剧增加。她发出的声音开始听起来像单词，且会一遍又一遍地重复。这种发声被称为**回声性语言**。虽然"MmmaaaMmmaaa"和"Dddaaaddaaa"听起来像"Mama"和"DaDa"，但它们仍然没有认知连接或意义。此时，婴儿的听觉处理速度开始以正常速度运转，这使婴儿能够区分音节，从而能够检测单词的边界。在此之前，"你想要你的瓶子吗？"（do you want your bottle?）是一个令人愉快的曲调，但不是明确的交流。当听觉界限变得明显后，婴儿会听到清晰的单词："你/想要/你的/瓶子/吗？"（do/you/want/your/bottle?）当声音经常用于连接一个特定对象的词语时，即开始词义的获得（Friedrich & Friederici, 2017；Newman, Rowe & Ratner, 2016）。

第8个月时，道恩的牙牙语开始表现出类似谈话的语调和行为。这种话语方式被称为**发音**。虽然道恩的牙牙语中还没有真正的词，但她的声音已经开始具有一些成人谈话的习惯，比如轮流说话、眼神交流和可识别的手势。前语言的这些形式本质上是一种游戏，是为了自身目的而进行的，并不是为了交流某种需要或达成某个目标而有意使用语言。

在大约9个月大的时候，道恩第一次使用真正的、目标明确的词汇。当父亲下班回家时，她爬到他身边，激动地喊着："爸爸，爸爸。"然后向他举起双臂。道恩精确地给父亲贴上标签，使用肢体语言来表达希望被人接受的愿望，都是经过深思熟虑的行为。这些表明，道恩是在使用语言来实现自己的目标。

道恩的第一个词或**语素**标志着个体理解单词的开始。现在人们认为，语言的起源——将发音模式与特定意义联系起来——源于婴儿从对他而言具有重要社会意义的人（如父母）那里开始产生的离散联想（discrete associations）（Newman 等，2016）。

（六）9—12 月龄

在生命的最初几年里，儿童正在学习使用其发声器官（舌头、嘴唇、上颌和牙齿），并控制气流量来产生语言中的音素或声音。父母感觉到孩子努力地说新单词，似乎本能地用缓慢的发音和重复的单词做出回应，以强化孩子努力模仿听到的单词（Kuhl，2010；Roy，2011）。以下是母亲如何帮助 11 个月大的道恩学会说自己名字的片段：

　　妈妈：说 Daaawwwnnn（单词发音非常清晰）。
　　道恩：Daaaww。
　　妈妈：Daaawwwnnn。
　　道恩：（把舌头放在门牙后，像妈妈一样）Dawn（笑着拍着手）。
　　妈妈：好孩子。

道恩的表达性（说）和接受性（听和理解）词汇量增长迅速。她能理解并遵从几十个简单的要求，如"把你的鞋子给妈妈""爸爸的鼻子在哪儿？"。此外，道恩对非言语手势和面部表情的掌握也在不断扩大，从挥手说"再见"到吃药时皱着眉头说"不"。随着发展，**单词句词**开始出现，这指一个词承载着整个句子或短语的语义。例如，当道恩拿着塑料钥匙、钱包和太阳镜时，"keeths"意为"我想去兜风"，"iith"意为"我想要一些冰块"。

在这个时候，道恩有意和父母进行"对话"。这些交流的发生，部分是因为父母认为她的语言尝试是有意义的和有意图的（Enz & Foley，2009）。父母和孩子之间的社会互动被称为**"言语回合"**，它表明成人对儿童交流尝试的持续支持，有助于建立语言自信和能力。当成人和儿童一起协商意义时，一场有价值的"对话"就建立起来了（Bruner，1983）。一个例子是 11 个月大的道恩站在车库门口，正拍着门。

道恩："Bice！"

妈妈："你想要冰吗？"

道恩：（摇着头）"Biisse。"

妈妈：（打开车库门）"Bise？"

道恩：（指着自行车）"Bise。"

妈妈："你想去骑自行车吗？"

道恩：（举起双臂，用力地点头）"Bice！"

当道恩的母亲（和大多数母亲）开始理解孩子的语言时，她也开始理解孩子的意思和（或）意图。斯蒂芬·马洛赫（Stephen Malloch）和科尔温·特雷瓦尔滕（Colwyn Trevarthen）（2010）研究了父母和还不会说话的婴儿之间的互动。他们得出结论，早在个体说出真正的话语之前，谈话的轮流发言结构就已经通过游戏和非言语的交流发展起来了。列夫·维果茨基（Lev Vygotsky，1962）将这种类型的成人支持或支架描述为促进儿童在**最近发展区**（儿童目前的发展水平与其在成人帮助下能达到的水平之间的距离）内的语言成长。在前面的实例中，母亲的支持帮助道恩用一个词的句子成功地沟通，这是道恩自己无法做到的。

1岁生日那天，道恩迎来了另一个重要的里程碑，她开始指向新的和不熟悉的物体。"是Dat吗？"她要求父母跟随她的手势，分享共同注意。这样做的目的是了解对象的名称。父母第一次看到她指物，是在巨大的复活节兔子进入商场的时候，道恩呼喊道："是Dat吗？"父母很快分享了她的视觉注意，说出了这个奇怪生物的名称。见后文"语言的发展，指向和共同视觉注意"。

语言发展，指向和共同视觉注意

"那是什么？"15个月大的乔丹（Jordan）指着一本儿童读物上的大象问道。"那是头大象，"妈妈也指着那头大象，分享乔丹的视觉注意并回答道，"那是头大象。乔丹，他是不是很大？"

这一幕虽然平常但又很不寻常。世界各地的孩子指着书中的图片以及周围的真实物体，通过各种方式向父母、照料者或兄姐分享他们的注视，并给有疑问的物体贴上标签。心理学家称其为分享或共同视觉注意，这对儿童发展词汇来说是很有必要的。

阿曼达·伍德沃德（Amanda Woodward）和她的同事何塞·瓜加多（Jose Guajardo）（2002）进行了一项开创性的研究，在两种情形下对幼儿进行了测试，研究人员在这两种情况下都引入了一个未知物品，并给这个物品起了一个毫无意义的名字。

- 第一种情况下，当研究人员给这个物品贴上标签时，研究人员和儿童对这个物品分享共同视觉注意。
- 第二种情况下，向同样的儿童介绍另一个新物品，但给这个物品贴上标签时研究人员将目光移开。

当天晚些时候，儿童被要求从一组相似的物品中找出上述物品的位置。结果显示，儿童能够快速正确地识别和定位在第一种条件下（共同视觉注意）引入的物品，但很难识别第二种情况下引入的物品。这些发现表明，儿童在学习新词汇时需要他人以非常具体的方式给予支持。换句话说，当物品被贴上标签时，儿童和成人需要分享视觉的"拥抱"。

杰莎·里德（Jessa Reed）、凯西·赫什-帕塞克（Kathy Hirsh-Pasek）和罗伯塔·戈林科夫（Roberta Golinkoff）（2017）强化了这一研究结论，他们测试了手机干扰对学习新单词的影响。这项研究有38位母亲参与，她们试图教自己2岁的孩子两个新单词。其中一次教学被手机来电打断，而另一次教学则没有。在教学没有被打断的时候，孩子学会了这个单词，但是当教学被打断时，孩子则没有学会新单词。关键是，每个目标词被说出的次数并不因条件的不同而有所差异。研究结果再次表明，当共同视觉注意受到干扰时，词汇课会受到影响。

参与共同注意的两项重要技能是跟随眼睛注视和识别意图，因为两名交流者必须诠释指向的目标或意图。识别意图的能力对语言发展的许多方面都很重要，包括理解、生产（production）和习得单词（Nappa & Arnold，2014）。与他人分享注意可以让儿童根据交流的语境来请求或提供信息。请参看如下例子。

道恩11个月时——和妈妈在海洋公园，她指着一只跳跃的海豚。妈妈认为道恩的意思是想知道在空中跳跃的生物的名字。"那是海豚，道恩。"妈妈把道恩的指向理解为想要得到一些信息——海豚的名字。

> 道恩 12 个月时——奶奶把道恩的衣服叠好后走进了她的卧室。正在地板上玩耍的道恩指着抽屉柜，指出衣服应该放在那里。道恩显然意识到了奶奶收拾衣服的意图，于是向奶奶提供了一些信息。道恩似乎知道奶奶不知道该把衣服放在哪里，所以她通过指势与奶奶分享信息。

（七）12—18 月龄

这时，道恩能够识别她熟悉的和有意义的人、宠物、玩具和工具的大部分词汇。研究表明，1 到 6 岁的儿童每天可以学习和记住大约 9 个新单词（Hepburn, Egan & Flynn, 2010）。这种把新单词和已经存在的内化概念联系起来，然后只接触一次就记住和使用它们的能力叫作**快速映射**。研究表明，虽然所有物体都有独有的特征，如颜色、纹理和形状，但物体的形状在帮助幼儿回忆和描绘新学会的名称方面特别有用（Borgstrom, Torkildsen & Lindgren, 2015）。

道恩还使用了过度泛化的语言，每个词都有许多含义。例如，玩偶不仅指她最喜欢的娃娃，还指她玩具盒里的所有东西，果汁代表她喝过的任何一种液体。随着道恩对世界的概念性理解的加深，她的话语愈益增多。12 个月大的时候，所有的四足动物都是小猫。经历了几次在动物园和书中与动物的接触后，在帮助她标记和描述事件的成人的支持下，她在 14 个月大的时候就能识别并正确地命名狗、牛、马、绵羊和山羊。

由于实足年龄并不是语言发展的可靠指标，语言学家通常通过记录句子中使用的单词数量来描述语言发展，这被称为"**平均话语长度**"。此时，道恩开始使用两个词的句子，比如"小猫果汁"。语言学家称这种两个和三个词的句子为"**电报式语言**"，因为它们只包含传达意思最必要的单词。然而，这些最初的句子可能有许多解释。例如，道恩的"小猫果汁"（"Kitty, juuth"）可能意味着"这只小猫想要一些牛奶"或"这只小猫喝了牛奶"，甚至是"这只小猫把头伸进我的杯子里喝了我的牛奶"。显然，句子的前后文有助于父母更好地理解她的意图或意思。

请记住，儿童是通过观察和与他人互动来学习所有"语言课程"的。父母和照料者是最好的语言教师，他们有最多的机会影响儿童的语言发展（Otto, 2017）。表 4.2"照料者支持儿童语言发展的策略"为帮助成人培养儿童的语言技能提供了简单而高效的建议。

（八）18—36月龄

18个月到2岁时，道恩开始更频繁地使用句子，甚至是短句的排列，这反映了她对**语法**直觉理解能力的增强。语法是指单词（语素）如何组合成句子。这些单词组合的变化会极大地影响词义。例如，"人从建筑物上摔下来"和"建筑物落在人身上"描述的是截然不同的事件。除了单词的位置，话语的意义还受到语言学家所说的**语用学**的影响，即有助于表明说话者意图的声调、音调变化、面部表情和肢体语言的差异。比如，说"没有鞋子"（No shoes）加上耸肩，表示找不到鞋子，说"鞋子，不行！"（Shoes, no）加上摇头，表示不想穿鞋子。在这个发展阶段，儿童会惊人地模仿他们看到的非言语手势，就像"意大利人的对话"这段视频精彩展示的那样。

虽然道恩的词汇量在增加，但她的音位能力并不总能反映成人的标准。她的很多单词都发音清晰（小猫、宝宝），还有一些有趣的音位尝试或近似（如"bise"代表自行车，"Gawvop"代表爷爷，"bawble"代表瓶子），还有一些她自己造的词（如"NaNe"代表奶奶）。在这个年龄，大多数儿童都不能完美地表达出成人说话的语音。相反，他们把成人的语音简化成自己能发的语音。有时这意味着他们发一个单词的首音或音节（如"whee"表示车轮），有时他们只发最后一个音或音节（如以"ees"表示奶酪）。另一个常见的特征是暂时退化（regression），这意味着他们可能会非常清楚地进行一个单词或短语的发音，然后产生一个缩短的不太成熟的版本。这也是所有儿童正常的语言发展阶段。基于此，父母应接受孩子的语言，而不是过分关注纠正他们的发音。可参看后文"典型的发音发展"。

同样，儿童早期尝试使用句子需要深思熟虑的支持而不是批判性的纠正。父母最好能通过延伸（extensions）和扩展（expansions）来支持儿童的交流尝试。延伸意指涵括了儿童所用语句本质但又将其变成一个结构良好句子的反应。例如，当道恩说，"Ree stor-ee"时，父亲反馈说，"你想让我给你读故事书吗？"当父母和照料者运用延伸时，他们示范适当的语法和流利的话语，并帮助扩大儿童的词汇。（见表4.2）当父母运用扩展时，他们温柔地重塑儿童的努力，使其反映出符合语法的内容。例如，当道恩说"We goed to Diseelan"，父母首先确认了道恩陈述的意图，同时示范了正确的形式："是的，我们去了迪士尼乐园"而不是纠正她（"我们不说'goed'而说'went'")。通过这一方式，母亲扩展了道恩的语言。

父母在与儿童交谈时所做的调整，如放慢语速，使用适合儿童年龄的词汇，对儿童的陈述提出疑问，澄清问题，以及延伸和扩展在所有文化中都存在。父母使用这种形式的支持，有助于孩子获得交际能力和自信。在2到3岁时，道恩的语言已经发展到可以很好地表达自身需求、向他人描述自己世界的阶段。除了使用代词，她还开始使用语法变化：进行时、复数、过去时和所有格。

表4.1　　　　　　　　　道恩（案例）语言发展举例

陈述	年龄（岁）
"我爱你，妈妈。"（I lub you, Mama）	2.0
"靴子在哭。"（Boot's crywing）	2.1
"道恩的宝宝道恩"（Dawn's baby dawl）	2.2
"我的书。"（My books）	2.4
"格罗弗把收音机弄掉了。"（Grover droppted the radio）	2.6
"饼干怪兽关上门。"（Cookie monster shutted the door）	2.8
"她对我不友好。"（She's not nice to me）	2.9
"爸爸的脸上贴了创可贴，刮伤了。"（Daddy's face got stickers, they scratch）	3.0

典型的发音发展

3岁的安妮指着一幅大象的图片说："是的，那是一头大象（el-la-pant）。"2岁大的布瑞尔（Briar）看到她最喜欢的电视节目就大叫："这是Giggles。"（扭摆，正确的单词是"Wiggles"）2岁半的罗比（Robbie）问奶奶："我可以吃点糖果吗？"（Gigi, can I have some tandy?）

父母既高兴又担心孩子发音错误，这是语言发展过程中的正常现象。大多数的发音错误通常是由于儿童听错音和新单词发音错误。大多数这类发音错误会随着成熟而自我纠正。下面的列表提供了语言病理学家有关特定发音错误的术语、发音错误实例以及这些发音错误消失的典型年龄。

需记住的一点是，有些儿童可能只是表现出语言发展迟缓，这可能意味着他对说话机制的控制速度比同龄人要慢，或者听别人说话或与他人交流的机会有限。学习第二语言的儿童在尝试使用第二语言时也可能出现发音困难。正如路易莎·阿劳霍在"英语语言学习"中解释的那样，任何一位学习新音位系统的个体在表达新的声音组合时都会遇到一些困难。照料者和教师必须要小心，不要将第二语言习得的正常过程与言语障碍相混淆。

语言病理学家的术语	实例	成熟的年龄（岁）
前后文敏感的表达（Context-sensitive voicing）	Cup/gup（杯子）	3.0
最终清音化（Final devoicing）	Bed/bet（床）	3.0
最后的辅音删除（Final consonant deletion）	Boat/bow（船）	3.3
软腭音前置（Velar fronting）	Car/tar（汽车）	3.6
辅音协调（Consonant harmony）	Kittycat/tittytat（小猫）	3.9
弱音缺失（Weak syllable deletion）	Elephant/effant（大象）	4.0
辅音丛减少（Cluster reduction）	Spoon/boon（勺子）	4.0
滑音（Gliding of liquids）	Leg/weg（腿）	5.0

几乎在所有的情况下，照料者都能直观地勾画出儿童的语言发展。这些沟通策略在所有文化中都可以观察到。

表4.2　　　　　　　　　**照料者支持儿童语言发展的策略**

策略	内容	案例
扩展	成人改动儿童的尝试以反映恰当的语法。成人运用扩展帮助介绍和建立新的词汇。	孩子：小猫吃。 成人：是的，小猫正在吃东西。
延伸	成人将儿童的电报式语言改动完整，并在回应儿童时加入新的信息。	孩子：小猫吃。 成人：小猫在吃它的食物。 孩子：小猫吃。 成人：小猫饿了。

续表

策略	内容	案例
重复	成人通过重复儿童的全部或部分话语来促进新句子结构的发展。	孩子：小猫吃。 成人：小猫该吃饭了。小猫该吃饭了。
平行交谈	成人描述儿童的行为。平行交谈是模拟新词汇或语法结构的有效方式。	孩子：小猫吃。 成人：吉米在看小猫吃东西。
自言自语	成人描述他们的行为。与平行交谈一样，自言自语有效地塑造了新的词汇和语法结构。	成人：我在喂小猫。
垂直结构	成人用问题鼓励儿童说出更长的或更复杂的句子。	孩子：小猫吃。 成人：小猫在吃什么？ 孩子：小猫吃猫粮。
填空	成人组织对话，儿童必须提供一个单词或短语来完成陈述。	成人：小猫在吃东西，因为它…… 孩子：饿了！

道恩还喜欢手指游戏如《小蜘蛛》和《奶奶的眼镜》（*Grandma's Glasses*），诗歌如《这只小猪》（*This Little Pig*）以及《铃儿响叮当》（*Jingle Bells*）、《美国佬嘟嘟》（*Yankee Doodle*）和《字母歌》（*Alphabet Song*）等歌曲。她也开始数数，和父母一起读最喜欢的故事，如读《三只小猪》（*Three Little Pig*）时开始数数和重复。只要父母一读这个故事，道恩就会"呼哧呼哧，把你的房子吹倒"。事实上，读故事是道恩学习新词汇的主要来源。正是通过阅读故事，尤其是关注插图中的细节，道恩了解了农场、动物园、丛林和城市等新术语（Kaefer, Pinkham & Neuman, 2017）。

父母读书给孩子听的方式对其词汇量的增加、理解能力和注意力的提升都有影响（Rowe, Leech & Cabrera, 2017）。给儿童大声朗读不是一种本能。知晓如何与儿童和故事书互动需要时间和练习。一个简单的方法可以显著提高儿童参与故事时间的体验，这被称为**对话式阅读**。对话式阅读是成人和儿童之间关于书本内容的互动持续的对话。可参看后文"同伴对话式阅读"。

同伴对话式阅读

对幼儿（和父母）来说，最简单的对话阅读技巧是按同伴顺序来进行。以下是父母和孩子之间的简短互动。

·提示孩子说出每页的内容。	父母和孩子在看一本书的封面，封面上有一只狗的照片。父母说："这是什么？"（提示）边说边指着狗。
·评估孩子的反应。	孩子说"狗"，父母说"是"。（评估）
·通过重新措辞和添加信息来扩展孩子的反应。	"这是一只毛茸茸的棕色狗。"（扩展）
·重复提示以确保孩子已经从扩展内容中学到了东西。	"你会说毛茸茸的狗吗？"（重复）

除了对话式阅读，父母还可以使用其他一些简单而有趣的策略来帮助孩子从故事时间中获得最大收获。

·一遍又一遍地读同样的书。孩子在每次听故事和看图画的时候都能学到新东西。

·让孩子寻找并给物品贴上标签。这有助于让他们参与到故事中来。

·热情地阅读。为三只小猪和狼配音既有趣又刺激，而且让故事变得生动起来。

·鼓励孩子表演故事。故事书剧本对语言的发展很有帮助，也很有趣。（详见第六章）

·将新的概念或词汇与现实生活中的事件关联起来："我们在哪里看到了蝴蝶的茧？"

实践链接

列出两本适龄的书（参见表2.2），为每本书制订一项同伴计划，重点关注新的或有趣的单词。给学步儿童或幼儿班儿童朗读这些书，描述他们的反应。说说共享视觉注意是如何帮助儿童学习新词汇的？

（九）3—4 岁

当道恩进入幼儿班时，她已是一位熟练的语言使用者。根据情绪和动机，她可以提出请求："请再给我一些蛋糕？""我现在需要这个！"她可以向别人求助，如"你能告诉我玩具在哪里吗？"；或者表示关心，如"妈妈，怎么了？"。她寻找有关世界的信息，"为什么月亮有时是圆的，但有时只是咧嘴一笑？"。像大多数儿童一样，她学会了轮流、反向引导（back channel）（使用"uh-huh"之类的词让对话继续）、讲礼貌以及做出恰当的回应。她知道如何与成人和同伴交谈。通过不断与父母和其他照料者进行有支持的互动，道恩（和大多数儿童）很快就学会了基本的会话技巧（E-. Andersen，2014）。她还可以用语言来表达自己的需求，就像她在 3 岁 8 个月时在杂货店做的那样：

> 妈妈：道恩，你想喝什么果汁？
> 道恩：橙汁，但不是那种只有很少能嚼的东西在里面的。
> 妈妈：那叫果肉。
> 道恩：恶心，我不喜欢，因为味道很差。
> 妈妈：好吧，你还记得哪种有果肉吗？
> 道恩：你知道，它是装在橙色罐头里的。
> 妈妈：嗯，橘子罐头有好几种。
> 道恩：妈妈，我知道，因为橙汁是橙色的。

道恩进入幼儿班时，教室里的书写中心有一台电脑。道恩被迷住了，她在"计算机"上书写的兴趣鼓励她学习字母表的符号和发音。在道恩上幼儿班时，科技就已飞速发展。请参看后文"技术和互动媒体作为一种语言和学习工具"。

特别收录

技术和互动媒体作为一种语言和学习工具

与孩子们大声分享书籍是一项很好的活动，在几代人的文化中都被推崇。然而，阅读并不是父母唯一能与孩子对话的时间。技术和交互式媒体，如电视、平板电脑、智能手机和游戏控制台的适当使用也为建立词汇和理解提供了很多机会。

有趣的是，到2010年，尽管平板电脑、智能手机和笔记本电脑增加了更多的工具和软件，但它们的目标与收音机相似——连接、教育、娱乐、告知和销售。这些新形式的技术和互动媒体有美好的潜力。然而，这种潜力有好也有坏的一面（Spector & You-qun，2016）。

幼儿生活在一个互动媒体的世界里。数字设备已经成为家庭、学校、工作和社区的文化工具，他们在成长中能轻松地接触到这些设备。电子媒体在幼儿生活中的普及意味着他们每周花在各种屏幕上的时间越来越多。研究表明，2至5岁的儿童平均每周花在观看或与媒体互动上的时间超过30小时（Child Trends，2014a）。但是，技术如何影响儿童的语言和读写能力的发展呢？一项研究自2000年开始在世界范围内进行，揭示了一些关于技术和互动媒体如何在家庭中使用的有趣发现。研究结果如下。

· 观看电视最常始于婴儿期，电视节目是大多数家庭中持续存在的背景噪音的一部分（Lin，Cherng，Chen，Chen & Yang，2015；Masur，Flynn & Olson，2015）。

· 相当比例的幼儿正在使用新的数字媒体，尤其是平板电脑和智能手机（Radesky，Schumacher & Zuckerman，2015）。

· 大多数家长认为，所有形式的媒体都是重要的教育工具，有利于儿童的智力发展（Chaudron 等，2015；Ernest 等，2014；Livingstone，Mascheroni，Dreier，Chaudron & Lagae，2015）。

科技和互动媒体对幼儿的影响

除了父母的态度,研究如何描述媒体对幼儿的影响?关于技术在儿童发展中的价值,存在着相互矛盾的证据。儿童在屏幕前花费时间的增加与不规律的睡眠模式、专注力和注意力问题以及社交和语言能力发展的负面影响密切相关(Blankson, O'Brien, Leerkes, Calkins & Marcovitch, 2015; Linebarger, Barr, Lapierre & Piotrowski, 2014; Nathanson & Fries, 2014)。然而,其他研究者发现,互动技术可以产生积极的语言影响,并为社会互动提供机会(Adams, 2011; Alper, 2013; Connell, Lauricella & Wartella, 2015)。尽管研究结果各不相同,但人们似乎一致认为,观看电视和互动媒体,如智能手机和平板电脑,对儿童的语言发展有不同的影响,这取决于以下几个变量。

1. 儿童的年龄
- 虽然18个月或更小的儿童会注意视觉刺激,对电视和电子故事书做出口头反应,但听觉和视觉刺激太过迅速和强烈,可能会延迟语言发展(American Academy of Pediatrics, 2016; Lin等, 2015)。
- 22个月以下的儿童通过电视和电子媒体设备学习单词的效果不如直接与成人互动(Pempek, Kirkorian & Anderson, 2014)。
- 到24个月大时,儿童开始理解内容,并可能通过观看儿童电视节目和电子故事书来扩展他们的语言(Radesky等, 2015; Tal-Harbi, 2015)。
- 3至5岁的儿童通常会受益于高质量的教育电视节目,或受益于在平板电脑或智能手机上与适龄的学习游戏互动,尤其是在父母的支持下(Dias & Brito, 2018; Lewis-Brown, 2016)。

2. 节目的质量和年龄适宜性
- 高质量、适合年龄的编程和游戏应用似乎对词汇发展和理解有积极的影响(Lauricella, Wartella & Rideout, 2015)。
- 经常接触成人节目的儿童往往词汇量较少,表达较差,与成人的交谈也较少(Anderson & Hanson, 2017)。

3. 屏幕使用时间
 • 经常观看电视或其他电子媒体娱乐（每周超过 20 小时）的儿童在语言发展测试中得分更低（Lin 等，2015；Linebarger 等，2014）。

为儿童选择节目和媒体

近年来，选择合适的儿童节目变得更加富有挑战性。除了常规的公共媒体，有线电视和卫星电视节目以及流媒体服务可能会提供每小时多达 100 个选择。此外，还有成千上万的在线视频和游戏应用程序。选择高质量的内容需要家长、照料者和教师做到以下几点。

 • 选择、使用、整合和评估编程和交互式媒体工具，仔细关注内容的质量、儿童的体验和共同参与的机会。

 • 一起观看节目和游戏——帮助儿童理解屏幕上看到的内容。由编程和游戏引发的对话提供了讨论各种问题的机会。

 • 延伸观看活动——一旦节目激起了儿童的兴趣，他们就会对某个话题或活动有更多的了解。技术和互动媒体可以成为有价值的工具，可用于拓展和支持积极的、动手实践的和儿童驱动的探索。

 • 培养批判性思维——询问儿童对某个节目的看法。他们会如何处理这个问题呢？他们同意角色的行为吗？

儿童对科技和互动媒体的体验越来越成为他们生活的一部分。这是全美幼儿教育协会和弗洛德·罗杰斯早期学习与儿童媒体中心的立场。技术和互动媒体是促进有效学习和发展的工具，当它们在发展适宜的实践框架内被幼儿教育者有意使用时（全美幼儿教育协会，2009）。当电视节目和电子资源经过精心设计，将已知的有效词汇学习和阅读教学结合起来，它们就成为了教学和学习的积极而有力的工具（Common Sense Media，2011；Dias & Britto，2018）。

停下来思考

媒体作为一种语言发展的工具

观看电视节目时父母是如何与你互动的？
通常你每周观看多少电视节目？

玩视频游戏时你和父母有互动吗？
你在日常生活中如何使用互联网？
你每天使用哪些电子设备？

（十）4—5 岁

4 岁的道恩在圣诞节假期去堪萨斯州看望祖母。一天早上，她打开窗帘，看到被白雪覆盖的树木和田野，不禁倒吸了一口气："奶奶，是谁把糖都洒了？"祖母回答说："道恩，你很聪明。它看起来确实像糖，但实际上是雪。"

显然，道恩对雪的不熟悉并没有妨碍她做一个聪明的比较。祖母首先对道恩的推断表示赞赏，然后给出了正确的单词"雪"。当父母、祖父母和堂兄弟在雪中玩耍时，道恩有很好的机会通过与他们的对话来了解雪的性质。在这些冒险中，他们提供了有关所有新的景象、声音、味道、气味和感觉的适当的词语和信息。到了周末，道恩知道了湿雪和干粒雪的区别。她做了雪天使，帮忙堆雪人和雪堡，参加了一场雪球大战，坐了一次令人兴奋的雪橇。道恩与更年长、更有雪经验的语言使用者分享新的体验，让她建立了新的词汇和认知理解。

道恩的家人帮助她理解和标记她与雪的新经验。他们对语言的支持是自然的，并受到道恩不断提出的问题的引导："为什么雪不变成雪球？""为什么我不能在雪地上做一个天使？"道恩的家人和大多数成人自动地支持儿童的语言发展。这种**支架**是维果茨基（1978）"最近发展区"的一个主要实例，在这个区域，成人帮助儿童进行他们无法独自完成的活动。

道恩的家人在帮助她解释、标记和回忆她与雪的新体验方面发挥了重要作用。他们用手机拍下的照片和视频让道恩能够自动获取她那天的记忆。回到亚利桑那州，道恩有很多故事和图片要告诉老师和幼儿班的同伴。接下来的几个月，每当和祖父母交谈时，她都会重温她的雪天故事。道恩讲述的故事或**个人叙事**帮助她理解了这一新的经历，扩大了她的词汇量，增强了她表达语言的能力。每一次讲述她如何向表妹扔雪球、打掉雪人的鼻子、逗得爸爸大笑的故事时，她对这件事的记忆不断加深。

儿童的个人叙事是他们思考的窗口，语言揭示了他们如何使用现有的知识来解释新的经验。道恩对雪地的第一个解释是将它和最近发生的糖碗破碎事件联系起来。这些新的心理结构的言语表达既迷人又幽默。儿童的个人叙事提供了对他们语言发展以及智力、社会和情感成长的洞察。

学习语言最重要的部分是让儿童甚至是婴儿参与到对话中来。从出生那一刻到学龄前的数千小时的亲子互动为儿童的成长奠定了语言基础。随着儿童学习语言，他们可以与他人分享感受、想法、信仰和想要的东西。虽然大多数儿童在生命的第二年就开始使用表达性词汇，但研究早已证明，儿童在学习和使用新单词的能力上存在差异（Huttenlocher, Waterfall, Vasilyeva, Vevea & Hedges, 2010；Suskind, 2015）。在后文"显著的差异"中，哈特和里斯利的研究（Hart & Risley, 1995）提供了更深入的观察。

显著的差异

在 20 世纪 60 年代的"反贫困战争"中，贝蒂·哈特（Betty Hart）和托德·里斯利（Todd Risley）是教育研究的前沿人物。令人沮丧的是，他们高质量的幼儿班和幼儿园语言干预项目在儿童小学三年级时被认为是失败的，于是他们决定转移注意力，探究家庭环境对儿童交流能力的影响。

他们招募了 42 个家庭参与研究，包括 13 个高收入家庭、10 个中等社会经济地位家庭、13 个低社会经济地位家庭和 6 个依靠福利的家庭。在样本中，性别和种族也是平衡的。从儿童 7 个月大到 3 岁（2 岁半），对每个家庭进行每月一小时的观察。哈特和里斯利发现，所有的儿童都得到了关爱和照顾，但随着社会经济因素的变化，儿童在交流方式上存在巨大差异。来自不同家庭的儿童：

- 接受福利援助的儿童平均每小时能听到 616 个单词。
- 工人阶级家庭的儿童每小时能听到 1251 个单词。
- 专业家庭的儿童每小时能听到 2153 个单词。

如果以儿童在 4 岁前听到的单词进行推断，结果显示有 3000 万单词的差异。也就是说，一个来自高收入家庭的儿童在出生后 4 年内会比一个来自低收入家庭的儿童多经历 3000 万单词。为了了解这种语言差异如何成倍增长，请观察以下 3 位父母在准备就餐时与孩子交流的语言。

父母 1：好了，克里斯托尔，我们吃吧。

父母 2：好了，保利，该吃午饭了。让我们看看吃些什么？好的，我们吃些胡萝卜吧。

> 父母3：好了，特里，午餐时间到了。你饿了吗？妈妈好饿！让我们看看今天冰箱里有什么。这是什么？它是橙子。可能是桃子吗？可能是杏子吗？让我们看看！看到罐子上的图片了吗？没错，是胡萝卜。
>
> 在这些简短的互动过程中说出的词汇量，清楚地说明了儿童在聆听和随后的语言学习中会有多么不同的经验。如果把文字想象成美元，那么，来自不同社会经济水平家庭的儿童会拥有截然不同的银行储蓄。
>
> 这项长期的研究表明，早期语言差异对儿童在3岁和9岁时的语言成绩有着持久的影响。换句话说，在生命早期，成人和儿童之间的交谈对他们的教育成就有显著的影响（Hart & Risley，2003）。

停下来思考

语言量

想想哈特和里斯利（1995）的报告，他们发现不同社会经济背景的父母与儿童的交流方式是不同的。反思你自己的成长经历：

描述你所在家庭的社会经济地位。

思考并描述你和父母进餐时的对话。

你的父母（照料者）是如何回应你的问题和（或）评论的？

你的个人经历如何反映哈特和里斯利的研究发现？

4到5岁时，道恩开始认真地从事戏剧表演。她利用自己对熟悉环境中常见事件的了解，比如杂货店和医生办公室，和其他孩子一起表演生活剧本。这些戏剧让道恩和同伴有机会以多功能性的和富有想象力的方式使用语言。道恩最喜欢的剧本是餐厅，因为她喜欢当服务员，向顾客描述每日特色菜，然后假装记下他们点的菜。

吉姆·约翰逊（Jim Johnson）、蒂姆·克里斯蒂（Tim Christie）和托马斯·亚基（Thomas Yawkey）（2010）认为，在戏剧游戏中可以发生两种类型的交流。首先，当儿童扮演一个角色并与戏剧中的其他角色进行对话时，就会发生第一种类型**假装交流**。第二种类型是**元信息传递**，这发生在儿童停止正在进行的表演转而讨论情节或人物动作时。下面是道恩和她4岁半的朋友珍妮弗（Jennifer）之间元信息传递的实例：

> 道恩：假装你点了比萨，我必须要做它，好吗？
> 珍妮弗：好吧，但应该是芝士比萨，因为我最喜欢。
> 道恩：好的，我可以用黄色的线来做奶酪。
> 珍妮弗：服务员，我要黄色奶酪比萨，快一点，我饿了。

正是通过戏剧游戏，儿童展示并进一步加深了对语用的理解（Nicolopoulou, Cortina, Ilgaz, Cates & de Sá, 2015）。我们在日常交往中使用的社交语言技能，包括说了什么、怎么说以及所使用的肢体语言，对于交流思想、想法和感受至关重要。同时学习两种语言的儿童也可能开始表现出非言语的交流，这种非言语的交流通常伴随着特定的文化。例如，4岁的哈西娜·伊丽莎白（Hasina Elizabeth）既会说阿拉伯语（父亲的语言），也会说英式英语（她的母语）。在她很小的时候，哈西娜就能流利地用包括手势在内的语言做出回应。当母亲问："你想要饼干吗？"哈西娜挺直背，抬起下巴，完美地回答道："为什么不呢，是的。谢谢！"这使人想起一位非常得体的英国女士。第二天早上，当父亲用阿拉伯语询问同样的问题时，她会靠向他，并大胆地伸出双手，用阿拉伯语回答"非常感谢"。尽管她在两种语言中使用的词语几乎一样，但她的身体姿势和面部表情反映了父母和她说话时示范的文化习惯。因此，我们看到语言不仅仅是单词，它还包括非言语的互动和习惯。

随着儿童的成长，他们也能够使用**社会语域**，这是适应不同社会环境的语言和习惯的能力。社会语域允许一名4岁的儿童拥有成人的权威。在4岁儿童从事假装游戏时，可以从他们那里观察到这种沟通能力水平。例如，5岁的道恩和爸爸扮演的顾客在玩餐厅游戏时，当她从服务员变成厨师后表现出了不同的行为举止。

> 道恩：（穿着围裙，拿着记事本和托盘，用甜美的南方口音说：）那么，亲爱的，您今天想吃什么？我们有特色菜，让我来告诉您。（道恩的幼儿园老师来自位于美国南部的佐治亚州）
> 爸爸：（戴礼帽并打领带，用英国口音说：）不，我只想要杯茶和一

份脆饼干。

　　道恩：（她显得有些担心，写下顾客点的菜，戴上厨师帽跑到拐角处。作为厨师回到顾客面前，相当粗声粗气地说：）喂，这脆饼干是什么东西？我的小蛋糕还不够好吗？

　　正如前文所示，在戏剧游戏中，儿童通过使用社会语域很容易地转换角色——从婴儿到父母，从学生到老师，从顾客到服务员，仅仅通过使用词汇、习惯和态度来传达他们想要扮演的角色。

　　道恩的语言发展完全正常，这也是人类的奇迹。语言在学习中起着核心作用，儿童在学校的成功很大程度上取决于其说和听的能力。虽然学会说话的过程是按可预测的顺序进行的，但儿童说出第一个单词的年龄或语速可能因人而异。发展指南提供了对具体行为的描述，阐明了大多数儿童表现出这种身体或认知能力的年龄。这类信息可以帮助父母和医生预测正常的身体和认知发育。身体成熟很容易观察到，但认知发展却不那么明显。幸运的是，儿童的语言发展提供了一个迹象，表明他们的认知能力正在正常发展。在表 4.3 "典型语言发展和支持儿童语言发展的策略"中，我们给出了语言习得的平均年龄。虽然在正常年龄范围内，大多数儿童都能很好地展示语言技能，但有些儿童却不能。如果儿童的语言能力推迟两个月以上，照料者应该寻求医疗指导，因为推迟可能表明存在问题（Siu，2015）。及早发现潜在的问题可以进行适当的干预。

表 4.3　　　　　　典型语言发展和支持儿童语言发展的策略

年龄（月）	典型的儿童行为	支持语言的策略
0—3	·大部分交流由哭泣组成，因为喉头（larynx）尚未下降。 ·将头转向有家人声音的方向。 ·被大声或令人惊讶的声音吓到。	·有意使用"父母语"来刺激和延长孩子的注意力持续时间。 ·描述日常生活中（如穿衣、换衣、进餐等）的相关动作和对象。 ·选择色彩明亮、插图简单的书籍读给孩子听。
3—6	·开始发出咕咕的声音来吸引照料者的注意。 ·制造咂舌声。 ·开始与声音游戏。 ·与人说话时观察照料者的面部表情，模仿其嘴形。	·在一天中不同的时间介绍歌曲和音乐，唱简单的歌曲。 ·经常靠近孩子的脸说话。3 到 4 个月大时，孩子就会开始牙牙学语。请参与到双向对话中！ ·根据热情、情感和意义的程度来调整声音和语调。 ·如果父母使用双语，自然地使用第二种语言。

续表

年龄（月）	典型的儿童行为	支持语言的策略
6—12	·能有语调地发音。 ·能回应自己的名字。 ·对友好和愤怒的语调做出适当的反应。 ·开始说并重复类似单词的声音，这被称为回声性语言。 ·展现出发音、类似谈话的语调和行为，如轮流发言、眼神交流和可识别的手势。 ·使用单词句词，即一个词承载整个句子或短语的语义。	·用语言来描述你的感受，如"妈妈好开心！" ·面对面交谈时保持一定的距离，这样孩子可以清楚地看到成人说话时的嘴部和面部表情。 ·如果父母使用双语，自然地使用第二种语言。 ·持续唱歌，参与手指游戏。 ·每天抱着孩子读塑料、纸板或布做的书，分享新单词和（或）重复读孩子喜欢的熟悉的书。 ·频繁地交谈，描述日常生活中遇到的行为和对象。
12—18	·接受简单的指令，特别是当有声音或身体提示时。 ·意识到语言的社会价值。 ·能将新单词与已经存在的词汇概念联系起来，在一次接触后就能记住并使用（快速映射）。 ·能说由两个或三个词组成的句子，只包含传达意思最必要的单词（电报式语言）。	·为孩子阅读并让他们寻找书中的对象，如"你能指指鸟吗？" ·扩大孩子的 2 至 3 个词的句子，如在他们说"我的玩具！"时，将句子扩展为"那是你的玩具吗，佩奇？它是一个蓝色的圆球，看，它能弹起来。" ·当孩子指向某个对象时，命名该对象，让他也说出其名称。
18—36	·有 5 至 300 个词汇量的增长，最初是名词。 ·能遵循简单的指令。 ·能使用至少两个介词，如在……里，在……上，在……下。 ·创造以名词动词组合为主的短句。 ·所说的话语大约有 2/3 能被理解。 ·节奏和流畅性差，还未能很好地控制音量和音高。 ·能使用代词，如我、你、你的和我的。	·频繁地交谈，提出问题等孩子回答，尽可能多地进行双向对话。 ·用语言描述你的感受，并让孩子用语言描述其感受。 ·面对面交谈时，保持一定的距离，让孩子清楚地看到成人说话时的嘴部和面部表情。 ·和孩子一起唱歌，鼓励唱歌。 ·每天进行亲子阅读，每次 5 至 10 分钟。孩子可能会开始"阅读"。一起阅读时，用手指指单词，与孩子分享新单词或重复阅读他们喜欢的熟悉的书籍。 ·让孩子描述对象的属性，强化他们的描述并进行补充，请他们告知对象是否相同。

续表

年龄（月）	典型的儿童行为	支持语言的策略
36—48	·能较容易地处理三个词的句子，如"我要糖"。 ·词汇量接近900至1000个。 ·所说的话语近90%能被理解。 ·动词开始占据主导，如"我们走吧，我们跑吧，我们爬吧，我们玩吧"。 ·能理解与环境和活动有关的简单问题。 ·能够联系自身经验来获得理解。 ·能推理出这样的问题，如"你饿的时候做什么？" ·能说出自己的性别、姓名和年龄。 ·知道熟悉动物的名字。 ·为图画书或杂志中常见的物品命名。 ·了解一种或多种颜色和常见形状。 ·通常能重复四个音节的单词。 ·表现出对上和下的理解。 ·经常参与假装游戏。 ·从事某项活动时有延伸性的话语。 ·进行对比时能够理解更长和更大的概念。	·有意指出并标注对象的简单属性（如光滑、粗糙、热、大、方、圆、蓝、红、有条纹、湿等）。 ·有意指出相同或不同的对象（如光滑的/圆形的、热/冷、大/小、向上/向下、在……上面/在……下面、打开/关闭、湿/干）。 ·经常和孩子一起阅读押韵的故事、唱歌或玩手指游戏。 ·提供功能性线索来建立概念，如："我们吃麦片时会用到哪些东西？"（牛奶、勺子或香蕉） ·支持类别词汇，如与农场、动物园、学校、教堂或家庭相关的词汇。 ·建立语义联系，如当孩子说"外面很冷"时，可以回答："是的，结冰了，好冷！" ·经常和孩子一起读押韵的故事或玩押韵单词的游戏，指出单词之间发音相似或不同之处。 ·玩一些简单的单词游戏（如反义词游戏、完成押韵或歌词游戏）。 ·请孩子将盒子放在桌子下面、勺子旁边、床旁边等，帮助他们更好地理解介词。 ·介绍关系（如第一、最后、左、右、上、下）。 ·给某个类别命名，看孩子能否识别这个类别。 ·在阅读故事书的过程中参与对话。让孩子预测接下来会发生什么，谈谈他们最喜欢的角色，谈论新的或不寻常的单词。 ·给孩子阅读信息文本，描述新的词汇。
48—72	·会自发地使用许多描述性的词汇，包括形容词和副词。 ·知道常见的反义词，如大小、硬软、轻重等。 ·能根据使用情况（帽子、鞋、椅子）来定义常见的物品。 ·应该能在不受打扰的情况下跟随三条指令。 ·可以使用简单的时间概念，如早上、晚上等。 ·说话的语法应该是正确的。 ·言语应该是完全可理解的和对社交有用的。 ·能回忆起一则故事或最喜欢的视频。 ·能描述出最喜欢的娱乐、食物、书籍和朋友。 ·能使用较长的句子以及一些复合句和复杂句。	·当孩子收拾玩具时，请他们将玩具分类。可以先示范："在这里，把所有的圆形玩具放在这个盒子里。"然后让他们自己排序。接下来，让他们描述分类的逻辑。孩子的逻辑会让你着迷——鼓励他们思考，告诉他们你是如何在厨房或壁橱里整理东西的。教育学前儿童如何分类有助于他们的逻辑思维和词汇的建立。 ·读押韵书，然后练习说/听押韵。如："胖猫咪坐在垫子上。"（The fat cat sit on the mat） ·和孩子一起观看合适的科学节目，带他们去农场和动物园，给他们创造接触新的名词和形容词的机会。新的经验让他们有很多可以谈论的内容。 ·让孩子和你一起做饭，让他们在制作食物和用餐时用形容词来描述颜色、质地和感觉。 ·布置戏剧游戏的空间和道具，包括玩具电话、木偶、法兰绒板故事（flannel board stories）、玩偶和其他道具、服装、读写材料及道具。

实践链接

根据本章的研究，你会如何向新手父母或照料者描述儿童语言的发展？在支持儿童的语言发展方面，你对新手父母（照料者）有什么建议？

将你的发展和案例研究进行比较。采访你的父母（照料者），你在出生不久后做了些什么？包括：

- 他们花了多长时间才明白你的哭声？
- 你说的第一句话是什么？那时你多大？
- 你第一次说"不"是什么时候？
- 你的第一句话是什么？
- 你的发音清晰吗？有没有发错音的单词？

三 决定语言习得率变化的因素

由于语言发育的关键时期发生在婴儿出生后的前 36 个月，显著的语言发育迟缓可能意味着特殊的医学或认知能力问题（Baldo, Paulraj, Curran & Dronkers, 2015）。除了医疗问题，还有几个因素可以改变正常语言产生的速度。后文将讨论这些因素。

（一）性别差异

男孩和女孩在语言流利度和熟练度的发展速度和方式上有差异吗？这个问题反映了正在进行的先天与后天之争。观察研究始终表明，大多数女孩比大多数男孩说话更早，也说得更多。事实上，大多数晚说话的孩子都是男孩（Burman, Bitan & Booth, 2008）。然而，很难确定语言习得率的差异是生物学上的，还是生物学上的差异被社会影响夸大了。这两种观点都有证据。例如，神经学研究提供图像来说明男性与女性的大脑在加工语言上有些不同（Moscoso del Prado Martin, 2017）。尽管这项研究似乎支持先天是造成语言差异的主要因素，但后天养育的强大作用也被认为是重要的。实验研究一致证明了性别差异造成的对婴儿的区别对待。换句话说，男性和女性都倾向于拥抱、对着女婴温柔亲切地说话以及和女婴进行长时间的面对面交谈。对于男婴，成人可能会表现出"摇晃和弹跳"的行为，但不太可能进行持续的面对面的语言交流。也许女孩说话更早，说得更多，是因为她们接受到更多直接的语言刺激（Johnson, Caskey, Rand, Tucker & Vohr, 2014）。

（二）社会经济水平

长期以来，大量研究已经证明了社会经济水平低下家庭和中等水平家庭之间的语言习得率和语言熟练程度的差异（Hart & Risley, 1995；Hoff, 2013；Huttenlocher 等, 2010）。这些研究发现，来自低收入家庭的儿童，尤其是男孩，在使用表达性语言方面通常比来自中等收入家庭的儿童缓慢。这些信息可能反映了社会阶层在语言使用和亲子互动模式上的差异。正如贝蒂·哈特和托德·里斯利在前文特别收录中所讨论的那样，据估计，到 4 岁时，来自专业人士家庭的儿童收到累计达 5000 万个单词，而来自福利家庭的儿童收到的只有 1300 万个单词。来自专业人士家庭的儿童获得的语言输入比来自福利家庭的儿童多 3 倍以上，这给了他们语言习得的巨大优势。

对中等收入和低收入家庭的长期观察结果显示，所有母亲都花了大量时间抚育婴儿（如抚摸、拥抱、亲吻），但母亲与儿童的语言互动方式存在差异。中等收入的母亲会花更多的时间来启动语言互动，通常会对婴儿的声音努力做出回应和表扬（Hirsh-Pasek 等, 2015）。中等收入的母亲也更有可能模仿婴儿的发音。这些语言的互动促进表达性和接受性语言。目前尚不清楚为什么低收入的母亲无法和孩子进行与中等收入母亲同等程度的语言交流。这些研究的作者推测，这一点可能反映了社会阶层在语言使用上的差异（Grebelsky-Lichtman, 2014）。

（三）文化影响

不同文化背景儿童的语言习得率可能有所不同。由于口语是孕育其产生的文化的反映，因此有必要考虑语言服务文化的需求。交流可以通过其他有意义的方式来完成（Hoff, 2006）。珍妮特·冈萨雷斯－米纳（Janet Gonzalez-Mena, 1997：70）提供了这个实例：

> 语言的强化或弱化从婴儿被对待的方式开始。被带在身边的婴儿大部分时间都善于通过改变身体姿势或绷紧或放松肌肉来传递非言语

的信息。他们被鼓励以这种方式与照料者交流，照料者则从中收集他们发出的信息。自很小开始，他们就不需要依赖言语。在身体上远离照料者的婴儿认识到语言交流的好处。如婴儿躺在婴儿围栏的地板上或家里的另一个房间，他们需要学会用声音来引起照料者的注意，静止的姿势或绷紧的肌肉无法被远处的成人察觉。

同样，一些文化也不将婴儿的声音尝试视为有意义的交流。雪莉·布希斯（1983）描述了这样一个群体，在这个群体中，婴儿早期的发声几乎被忽略，而成人通常也不会直接对婴儿说话。许多文化强调接受性语言，儿童聆听成人说话。尽管育儿实践似乎深深植根于文化信仰和价值观（Prevoo & Tamis-LeMonda，2017），但有越来越多的证据表明，育儿教育项目可以显著增加父母与孩子之间的语言交流（Morris 等，2017；Suskind，2015）。

（四）医学问题

除了性别、社会经济和文化差异外，儿童语言发育迟缓的其他原因还包括暂时的医疗问题和先天的（出生时即存在）并发症。对听力障碍的估计差异很大，一个被广泛接受的数字是5%，即听力水平未达到正常范围的儿童的占比。听力障碍的检测和诊断已经变得非常复杂。在新生儿中检测听力损失并评估其严重程度是可能的。听力损失有四种类型。

- 传导性听力损失是由外耳或中耳的疾病或阻塞引起的，通常可以借助助听器进行治疗。
- 感觉神经性损失是由于内耳的感觉毛细胞或神经受损，可能对助听器的使用没有反应。
- 混合性听力损失是指外耳、中耳和内耳同时出现问题的听力损失。
- 中枢性听力损失是由神经或大脑受损引起的。

后文特别收录的"她不说话了"提供了儿童最常见的问题之一——**中耳炎**的例证。如果对这一症状置之不理，可能会导致明显的语言迟缓和语言失真（speech distortion），并最终导致读写困难。

特别收录

她不说话了

在第一个生日，蒂芙尼一遍又一遍地模仿演唱"祝你生日快乐"。收到生日礼物时，她说了声"谢谢（sink oo）"；客人离开时，她说了声"再见（Bye，seeoo）"。那年夏末，蒂芙尼得了严重的耳部感染，母亲注意到她观看《芝麻街》时将电视音量调得很大。几天后，经过几个不眠之夜，蒂芙尼变得非常烦躁不安，开始拽耳朵。父母再次带她去看医生，医生诊断她耳部感染。接受了10天的抗生素治疗后，蒂芙尼似乎一切正常，只是说话越来越少。约一个月后，情况开始恶化。蒂芙尼不会回应母亲的话语，除非直视母亲。就在这时，蒂芙尼基本上停止了说话。

蒂芙尼的故事很是常见。她患有中耳炎，通常被称为中耳感染。四分之三的儿童在3岁时患过中耳炎。因为语言发育在出生后的前3年达到顶峰，即使在这段时间出现暂时性的听力损失，也会干扰语音清晰度和语言学习。当液体挤压鼓膜时，会导致暂时失聪。压力阻止耳膜振动，所以声波不能传导至内耳，儿童的听力严重扭曲或低沉。因此，最后的辅音和单词的结尾通常是听不见的，单词会互相混音。人们交谈的主要原因之一就是交流，听不懂的儿童会变得沮丧且容易分心。如果液体在耳内停留超过3个月，医生通常建议在耳内放置细管。这种手术称为鼓膜切开术，涉及在鼓膜上开一个小口，排出液体，缓解中耳的压力。一旦液体排出，儿童的听力即得到恢复。这些试管通常在6至12个月后自行脱落。

幸运的是，经过一个简短的手术（约30分钟），18个月大的蒂芙尼又能说话了。尽管蒂芙尼的听力已经恢复，医生还是建议她和父母去语言治疗师那里看诊，以帮助她完全恢复语言能力。在一年内，蒂芙尼的发育正常，到3岁时，手术植入的细管从她的耳膜中自然脱落。

（五）先天性语言障碍

对大多数儿童来说，学习交流是一种自然可预测的发展过程。不幸的是，一些儿童患有先天性语言障碍，这损害了他们学习语言或有效使用语言的能力。这些疾病的起源可能是身体上的或神经上的。源于身体的问题包括畸形的内耳结构或不良的上颌。源于神经的问题可能包括大脑感知或解释语言声音的功能障碍（De Montfort Supple & Soderpalm，2010）。

尽管各种语言障碍的症状可能看起来相似，但根据导致问题的原因，有效的治疗方法可能会有显著差异。例如，上颌的物理畸形引起的发音问题可能需要手术重建，而听力障碍引起的发音问题则需要结合听觉放大和言语治疗。先天性语言障碍的两个最常见的症状是不流畅和发音问题。

不流畅　有流畅性障碍的儿童在快速和持续地说话方面存有困难。他们说话的速度可能不正常——太快或太慢；在这两种情况下，他们的话语往往无法令人理解和清楚地表达，说话的节奏也可能受到严重影响。口吃是这类疾病中最常见的一种。许多孩子在学习用句子表达时，可能会出现暂时性的流畅障碍或口吃，正在过渡到第二语言的孩子可能也会经历短暂的口吃。家长或教师的耐心和支持非常重要，因为区分正常发展或暂时的流利障碍和真正的病理需要时间。口吃可能有多种起因，且因儿童而异。不管原因是什么，新近发展的治疗方案在帮助口吃者方面是有效的（Dodd & Bradford，2000）。

发音　清晰度障碍包括一系列广泛的问题和原因。学前阶段轻微的发音错误一般在发育过程中出现，随着儿童成长，这种情形会有所改善（参见"典型的发音发展"）。当儿童失去乳牙时，他们可能会在发音上遇到暂时的困难。必须对严重阻碍儿童交流需求和意图的发音问题进行诊断。引发这些问题的原因可能包括口腔、舌头或上颌畸形，因内耳紊乱而部分丧失听力，严重的脑损伤或由于耳部感染而造成的暂时性听力损失（Forrest，2002）。

特别收录

英语语言学习

路易莎·阿劳霍

通过本章，我们已经了解到语言输入或儿童从小接触到的语言信息会影响他们的语言发展。我们已经了解到，儿童学习语言有一种天生的本能，语言发展有可预测的阶段，父母支持儿童以特定的方式学习语言。在儿童将英语作为第二语言学习的情况下，照料者对儿童的发声和对话的回应与在第一语言情况下同样重要。重视交流互动，扩大儿童的语言主动性，可优化他们的语言学习（Fennell，2007；Kuhl，2004）。

从出生至 5 岁学习两种语言的儿童经历了专家所说的同步双语（simultaneous bilingualism）（Bialystok，1991）。5 岁后学习第二语言时，儿童会经历顺序双语（sequential bilingualism）。数十年的研究表明，双语儿童不会因为学习两种语言而经历任何认知或语言障碍（Augst & Hakuta，1997）。他们有能力将两种语言系统分离开来，并在两种语言中进行有效的交流。有趣的是，神经语言学的发现表明，当 5 岁的双语儿童用两种语言复述同一则故事时，不论他们用何种语言复述，其大脑都激活了同一个区域（Kim 等，1997）。在 7 岁之后学习第二语言的双语成年人，会根据他们是用第一语言还是第二语言复述而激活不同的大脑区域。这告诉我们，在 5 岁之前就掌握了第二语言的儿童表现得就像母语使用者一样（Sakai，2005）；他们在同一大脑区域处理两种语言并能够将其分开。

有时儿童可能会进行语码转换（code-switching），在句子之间交替使用两种语言，甚至在同一个句子中交替使用两种语言。语码转换是一种受规则支配的语言行为，也是双语成年人使用的语言行为（Grosjean，1982；Lessow-Hurley，2000）。它可以用来强调观点，表达种族团结和满足词汇需求。

从出生即接触两种语言的双语儿童，除了能够轻松地用两种语言交谈外，还可能在学校表现出这种语言复杂性。家长和教师甚至会敬畏地看到，儿童能够很容易地将一种语言翻译成另一种语言，这取决于与只讲一种语言或另一种语言的说话者交流的需要。

到 2010 年，超过 30% 的学龄儿童来自母语不是英语的家庭（美国人口普查局，2001）。这些儿童在学校学习第二语言——英语（顺序双语），这些英语学习者中的大多数说西班牙语（Goldenberg，2008）。英语学习者是指学习英语的人，在教育中，通常指将英语作为第二语言学习的学生。现在人们更喜欢用"英语学习者"一语而不是"有限的英语熟练程度"，因为前者强调的是成绩而非不足。大多数英语学习者在纯英语的课堂上学习，有些参加使用母语的课堂或使用英语和母语的双语课程（Tabors，1998）。

就学前儿童而言，目前全美有 400 多万双语学习者参加早期教育项目（Goldenberg，Hicks & Lit，2013）。开端计划和早期开端计划最近采用了双语学习设计，因为幼儿在掌握英语的同时仍在发展他们的母语。大多数双语学习者来自说西班牙语的家庭。事实上，在美国，5 岁以下的儿童中大约有四分之一是西班牙裔（Goldenberg，Hicks & Lit，2013）。在学前环境中，双语课程在课程中采用儿童的母语，这被证明可以有效促进儿童的西班牙语和英语的口语发展。例如，为西班牙语留出 30 分钟的学习时间，可以帮助儿童在发展英语的同时保持和发展其母语（Goldenberg，Hicks & Lit，2013：3）。尽管如此，菲格拉斯-丹尼尔和巴尼特（Figueiras-Daniel & Barnet，2013）在关于双语教育的文献中指出："有必要记住，越早掌握英语越好，幼儿园的英语水平可以促成 8 年级之前在数学、阅读和科学方面取得更好的成绩。"

在只讲英语的儿童早期环境中，一个特定的顺序解释了第二语言的发展：母语的使用、语言的预生成、语言的早期生成和语言的出现（Goldenberg，2008；Tabors，1998）。年幼的儿童首先可能会说自己的母语，因为他们尚未发现在新环境中使用了另一种语言。在预生成阶段，儿童正在学习新的语言并经历所谓的"沉默期"，这可能需要 1 到 3 个月的时间（Krashen，1981；Saville Troike，1988）。儿童可能会理解用第二语言表达的大部分话语，但是却无法说出来。在第三阶段，儿童能够说出一两个单词的话语。在第四阶段，话语出现了，儿童能够说出更长的短语和句子。这些水平反映了总体趋势，但儿童之间存在差异。而且，这些水平仅能解释英语的口语发展。在考察读写能力，包括阅读和书写上的进展时，需要考虑其他发展水平。

朱迪思·林德福（Judith Lindfors，1987）、巴顿·泰伯斯（Patton Tabors）和凯瑟琳·雪诺（Catherine Snow）（1994）记录了社会互动如何在提高幼儿英语口语能力的同时帮助他们协商意义。在"沉默期"之后，儿童开始使用记忆中的公式化表达，以帮助与他人交流。他们可能会说"不要那样做。""想玩吗?"来保持和开启与其他儿童的互动。当他们开始使用一个或两个单词的话语和更长的句子时,他们的电报式话语最初听起来可能与单语儿童的话语相似。例如,在创造性地建构新句子时,他们可能过度概括复数形式和常规动词的过去式规则。这说明儿童在积极地建构语言,按照形态规则和句法规则使用词语来造句。首先也是最重要的一点是,年幼的儿童试图弄清楚如何使用所知道的语言来满足他们的社会需求(Wong-Fillmore,1991a)。他们渴望与其他儿童互动、游戏和交友,这是他们学习语言的动力。学前儿童之间的游戏,如积木区或家政区的游戏,促进了英语语言的发展(Piker,2013)。

据观察,学前儿童会使用多种策略来学习第二语言(Tabors,1998)。有些儿童会用很低的声音对自己重复听到的新语言,另一些儿童则试图通过手势、模仿和叫喊来进行早期接触中的交流。事实上,似乎人格特征和社会环境特征相互作用创造了学习的机会。在无威胁的社会环境中,交流和冒险的意愿引起了交流互动,促进了语言发展。例如,第二语言的学习者可以通过说"狗跑"(Dog run)来进行交流,以表示狗在奔跑。一位鼓励促进语言发展互动的教师会说:"是的,那只狗在奔跑。"正如戈登堡(Goldenberg,2008:23)所指出的,刚开始讲英语的孩子需要大量的支持,有时也称为"支架",以完成英语知识的学习任务。例如,在最开始的阶段,教师必须语速缓慢,措辞清晰,使用图片、物体和动作来说明所教的内容。他们应该期望孩子以非言语的方式(如指向或发信号)回应或用一两个词作答。随着儿童越来越自信地说英语,师幼之间一对一的互动可以为教师提供纠正性反馈的机会。例如,一个孩子说:"我的棕色猫比我的白色猫大。"(My brown cat more big than my white)教师说:"哦,你的意思是你的棕色猫比白色猫大?"(Oh, your mean your brown cat is bigger than your white one?)(Goldenberg, Hicks & Lit,2013)。同样,教师也应该留出时间通过双语学习来促进书面语言的知识,即字母识别。研究表明,举例来说,幼儿班和幼儿园的西班牙裔儿童比非西班牙裔的同龄人更不可能知道字母表中的所有字母(Figueras-Daniel & Barnett,2013;Hammer 等,2014)。

高质量课程的目标是确保幼儿发展英语词汇并熟悉书面语言形式。换句话说，就是"在语言能力上赶超以英语为母语的同龄人"（Figueras-Daniel & Barnett, 2013: 8）。

幼儿教育工作者可以通过制定一日常规并提供对交流要求不高的活动来帮助儿童学习英语（Tabors, 1998）。常规活动有助于儿童预测事件，从而学习预期的语言行为。家政区、带玩具的沙箱或积木区的活动可以让儿童嬉戏玩耍，而不必以特定方式进行交流。此外，教师应使用大量非言语的交流或将手势与谈话结合起来，使信息保持简单，谈论此时此地，强调句子中的重要单词，并重复句子中的关键词。这将帮助儿童学习新的词汇，就像定期阅读图画书那样，因为图片承载着信息。

事实上，阅读故事书提供了一种真实的语言输入，而且很容易理解，因为它嵌入了前后文（图片）。此外，当教师用手势、同义词和实例来解释词汇时，似乎可以优化语言学习。一项研究表明，解释新词汇有助于母语为葡萄牙语的儿童通过阅读故事书学习词汇（Collins, 2005）。词汇学习是读写指导的一个重要组成部分，因为早期的词汇积累与小学三年级良好的阅读表现相关（Senechal, Ouellette & Rodney, 2006）。当儿童没有取得足够进步时，向其家人询问他们从出生起的语言发展情况，以了解他们的发展是典型的还是非典型的，这可能会有所帮助。也就是说，了解儿童如何获得母语，可以帮助区分具有典型发展能力的英语学习者和可能有特殊语言需求的英语学习者。阿尔伯塔语言和发展问卷（The Alberta Language and Development Questionnaire）可用于 63 至 77 个月龄或 5 至 6 岁的儿童，它能记录照料者对儿童早期语言里程碑式的发展以及能力和行为的回答（Paradis, Emmerzael & Sorensen-Duncan, 2010）。回答诸如"您的孩子第一次说话时几岁？"这样的问题可以帮助检测发育迟缓（Paradis, Schneider & Sorensen-Duncan, 2013）。事实上，我们知道，平均而言，单语和双语儿童都在 1 岁左右说出他们的第一个单词（Bialystok, Craik & Gollan, 2009）。因此，与里程碑相关的语言行为明显延迟可以表明一种特殊的语言需求。

年幼的儿童需要感受到越来越有能力交流和被社会所接受。教

> 师可以采用一种伙伴制，即将一名讲英语的外向的儿童与一名正在学英语的儿童配对，以帮助第二语言的儿童感受到情感上的联系和被社会所接受。同样，教师应该让儿童知晓，他们的母语是被社会认可和重视的。随着英语水平的提高，儿童很容易失去母语（Wong-Fillmore，1991b）。请父母到教室里分享他们的语言和文化，这将肯定双语能力是一种财富而不是限制。鼓励父母在家继续说母语，将有助于维持"文化和家庭价值观以及沟通"（Goldenberg等，2013：29）。儿童需要接触和使用母语，以发展母语的口头和书面能力（Lewis, Sandilos, Hammer, Sawyer & mendez, 2016）。

停下来思考

支持第二语言

如何帮助儿童在保持母语的同时支持其第二语言的发展？

四 小结

本章回顾了语言作为读写基础的重要性、语言如何发展以及父母如何支持这种发展。

第一，回顾语言和读写之间的联系。本章回顾了儿童从出生至5岁的语言发展过程。语言必不可少，因为它是学习读写的基础。读写学习要求儿童将口头语言和代表他们语言声音的符号（字母/单词）联系起来，包括聆听和以词汇清晰表达所听的能力。

第二，回顾儿童从出生至5岁的语言和语言习得的正常发展。本章回顾了儿童如何通过一系列的发展阶段来发展语言能力。这些阶段依赖于生理和神经的同时成长。随着儿童的发展，对嘴唇、舌头、牙齿和上颌的掌握使他们更好地发音，正在发育的大脑也提高了他们的听觉处理速度和听音能力，他们的词汇界限成熟至成人的能力水平。本章通过观察道恩从出生至5岁的实例来揭示这一显著的发展进程。道恩的故事介绍了大量的语言术语，描述了语言发展的每个阶段。

第三，讨论技术和互动媒体如何影响儿童的语言发展。本章还讨论了技术（电视、平板电脑、智能手机和游戏控制台）对儿童语言发展和词汇的影响。技术的使用方式和时间决定了它可能会对语言发展产生积极和消极的影响。本章回溯了这一领域的一些新的研究发现。

第四，识别影响儿童语言习得率的因素。本章讨论了尽管语言的发展进程是普遍的，但有些儿童发展语言能力的速度不同，文化、社会经济差异以及医学问题等已被证明影响儿童语言发展的速度。

第五，比较儿童的第二语言习得与母语发展之间的关系，提出成人可以使用的、使儿童更易将英语作为第二语言来学习的策略。本章最后回顾了儿童的第二语言习得，讨论了成人如何帮助第二语言学习者，既要让儿童理解自己，又要鼓励他们使用新的语言。

第 五 章

发展口语理解

本章目标

(1) 在口语发展中定义口语理解。
(2) 描述发展儿童口语理解能力的语境。
(3) 解释口语理解和早期读写能力之间的关系。
(4) 描述口语理解的支持性学习环境。

一　引言

孩子们在里维罗（Rivero）女士的幼儿班里探索着健康和锻炼。他们学会了人体主要肌肉的名称（如肱二头肌），以及锻炼肌肉使自己更加强壮。他们还遇到了与身体相关的单词——骨骼（skeleton）。他们研究了人体骨骼的图片，比较了人类和动物的骨骼，还上网搜索了三维人体骨骼。杰昆（Jaquan）对自己的骨骼非常着迷，他示意园长朱迪小姐到他这来。他倾斜身体靠近她，指着自己的胸部，低声说：“我的骨头都在这儿……所有的。从这里（指着他的头）到这里（指着他的脚趾）都是我的骨骼。我的骨……骼（skel-l-eton）"。然后，他用非常低沉的语调说：“这并不可怕！”

名词解释

　　前指照应（Anaphoric reference）：参照文本中的其他概念理解单词的

含义。

学科内容单词（Disciplinary content word）：某一学科领域特定的词汇，如数学中的"减法"、科学中的"栖息地"、社会研究中的"民主"和文学研究中的"情节"。

表达性词汇（Expressive vocabulary）：个体知晓和使用的词。

偶然策略（Incidental strategies）：在互动过程中自发产生的谈话策略。

有目的的策略（Intentional strategies）：有计划的深思熟虑的谈话策略。

语言体验法（Language experience approach）：儿童口述一种经验，由成人写下来。

元游戏语言（Metaplay language）：与游戏有关的语言转换。

语素：语言中最小的意义单位［例如，猫包含两个语素：猫（动物）和 s（复数）］。

假装交谈（Pretend talk）：根据游戏目的，在对话时转换场景、对象和角色。

接受性词汇（Receptive vocabulary）：在前后文中听到的单词。

词根（Root words）：一个词或词族的主要意义单位。

语义网络（Semantic network）：意义相关的词（例如，转换—转变—转化—变化）。

语法单位（Syntactic unit）：传统词类和短语分类（如名词短语）。

二 什么是口语理解？

口语理解是口语发展的核心。它包括培养理解口语的听和说的能力。口语理解不仅对有效的口语交流和对话至关重要，对未来的阅读理解也非常重要。全美早期读写专家委员会（National Early Literacy Panel）的研究结果显示，口语中更复杂的方面包括定义词汇（指儿童可以解释单词的意思）、句法或句子如何构成（语法）以及听力理解（理解所听内容），这三方面是儿童早期读写的基石（全类早期读写专家委员会，2008）。学习阅读和理解书面文本取决于从出生就已经发展的读写能力。这意味着词汇和语法——口语的主要内容——也是早期读写能力的基础。

词汇和语法能够帮助我们理解单词的意思以及对话、口头故事或故事中的短语和句子的含义。换句话说，儿童的词义和句法（句子结构）知识构成了口语理解能力，使他们能够说和听，最终能读和写。随着口语理解能力的发展，儿童不仅能理解单个单词的含义和基本的句子，还能建构发生在对话和故事中的多种想法的表征或心理模型（mental model）（Kintsch & Kintsch，2005）。为了从说和听的内容中建立心理模型，他们需要运用更高层次的思维和语言技能，包括推理、记忆、检视和使用文本结构，诸如叙述或故事（Foorman，Herrara，Petscher，Mitchell & Truckenmiller，2015）。例如，在一次关于家庭旅行的对话中，当4岁的乔西（Josie）认真地倾听并轮流谈论时，她超越了对单个单词和句子的字面理解。她掌握了这次旅行的潜在叙事线索，并与她先前的知识相联系。为了理解对话，她做出推断（如旅行时间将会很长，旅行将抵达不同的地点）并检视自己的理解（将想法保存在工作记忆中）。她是家庭旅行叙述中的积极参与者，通过参与对话，她建立了沟通的心理表征。

在许多不同的语言环境中，儿童从生命早期就开始发展基本的和更高阶的语言技能，诸如听从指示、分享经验和聆听故事。学步儿童和学前儿童早期的口语理解过程与学龄儿童的阅读理解过程相似。研究一致表明，听力理解的早期预测因子，即基本的词汇（了解单词的含义）和句法也适用于阅读理解（Language and Reading Consortium，2017；Potocki，Ecalle & Magnan，2013）。因此，想帮助儿童成为说话者和倾听者、读者和书写者，就需要为他们提供大量丰富的机会来学习新单词、使用复杂句，以及练习回忆、推断和检视自己的理解等更高层次的思维技能。

停下来思考

圆圈时间

在这个时刻，教师将孩子们聚集在一起，回忆先前发生的事情，分享新闻，并安排这一天的时间。回忆你的早期经历，比如家庭事件或你最喜欢的玩具，并与同伴分享。想想你和同伴作为积极（和礼貌）的对话参与者需要使用的语言技能。根据你的经验，解释圆圈时间如何发展儿童的口语理解。

三 培养口语理解能力的语境

一些口语和听力的语境对于发展口语理解过程和技能至关重要，这些技能有助于儿童语言和早期读写的发展。所谓语境，指的是成人和儿童互动、协作和互相帮助的活动环境（O'Donnell，Tharp & Wilson，1993）。萨普（Tharp）和克莱默（Gallimore）（1994：72）将活动环境描述为"我们的家庭、社区和工作生活的社交场景……在家庭、学校、社区和工作场所中反复上演的日常情节"。我们非常笼统地将这些语境视为提供谈话机会的语言体验，参与者彼此分享知识和技能的实质性对话，以及帮助儿童以富有想象力的方式体验和表现世界的讲故事和读故事活动。让我们仔细研究可以进行口语教学的这些强大的语言建构环境。

（一）语言经验

对于幼儿来说，现实生活中的经验是语言使用的主要动力。现实世界的经验对幼儿有极大的价值和意义，即使是简短的语言交流，也为交谈提供了丰富的语境。例如，3 岁的卢卡（Luka）不愿意睡觉，她在探索单词"某物"（something）：

> 爸爸对卢卡说：你有需要可以打电话给我。过了一会儿，卢卡喊道：我需要些东西……爸爸询问：你需要什么？卢卡回答：我需要某个东西。爸爸继续回应：但是你得告诉我那是什么？是一杯水吗？是一本故事书吗？是玩具吗？

突然之间，单词"某物"对卢卡有了更深的含义。

这种交流在日常生活中无处不在，是儿童获得词汇和语法的语言经验的主要来源之一。随着儿童的生活经验从家庭扩大到学校，扩展词汇知识和句法意识的语言机会也随之增加。

在坎贝尔（Campbell）女士的开端计划教室，孩子们正深入研究周边动物的生活。今天，孩子们准备在社区散步时做一次动物普查（因为他们是动物科学家）。他们一边散步，一边谈论着看到的动物——它们的名字，它们如何移动，它们吃什么。他们点数看到的鸟和松鼠。回到教室后，他们报告看到了多少动物以及这些动物在做什么。阿金（Azin）说他看到一只黑松鼠从树枝上跳下来，邵莎娜（Shoshanna）和杰西（Jessie）插话说他们看到棕色松鼠长着蓬松的大尾巴。这样的经验鼓励孩子们带着目的去听和说，在这个过程中，他们会接触到与主题相关的生词和词意。与主题相关的谈话很重要，因为它有助于儿童获得词汇的**语义网络**，使他们更容易学习和记忆新单词（Anderson & Nagy，1991；Neuman，Newman & Dwyer，2011）。例如，每天的散步可以帮助孩子们定义松鼠的重要特征——颜色、动作和独特的尾巴以及学习一些有趣的词汇，如绒毛和跳跃。

发生在学校的丰富的语言经验还有另一个好处。可以将它们转化为口述故事，并反复分享——这为孩子们提供了更多的说和使用新词的机会。这被称为**语言体验法**，它是最佳的实践方法，第七章将涉及更多相关内容。在坎贝尔女士和孩子们创作的关于动物普查的语言体验故事中，教师加入了"食草动物"（herbivore）这个词，这让孩子们很高兴。他们非常渴望与朋友、兄弟姐妹和父母分享这个词，并解释松鼠是食草动物，因为它们吃种子和坚果。不过，有些孩子把这个词读成"hervibores"或"herbibores"，但这并没关系。

（二）实质性的对话

实质性的对话是成人用来让儿童就某个话题或想法扩展谈话的对话形式。这样的对话在日常生活和体验中常常自发地产生。当成人通过以下三点阐明和扩展谈话时可以丰富对话：一是仔细倾听孩子说什么，二是从孩子的谈话中获取观点，三是补充并进一步解释观点并解开其他困惑。让我们来看看一对父女在阅读罗伯特·麦克洛斯基（Robert McCloskey，1952）所著的《缅因州的一个早晨》（*One Morning in Maine*）时的对话：

> 希瑟（Heather）：他们说的就是那些树吗？
> 父亲：是的，那些是松树。
> 希瑟：我们后院有松树。
> 父亲：我们有一些，但不多，对吗？
> 希瑟：是啊。
> 父亲：记得在缅因州有很多松树。雾天时我们就看不见它们，你记得吗？是灰蒙蒙和雾蒙蒙的。当雾散了，我们看到所有的小岛上都是这样的树。（Roskos，Tabors & Lenhart，2009）

另一个确保实质性对话的策略是根据儿童的兴趣和努力提出问题并作答。这需要成人密切关注儿童正在进行的活动，将注意力集中在特定的部分和细节上，根据儿童的努力程度展开谈话，并给予表扬和鼓励。请注意在西蒙（Simon）完成一幅拼图时教师是如何使用这个策略的：

西蒙：……不见了？
教师：你必须用正确的方法开始。你必须先把它们都翻过来。
西蒙：这块是最上面的吗？
教师：是的，西蒙。看一下钟的顶端，这块拼图应该放在最顶端。看，大手在上面。你能看到吗？好的，从这块开始，好吗？
西蒙：这块在最上面。
教师：不，那块是下一个，不是吗？
西蒙：那……然后那块放那里，这块放那里！
教师：没错。现在你明白了吧。
西蒙：放在那里。
教师：好孩子。
西蒙：我拼了很多。
教师：你做得非常好。那一定是因为你现在4岁了，对吧？
西蒙：是的。（Wood，McMahon & Cranston，1980）

成人可以使用的第三种策略是在儿童完成任务或考虑问题时边想边说。当成人大声地示范好奇和惊奇时，儿童会接触到语言的抽象运用，比如想象和展示出一种学习态度（Tough，1981）：

泰勒（Tayor）女士正在读一本关于海洋旅行的书，书中有一张螃蟹的图片。
对！这是一只螃蟹。记得他们是横着走的吗？我不认为还有其他动物是横着走的！我不这么想。但我要上网查一下。看看那些钳子，是用来捡起食物残渣放进嘴里和吃其他动物的。大多数动物吃其他动物。你可以吃螃蟹……但我不太喜欢它们。我喜欢吃虾。煮熟后它们会变成粉红色。咕噜，咕噜，我已经流口水了。（Roskos，Brueck & Widman，2009）

成人并不是唯一能让儿童参与实质性对话的人。儿童可以（而且经常）彼此之间进行深入的对话，从而提高他们的口语理解能力。以两名4岁孩子之间的对话片段为例。在一幅春天主题的壁画上有一棵大树，两个孩子正在大树周围画虫子。观察他们画蚂蚁时如何使用元语言（meta-language）（即用语言来谈论语言）在壁画上写"蚂蚁"一词，他们念出动物和昆虫的名字——蝴蝶、蜗牛、蜘蛛，并使用描述性词语"爬虫"。

教师指导女孩们开始绘画，她说："也许蚂蚁爬进土壤里了。"她指着树下的区域。凯西（Kathy）在画蜗牛，泰勒（Tylea）在画蚂蚁。

凯西：我可以用它来画蚂蚁…………就这样吧。我这么做是为了你。

泰勒：接下来你要画什么？

凯西：我不知道。我要画另一只蚂蚁。我把它画在这里。我能行。

泰勒：我要把我的蚂蚁染成蓝色，要在蜗牛后面画一只蝴蝶。

凯西：看！我在昆虫书里找到了这只蜗牛。你喜欢我的蜗牛吗？它是不是很可爱？接下来是一只蜘蛛。蜘蛛也出来了。

泰勒：呃呃呃！我不喜欢蜘蛛。它们是爬虫。我已经在下面画了一只。（Roskos 等，2009）

当成人开始有目的地教育儿童时，也会培养他们的口语理解能力。儿童的生活中充满了这些指导片段，从非常短的互动（如解释某个想法或做某事）到更广泛的互动（如分享书籍阅读）。例如，当亨利（Henry）的母亲教他系鞋带时，她用言语和动作吸引亨利的注意力（亨利有目的地听），并要求亨利使用词语作为记忆的工具（如"第一步就像平常一样穿过鞋带"）。

一种更有目的的实质性对话形式被称为指导性对话（instructional conversation）（Tharp & Gallimore，1991）。指导性对话具有教学目的，旨在用对话的方式教授概念或技能，它比通常使用的直接指导更自然和自发（Goldenburg，1991）。在指导性对话中，成人通过借鉴学习者的背景知识和信息资源来引导讨论，从而促进而不是直接示范语言互动。促进包括退后一步，让学习者更多地掌控对话。成人反复强调重点，必要时进行解释，注重明确的沟通，允许交流中自然的停顿——同时鼓励学习者用自己的话语表达想法，并将对话引向教育目标。来自教育、多样性与卓越研究中心（the Center for Research on Education，Diversity and Excellence）的名为"制作南瓜汤"（Making Pumpkin Soup）的短视频就是一个很好的例子。（请参看 http：//manoa. hawaii. edu/coe/credenational/videos/）这个短视频的目的是教授做汤，但很多指导是以对话的方式进行的。在切南瓜做汤的过程中，孩子们热心协助，教师说："我觉得你们都很有礼貌。"一个孩子问："什么是礼貌？"教师一边切南瓜一边回答说："礼貌就是你们用语言好好地对待对方……"过了一会儿，教师说："我需要两杯南瓜，但我想我会用更多的。"接着，一个孩子举起一个量杯说："你想量一下吗？"教师回答说："我们并不需要真这么做……"然后另一个孩子问："我们什么时候倒牛奶？""等南瓜煮熟了以后"，教师回答，"需要一点时间来烹饪"。

进行有效的指导性对话需要练习。然而，这种方法对英语学习者尤其有益，他们可能需要更多的语言支架来理解话题和主题，从而创建口头和书面文本的心理模型（表征）（Lantolf，2006）。如果儿童在语言方面有困难，成人应鼓励地点头，尽量不要替他说话，需要时也可以给他一些建议，如询问："这就是你想说的吗？"我们的目标是进行一场真实的对话，同时教授第二语言学习者所需要的单词和句法意识。

（三）讲故事和读故事

讲故事和读故事是发展儿童口语理解能力的两种流行且富有成效的方式。两者在儿童早期语言和读写课程中都有很长的历史，在发展儿童的语言能力（包括词汇、句法复杂性和叙事能力）方面相互对应并相互补充。在这两种方法中，读故事被研究得更多，尽管讲故事可能在培养听力理解的基本要素如专注力方面更有影响力（Trostle & Hicks，1998）。

讲故事作为口语习得的一种语境，是对读故事的补充，但重点有所不同。一个区别是儿童的参与方式。讲故事时，儿童可以加入重复短语或重复叠句（重复短语如"跑，跑得越快越好。你抓不到我的。我是姜饼人！"或使用"bibblety、bobbity、boo"这样的无意义的词），并为故事情节做出贡献，这需要视觉想象力。他们必须积极地倾听，密切关注讲故事的人，这对年幼的孩子来说可能是更加个人化的体验。讲故事可以为思考提供概念框架，帮助儿童在心理上映射经验，并提供他们可以模仿的语言和思维模式（Collins，1999）。研究表明，常规的讲故事可以提高故事概念、理解、词汇和语言流利度（Farrell & Nessel，1982；Palmer，Harshbarger &

Koch，2001）。

儿童本身也是出色的故事讲述者。当他们彼此分享自己的个人故事时，也建立了口语理解能力。在数字时代，凯伦·沃尔文德（Karen Wohlwend，2015）描述了 iPad 上的数字木偶应用程序如何促进儿童创编故事，以及进行数字读写、多模式制作和游戏协商。学前儿童聚在一起，手指在 iPad 触摸屏上操纵多个字符，创建复杂的文本，包括图像、对话、音效和动画。他们在有趣的合作中分享各自的故事想法，并在这个过程中运用口语、听力和语言技能。

作为一种语言互动的语境，读故事对语言习得和读写都有好处。许多研究表明，阅读故事书活动对儿童的词汇增长、理解技能、故事概念、文字知识（声音和字母识别）和动机都有着积极的影响（Bus, Van Ijzendorn & Pellegrini, 1995）。当成人大声朗读给儿童听时，他们会让儿童接触书面语言，示范阅读方法，指出特定单词，强调发音字母匹配，解释新单词等，这些不仅为儿童创造了学习语言的机会，也为他们创造了学习读写概念的机会。举例来说，当杰罗姆（Jerome）给刚出生的儿子读书时，他会向他介绍书中语言的声音和节奏，之后他会分享《晚安，月亮》（Goodnight Moon）这样的故事书，这些书培养了他处于学步期的孩子初期的听力理解能力（记忆、推理、连接先前的知识）和对书籍的喜爱。

当成人有目的地让儿童参与阅读分享讨论时（应经常这样做），也为儿童提供了练习和加强口语理解的机会。在后文的摘录中，幼儿园孩子正在积极讨论乔治·麦克唐纳（George MacDonald）1872 年的经典著作《公主与妖精》（The Princess and the Goblin）中的一章。在故事的开始，奶奶给了公主一枚闪闪发光的戒指作为礼物，如果她害怕了，一根线就会把她带到舒适的地方。公主以为线会带她去见奶奶，但一天晚上，线带她去了一个山洞深处，在一堆石头前停了下来。"艾琳的线索"这一章以公主在岩石脚下大哭而结束。围绕无所畏惧的矿工的儿子柯迪（Curdie）失踪，孩子们开展了如下讨论：

约瑟夫（Joseph）：我想柯迪在岩石的另一边。
教师：你从哪里得到的线索？
安娜（Anna）：因为线把她（公主）带到了山上。这意味着离柯迪很近，因为柯迪住在山上。
金（Kim）：也许柯迪在石头的另一边！

贾马尔（Jamal）：我认为她（公主）的奶奶是一个妖精，因为她可能会穿过岩石。

乔丹：我知道。也许吧——当她在另一边睡着的时候——但半兽人怎么能那么快呢？

安娜：因为它们有魔力。

理查德（Richard）：我知道柯迪是怎么到另一边去的。

（孩子们开始以小组的形式讨论）

约瑟夫：也许科迪在石头堆里。

教师：你为什么这么说？

约瑟夫：因为上一章"柯迪的线索"里说他们堆了石头，洞口有一块大石头。

金：奶奶说戒指总是通向她的卧室，所以她……

安娜：不，不是。它（故事）说："它会带我到你身边，无论它带你去哪里，你都可以去。"奶奶说："无论它带你去哪里，你都要去。"

教师：你们能想到公主应该去山洞的原因吗？

约瑟夫：因为它（故事）说"你不能怀疑这根线。"

亚当（Adam）：奶奶说这根线会把公主引向她，但最后却把公主引向了柯迪。

阿隆德拉（Alondra）：我想奶奶知道柯迪的事。

金：那是因为奶奶想让公主去救科迪！

安娜：这就是线索。

贾马尔：让柯迪出来，因为公主知道他（在哪儿）了。

约瑟夫：是的。（Hansen，1998：172—173）

以上这段讨论揭示了几种锻炼儿童口语理解能力的方法。从一开始，孩子们就需要仔细倾听彼此的意见，并围绕主题开展进一步讨论。他们需要从文本中找到证据来支持他们的预测和推论，他们需要轮流并尊重彼此的意见。简言之，教师必须教育孩子们遵守讨论规则，努力理解相互交流的想法，这有助于帮助他们达到所在州相关标准要求的听说技能。

在21世纪，家庭和学校越来越多地将数字故事书用于阅读。教育应用市场正以每年数以百万计的销量迅猛增长，家庭移动设备的使用也在迅速扩大，这使很多幼儿接触到移动设备上的教育内容，包括故事书（Rideout，2013）。新近研究表明，儿童通过与成人和同伴分享电子书来学习（或许学到更多）故事理解能力。在平板电脑或纸质平台上阅读同一本书时，学前儿童的理解能力、故事顺序和文字意识均没有显著差异（Reich, Yau & Warschauer, 2016）。但是，在平板电脑阅读中，成人的语言可能更关注技术问题（如怎样使用设备），而不是文本内容（Chiong, Takeuchi & Collins, 2012）。一些文献为成人和儿童进行电子书故事阅读提供了一些基本指导（Reich 等, 2016）。请参阅第六章，了解有关幼儿阅读故事书的更多信息。

· 为孩子选择电子书时，应考虑符合其年龄、信息丰富并吸引人的电子故事。

· 参与电子书分享优于独自阅读；与观看电视类似，成人应该花更多的时间和孩子共同阅读，而不是让孩子独自阅读。

· 共同观看时，成人应该支持孩子使用平板电脑和理解故事，应该展示正确的设备操作技巧并让孩子参与讨论文本内容。

实践链接

采访一名服务于早期教育机构（如开端计划中心）或学校的儿童语言专家，通过访谈了解其角色。访谈问题包括："您如何评估儿童的口语能力？您运用哪些干预策略帮助有语言障碍的儿童？家长怎样学习帮助孩子发展口语理解能力？"与同伴分享你的研究结论并进行比较。

四 口语和早期读写的关系

很明显，幼儿在家庭和学校的对话参与取决于他们口语理解能力的发展。随着听说理解能力的提高，他们从不断扩大的社会和学术环境中学习到越来越多的口语技能。简言之，他们通过说、听和使用语言来学习，进而发展自己的口语理解能力。

口语理解能力对于听说而言很重要，对于学习读和写来说也同样重要。为了获得早期读写能力，儿童需要通过书写来学习阅读，需要阅读来帮助他们学习书写，需要口语理解能力来学习这两方面。

为了早期读写能力的发展和学习，口语理解的概念和技能可以分为三大技能领域：语法、语言习惯、词汇和听力理解。下一节将针对这些领域展开探讨，重点关注与早期读写概念和技能密切相关的内容，如文字知识和故事理解能力。根据相关研究，我们相信，高质量的口语理解指导一般也适用于那些将英语作为第二语言的儿童和有特殊需求的儿童（Goldenberg，2008）。我们还将补充具有特殊性的普通课堂内容（见特别收录"针对有语言需要的儿童的口语策略"），它强调了适应特殊需要儿童的基本技巧。

停下来思考

词汇量

词汇量指在口头和书面交流中获取并积极使用新词汇的过程。一些研究人员发现，在前幼儿园、幼儿园和小学阶段，很少有明确的有目的的词汇教学（Beck & McKeown，2007；Neuman & Dwyer，2009）。此外，商业出版的早期读写课程在提供系统、有序和直接的词汇教学方面是有限的。请搜寻描述早期教育情境下有效词汇教学的专业资源（如文章、研究报告、博客），与同伴交换结果并比较。

（一）语法和语言规范

唐·霍德威（Don Holdaway）在他的经典著作《读写基础》（*The Foundations of Literacy*）（1984：62）中描述了与早期读写相关的重要语言因素，如熟悉口语形式的书面用语。这句话的意思是，儿童通过聆听他人朗读，逐渐熟悉书面语并将它融入自己的谈话，像"真聪明！""从前""似乎很遗憾"以及"首先、下一步……然后"，这是一种为儿童学习阅读和书写做准备的语言用法。

文献研究和早期读写预测因素的最新研究证实了口语，特别是语法和用法，在儿童学习阅读过程中的作用（Hogan, Adlof & Alonzo, 2014；Snow, Burns & Griffin, 1998；Whitehurst & Lonigan, 1998）。并不是任何对话都能建立通往早期读写的桥梁。对话需要包括：（1）更复杂的语法结构，比如缩写形式（I'm、we're、they're）；（2）暗示着结果、比较和时间顺序的结构（如果……那么；因为……就像；不同的是……，首先，其次……）；（3）非会话形式的语调模式（很久很久以前，有一位住在玻璃山上的公主）和术语（然而、因此）。这些为书面语搭建了桥梁。儿童受益于这样的语言环境，因为这种环境为他们提供了许多机会来扩大语法意识，使用他们之后被要求阅读的复合句和复杂句。帮助英语学习者起步并发展更高级的语言技能的策略包括：（1）说话缓慢自然；（2）发音清晰；（3）句子短小简单，可以用形容词和副词扩充（如"这个女孩正在吃香蕉"扩充为"这个黑头发的年轻女孩正在吃一根熟透的黄香蕉"）；（4）重复和解释；（5）控制词汇和习语。

（二）词汇量

词汇量由我们知道、喜欢和使用的词汇组成。例如，最近斯塔尔（Starr）女士的开端计划教室里的 4 岁孩子很喜欢"俯冲"（swooped）这个词，一有机会就会使用它，比如"我俯冲进来拿牛奶！"

词汇知识是一个人所知道的单词的主体。它分为两种类型：接受性词汇和表达性词汇。**接受性词汇**由听或读时联想到的单词组成。例如，当艾拉梅（Ella Mae）听母亲读到彼得兔（Peter Rabbit）是一只淘气的小兔子时，她通过联想彼得在麦格雷戈（McGregor）先生的花园里所做的坏事来理解这个词。简而言之，单词的意义是通过听或读来理解的。

表达性词汇包括那些我们能够创生或知晓的词汇。个体可以创造符合环境的词汇。例如，读故事时，艾拉梅指着彼得兔说，"它在栅栏下扭动"。显然，她从记忆中检索出了"扭动"这个词。

正如我们所预料，幼儿的接受性词汇量通常多于表达性词汇量。他们能听到并理解的词汇比在不同情况下所说和所用的词汇要多。

早期词汇知识对今后的学习具有极为深远的意义。到 3 岁时，儿童在词汇方面的巨大差异已经显现出来，这种差异会持续到高中阶段，并使成绩差距不断增大。事实上，3 岁时的词汇知识可以预测小学三年级时的阅读理解能力（Hart & Risley，2003；Stanovich，1986）。早期词汇量少的儿童不太可能偶然学习单词（Robbins & Ehri，1994），而且通常缺乏口语理解的背景知识，反过来，这对他们的早期读写能力的发展产生影响（Hirsch，2006；Neuman，2006）。

儿童的词汇知识水平也影响他们解码技能的习得（Wagner 等，1997），这种解码技能为口语到文字提供语言信息（如音素意识），它影响儿童阅读、理解文学和信息书籍的能力。因此，词汇知识的多少和质量对儿童的入学准备和他们的整体读写发展有着重大影响（NELP，2008）。成人可以通过使用多种教学策略，包括偶然的、意外的、有目的的或有意的指导，确保幼儿有足够的词汇量来获得阅读成就。

传统上，幼儿教师使用**偶然策略**来帮助儿童学习新单词，他们利用日常生活和学习活动中可教的时刻。虽然这些策略是自发的，但由于以下原因，它们仍然是有用的。第一，成人的对话是与活动目标相联系的，或者说是目标导向的。第二，成人的对话取决于儿童的对话，也就是取决于儿童当时的理解。第三，成人的对话为儿童提供了有效的即时反馈。请参看表 5.1 中的实例，注意偶然策略的这些重要特征。当存在以上策略并由教师高质量地运用时，可以提供丰富的机会帮助儿童学习新单词。

表 5.1　　　　　　　　　　　　**偶然策略示例**

偶然策略	示例
参与对话	C：什么是褶？
	T：这个词很有趣。你觉得是什么？
	C：一条裙子。
	T：哦……有人跟你说过百褶裙。
	C：嗯，她穿的是一条百褶裙。
	T：嗯，褶是裙子上布的褶。当你旋转时，褶皱就会散开，裙子就会往上提。
	C：噢……像一把伞……
解释事件过程中的术语	C：E 女士说这里很热，水会蒸发，蒸发会让花凋萎。
	T：是的，天气热的时候水会从土壤中蒸发，这样植物就没有足够的水了。它会枯萎或下垂。
通过阅读故事书来提高词汇量	最后他遇到了一个"大东西"（伊斯特曼 1998 年所著的《你是我妈妈吗?》）。 C：不是他的妈妈。
	T：不是他妈妈吗？它看起来像什么？
	C：像个玩具。
	T：你见过这样的玩具吗？
	C：那是一辆自卸卡车。
	T：是用一把大铲子铲起泥土的东西。
	C：是起重机。
	T：是的，像一台起重机。

资料来源：Eastman, P. D.（1998）. *Are You My Mother*? New York：Random House Book for Young Readers。

最近的研究显示，**有目的的策略**有益于加强词汇知识，对于词汇迟缓的儿童尤其如此（Marulis & Neuman，2010）。有目的的策略使用直接的、强化的成人语言来有意识地教授新单词。目前出现了几种很有前景的策略。例如，西尔弗曼（Silverman，2007）描述了抛锚式词汇教学（Anchored Vocabulary Instruction），它结合了口头语境策略（如将新单词与个人经验联系起来）和分析策略（如注意新单词的字母和发音）。比米勒（Biemiller）和布特（Boote）（2006）进一步研究发现，使用重复阅读方法解释词义时，使用恰当的词汇干扰可以促进幼儿的词汇知识。类似的研究包括巴斯（Bus）和斯梅茨（Smeets）（2012）发现，在阅读过程之中或之后，在交互式电子故事书中嵌入多项选择题极大提高了单词学习能力，超过了故事书阅读中附带评论甚至是词典热点的效果。

这些有目的的策略的共同教学特点包括：（1）使用前—中—后教学框架来介绍、讨论和复习新单词；（2）在语境（如故事书）中重复和解释新单词；（3）在不同的环境中有足够的机会练习使用新单词，如中心时间和游戏（参看第六章）。所有策略的目标都是有目的地接触新词，包括高实用性的**词根**（具有一个主要含义的词，如单词"run"）和**学科内容单词**（特定于某一内容领域的词）。

特别收录

针对有语言需要的儿童的口语策略

凯伦·伯斯坦

教师经常向语言治疗师提出问题，关心学生在课堂上的发展。这些问题经常在多学科小组干预会议上提出。此外，团队中的重要成员——孩子的父母也表达了对子女的担忧。通常，有语言障碍的儿童会接受语言干预专家的特殊服务。然而，教师也是一个重要角色，他们需要和语言治疗师合作，监测孩子对教学和课堂活动的理解，提供口语练习及其与同伴和成人互动的机会。表5.2总结了教师可以用来促进有口语需要的儿童语言发展的几种策略。

表 5.2　　　　　　　　　　支持有特殊需要儿童的口语策略

口语技能	策略
清晰度	·如果有几个指令，请一次给出一到两个指令，而不是同时给出所有指令。 ·给出指令的时候要具体。
语法	·如果孩子说错了，用自然的方式重复正确的表达。注意不要让人对孩子的语言产生负面注意。例如，如果孩子说："我去了商店（I goed to the store）。"你可以说："哦，你去了商店（Oh you went to the store）。"
词汇	·在可能的情况下，将视觉图像与词汇配对。当词汇抽象没有图片时，试着将词汇与孩子的个人经验联系起来。 ·鼓励孩子与家人一起玩文字游戏（如"我来猜"的儿童游戏）。①
指势	·发生指令时使用手势会很有帮助。 ·如果有几个指令，一次给出一到两个指令，而不是同时给出所有指令。 ·给孩子足够的时间处理你的提问并作答。如果孩子在一段时间内没有反馈，换另一种方式提问。
口吃	·不打断或不替孩子完成句子，允许孩子完成自己的想法。 ·与孩子保持自然的眼神交流。试着不要感到尴尬或焦虑，因为孩子会捕捉到你的情绪，可能会变得更焦虑。耐心等待，直到孩子做出回应。 ·当孩子说话时，给予他们充分的注意，这样他们就知道你在听他们说话。把你的语言降低到孩子的水平也很有帮助，说话时将一只手放在他们的胸前，并用眼神交流来确保他们注意到你。 ·在孩子完成一个回合对话后，你可以用一种流利的方式重新表述他们的话语。这可以帮助孩子意识到你理解他们所说的，也为他们提供了流畅的言语示范。
基本概念	·提供某个概念的视觉演示。例如，如果正在教授"在……上"这个概念，就要演示把一个东西放"在一张桌子上"。 ·让孩子用物品演示对概念的理解。孩子通过解释他们用这个物品做了什么来表达自己的理解。"你把熊放在哪儿了？""我把它放在了桌子上。"

（三）听力理解

听力理解涉及对口语的了解和理解。它在生命早期 1 岁左右开始发展，并在小学期间持续增长。听力理解包括口语技能，例如在一连串的对话中识别语音或**语素**（即单位），了解单词的含义以及句子的**语法单位**或使用的语法。它还涉及**前指照应**的相关技能，即在对话中回顾之前的陈述和想法的能力，以及使用背景知识使对话有意义的能力（Hagve，1999；Samuels，1987）。听力理解包括理解故事讲述和故事阅读，是连接口语和书面语的纽带（Hogan，Adlof & Alonzo，2014）。

---

① 该游戏的英文为"I Spy"。

在学前和小学阶段，儿童的听力理解主导着阅读理解。也就是说，他们的听力理解预示着未来的阅读理解。在上幼儿园之前，听力理解能力较强的儿童要比普通同龄人的听力理解水平提前一年左右，而听力理解能力较弱的儿童则要落后一年左右。虽然所有孩子的能力都在提高，但在小学阶段，差距在不断扩大。到了小学三年级，听力理解能力强的儿童的水平相当于小学四年级的普通孩子，而进步较慢的儿童与小学二年级甚至更小的孩子差不多。一般来说，只有通过与他人的互动，以及通过书籍介绍新的词汇、概念和语言结构，才能提高儿童的听力理解能力。由于还不能阅读，大多数儿童听力技能的提升来自非文字的方式，如对话、媒体、游戏以及成人的大声朗读。对许多儿童来说，在整个小学阶段都是如此（Biemiller，2003）。

因为听力理解是阅读理解的组成部分，因此儿童需要一整套的口语活动帮助他们学习用听力进行有意义的（和难忘的）理解。可开展的活动包括让儿童回答直接疑问句，进行小组讨论和倾听，通过提问澄清或获得进一步信息，叙述事件，以及对故事、歌曲和诗歌做出回应。当儿童被引导去用心倾听，他们就能更充分地参与对话，也能从高质量的社会和指导互动中获得更多，从而为读写打下坚实的基础。

实践链接

在当地的早期教育机构课堂上观摩一个展示和讲述环节，统计教师陈述和提问的频率，统计儿童倾听同伴分享的频率，分析教师和儿童说话分别占据的比例，思考你的研究结果对儿童口语理解能力的发展意味着什么？

五 提供支持性的学习环境

儿童在哪里，和谁在一起以及他们被允许做什么（或不被允许做什么），对他们的口语理解能力有很大的影响。儿童的口语习惯、说话方式和语言使用都依赖于他人。事实上，他们学到的大部分知识都来源于周围的人的对话。儿童通过参与令人兴奋的对话了解世界，理解周围的复杂事件并产生新的不同的想法。他们扩展了自己的口语理解能力——学习词汇，组合句子，使用文本结构来理解，并练习合作对话的规则。为了保证儿童在家外和学校有这样的机会，成人需要创造支持性的学习环境，为他们提供讨论、合作、解决问题和游戏的空间。一些实践能确保实现这一点，后文总结了一些不仅基于证据而且基于历史的实践。

停下来思考

戏剧游戏

杰罗姆·布鲁纳（Jerome Bruner）指出"语言最复杂的语法和语用形式首先出现在游戏活动中"（1983：65）。著名游戏研究者多萝西·G. 辛格（Dorothy G. Singer）评论说，在假装游戏中，"孩子们发明了很多单词"（2013：5）。然而，在幼儿班和幼儿园的教室里玩游戏的机会正在迅速减少。现在有更多的孩子在学校上学，他们的游戏时间也比过去要少。回忆你童年早期的游戏经历——你的假装游戏、你玩过的游戏以及你从游戏中学到了什么。从你的角度来看，学校里游戏的减少对儿童口语理解能力的发展有什么风险？游戏时间减少会如何影响儿童的听说能力？

（一）互动式谈话

互动式谈话，即成人和儿童之间的简短对话和讨论，被证明是早期大脑发育和整体语言学习的关键因素。早期父母的谈话可以预测孩子今后的语言能力，这就是为什么家庭语言环境如此重要的原因（LENA Foundation Technical Report，2015）。鉴于许多儿童在醒着的时间里有60%是在托儿环境中度过的，因此在托儿环境中，成人和儿童之间的互动式谈话也同样重要。

根据LENA基金会（Warren，2015）的报告，在家庭和儿童保育的语言环境中使用如下两种策略可以丰富互动式谈话：一是跟随儿童的引导，创造共同注意——这对婴儿和学步儿童来说是最有用的；二是适当改变儿童的话语来增加词汇量和语言的复杂性——尤其是当孩子开始使用单词和复杂的5个或6个单词的句子时。为了创造共同注意，成人用言语和行动跟随并回应儿童的注意力。例如，当1岁的索菲亚（Sofia）专注地看着她的手时，照料者说："你看到你的手了，我看到你的手和手指，我可以把你的手指握在手里。"随着儿童的语言逐渐成熟，对话重塑提供了一种回应，即成人重复孩子的部分或全部对话，并在保持孩子表达的基本意思的同时增加新的信息。例如，一个孩子可能会说，"我想要一个"，指的是一盘饼干。成人可能会回答："你想要一块巧克力饼干吗？"

在幼儿班，小组活动提供了互动式谈话的多种机会，提高了儿童谈话的词汇和语法的复杂性。例如，J 女士正在帮助一小群孩子检查储存的物品，这些物品是去年秋天作为科学课的一部分保存起来的。注意后文所列举的对话是如何促进语言使用和相关词汇的。

贾克琳（Jaclyn）：哦！里面有只虫子！
教师：在哪里？
贾克琳：在这里。看到了吗？
特里（Terri）：有一只白色的虫子。
教师：嗯……我想知道。它们看上去很亲密。
贾克琳：看每一只虫。看！看！看它们！看到那些白色的东西了吗？它们是虫子。
教师：这些确实是虫子。你们知道，它们可能是冬天来临前在那里挖洞的幼虫。

（改编自 Speaking and Listening for Preschool through Grade 3，by New Standards Speaking and Listening Committee，2001）

儿童之间的互动式谈话也是语言学习的宝贵资源。被称为"转身谈话"（turn and talk）的技术为培养前幼儿园阶段的儿童达到学校预期的听说技能提供了机会，包括有效地参与一系列对话和与不同的同伴合作，在他人想法的基础上建构自己的想法，清楚且有说服力地表达自己的观点（Common Core Anchor Standard）。"转身谈话"的程序很容易使用，它提供了大量的互动式谈话练习。（1）提问：提出一个问题或提示让孩子们讨论，告诉他们有多少时间讨论。1 到 2 分钟的讨论最有成效。（2）转向：让孩子们转向一位特定的搭档。使用眼球搭档（Eeyball Partners）的方式配对，要求搭档面对面坐着，膝盖对着膝盖。搭档的分配应该事先设定，这样孩子们可以快速而容易地配对。（3）谈话：在规定的时间内设置一个计时器，让孩子们讨论指定的问题。时间一到，请搭档分享他们讨论的观点。

（二）角色扮演

角色扮演是一种戏剧技巧，它不仅能提高语言技能，也能让年轻的学习者感到快乐。幼儿喜欢成人和他们一起参与角色扮演——在角色扮演时，我们不但从中获得乐趣，而且也在帮助儿童学习语言。角色扮演可以从现实生活情境开始，比如餐馆、杂货店、医院等，这提供了在不同情境中练习语言的机会。在实施角色扮演时可以使用木偶。画着脸谱的指偶和手偶制作起来很快，使用起来也很方便。手套、袜子、纸袋，以及由圆球、羊毛、皮草、彩纸和其他残片制成的木偶，都可以纳入艺术范畴，用以增加语言体验。教师可以扮演适当的角色（如买卖的角色），也可以是剧本、熟悉的书籍、诗歌和即兴创作中的角色。

（三）对话式阅读

对话式阅读是一种成人和儿童之间关于故事书内容的互动持续的对话（Whitehurst 等，1994）。第六章将进一步讨论对话式阅读的基础和益处。此处我们着重于鼓励成人和儿童进行对话式互动的语言交流。

为了确保丰富的交流，成人应该使用以下提示，称为 CROWD（以下五点提示的英文首字母缩写）（Bowman，Donovan & Burns，2001）。

·完成提示（completion prompts）：在句子的结尾留下空白让孩子们填写。例如，"杰克和吉尔上山去取一桶_____"这个提示语锻炼了孩子们对语言结构的敏感性。

·回忆提示（Recall prompts）：这些提示鼓励孩子们记住书中发生的事情。例如，你可以说："小红母鸡想做一些面包，你还记得她寻求帮助时发生了什么吗？"用这个提示来帮助孩子们组织故事并记住故事的顺序。

·开放式提示（Open-ended prompt）：这些提示集中于书中的图片。你可能会说："轮到你读这个故事了，这一页上发生了什么？"当鼓励孩子帮忙讲故事时，他们便有机会练习流畅地表达和注意插图中的细节。

·"什么""哪里""什么时候"和"为什么"的提示（What，where，when and why prompts）：这些问题也集中于书中的图片。当你询问"这是什么？"时，是在教孩子新单词。当你询问"你为什么觉得小狗悲伤？"时，是在鼓励他们从自己的词汇库中检索单词来表达观点。

·距离提示（Distancing Prompts）：这些提示引导孩子们在书本和经验之间建立联系。例如，当孩子们阅读《棕熊棕熊，你看到了什么》时，你可以提问："你家里有金鱼吗？你的金鱼有名字吗？"这类提示可以让孩子们练习对话和讲故事的技巧。

（四）社会戏剧游戏

社交游戏的口语需求是巨大的，对大多数儿童来说是语言上的挑战。当儿童积极参与游戏时，他们的口语理解能力达到了顶峰。他们不仅需要用语言来表演戏剧，也必须用语言来组织戏剧，让它持续下去。这一点在两名4岁的孩子——舒娜（Sheona）和亚当（Adam）的社会戏剧中表现明显。请注意这对搭档是如何用语言编排在海滩（教室的一个角落）野餐的假想场景的。还需要注意他们的语言从假装（野餐）到现实（游泳课）的转换，这在社会戏剧游戏中是很常见的。当发生与游戏本身有关的语言转换时，如"不！别干那事！"或者"记得你是护士吗？"，这些语言被称为与**假装交谈**相反的**元游戏语言**。

舒娜：我们要去野餐，好吗？在海滩上，亚当。但是不要带你的猫一起来！我们野餐需要很多东西，对吧？

亚当：去海滩？好的，不带猫？但是我想……好的，不带猫。

舒娜：我们需要很多杯子，亚当，很多。一、二、三个杯子，因为不能在海滩上洗（杯子），那是我们要游泳的地方，嗯，亚当。

亚当：我昨晚上了游泳课。我游得更好了。我可以仰面漂浮。

舒娜：我仰面漂浮过。我是说那些水深的地方，小孩去可能会被淹死。

亚当：你知道……我要到水没过脖子的地方去！

舒娜：亚当，野餐时你应该带土豆沙拉。一定要带土豆沙拉，这是很重要的。

社会戏剧游戏可以用来有效发展口语理解，使用社会戏剧游戏时的注意事项包括：（1）给戏剧留出足够的时间——至少30分钟（Johnson, Christie & Wardle, 2005）；（2）创建主题中心（如车库），可以持续使用数周，并且靠近其他戏剧游戏中心（如家政中心；见 http://www.connect4learning.com/curriculum/；C. Woodard, 1984）；（3）提供教师支持，帮助处于非游戏状态的儿童开始游戏，鼓励更多游戏中的儿童丰富和扩展他们游戏的戏剧性（Enz & Christie, 1997；Roskos & Neuman, 1993）。

（五）单词游戏

从婴儿床到教室，年幼的儿童喜欢唱简单的歌曲，重复简短的节奏和制造无意义的单词。唱、说、创造和重复单词正是因为享受声音带来的乐趣，词的确切意思并不重要。单词游戏是为什么幼儿教师应该唱歌、说押韵、运用手指游戏并鼓励孩子不时说话的原因。

单词游戏虽然好玩，但其教学目标却非常严肃：帮助儿童有意识地聆听语言中的声音并进行新单词的发音（见表5.3）。随着儿童对唱歌和押韵的明显喜爱，他们练习将注意力集中在声音组合的异同上，这增强了他们的语音意识。他们也面临学习新单词的困难，这些单词挑战和锻炼他们的口语能力。也许不足为奇的是，唱歌、手指游戏和押韵练习都是帮助英语学习者第一次口头使用新语言的活动（Freeman & Freeman，1994；Jackman，1997）。与声音进行游戏、小组一起朗诵和做动作等，似乎都让英语学习者更容易参与其中，而且常常是兴致盎然！

表5.3 　　　　　　　　　　　单词游戏示例

学习成果	示例
聆听/使用韵律（唱歌）	拇指在哪里？ 拇指在哪里？ 我在这里！我在这里！ 先生，你今天好吗？很好，谢谢。 跑吧，跑吧。
聆听押韵的单词	杰克要敏捷，杰克要快速，杰克跳过烛台。①
聆听头韵	红胸小知更鸟，坐在栏杆上；摇动，摇动它的头；摇动，摇动它的尾巴。②
发音困难的单词	小姐玛菲特，坐在垫子上，吃凝乳和乳清……③
语言游戏	Hicka, Vicka, Sola Nick/Chicka, Bicka, Boo/Voolee, Voolee Voolee, Voolee, 我选择你。（这是4岁的克劳迪娅选谁第一时的吟唱）

---

① 此处原文是：Jack be nimble, /Jack be quick；/Jack jump over the candlestick。

② 此处原文是：Little Robin Redbreast /Sat upon a rail；/Niddle, naddle went his head/Wiggle, waggle went his tail。

③ 此处原文是：Little Miss Muffet/Sat on a tuffet，/Eating her curds and whey…。

（六）数字游戏

移动技术和教育应用程序为口语理解能力和技能的发展创造了新的环境。儿童可以通过教育媒体和应用程序获得很多乐趣，他们可以进行一系列的游戏，包括感觉运动和练习游戏、假装游戏和规则游戏。因为游戏和语言共享表征过程（representational processes），数字游戏为儿童提供了另一个练习形成符号关系的机会。

基础的游戏类应用程序帮助儿童使用单词来标记、匹配以及分类形状、单词和数字，并允许他们探索和建构单词的含义。一个实例是"猴子学前午餐盒"（Monkey Preschool Lunchbox）。这款应用程序包括 6 个类似游戏的活动，在这些活动中，学前儿童帮助猴子数水果，配对卡片上的水果并完成拼图。（请参阅 https：//www.commonsensemedia.org/lists/best-preschool-apps，该网站会定期列出适合学前儿童的最佳应用程序。）

在成人的帮助下，在更复杂的数字游戏中，3 岁的儿童就可以扩展他们的前读写概念，并发展有意义有目的的语言技能。丽萨·李可文（Lisa Kervin，2016）通过对数字技术学习的叙事研究，提供了几个校外的例子。

·在哥哥和母亲的帮助下，3 岁的奥利弗（Oilver）用数码照片和 iMovie 讲述了他在幼儿班做柠檬草茶的过程（"我从幼儿班带了一些柠檬草回家，然后向家人展示了如何制作茶，"他在电影开头叙述说。）

·5 岁的弗朗西斯（Frances）非常喜欢名为"口袋池塘"（Pocket Pond）的应用程序，这款程序模拟了一个可以喂养锦鲤的池塘，在池塘中可以添加各种元素到自然的水环境中（比如睡莲叶子）。（在母亲的帮助下）弗朗西斯决定在后院创建自己的池塘，并在整个过程中使用应用程序中的技术语言来帮助解释她在现实世界中的行动。

·为了完成学校的一项任务（在家完成一份关于生物的清单），5 岁的艾德里安（Adrian）使用"木偶朋友"（Puppet Pals）应用程序创建了一个 3 分 26 秒的关于他家后院生物的演示，他将其命名为"艾德里安的后院狩猎"。"嗨，我是艾德里安，"他解说道。"我要告诉你一些生活在我家后院地面上的生物。在我的后院有一些最可爱、最恐怖、最可怕的动物。"

这些应用程序的技术特征——数码照片、音效、背景音乐、木偶、录音——允许儿童练习使用越来越复杂的语言来创建对话、扮演角色、描述经历和关联事件。在学校和校外，在屏幕上和屏幕外，数字游戏可以促进读写和前读写技能的发展。面向幼儿教师的数字游戏资源可以在专业网站上找到，如全美幼儿教育协会（http：//www.naeyc.org/）和在线新闻媒体，如纽约哥伦比亚大学师范学院的"赫钦格报告"（Hechinger Report）。

实践链接

与家长或幼儿班教师商定好，从一名幼儿那里收集口语样本。请孩子从几张学校、家庭、运动和游戏活动的图片中选择一张图片，将选定的图片放在孩子面前并对孩子说："给我讲一个关于这张图片的故事吧。"你可以用"多告诉我一些"或"你还能说些什么"来鼓励孩子。将孩子的故事写下来，然后用下面的表格来描述其口语技能。

表5.4　　　　　　　　　　　　口语评估工具

孩子姓名和年龄：
词汇等级：
语法等级：
细化等级：
评论：

语言技能	每项技能中评分突出的等级			
	4	3	2	1
词汇	有时会使用一些有趣的词汇，包括描述性副词和（或）形容词的使用。	使用基本的语言，主要由名词、动词和一些形容词组成。	使用非常简单基本的语言，主要由名词和动词组成，很少使用形容词。	无法命名图片中的某些元素。词汇的缺乏阻碍了故事的讲述。
语法	在复杂句中正确使用规则复数和非规则复数以及过去时。	使用适当的英语语法。规则复数和过去时的用法正确，不规则形式则不然。	在非常简单的句子中正确使用英语语法，不恰当地使用复数和过去时。	很少正确使用英语语法，不恰当地使用复数和过去时。即使受到提示，也只能使用现在时。没有运用完整的句子。
细化	运用广泛的先备知识和已有经验，将图片中的元素联系起来。叙述内容充实，组织良好。	结合过去的经验和先备知识，将图片中的元素联系起来。	用简单的一两句话将图片中的元素联系起来。	给图片中的元素贴上标签，如男孩、房子等。

六　小结

第一，在口语发展中定义口语理解。口语理解反映了儿童的口语发展，包括词汇、句法和听力理解能力。词汇和语法是听力理解能力的基础，儿童需要用理解来说和听。随着这些技能的成熟，儿童利用它们来建立对话、故事和叙述中所说和所听内容的心理模型。在这个过程中，他们会发展高级语言技能，这些技能是阅读理解、推理、记忆主要思想和细节、理解意义和遵循文本结构逻辑的基础。因此，口语理解能力在口语语境中的发展为儿童阅读理解能力的培养奠定了基础。

第二，描述发展儿童口语理解能力的语境。三种日常语境为儿童提供了发展口语理解能力的机会。在家中和其他地方发生的真实经历提供了多种学习单词和短语的机会，这些单词和短语对每个孩子来说都非常有意义。成人与儿童之间、儿童与同伴之间的实质性对话，促进了思想和情感的交流、信息共享以及质疑和解释，这些也是语言的丰富来源。指导性对话提供了一种更深思熟虑的实质性对话形式，成人可以有目的地示范和提供口语理解技能的练习。讲故事和读故事是历史悠久的语境，它们培养和提高儿童的口语和听力能力，使他们的口语理解能力更强大更健康，同时支持阅读理解。

第三，解释口语理解和早期读写能力之间的联系。口语理解和早期读写在语法和语言习惯、词汇和听力理解方面具有共同的技能。涉及复杂的语法意识、使用复合句及复杂句的谈话为书面语搭建了桥梁。丰富多样的词汇为儿童学习阅读单词和理解书面文本的意义打下了基础。听力理解能力（如背景知识的运用）为今后的阅读理解奠定了基础。口语理解的需求不仅能帮助儿童说和听，也能帮助他们读和写。这些是相互支持和扩展的交互过程。

第四，描述口语理解的支持性学习环境。成人需要提供一个支持性的学习环境，让儿童可以学习和练习口语理解能力。创设一个谈话丰富的环境，可以设计鼓励成人和儿童、儿童和同伴之间互动的高质量的小组活动，可以开展促进儿童参与角色扮演和游戏场景的戏剧活动，可以促进儿童参与培养其语言表达能力的对话式阅读体验，可以让儿童积极参与单词游戏来丰富他们的单词意识，还可以利用技术来扩大语言的运用和接触文字概念。

第 六 章

与儿童分享好书

本章目标

（1）解释为什么家长和教师给儿童读书很重要。
（2）描述教师应与儿童分享的书籍类型。
（3）描述互动式故事书阅读，解释为什么它被认为是培养儿童阅读的最有效策略。
（4）解释共享大型读物阅读如何帮助儿童学习文字。
（5）描述教师可以拓展故事书阅读的不同方式。

一 引言

罗宾逊（Robinson）女士班级 4 岁的孩子们正聚集在圆圈时间区域。罗宾逊女士首先给孩子们看了一本书的封面。"今天我要给你们读一个故事，是我最喜欢的故事之一《咔哒咔哒，哞：会打字的牛》（*Click，Clack，Moo：Cows That Type*）。"她指着标题的单词依次读着。"这个故事是多琳·克罗宁（Doreen Cronin）写的，插图由贝琪·卢因（Betsy Lewin）创作。看看这本书封面上的图片，告诉我你们看到了什么。"孩子们给图片上的物体命名——奶牛、鸡和鸟（实际上是鸭子）。正如罗宾逊女士所预料的，没有一个孩子给打字机命名。她指着打字机问："这是什么？"坤塔拉（Quintella）回答说："一台旧电脑。"罗宾逊女士请他解释。坤塔拉指出，它的"键盘有点像（教室里的）电脑"。罗宾逊女士称赞他的观察。

她解释道:"在电脑出现之前,人们在这台机器上输入信息。这叫打字机。"她翻到书的第1页。"这是一个关于奶牛的故事,它喜欢做什么?"孩子们回答:"用打字机打字!"罗宾逊女士指着农夫的图片问道:"如果这个故事是关于奶牛的,那么这个人可能是谁?"孩子们回答:"一个农夫!"罗宾逊女士问:"他看起来是快乐还是难过?"阿纳伦德尔(Anarundle)认为是难过,"因为他的嘴是倒着的"。罗宾逊女士读了第1页的内容。"阿纳伦德尔说的对吗?农夫伤心吗?"孩子们也认为农夫很伤心。"为什么?"她继续问道。杰曼(Germaine)说:"农夫布朗(Brown)不高兴,因为奶牛打字,发出噪声。"罗宾逊女士说:"让我们一起来看看。"孩子们和老师一边读着每一页,一边讨论着内容。老师讲解不熟悉的单词,比如罢工、不耐烦、激烈的。他们理解农民布朗可能真的很不高兴,因为奶牛打了一张便条告诉他不给他牛奶,又打了一张便条告诉他母鸡不给他鸡蛋,除非它们得到想要的电热毯。孩子们和老师讨论农民布朗如何解决奶牛和母鸡的问题。最后,他们讨论了农民布朗听到鸭子们敲打字机时的"咔哒、咔哒、嘎嘎"声,并预测鸭子们能否实现获得一块跳水板的愿望。当罗宾逊女士合上书时,她问道:"你们有没有写过便条或信要求过什么?你们得到想要的东西了吗?"

名词解释

创造性戏剧活动(Creative dramatics):儿童在没有剧本或台词的情况下表演一个故事。

去情境语言:脱离日常具体和熟悉经验的语言,表达观点时没有周围环境的支持。

对话式阅读:一种互动式的故事书阅读策略,成人在阅读时用特定类型的问题提示孩子,引导他们参与丰富的讨论。

信息文本:提供某一主题信息的书。

互动式故事书阅读(Interactive storybook reading):教师和儿童在阅读过程中提出问题,以加强儿童的意义建构,并向儿童展示如何理解文本。

叙事文本:一本讲述故事的书。

大声朗读(共享阅读):成人(父母或教师)和孩子一起阅读并讨论一本书,或者一位成人和一群孩子一起读一本书。

共享大型读物阅读:教师给一群孩子读的尺寸放大的书,这类书的尺寸不同于一般只给孩子读的那类书籍。

二　故事书阅读的重要性

早在 1908 年，埃德蒙·休伊（Edmond Huey）就写过关于儿童阅读能力习得的内容，他指出"其关键在于父母向儿童大声朗读，并与儿童一起阅读"（1908：332）。目前，研究者正在努力证实休伊的假设。一些研究者，如医师约翰·赫顿（John Hutton，2015）正在使用功能性磁共振成像（fMRI）研究接触文字材料对 3 至 5 岁儿童大脑的影响。赫顿的研究结果显示，**大声朗读**的家庭环境会直接影响儿童大脑特定区域的活动，而这些区域对口语和阅读至关重要。这类研究以及那些探讨如何将阅读对幼儿的影响最大化的研究结论，使我们相信一个多世纪前休伊观点的准确性。

　　父母或其他成人对幼儿大声朗读有什么益处呢？来看看 24 个月大的亚当和爸爸一起阅读故事书的情景吧。阅读开始时，爸爸邀请亚当挑选"一本给爸爸读的书"。亚当很清楚想让爸爸读哪本书——《史上最棒的雪人》（*The Best Snowman Ever*）（Stahl，2013）。亚当和爸爸刚刚在前院堆了一个雪人。他们一起依偎在沙发的一角。亚当已经知道书是有趣的，他甚至有自己的最爱。爸爸等亚当坐好，将书递给他，亚当拿着书，将书合上，书脊靠左。亚当已经知道如何握书，也知道需要以某种方式打开书。早在 30 多年前，早期读写专家玛丽·克莱（Marie Clay，1985）就提出了关于文字的重要概念。亚当说："爸爸，读书名。"爸爸读着书名和作者："这本书的书名是＿＿＿＿作者是＿＿＿＿"亚当知道爸爸会做什么（读和说），也知道自己应该做什么（听和说）。有时爸爸指着书中的图片问亚当："这是什么？"亚当都能准确命名。当他不确定的时候，爸爸会说："这是＿＿＿＿是吗？"当亚当命名书中的图片和聆听爸爸大声朗读的故事中的单词时，他的词汇量就会增加。他和爸爸一直在阅读和讨论这本书。爸爸会大声询问亚当觉得主角是怎么想的，他是否同意主角所做的决定等。爸爸还邀请亚当比较书中的雪人和"我们前院最好的雪人"。当亚当可以将听到的内容与生活联系起来时，这便是一种学习。最重要的是，亚当正在学习热爱书籍。亚当和爸爸也讨论了故事的内容和意义。爸爸问了很多问题，做了很多评论，有时还会转述故事里的话语。韩智秀（Jisu Han）和斯泰西（Stacey Neuharth-Pritchett）（2014：56）将这些互动定义为"意义相关的互动"。

故事书阅读对儿童的语言和读写发展很重要，因为其不仅能够帮助儿童从故事中创造意义，还能发挥以下作用。以下是该领域的主要研究成果。

・为了在学校取得成功，儿童需要有去情境的语言经验。**去情境语言**是指没有直接环境的支持来帮助儿童理解语言。去情境文本要求儿童超越文本进行预测或推断故事，或者将他们的个人经验与故事联系起来（如爸爸让亚当比较他们堆的雪人和故事书里的雪人）。故事书阅读为儿童提供了去情境语言的模型（Hindman，Connor，Jewkes & Morrison，2008）。

・故事书阅读使儿童接触到日常对话中不会使用的更复杂的语法和词汇。根据大卫·迪金森和同事（2012）的研究，词汇和语法是相互关联的。儿童通过语法学习词汇，通过词汇学习语法。当成人为儿童朗读时，儿童有机会听到嵌入了各种语法的句子中的新词汇。令人惊讶的是，即使是2至3岁的儿童，如果很早就经常聆听成人读故事书，他们也能正确地利用句子的前后文来填补缺少的名词或动词。例如，如果亚当的爸爸停下来让他补充句子里缺少的单词，比如"雪球滚落到＿＿＿＿"。研究表明，亚当可能会用名词填空。亚当选择的名词可能不是故事文本中的确切名词，但他选择的将是一个名词。读故事书也为儿童提供了接触大量生词的机会。当父母和其他成人读书给儿童听时，成人可以在阅读过程中停顿，使用描述性的有助于他们理解的解释介绍生词（Neuman & Roskos，2012）。这类词汇学习被称为隐性词汇教学。佩吉·戈尔茨坦（Peggy Goldstein）和凯瑟琳·伦道夫（Kathleen Randolph）（2017：67）认为幼儿教师还需要"提供系统明确的词汇指导"。显性词汇教学要求教师在阅读故事前，需要预先确定教授哪些单词，如何教授所选词汇，如何提供机会让儿童练习使用所教词汇，以及如何检查儿童对词汇的理解（第五章提供了如何明确教授词汇的内容）。研究表明，为了理解新词，儿童需要多次接触它们（一些证据表明至少需要20次）（Childers & Tomasello，2002）。成人与儿童围绕故事的互动为他们提供了丰富的增加词汇量的机会。要想成为一名优秀的读者和学习者，良好的词汇量必不可少。

・大声朗读有助于儿童理解文学元素（Morrow，Freitag & Gambrell，2009）。例如，他们会发现叙事故事中有主要人物，这些人物会遇到问题并尝试解决问题。对文学元素有较强理解力的儿童能更好地理解故事（Zucker，Justice，Piasta & Kaderavek，2010）。

・故事书阅读建构儿童的学科知识（Pinkham，2012）。书籍能让儿童了解日常生活中不会遇到的概念（如外太空、奇特的动物、其他文化）。此外，越来越多的作者（如 Wanless & Crawford, 2016）提出，文学可以让儿童接触种族，帮助他们发展积极的种族认同。尽管大多数儿童文学继续描绘着一种同质的白人中产阶级文化（Boyd, Causey & Galda, 2015），但教师可以通过仔细挑选书籍，帮助儿童获得关于肤色、文化和社会正义的意识。其他作者（如 Lacina, Baumi & Taylor, 2016）建议，故事书阅读可以促进幼儿的心理弹性，帮助他们学习如何克服困难和具有挑战性的环境。

·故事书阅读有助于培养儿童的情商（Tominey, O'Bryon, Rivers & Shapses, 2017）。托米尼等人的文献表明，高情商的儿童更能集中注意力，更专注，与同伴和成人的关系更积极，也更富有同情心。

根据已经成立 10 年的全美早期读写专家委员会（2008）的报告，共享阅读对儿童口语和文字知识的影响最大。在对符合委员会的高质量标准的研究进行分析后，专家组得出结论："共享阅读可以对幼儿的口语能力和文字知识产生显著、实质和积极的影响。"（NELP, 2008：155）尽管这份报告发表于 2008 年，但它在理解儿童早期读写发展方面仍占有重要地位。

基于上述益处，许多幼儿园的英语语言艺术"共同核心国家标准"都与故事书阅读有关。例如，在"文学"方面，幼儿园的儿童被期待学习以下技能。

·关键思想和细节：在提示和支持下，就文中的关键细节提出和回答问题，复述熟悉的故事，确定故事中的人物、背景和主要事件。

·技巧与结构：能对文中的生词进行问答，识别常见的文本类型（如故事书、诗歌）；能命名一则故事的作者和插画家，并定义他们各自的角色。

·知识和思想的整合：在提示和支持下，能描述插图及其与故事之间的关系，比较熟悉的故事中人物的经历。

虽然并不是每个州都采用"共同核心国家标准"，国家标准更倾向于要求儿童展示国家期望的读写技能，然而大多数州的语言标准中都规定了类似的技能。

并不是所有的儿童都有平等的机会阅读故事书。斯坦霍夫（Steinhoff, 2016）报告了发表在联邦儿童与家庭统计机构论坛（Federal Interagency Forum on Child and Family Statistics）上的一项研究。这项研究表明，只有

64%的家庭每天给学前儿童读书。对于低收入家庭来说，这一数字甚至低于50%。因此，教师可以通过定期在课堂上与儿童分享好书，运用能够充分发挥故事书阅读益处的策略，如互动式阅读和**共享大型读物阅读**（本章均有所描述），来调节儿童不平等的阅读机会。

停下来思考

故事书阅读的益处

本节描述了当成人阅读并与儿童讨论好书时他们可以学习的概念和技能。重温本章开头的短文，思考罗宾逊女士班级里的孩子在她读《咔哒咔哒，哞：会打字的牛》时学到了什么。

三　选择与儿童分享的书籍

精挑细选的高质量绘本故事书对儿童的成长非常重要。有许多参考书来指导教师选择故事书（如 Glazer & Giorgis, 2012; Kiefer & Tyson, 2013）。除了书本资源，还有网络资源。我们最喜欢的网站之一是美国图书馆协会（American Library Association）的儿童网站（Great Web Sites for Kids）。该网站将读者连接到许多其他网站，每个网站都根据其对学前儿童的适宜性进行了编码。另一处优秀的网络资源是儿童图书委员会的网站（Children's Book Council Website）。在该网站的"书单"部分，读者可以根据年龄、格式、体裁和季节等不同主题进行检索。第三个资源是合作儿童图书中心（Cooperative Children's Book Center），它提供各式各样主题和专题的推荐书目，还有专门针对早期儿童保育提供者的书目。此外，大多数图书出版商都有独立的网站来展示其作者的图书。这些网站有高级搜索功能，允许通过标题、作者、插画家、主题或年龄组进行搜索。还有几个网站根据年龄（如0至3岁、3至5岁）推荐书目。这对教师非常有帮助，因为不同年龄或发展阶段的儿童需要不同特点的书籍。

鉴于当今课堂上儿童的多样性，教师应该分享不同文化的代表性文学作品（Smith, Brady & Anastasopoulos, 2008）。我们推荐在互联网上获取最新的多元文化书籍信息。例如，有一些网站提供根据流派（如现实主义、非虚构、传记、幻想）和文化（如非裔美国人、拉丁裔美国人、韩裔美国人、日裔美国人、犹太裔美国人、中东人、印第安人）组织文献目录。使用"多元文化儿童文学"这样的描述词和任何主流搜索引擎（谷歌、雅虎、必应、百度、Ask、Search 等）都可以找到各种各样的网站。

教师应该与儿童分享所有类型的文学作品，涉及叙事性作品（讲述故事的书籍）、知识性作品（提供主题信息的书籍）和诗歌。内尔·杜克（Nell Duke）和她的同事（Duke, Halvorsen & Knight, 2012：205）鼓励教师让儿童接触**信息文本**，他们认为信息书籍是儿童"知识建设的关键来源"。在阅读内容丰富的书籍时，成人往往会少读一些，更多地与儿童交谈。为了帮助儿童理解文本的含义，他们往往会询问更多的对认知要求较高的问题，所问的问题要求儿童假设、预测或解释。此外，信息文本中使用的词汇往往比**叙事文本**更具挑战性。其他研究者已经证明，成人的阅读行为对儿童的语言和读写发展有着积极的影响，有助于增加学前儿童的语言和读写经验。

然而，研究者（Pentimonti, Zucker & Justice, 2011；Yopp & Yopp, 2006）通过对幼儿教师朗读实践的研究发现，教师阅读的书籍中只有一小部分（即5%）是信息文本。吉尔（Jill Pentimonti）和她的同事（2011：657）指出这些发现是"令人担忧的"。信息文本阅读的缺乏阻碍了儿童有机会"尽早对信息文本中常见主题的共同特征，如科学和数学主题"产生兴趣（Pentimonti 等, 2010：657）。

仅仅为儿童提供高质量的印刷书籍是不够的。琳达·拉博（Linda Labbo, 2005）提醒教师仅获取书籍不再足够，儿童也应该有机会使用"设计适宜的计算机程序和因特网站来支持（他们）……对思想、词汇和各类文本的参与"（Labbo, 2005：288）。幼儿教师应该选择具有高度互动性的故事书软件，这种软件允许儿童自主控制演示的节奏、"一页一页"地翻动、逐字或逐行地阅读文本。教师还应该利用现有的各种数字技术。马什（Marsh）和山田（Yamada-Rice）（2013）列举了两名幼儿教师如何使用数码相机、iPad、台式电脑、博客和播客来丰富城市学前儿童对农场研究的例子。

越来越多的儿童能够使用智能平板电脑和智能手机，儿童数字图书馆已经随处可见。在网上搜索儿童的电子书或数字图书馆，会发现许多可供选择的网站。一些网站提供每月一定数量的无限制的电子书访问，其他网站也提供下载选项，其中有些网站提供免费下载和免费在线阅读。

成人可以和幼儿一起使用电子书，但是电子书应该用于幼儿吗？电子书能吸引幼儿并促进他们的阅读学习吗？迄今为止的研究告诉我们，即使是6个月大的孩子，也能通过屏幕媒体自学，比如《芝麻街》、《蓝色的线索》（Blue's Clues）和互动式电子书（Bus, Takacs & Kegel, 2015）。

丽莎·根西（Lisa Guernsey）和迈克尔·莱文（Michael Levine）（2016）通过对文献的回顾得出与幼儿一起使用电子书有利有弊的结论。他们建议，其中的"技巧"在于"区分好坏"，"换句话说，教师在选择数字媒体时应像选择印刷品一样谨慎"，还应"关注成人如何使用电子书"（Guernsey & Levine, 2016: 39）。从这些文献中得到的一个非常重要的信息是，当成人与儿童谈论电子书或纸质书的内容时，他们就会茁壮成长。如何互动是成人成功地与儿童一起使用书籍的关键。

一旦选择了合适的书籍，教师的注意力就可以转移至如何与年轻的学习者分享故事书。

实践链接

和一两位朋友一起去图书馆或书店，用一整天的时间阅读儿童文学作品。带上电脑或者4×6英寸的笔记卡，记录书目信息并简要描述所读书籍。一定要读从婴儿期至幼儿园阶段的所有年龄段的书籍，以及包括信息类书籍在内的所有种类的书籍。最后，浏览本章建议的各种网站。

四 互动式故事书阅读

传统上，故事书阅读主要是一种单向的互动。成人，无论是家长还是教师会进行大部分的交谈，会阅读书籍，发表评论，并在阅读前、阅读中和阅读后向儿童提问。儿童主要处于听众模式，聆听成人的评论并阅读故事。偶尔，他们有机会回答有关插图或故事情节的问题。后文将提供一则教师进行传统意义上的大声朗读的实例，这在本书第一版（Vukelich, Christie & Enz, 2002）中被用作"最佳实践"。

詹森（Jense）女士班上4岁的孩子们满怀期待地在地板上坐成半圆

形，等待着他们最喜欢的活动之一——故事时间。他们知道，每天这个时候，老师都会给他们读一则有趣而又愉快的故事。"今天，我要给你们读一直以来我最喜欢的一本书，莫里斯·桑达克的《野兽家园》。看看封面上那些奇怪的生物！你觉得这个故事是关于什么的？"在回应了孩子们的几次预测和评论后，詹森带着表情和戏剧感朗读了这则经典的故事。孩子们全神贯注地聆听着书中的每一页，主角马克斯踏上了一段奇幻之旅，来到了一座岛上，岛上到处都是凶猛的怪物。孩子们很喜欢马克斯设法控制这些巨大的野兽并成为岛上之王的方式，但当他决定放弃新发现的权力回家时，他们也松了一口气。故事结束时，詹森邀请孩子们讨论他们最喜欢的部分，并询问如果他们是马克斯，他们会做些什么。然后她向孩子们展示了一些代表马克斯、他母亲和一些怪物的木偶。她邀请孩子们在自由活动时间里重新演绎这则故事。

比较詹森女士朗读《野兽家园》与本章开篇罗宾逊女士朗读《咔哒咔哒，哞：会打字的牛》。詹森女士只是将这本书读给孩子们听，这是有益的。但艾米丽·斯奈尔（Emily Snell）、安玛丽·欣德曼（Annemarie Hindman）和芭芭拉·沃斯克（Barbara Wasik）（2015：562）通过对故事书阅读文献的回顾得出的结论是，"简单地大声读书似乎是一个必要但不充分的策略"。同样，韩智秀和史黛西（Stacy Neuharth Pritchett）（2014）提出，在培养儿童的技能方面，**互动式故事书阅读**比单纯地给他们读书更有效。在互动式故事书阅读中，教师在和儿童一起阅读的过程中提出问题，以加强他们的意义建构并展示如何理解文本。当教师使用互动式阅读策略时，他们可以一边阅读一边追踪文字，对即将开始阅读的内容进行评论，暂时停下来提问并发表评论，对儿童不熟悉的单词提供儿童友好的定义。这其中的一些互动是与意义相关的互动，是专注于故事内容和意义的互动。其他互动则集中于文字，或是构成文字的字母、声音或单词，抑或是文字概念（如书的标题、从左到右和从上往下的阅读顺序、标点符号）。

很久以前，研究就确立了故事阅读中语言互动对儿童读写发展的影响（如 Justice & Ezell，2000；Wasik & Bond，2001；Whitehurst 等，1994）。让儿童谈论文本或思考故事里发生了什么，对他们的读写发展至关重要。

在互动式阅读中，教师和儿童的提问贯穿整个阅读过程，这能够强化儿童的意义建构并展示如何理解文本。教师鼓励儿童自发地发表评论，提出问题并在故事展开时回答他人的问题。教师利用读书时的讨论过程来帮助儿童理解故事展开时应该思考什么。互动式故事书阅读为儿童提供了参与故事的机会，并对他们的语言和读写学习做出了重要的贡献。

　　虽然格罗弗·怀特赫斯特（Grover Whitehurs）和他的同事（Whitehurst等，1988）提出互动式阅读法已有时日，但至今仍很流行。他们称这种互动式阅读法为**对话式阅读**。第五章介绍了对话式阅读是一种互动式故事书阅读策略，在朗读的同时，成人用特定类型的问题提示儿童并让他们参与丰富的讨论。大量的研究表明，对话式阅读对儿童的口头语言、文字知识和早期读写都有着积极的影响（What Works Clearinghouse，2007）。运用对话式阅读法时，教师会使用"wh"开头的问题（如什么、在哪里、什么时候、为什么）和开放式的问题，鼓励儿童分享自己对故事内容的思考，教师会重复儿童所说的话语，并使用更复杂的语言扩展他们的回答。

　　虽然每一种互动式阅读策略各不相同，但都需要教师提前阅读故事书，考虑哪些问题是有助于儿童理解故事的重要问题。其中一些问题是字面上的（如谁、什么、在哪里、什么时候、以什么顺序），一些问题涉及推理（如将文本与生活经验联系起来、预测结果、比较和对比、确定因果）。如果故事是叙事性的，有些教师会带领儿童关注故事的结构（有时也称为故事语法）（story garmmar）。也就是说，教师会通过提问将儿童的注意力吸引到故事的背景、主角、故事中的问题、人物如何尝试解决问题，以及问题如何解决等之中。这些问题是支持儿童故事结构知识发展的关键（Stevens，Van Meter & Warcholak，2010）。所有这些互动式阅读法都旨在帮助儿童理解所听的故事。此外，所有这些方法都有助于儿童获得早期阅读技能，这些技能对他们成为成功的读者很是重要。

　　几组研究人员在调查了课本、书籍和儿童适宜文献的阅读方法后，针对有效的大声朗读提出如下建议。

　　·每天朗读：20世纪80年代的一项研究表明，只有50%至60%的教师定期向学生朗读（Lapointe，1986；Morrow，1982）。詹姆斯·霍夫曼（James Hoffman）、南希·罗瑟（Nancy Roser）和詹妮弗·巴特（Jennifer Battle）（1993）的研究则发现另一种积极的景象，某一天，84%的幼儿教师给孩子们朗读，但这个百分比应该是100%。

　　·带着表情以适当的速度朗读：当教师充满热情地朗读，并根据不同的人物和正在进行的对话改变声音时，儿童会觉得故事生动起来。避免朗读太快也很重要。权威人士吉姆·特里斯（Jim Trelease）在 2013 年指出，朗读速度过快是成人在大声朗读时最常犯的错误。他建议，给儿童朗读的速度要足够慢，这样他们才能享受图片的乐趣，并能在脑海中形成故事的图像（既不要太慢也不要太快，速度恰到好处）。米里亚姆·史密斯、乔安妮·布雷迪（Joanne Brady）和路易丝·阿纳斯塔索普路（Louise Anastasopoulos）（2008）同意这一观点，并补充说值得效仿的朗读是流利和富有表现力的。

·反复读喜欢的书：并非成人读过的每一本书都一定是儿童以前从未听过的。事实上，反复阅读书籍可以提高儿童的理解能力，更好地进行阅读后的讨论，也更有可能使他们记住新的词汇，这些词汇既有表达性的（孩子产生的词），也有接受性的（孩子理解的词）（Trivette，Simkus，Dunst & Hamby，2012）。此外，将一本书阅读三次或三次以上，会增加儿童在自由选择时间选择这本书的可能性，并且儿童会尝试重新表演或独立阅读（Martinez & Teale，1988）。当然，反复阅读的好处需要与让儿童接触各种文学作品的需求相平衡。研究者对反复阅读的研究做了广泛的回顾后发现，在反复阅读过程中，成人如何为儿童朗读很重要。他们报告说，如果成人使用与故事相关的手法或插图，对儿童的评论提供积极的强化，在提问时解释故事中令人困惑的部分，并使用开放式的问题，那么，儿童就能学到更多与故事相关的词汇，对故事的理解也会更好（Trivette 等，2012）。

·指出并解释书的概念：将儿童的注意力吸引到封面的插图上（"看这本书的插图！"），告知书名、作者的名字和插画家的名字（"这本书的书名是＿＿＿＿作者是＿＿＿＿插画家是＿＿＿＿"）。不时地告诉他们，作者是写书的人，插画家是画图的人。之后，可以询问他们作者和插画家是做什么的。

·允许阅读后有讨论的时间：好书能激发儿童的各种想法和情感。确保在每个朗读环节之后都有提问和评论（"你最喜欢故事的哪一部分？""……时你有什么感受？""你遇到过这样的事吗？""谁能说说对这个故事的看法？"）。这些开放式的问题能够激发儿童分享所读书籍。

为满足将英语作为第二语言学习的儿童的需要，有时可能需要改变使用互动式阅读策略阅读故事的建议。在特别收录"双语学习者的教学策略：故事书时间"中，梅娅·韩提出了一些适合双语学习者的教学策略。

特别收录

双语学习者的教学策略：故事书时间

特拉华大学　梅娅·韩

　　能否成功地和双语学习者一起阅读，取决于书籍的精心挑选、传递信息的多种方式以及与儿童母语的融合（Gillanders & Castro, 2011）。以下是为双语学习者成功开展故事书阅读的建议。

　　·书籍的选择决定了成功的一半，因为儿童生来对书籍和故事感兴趣。为了和双语学习的儿童一起大声朗读，可以选择页面上有插图和单词数量有限的书籍。双语学习的儿童会因为书中的单词过多而迷茫，即使这些书是高质量的文学作品。具有可预测内容的书籍对在阅读过程中保持双语学习者的注意力非常有效。这些高度重复和文本简化的书籍，使双语学习的儿童很容易参与阅读。在选择书籍时，要考虑词汇、文本长度和文化敏感性。可逐步从内容可预测的书籍扩展到符合儿童兴趣的书籍。

　　·阅读是提高双语阅读者英语词汇量的重要手段。成人可以在书中确定几个教授给双语学习者的目标词汇，并计划以显性的指导来教授这些词汇。成人除了使用书中的插图外，还可以提供实物、图片或手势来解释单词的含义。

　　·解释单词的含义时对词汇进行扩展。比如，讲解单词"长的"的同时，也教授"短的"，这使得概念的讲解更加高效。还可以通过展示各种短的和长的物体来帮助儿童理解。总之，成人需要确保对于目标单词提供有助于儿童理解的解释，并在其他课堂活动中使用这些目标单词，以确保持续的单词学习。如果教师知道儿童的母语，用其母语来解释单词，同样有助于他快速学习英语单词。

　　·用多种方式解释故事，如插图、手势、面部表情、具体材料和技术支持。多种方式的解释有助于双语学习的儿童理解故事。

　　·当儿童不跟随阅读时，讨论故事而不进行阅读。教师可以考虑使用木偶或道具来帮助儿童理解故事。例如，在阅读畅销的儿童读物《有位老妇人吞下了一只苍蝇》（*There Was an Old Lady Who Swallowed a Fly*）（Laback, 1997）时，用一个老妇人的道具可以使儿童更好地理解故事。成人在阅读故事之前，可说出书中动物的名字。随着故事的阅读，成人将动物图片贴在老妇人的肚子上。可以在自由选择时间在图书馆区域提供这些道具，以便双语学习者能够独立重复故事。

- 故事书的阅读时间要短。不要让故事书阅读的时间成为耐心比赛。如果书的内容太长，最好在中间部分停顿，稍后再读完。
- 考虑小组形式的故事书阅读。教师可以在自由选择时间与不同的孩子进行小组的而不是大组的读故事活动。或将孩子们分成两组，一组由教师朗读，另一组由课堂助手朗读。分组时建议灵活分组（将双语学习的儿童与讲英语的儿童混合）。根据书籍的类型、内容和难度，教师可以考虑某些情况下将双语学习的儿童分在一组，这时强烈建议从讲儿童母语的成人（父母、助教）那里获得支持。
- 多次重复读同一本故事书。儿童每次听故事都能得到更多的信息。每次阅读同一本书时，要记住关注故事的不同方面。例如，第一次阅读时，重点关注图片，第二次阅读时重点关注不同的词汇，第三次阅读时询问儿童诸如"下一次会发生什么"这样的预测问题，第四次阅读时提出理解故事相关的问题。
- 在可能的情况下，遵循特蕾莎·罗伯茨（Theresa Roberts，2008）的建议，教师在教室里读故事书之前，请家长在家里给孩子读故事书。罗伯茨发现，如果父母在家中读故事书是用英语或孩子的第一语言，那就没什么区别了。相较于仅在课堂上听教师读英语故事书的儿童，在家和教室里都能听到英语故事的儿童能够学习到更多的英语词汇。当然，教师需要获得儿童第一语言的故事书。

五 共享大型读物阅读

教师经常拿着图画书为儿童朗读，这样儿童可以看到插图，教师可以在阅读中停顿以激发孩子们对故事的反应或提出与故事相关的问题。这种传统的全班阅读体验与亲子故事书阅读互动有一个非常重要的区别：大多数孩子只能看到图片而不是文字。为了改变这种情况，唐纳德·赫德威（Donald Holdaway，1979）设计了共享图书体验，一种使用扩大版印刷、能够反复阅读和增加儿童参与的策略，使全班故事书阅读课程类似于亲子阅读体验。今天，共享图书体验已经成为高质量的早期读写计划的一个重要组成部分。

选择一本书后，就需要获得一份扩大版的副本。教师可以获得商业出版的故事大书（24 至 26 英寸）版本。商业大书越来越多。例如，学乐（Scholastic）和麦克劳-希尔（McGra-Hill）出版社，以及莱特集团（The Wright Group）都出版了一些高质量图画书的放大版本。最初，只有图画故事书才能被制作成大书。如今，信息型图书也可以制作成大书。这些现成的大书有一个好处，就是免去了制作放大文本的需要，从而节省了教师的时间。可以理解，这些书非常昂贵，因为里面有大型原版插图。教室里拥有智能黑板的教师可以将任意电子书投影在黑板上，以此节省购买大书的费用。教师可以将 iPad 2 或更高版本连接到带有视频图形列阵的智能板或者适配器上，或者将电子阅读器应用程序下载到连接智能黑板的计算机上。

不同于和儿童分享常规尺寸书籍时的情景，大书可以让所有儿童看到文字。教师可以利用放大的文字，将其注意力吸引到文字上，正如家长或教师在大声朗读时将儿童的注意力吸引到一本常规尺寸书籍的文字上一样。文字参照（print referencing）是劳拉·杰斯和同事（2009）基于研究制定的一种策略。这种简单的"科学验证"技术指导教师的文字知识教学。这一技术的特点包括教师在教学时提出有关文字的问题（如你看到这一页的字母"S"了吗？）、评论文字（如那个单词念"泼洒"！）以及在阅读时用手指指读文本（或使用教鞭指单词）（Justice 等，2009：68）。如果教师不将儿童的注意力吸引到书本的文字上，他们很少（少于5%的时间）会自发地关注书本上的文字（Justice，Pullen & Pence，2008）。教师在使用教鞭指单词的同时邀请儿童一起阅读，这种方式特别适用于熟悉文本中的单词或书中的副句。通过和教师一起阅读，儿童内化了故事的语言，还学习了重要的文字知识技能，即阅读时的眼动方向（从左到右地阅读与回扫）。当这些文字参照提示嵌入共享图书阅读时，儿童对文字的注意力就会显著增加。因此，他们的语码相关（code-related）的读写技能（如字母知识和文字概念知识）受到了积极影响（Han & Neuharth-Pritchett，2014）。

通过使用大书，教师可以向儿童介绍其他文字知识技能，单词中字母发音的顺序，字母、单词和句子之间的差异，单词之间的空格，每一页从哪里开始阅读，从左到右阅读，回扫阅读，标点符号以及阅读书页的顺序。通过使用大书，教师能够促进儿童发展关于书籍的重要概念（例如，书籍的正面和背面、文字和图片之间的区别、页面上的图片与文字内容之间的关联、读者从哪里开始阅读文字、标题是什么、作者意指什么、插画家意指什么）。本质上，教师可以使用大书在语境中教授相关技能。

虽然教师可以用大书来教授广泛的语言和读写技能，但他们不能在一次阅读中向儿童介绍所有的技能。因此，应该给儿童多次阅读大书的机会，如可以在一周内每天进行阅读。教育工作者设计了指导教师大书阅读的日常程序。后文特别收录"共享大型读物阅读"中提供了基于文献研究的五日大书阅读策略。

特别收录

共享大型读物阅读

第 1 天

共享阅读前

- 读标题、作者和插画家。朗读时依次指着每一个单词，告诉孩子们，作者是写这本书的人，插画家是画这些画的人。

- 向儿童展示书的封面。让儿童谈谈对故事内容的猜测，教师在记录纸上简略地写下每种猜测，用以帮助师生一起记忆，最后请儿童解释猜测的理由。

- 向儿童展示书的每一页并提问。教师指着人物向儿童提问："这可能是谁？"对每一页上的关键对象提问："这是什么？它可以用来做什么？"让儿童描述在每一页上看到了什么。

- 将所学内容与儿童先前的知识或经验建立联系。教师可以提问"记得我们什么时候……？""你有过……吗？"。

- 向儿童介绍大约 5 个对于理解故事内容非常关键的词汇，可以结合所读故事中的前后文为每个新单词提供有助于儿童理解的定义（Snell 等，2015）。（参见 www.wordsmyth.net 查看儿童友好的定义）此外，还可以提供单词的插图或示范单词，用来帮助儿童理解新单词。总之，要建立儿童理解故事所需的必要的背景知识。

第 2 天

共享阅读前

- 给儿童观看封面。教师提问："有人记得这本书的书名、作者、插画家吗？"
- 阅读时依次指着单词。当第 1 天介绍的词汇出现在故事中时，教师暂停阅读，检查儿童对单词的理解。
- 读儿童对故事的预测。

共享阅读中

- 向儿童展示开始阅读的地方、阅读的顺序以及读完第一行之后要读的内容。"现在，我从这里开始读。我读这一行（用手指在这行下面比画），然后我读到这里（用手指指向这一页左边的下一行）。"
- 读故事。阅读每一页时停顿并向儿童提问，比如："到目前为止故事中发生了什么？你认为……（插入故事中人物的名字）为什么说（插入故事中人物说的话）？你认为……（插入故事中人物的名字）现在感觉如何？你觉得接下来会发生什么？为什么？"鼓励儿童提问并说出对故事中正在发生或将要发生的事情的想法。
- 让儿童参与选定的关键词汇的对话。"当单词第一次出现时，询问一些低要求的问题（如让儿童指一指图片中的斧头），当儿童看似熟悉单词的意思时，向他们提出更高的要求（如'为什么木匠用锯子而不是斧头？'）。"（Snell 等，2015：566）

共享阅读后

- 将故事内容与儿童的经验相结合。教师提问："你有没有遇到过类似的事情？""如果有的话，你会像主角那样解决问题吗？""如果没有，你会怎么做？"
- 将故事中发生的事情与儿童认为会发生的事情进行比较。儿童的预测准确吗？他们为什么认为这些事情会发生或者不会发生？

第 3 至 5 天

共享阅读前

- 阅读故事的标题并提问。"标题中有多少个单词？和我一起数一数。"教师读作者的名字，然后向儿童提问："故事的作者是做什么的?"教师读插画家的名字,然后提问:"故事的插画家是做什么的?"

·通过观看图片激励儿童复述故事,通过提问引导他们复述(快速复述)。

共享阅读中

·向儿童提问,询问应该从哪里开始阅读。

·邀请儿童一起读他们认识的内容。教师指着词依序读(最初,儿童可能只记得重复的单词或句子)。教师可以称赞他们是优秀的读者。

·尝试跟读。教师读一行,接着儿童读一行。一起阅读时,可以赞美孩子们的阅读。

·重点关注以押韵词结尾的句子。可在阅读第2个押韵词前停下来,让儿童填写缺失的词,告知要押韵,之后,询问他们填写了什么词。

共享阅读后(每天选做以下项目中的一项)

·回到书中有成对押韵词的页面。重读一遍句子,在纸上写下两个押韵词。儿童能想到其他的押韵词吗?将他们想到的押韵词添加到纸上的单词中。(无意义的词也可以,重点是押韵。)

·找字母。例如,儿童能找到故事中所有的字母"T"吗?用便利贴标记每个字母,以便他们能数出所有的"T"。(起初,儿童需要示范,教师可以准备一张印有"T"的卡片,卡片可以移动至书页上的字母"T"下面。然后,他们可以在没有示范的情况下找到"T",再往后,他们可能会找到大写"T"和小写"t"。)

·使用上述程序搜索特定的单词。

·数一数故事中两个句子的词数,询问哪个句子更长。

·选择一个句子,用粘纸覆盖除了第一个字母外的所有单词,再读句子。儿童能猜出被覆盖的单词是什么吗?他们是如何知道的?他们能想到其他适合的词吗?将他们想到的单词写在便利贴上。读有生词的句子。

·当故事包含对话和行为时,提供道具支持儿童将故事改编成剧本。

> ·策划一项与书的内容相关的艺术活动。例如，读了李欧·李奥尼（Leo Lionni）的绘本后可进行拼贴画活动，读了尤里·舒利瓦茨（Uri Shulevitz）1987年所著的《黎明》（*Dawn*）后可进行水彩画活动。
>
> **延伸活动**
>
> 将书放在图书角的显眼位置，邀请儿童在中心时间与您、其他成人或同伴一起阅读。也许他们想和一群朋友玩扮演老师的游戏。可在中心放置道具，供儿童重新表演故事。还应在其他课堂活动中使用儿童在共享阅读中学习的单词。请记住，儿童听到的单词越多，就越有可能学习这些单词。因此，他们需要在随后的几周重复听到这些单词。

互动式故事书阅读和阅读后的讨论并不是儿童回应书的唯一方式。教师也可以将复述作为一种策略来提高儿童对故事的理解能力。在下面的段落中，我们将描述教师如何使用戏剧、木偶、法兰绒板或毛毡板来支持儿童的复述，然后通过绘画和书写来扩展故事的内容。

首先，邀请儿童复述他们刚听过的故事，这有助于发展词汇、句法、理解和故事感（story sense）（Pedersen，2017）。莱斯利·莫罗（Lesley Morrow）、伊丽莎白·弗赖塔格（Elizabeth Freitag）和琳达·甘布里尔（Linda Gambrell）（2009）提出，练习和复述可以帮助幼儿学习叙事故事或信息文本的文本结构。例如，当复述一则叙事性故事时，儿童学习以"从前"这样的介绍开始，描述场景，确定故事细节和顺序，改变自己的声音来代表不同的角色，并关注文本的组织方式（如因果关系、问题解决）。研究者认为，当文本是信息型时，复述有助于儿童"区别主要思想和支持细节"（Morrow等，2009：57）。复述有助于培养儿童对故事书阅读的理解能力。北卡罗来纳大学的弗兰克·波特·格雷厄姆儿童发展研究所（Frank Porter Graham Child Development Institute）的研究人员表示，知道如何讲故事有助于培养儿童强大的阅读技能（Pedersen，2017）。

实践链接

与一组孩子一起阅读大书，将阅读过程录音或录像。（注意拍摄前一定要得到家长的许可。一些家长不希望孩子的脸出现在录像上，拍摄时就应将镜头对准自己而不是孩子。）使用特别收录"共享大型读物阅读"中的建议。

+-+

（一）创意戏剧

创意戏剧是非正式的戏剧，它没有文字剧本或台词。利于戏剧化的叙事性故事需要对话和动作，即角色说了什么和做了什么。有时需要使用道具，有时需要儿童发挥他们的想象力。例如，儿童在表演《三只熊》(*The Three Bears*)（Galdone，1979）时可以想象熊的碗、椅子和床，在表演《三只坏脾气的山羊》(*The Three Billy Goats Gruff*)（Galdone，1973）时可以想象山精的桥。有时，教师读故事时可以中途停顿，让儿童进行哑剧表演并补充对话。例如，实习生西玛（Syma）正在给孩子们读著名的故事《卖帽子》（Slobodkina，1986）。一个孩子扮演小贩，其他孩子坐在地毯上扮演猴子。当西玛读到小贩努力地售卖帽子时，扮演小贩的孩子在同学们面前走来走去，邀请"猴子们"去买一顶帽子。扮演"小贩"的孩子说的并不是书中的原话，但这是可以接受的。后来，"小贩"想要从"猴子"身上取回帽子，孩子们高兴地向"小贩"摇晃手指和手。通过提供模仿他人行为的机会，孩子们尝试不熟悉的词汇和句子结构，体验与他人合作游戏以及接受和给予批评，这样的经历促进了儿童多方面的发展。

托德·瓦纳曼（Todd Wanerman，2010）将这种对已知故事的复述称为"故事戏剧"（story drama）。他认为故事戏剧是学前儿童的理想选择。瓦纳曼建议教师，从反复读儿童最喜欢的故事书开始，接下来朗读文本，并让儿童自己表演和加入一些对话。他建议使用简单的道具，这样的布景有助于故事的重现。在最初的重现过程中，教师应该扮演其中一个角色，并示范如何表演故事。如果好几位孩子都想扮演同一个角色，瓦纳曼建议让他们"共享"角色，轮流扮演。最后他建议教师，应鼓励儿童尝试表演自己创编的故事（如创编新的故事结局）。

（二）木偶

许多儿童，尤其是害羞的儿童，他们可以借助木偶的"嘴"说话，却不能自行表达。木偶对儿童具有另一种意义。对一些孩子来说，这是一种更安全的方式，可以促使他们复述或改编一则好故事。带有对话和与众不同人物的故事最适合改编成木偶剧，如《三只小猪》《三只熊》《三只坏脾气的山羊》《小红帽》。

正如故事戏剧一样，教师首先应该为儿童示范如何使用木偶讲故事。克里斯汀·尼克·兰维尔（Kristin Nicole Rainville）和比尔·戈德（Bill Gordh）（2016）给教师提供了两条如何开始讲故事的重要建议。首先，选择一则民间故事，因为民间故事的结构通常便于记忆，而且经常有重复的短语和手势。其次，不要试图记住故事内容，应用自己的话语讲述。本书作者之一卡罗尔想起了她讲的民间故事《大萝卜》（*The Great Big Enormous Turnip*）。这个故事有重复的短语（"他们拉啊拉，但萝卜就是拔不出来！"）和手势。她和孩子们假装先是父亲拉，然后母亲用胳膊抱住父亲的腰，然后女孩搂着母亲的腰，然后男孩双手环抱着女孩的腰，最后，一只老鼠用手臂环绕在男孩的腰上，这样他们就可以一起拉。当然，在老鼠的帮助下，萝卜拉了出来，孩子们也都摔倒了。一家人进屋做萝卜汤。这是卡罗尔的孩子们在她第一次讲完这个故事后所做的。这是孩子们最喜欢的故事之一，所以卡罗尔经常讲这个故事。很快，孩子们就会讲了。

人造木偶有很多来源。大多数早期儿童器材目录和商店都有用来复述孩子们最喜欢的故事的木偶，通常都是手偶。教师也可以自行制作木偶。

（三）美术项目

美术可以提供给儿童创造性的机会，让他们对朗读的书做出回应。幼儿美术项目的主要目的是自由表达，因此教师应该为孩子们提供创造的机会，以发挥他们的想象力，创作一些原创性的作品。孩子们做的过程远比他们创作了什么更为重要。因此，教师不用示范，也不用告诉孩子"画出故事中你最喜欢的部分"，而是应该为他们的探索和创造提供材料。文学作品可以成为许多创造性美术项目的刺激物，如拼贴画、废旧材料手工创作、形状绘画（如孩子们读了埃里克·卡尔的《饥饿的毛毛虫》后在画架上画蝴蝶形状）等美术活动。

（四）书写

书写也是儿童回应书籍的一种很好的方式。当孩子们书写教师所读的书时，既促进了他们对书的理解，又提高了书写能力。因此，建议在教室图书角随时提供书写材料（书写用品）。以下是一个与书籍相关的书写活动实例。

老虎塔比（Tabby）是早期读写计划《探索之门》丛书中的主要人物（McGraw-Hill，2002）。塔比很受孩子们欢迎。由于孩子们对塔比的喜欢，一些儿童保育和教育中心在每间教室都放置了一个看起来像老虎塔比的毛绒玩具和一本螺旋装订的日记本。每天晚上都会有孩子将塔比和日记本带回家。孩子们的"家庭作业"是和塔比愉快地玩耍，并在日记里记录塔比的冒险经历。《探索之门》是为3至4岁的孩子设计的，他们的父母或兄姐可能会写很多令人难忘的塔比的冒险故事，比如塔比在洗衣机里洗了几次澡、骑在家里的宠物狗背上。

与前文所提及的大声朗读的建议一样，教师需要调整我们所建议的活动，因为如今的早期教育教室中的儿童具有多样性。在特别收录"教育特殊需要儿童的策略：与残障儿童一起读故事书"中，劳拉·杰斯推荐了一些为特殊需要的儿童读故事书的策略。

特别收录

教育特殊需要儿童的策略：与残障儿童一起读故事书

俄亥俄州立大学　劳拉·杰斯

所有儿童都能从阅读故事书中受益，享受阅读的乐趣，包括那些有严重残障的儿童。这里所指的残障包括智力残疾（常见唐氏综合征）、自闭症、脑瘫、严重的听力损失和失明。与正常发育的儿童相比，残障儿童可能较少接触和体验故事书。这可能是因为残障儿童有着其他需要优先发展的技能，如自助技能或基本的交流技能，也可能是因为父母和其他专业人士低估了残障儿童体验共享阅读和从中受益的能力。还可能是因为一些残障儿童发现像其他孩子一样参与共享阅读很困难。例如，他们可能有大肌肉问题，这使得翻页或以其他方式操作书本变得困难，他们可能有语言处理困难，这影响了他们的理解和口语表达。然而，尽管存在这些问题，但参与阅读体验不仅是所有儿童都能享受和参与的基本活动，而且是支持他们语言和读写能力发展的重要方法。

与残障儿童共享书籍时，有两个特别重要的观点：一是促进儿童积极参与共享阅读体验，二是促进活动中交流和语言的丰富性。对于前者，残障儿童从积极参与阅读体验中获益良多，因为这不仅促进了他们享受阅读和产生阅读的动机，而且也促进了读写学习。教师可以通过以下几种方式促进残障儿童积极参与共享阅读。

·允许儿童选择要读的书（即使是已经被反复读过的书）。

·允许儿童选择阅读的地点（如地板上、桌子上或您的膝前）和位置。

·允许儿童拿着书翻页，即使有些书页被跳过。

·允许儿童设定阅读活动的节奏。

·接受任何形式的参与（如果儿童翻书时想要发出声音，将这当成一种参与）。

·鼓励儿童参与对书的探索，比如提起书的襟翼或触摸纹理。

·鼓励儿童指出或评论任何他觉得有趣的方面（教师可以通过暂停或自行评论来帮助儿童完成）。

总的来说，所有这些建议都是相似的，即赋予儿童一些控制阅读活动的权利。儿童通过控制阅读体验的各个方面，包括阅读的内容和互动的速度，他们的活动参与动机也得到增强。

特殊需要儿童故事书阅读的另一个重要方面是促进活动中的交流和语言的丰富性。儿童可以从故事书阅读经历中学到很多东西，比如轮流对话、有趣单词的含义甚至是常见的语法结构。这种学习可以通过成人的各种互动策略来促进，比如：

·逐字重复儿童所说的话语（例如，如果孩子说，"那是一头牛"，您可以重复"那是一头牛"）。

·命名插图的有趣特征，包括页面的感知特征（如"那是托马斯"）和概念特征（如"他看起来真的很生气"）。

·期待儿童的评论或参与（如翻页时，安静地等待，看孩子是否能参与）。

·充满热情地指出有趣的单词或概念（如"哇，我简直不敢相信这个蛋糕这么大！"）。

·称赞儿童的贡献（如"你对这本书很了解！"）。

通常情况下，成人支配着阅读体验，不仅是身体上（拿着书、翻动书页），还有交流上（提出很多问题而不是等待孩子回答）。像对待所有的孩子那样对待残障儿童，允许他们成为更积极的参与者，这不仅可以促进他们产生对读写经验的积极动机，也可以促进他们读写活动的发展。

实践链接

参观早期教育教室，观察故事书阅读活动，说说教师和孩子们读的是什么类型的书？教师是怎样介绍这本书的？教师是否带着表情以适度的速度读书？在阅读过程中，教师向孩子们提了哪些问题？阅读后，教师和孩子们是否对这本书进行了深入的讨论？孩子们有机会通过美术活动、戏剧或书写来回应故事吗？

六 小结

第一，解释为什么家长和教师给儿童读书很重要。故事书阅读对儿童的语言和读写能力的发展非常重要，其原因如下：（1）为了在学校取得成功，儿童需要经历去情境化的语言。去情境化的文本要求儿童超越文本，对故事做出预测或推断，或者将他们的个人经验与故事联系起来。故事书阅读为儿童提供了去情境化语言的模型。（2）故事书阅读使儿童接触到日常对话中不会用到的更复杂的语法和词汇。当成人给儿童朗读时，儿童就有机会听到嵌入了各种语法的句子中的新词汇。（3）故事书阅读也给儿童提供了接触大量生词的机会。当家长和其他成人给儿童朗读时，成人可以在阅读过程中暂停，通过提供有助于儿童理解的解释介绍不熟悉的单词。（4）大声朗读有助于儿童对文学元素的理解。（5）故事书阅读建构儿童的学科知识。书籍能让儿童了解他们在日常生活中不会遇到的概念（如外太空、奇特的动物、其他文化）。（6）故事书阅读有助于培养儿童的情商。

第二，描述教师应与儿童分享的书籍类型。有大量的参考书和网站来指导教师选择故事书。教师应该与儿童分享所有类型的文学作品，包括叙事、信息和诗歌等类型。然而，当今教师不应仅与儿童分享高质量的书籍，还应让儿童接触各种各样的数字技术。幼儿教师应该选择具有高度互动性的故事书软件，这些软件具有允许儿童自主控制演示的节奏、逐页翻动、逐字或逐行阅读文本等功能。

第三，描述互动式故事书阅读，解释为什么它被认为是培养儿童阅读的最有效策略。在互动式阅读中，教师和儿童在阅读过程中提出问题，以加强儿童的意义建构，并向儿童展示如何理解文本。教师鼓励儿童自发地发表评论，提出问题并在故事展开时回答他人的问题。教师利用阅读过程中的讨论帮助儿童理解故事展开时应该思考什么。互动式故事书阅读不仅为儿童提供了参与故事的机会，而且为他们的语言和读写学习做出了重要贡献。互动式阅读有着强大的研究基础，这些研究结果都表明，它对口语、文字知识和早期读写有积极的影响。

第四，解释共享大型读物阅读如何帮助儿童学习文字。大型读物可以让所有参与阅读活动的儿童看到文字。教师可以利用放大的文字吸引儿童对文字的注意力，就像家长或教师在大声朗读时吸引儿童对标准尺寸书籍的注意力一样。文字参照是一种基于研究的策略，这种技巧的特点包括向儿童提出有关文字的问题、评论文字以及阅读时用手指指读文字。

第五，描述教师可以拓展故事书阅读的不同方式。本章描述了教师拓展故事书阅读的四种方法。当儿童通过木偶、戏剧、美术和书写来回应时，他们学会了复述故事。复述也同样提高了他们对故事的理解。此外，他们有机会学习重要的概念和技能，如词汇和文本结构。

第 七 章

教授早期阅读

本章目标

（1）明确早期阅读教学的基本内容。

（2）描述早期阅读教学的方法和主要特点，包括教学组织、程序和活动。

（3）描述教授前单词层级和意义层级阅读技能的有效技巧。

（4）解释早期阅读教学是综合性的语言和读写项目中不可或缺的组成部分。

一　引言

沃克曼（Workman）先生幼儿园的孩子们正在深入研究管道和水泵。他们收集了各种各样的管子陈列在管道商店里。他们观看了家得宝（Home Depot）公司的管道视频，了解到 PVC 管道是由塑料而不是金属铜制成。他们使用不同尺寸的管道（从 2 英寸到 5 英寸）测试水的流量，并研究了水泵的工作原理。在目睹管道和水泵穿过学校大楼后，他们决定用在家里找到的管道和水泵做一个立体模型。当安东尼（Anthony）描述和朋友一起做的立体模型时，他指着陈列室里铝箔管旁的一只小塑料蜘蛛说，"我们在地下室看到了蜘蛛。詹姆斯（James）在排水管旁看到了一条很大的蛇，但它跑掉了……"。

名词解释

拼字处理（Orthographic processing）：在处理口头和书面语言时使用拼字信息（大写和小写字母、数字和标点符号）。

音素：组成口语单词的单个发音。

音素意识：意识到口语单词是由发音或音素组成的。

自然拼读法：书面语中发音和字母之间的关系。

语音意识：指口语的发音结构意识。

文字意识：识别文字的能力和对文字概念的认识。

韵母（Rimes）：单词的结尾部分。

第二层次单词（Tier 2 words）：出现在各种内容域中的高频词。

字母发音规则（Alphabetic principle）：指字母或字母群代表相应的音素。

核心阅读项目（Core reading program）：在综合性的教学项目中用于特定年级的一套教科书。

词汇重组（Lexical restructuring）：心理词汇中的单词表征会随着时间的推移，从相对整体的表征变为更加详细和分段的表征。

成熟的假装游戏（Mature make-believe play）：包含象征性表现和动作、复杂的相互交织的主题、复杂的交织角色以及较长时间的游戏。

声母（Onsets）：单词的开头部分。

二　早期阅读教学的基础

阅读以及儿童如何学习阅读的大量研究结果一致认为，早期读写技能是今后阅读能力的基础（NELP，2008；National Reading Panel Report，2000）。若要在小学三年级时成为熟练的阅读者，儿童就需要具备一系列扎实的意义层级的技能（meaning-level skills），包括良好的听力理解（语言、背景知识和词汇），以及用来理解书面文本的良好的言语推理能力。此外，儿童还必须通过对语言的基本理解发展其语言编码层级的技能（code-level skills），这些技能建立在以下基本认识之上：口语单词是由更小的语音元素（语音意识）组成的，字母有其特定的发音（字母发音原则），声音与拼写之间有对应关系（拼字处理知识），有一个可以轻松识别的高度熟悉的词汇库（视觉词汇）（McCardle, Scarborough & Catts, 2001）。为了使幼儿获得高水平的早期阅读成绩，可以通过高质量的阅读活动与其互动，提供发展意义层级和编码层级技能的机会。以下是研究手册和小组报告中有关有效早期阅读教学的总结（Barone & Mallette, 2013; Dickinson & Neuman, 2006; NELP, 2008; Reutzel, 2013）。

（一）语言

口语是学习阅读和阅读的基础，它被定义为在理解他人语言的情况下说话和倾听的能力。儿童的语言能力显著预测其今后的阅读成绩（Scarborough, 2001）。娴熟的早期读者通常利用口语语言系统的多个层次，包括词的发音、词义、句法和话语模式进行阅读（Dickinson, McCabe & Essex, 2006）。值得关注的是，儿童的听力理解能力与阅读理解能力具有直接联系。聆听故事时，儿童会在故事的语法、背景知识、深层语法结构与词汇之间进行语法和语义映射（syntactic and semantic mapping）（Perfetti, 2007）。他们还需要掌握书面文本特有的表达方式，这些方式能够传达和提炼意义。当幼儿"适应"口头故事或叙事的编排、顺序、文本结构、情节等时，他们也在发展今后阅读理解所需的至关重要的技能。

（二）词汇量

在语言丰富的环境中（有质量的谈话、新单词、阅读），儿童的词汇量能够以每天多达 7 个新单词的速度急剧增加，另外，在能够自发产生词汇（表达性词汇）之前，儿童就能够学会理解听到的词（接受性词汇）（Snow, Bums & Griffin, 1998）。提供给儿童学习词汇和练习使用词汇的机会，他们就能将不断扩大的词汇量运用到短语和具有复杂句法结构的句子中。随着单词学习的进步，儿童开始从单词的含义和发音方面精细地区分单词，他们开始对发音相似的单词进行隐性比较，语言学家将这种现象描述为**词汇重组**或关注单词的细节部分（Goswami, 2001; Metsala, 1999）。为了快速准确地区分这些发音相似的单词，儿童开始关注构成每个已知单词的一系列发音。词汇量丰富的儿童会适应这些部分并迅速掌握新单词，词汇量贫乏的儿童可能会局限于这些单词之间的差异而学习缓慢。因此，词汇量的大小和词汇增长的速度对词汇重组（如区别单词间的发音）非常重要（Goswami, 2001），同时与对学习阅读至关重要的语音意识的出现密切相关。此外，小学结束时儿童不断增长的专业词汇（学术词汇，如"测量")以及具有挑战性的第二层级单词(如单词"吞食",词根库如"farm、farming、farmer")的知识,是未来阅读理解的重要预测因素(Biemillei,2003;Hart & Risley,2003)。

(三)语音意识

在言语流(口语交流)中辨别口语语言的单位(即单词、片段、**音素**)与成功的阅读有关(NELP,2008)。它既是词汇发展和阅读学习的原因,也是结果(Ehri,2014;Ehri & Roberts,2006)。正常发育的儿童首先要在语言单位之间进行区分(语音意识),然后在这些单位内区分(音素意识)。研究(Whitehurst & Lonigan,1998)表明,儿童对音节的敏感性似乎早于对音素的敏感性,对韵律的敏感性也早于对音素的敏感性。儿童学习这些技能通常从语言活动开始,如语言游戏和童谣(Maclean,Bryant & Bradley,1987),这些活动隐性地比较和对比单词的发音和头韵短语。但是,仅仅进行隐性的比较是不够的。语音意识和音素意识是元语言能力(metalinguistic abilities)(Adams,1990;Kuppen,Huss,Fosker & Goswami,2011)。儿童不仅要能够背诵和运用发音单位,而且也必须发展一种映射到全部或部分书面语言的概念性理解。他们需要积极地将听到的声音与看到的字母联系起来,并意识到他们正在这样做。

停下来思考

语音意识

研究表明,辨别听到的口语中的发音的能力能够显著预测阅读成绩。回想你早期使用押韵的单词和绕口令的经历(例如,如果一只土拨鼠,土拨鼠可以,一只土拨鼠可以扔掉多少木头?如果一只土拨鼠,土拨鼠可以,一只土拨鼠会扔掉所有的木头)。(How much wood would a woodchuck chuck if a woodchuck, woodchuck could? A woodchuck would chuck all the wood if a woodchuck, woodchuck could.) 为什么听单词的发音对学习读单词至关重要?这项技能和解码单词有什么关系?

(四)字母知识

字母知识是短期和长期阅读成功的一个强有力的预测因素(Bond &

Dykstra，1967；Chall，1967）。然而，它对今后阅读的影响并不在于知道字母的名称本身，而是字母名称的学习中和了记忆字母相关发音的能力（Ehri，1979）或它们的音素表征。这是指技能之间存在相互关系，即字母知识在语音意识的发展中发挥着重要作用，更高水平的字母知识与儿童发现和操纵音素的能力有关。研究（Gibson & Levin，1975）表明，儿童根据视觉形式以及水平、垂直和对角线来区分字母。鉴于视觉上不同的字母形式（大写、小写、印刷体）的复杂性，当前的学习理论（Adams，1990）建议，如果同时教授两种带有易混淆的发音和标签的字母，可能会让年幼的孩子不知所措。然而，没有实质性的证据表明应该先教哪一种特定的形式（大写或小写）。

停下来思考

字母歌的利与弊

你还记得唱 A-B-C-D-E-F-G……一遍又一遍地学习字母的经历吗？虽然用这种方式学习字母有好处，但这首歌可能会导致对字母的误解（如认为"Imnop"是一个字母）。一些教育家认为，凭记忆背诵字母对儿童学习阅读的作用甚微（如 Schickedanz，1998）。另一些资料显示，英文字母歌对于幼儿是一项愉快的学习活动（Texas Education Agency，2002）。请提出你关于字母歌的立场，并提供证据支持你的立场。

（五）文字规范（Print Conventions）

有研究（Clay，1982；Lomax & McGee，1987）提出了一种宽松的文字意识序列，从关于文字的一般概念（方向性、图片与文字之间的差异、标点符号的使用、字母和单词的定义特征）到图形意识（识别环境文字、字母和单词）。然而，除了腾莫尔（Tunmer）及同事的研究（Tunmer，Herriman & Nesdale，1988）已证明这些技能与日后的阅读成功有关外，几乎没有其他证据表明这些技能能够预测今后的阅读成绩。文字规范似乎更能直接反映儿童对文本的熟悉程度，而与其他和阅读成功相关的基于语言的技能没有整体关联。

（六）名字书写

书写自己的名字具有重大的个人和文化意义，因此，儿童的名字通常是第一个被赋予文字意义的稳定形式。最初，儿童需要在成人的帮助下认识自己的名字是一个整体的单位和字母结构。一旦开始认识全名，儿童的注意力就会转向名字中的单个字母，并自主形成（画出）字母。儿童开始在假装书写中尝试这些字母，并在环境中注意到它们。探索性行为将儿童的注意力吸引到字母的细节上和练习书写字母的动作技能上，这在最初阶段就是画出客观对象的延伸活动（Levin & Bus，2003）。这种特殊的早期书写技能有助于对文字进行视觉分析，并加强书写文字时的手眼运动顺序（Clay，1991）。有关名字书写的研究描述了早期书写和阅读如何在**拼字处理**技能或声音字母对应的发展中相互作用，进而最终支持阅读时快速识别单词（Share & Stanovich，1995）。研究表明，儿童通过反复接触文字（即使是最早期的形式）获得拼字处理知识和加工技能，这使他们在长时记忆中对字母序列、词的构成和整个单词形成稳定的视觉表征（Barker, Torgesen & Wagner，1992）。总的来说，名字书写的相关研究充分证明了早期书写在儿童早期读写能力发展中发挥着重要的作用，是早期阅读发展的基石。

（七）有关这一领域研究的总结

研究支持前阅读发展中几个高度相关的技能，包括口语理解、词汇、语音意识、字母知识、文字概念以及名字书写。语音意识在某种程度上是词汇发展和词汇率的产物。字母知识似乎支持语音意识和音素意识。与编码相关的技能显著预测儿童早期阅读的成功，而口语理解技能则显著预测阅读理解能力和日后的阅读成绩。

全美早期读写专家委员会（NELP，2008）和国家共识报告（national consensus reports）（Eunice Kennedy Shriver National Institute of Child Health and Human Development，NIH，DHHS，2000）显示，为了确保儿童获得成为阅读者所需的基础知识，在早期阅读教学中，有几个必不可少的教学重点。例如，干预研究表明，字母知识和语音意识的直接教学，特别是两者的结合，是发展早期单词水平技能的最有效的方法（如 McBride-Chang，1999）。其他研究表明，应该在发展单词概念和更复杂的拼写原则之前教授文字意识概念（文字功能、书籍处理、前字母书写）（如 Morris，

1992）。听力理解在语言丰富的支持性学校环境和家庭环境中得到培养和加强，这些环境包括实质性的对话、互动式故事书阅读和读写丰富的社会戏剧游戏（如 Dickinson 等，2006；Roskos & Christie，2013）。从研究中得出的教学实践（如提供从易到难的字母发音活动）（如 McGee，2004）以及幼儿园层面的"共同核心国家标准"英语语言艺术中确立的期望，都描述了儿童需要依指导顺序学习什么以及支持幼儿班和幼儿园儿童阅读发展的策略，同时提供了早期读写教学的一般内容。

三 早期阅读教学方法

广义而言，早期阅读教学包括连接小学低年级阅读教学内容的阅读准备，它开启了小学三年级结束时建构掌握阅读基本技能所需的知识和能力的过程。图 7.1 说明了早期阅读和初级阅读教学内容之间的联系。

虽然儿童的阅读行为始于生命早期，然而实际上，大约 5 岁时成人才开始教授他们阅读。本章的重点是介绍前幼儿园和幼儿园阶段儿童的阅读技能。本章中所描述的方法适用于 4 至 5 岁的儿童，这个年龄段的儿童对学习阅读很感兴趣，并且已经发展出足够的语音（听单词的发音）和拼字处理意识（字母知识）来承担这项任务。关于书写（读写学习的另一部分）的教学方法将在第八章中讨论。

尽管阅读教学通常发生在小学低年级，但仍有一些有效的方法可用于面向幼儿的初期阅读教学。虽然这些方法的目标相同，都是为儿童的阅读认知技能做准备，但教学方法有所不同。尽管不存在一种最好的方法，但研究提出了所有阅读教学方法都应包含的特点（Bohn, Roehrig & Pressley, 2004；Bowman, Donovan & Burns, 2001；Ellis & Worthington, 1994；Frede, 1998；Pianta, Cox & Snow, 2007）。

·教学内容应有明确的范围和顺序，以发展必要的、符合年龄的早期阅读技能。

·具有完整的评估框架，包括教学目的、教师示范、教师指导（儿童）实践、（儿童）独立实践以及（教师）评估。

·需为日常教学、材料使用、非正式评估和差异化教学提供明确指导。

·实施差异化教学，适应和满足儿童的个别化需求。

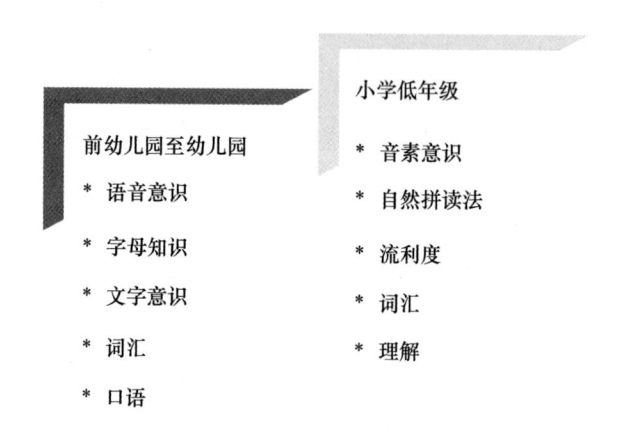

```
小学低年级
* 音素意识
* 自然拼读法
* 流利度
* 词汇
* 理解

前幼儿园至幼儿园
* 语音意识
* 字母知识
* 文字意识
* 词汇
* 口语
```

图 7.1　前幼儿园至幼儿园的早期读写技能为阅读奠定了基础

后文将介绍早期阅读教学的主要方法以及一些简单的实例。值得注意的是，单一的方法并不总是适合所有的儿童，教师需要根据儿童的发展和需要选择适当的方法。因此，幼儿教育工作者可以使用多种方法开展早期阅读教学。

（一）基础阅读法

基础阅读法（Basal Reader Method）是小学阶段常用的**核心阅读项目**的关键。这种方法按照既定的顺序使用书籍、材料和活动来教授儿童需要学习的阅读知识和技能。这种方法使用每一本书及其活动设计都是基于前一本书的使用，通过这种方式，逐步培养儿童的前阅读、早期和初期阅读技能。因此，基础阅读法是系统和有序的，这使得早期阅读教学更加有效（见表 7.1）。

表 7.1 展示了基础阅读法的日常运用，列举了前幼儿园基础阅读项目的每日课程。表中呈现了第一周第一天的课程，单元主题是建造。整个课程包括六个部分，跨度半天或全天，从上午的会谈时间到一天结束时的圆圈时间。每个部分都提供了明确的指导来帮助孩子们。例如，在会谈时间，教师朗读晨间信息，帮助幼儿找到字母，提醒幼儿建造主题，支持图片的讨论，介绍密码（建筑），与幼儿一起演唱单元主题曲。明确的程序步骤有助于提示并确保教师能够充分利用一日时间，使儿童能够容易跟上教学进度。同样值得注意的是，教学包括监测儿童新出现的理解力和技能，

第七章　教授早期阅读　195

表 7.1　基础课程计划

单元 6: 建筑周第一天　　　日期: 2 月 1 日　星期一

教学组:　　　学校:

	故事时间	中心时间	小组课	户外	圆圈时间（一天结束）
会谈时间（早晨）晨间信息朗读早晨的信息。孩子们将在单词墙上和晨间报中找到本周字母 E、T 和 O。一定要告诉孩子们，本周将学习建造以及相关建造工具。口头语言观看建筑工地的图片，孩子们会谈论他们所认为的人们在建造的东西和使用的工具。使用玩具工具，孩子们可以用每一种工具建造或制作什么。介绍密码: "建筑"歌曲/律动介绍建筑主题歌曲。	之前（材料: 大书《建筑字母书》(Alphabet under Construction)，各种建筑材料，玩具工具）朗读书的标题并观看封面。之中用说一讲一做的方式介绍词汇: 建筑，雕刻，度量。之后孩子们谈论图片中老鼠在做什么，并识别图片中的工具。之后师幼一起讨论建筑意义。孩子们理解"正在施工"的含义。	戏剧游戏建造一处建筑工地。使用戏剧游戏计划: 或教师扮演"教练"（支架供材料）。书写中心孩子们用字母块或其他有磁性的字母来组合自己的名字，为自己写一张新的名字签，将字母块与单词中的字母配对。积木区孩子们用积木搭建墙壁建筑，用描述性的单词来描述建筑物的结构，包括大小、长度、高度和形状。	字母介绍字母 E、T 和 O，将每个字母写在纸上。孩子们将发现单词墙上的字母和字母条。使用《字母朋友大书》(Alphafriends Big Book)，讲述 E、T 和 O 的故事。每个孩子轮流拿着 E、T 和 O 的字母卡片，轮流说出拿着的字母。游戏（材料: 昆虫、鱼、领带、袜子、老虎、牙齿、上衣的图片）如果孩子们发现图片名称以"/t/"音开头，就把卡片放在桌子上。如果图片名称不以"/t/"音开头，将所有卡片分发给孩子们，他们将把以"/t/"音开头的卡片放在桌子上。	建筑工地在户外放置纸箱，积木、塑料管、安全帽、纸和铅笔。这将代表一处建筑工地。孩子们可以单独或小组使用形成式来提供的材料建造房子。传递思想请孩子们说出密码"建筑"，开启餐间谈话。	故事时间（材料: 拜伦·伯顿（Byron Burton）的《工作中的机器》(Machines at Work)）孩子们聆听故事，学习机器如何帮助人们建造。问孩子们是否见过推土机，鼓励他们思考并分享为什么我们需要机器来帮助建筑。书写（材料: 白板，白板笔）提醒孩子帮助他们已经建了机器帮助他们从书中读到的词汇（拆毁、推倒、吊顶、建造）。分享书写: 记录孩子们有关机器帮助人们做什么的答案，大声读出他们的回答。

例如在书写中心开展的"书写新名字"活动和小组课中开展的"命名起始音"活动。

这个案例说明了基础阅读法如何系统明确地教授早期阅读技能，这为儿童在幼儿园后阶段和进入小学一年级接受更精深的初期阅读教学奠定了基础。慎重和细致地实施时，这种方法在培养规范阅读所需的早期阅读技能方面是高效和有趣的（如建造一处室外建筑工地）（NELP，2008）。

（二）直接指导法

直接指导法是一种教师主导教学的方法。它帮助儿童逐步学习，朝学习目标迈进。使用这种方法，教师需要准确地解释儿童将要学习的内容、示范步骤并提供指导性练习，直到儿童能够展示自己的理解力和技能。这种方法同样非常有效（和有趣），特别是对于发展特定的、基本的早期阅读技能（如听单词的发音）来说。但这种方法并不能用于所有的学习主题，例如它不适用于讨论插图与故事情节之间的关系。早期阅读教学关注**声母和韵母**，后文特别收录"声母和韵母活动"提供了直接教学的优秀案例。

请注意后文特别收录中教师有意使用的技巧。教师<u>预先</u>确定儿童要做什么（玩押韵游戏），接下来指导儿童<u>聆听</u>单词……并<u>等待</u>儿童的反应。一旦儿童正确完成任务，她就<u>重复</u>直到所有儿童都有机会练习这项技能。教师将形成性评估嵌入游戏过程中，要求每个孩子提供一个押韵的单词作为洗手的"通行证"。教师可以很快发现哪些孩子能轻松完成这项任务，哪些孩子需要更多帮助，进而对教学做出调整。

特别收录

声母和韵母活动

我们最近观察到，一位开端计划教师使用声母和韵母活动作为圆圈时间到午餐准备的过渡。教师首先告诉孩子们今天要做一个押韵游戏，如果想离开圆圈，就要回答正确。教师首先说道："请听'帽子'（hat）这个词。现在，如果我把单词中的'/h/'音拿走，将'/p/'音加到'/at/'音上，会产生什么新词？/p/－/at/。"孩子们安静了会儿。就在教师正要说话时，一名孩子喊道："Pat。"教师称赞了她并邀请她去洗手吃午餐。教师继续问道："谁能把不同的字母放在'/at/'音上造出不同的押韵单词？"（教师停顿）"可以加上字母。"一名孩子说道："Bat!"教师说："对的！'/b/'和'/at/'组成了/b/-/at/。"她又邀请这名孩子去洗手。教师接着说道："Hat、pat、bat……，谁能想出另一个以'/at/'音结尾的单词？"凯瑟琳（Kathrym）说："Cat!"教师说道："对的，Cat与hat、pat和bat都押韵。"于是凯瑟琳去洗手。这些实例帮助孩子们理解怎样玩这个游戏。很快，孩子们产生了rat、fat、sat、mat、zat和更多的以"/-at/"结尾的单词。（注意"zat"是一个没有意义的词，但玩这类游戏时使用无意义的词是可以接受的。）

（三）游戏法

这种方法基于维果茨基的理论，即学前阶段的游戏为儿童学习高级认知技能（如自我调节和解决问题）（Fisher, Hirsh-Pasek, Golinkoff & Singer, 2010；Vygotsky, 1978）提供了最近发展区。埃琳娜·波多娃（Elena Bodrova）和德博拉·丽温（Deborah Leong）（2007）在他们的经典著作《心智的工具》（*Tools of the Mind*）中描述了运用儿童的游戏活动来发展自我调节、前运算以及前读写能力的方法。在早期阅读教学中，他们描述了包括定期进行**成熟的假装游戏**的教学过程。研究表明，当儿童参与到成熟的假装游戏中，他们可以发展学习阅读所需的语言和读写知识及技能（Christie & Roskos, 2015；Diamond & Lee, 2011；Wilson & Farran, 2012）。

游戏计划（play planning）是教师可以用来支架成熟的假装游戏的过程，其主要目的在于通过作画或书写游戏以及成人支持下的延伸活动来发展儿童的自我调节能力。在儿童早期读写能力发展的边缘阶段，游戏计划致力于使儿童参与到说、读和写中来。该计划的特点之一是支架式书写，即指导儿童使用文字（音素—字素匹配）更加准确地表达自己的计划，从而提高他们的拼字处理或拼写知识的能力。这在教学中是如何实施的呢？以下是游戏计划的四个步骤。

· 组织成熟的假装游戏活动：建立一个游戏管理系统，需包括探索、积木、艺术、戏剧游戏和图书角等核心游戏区域。用颜色标记游戏区域，并使用游戏管理板显示区域和单次允许参与的儿童数量。在

60 至 75 分钟的游戏时间里，使用公告板作为游戏管理的提示，准备好写字板、白板和记号笔。

- 介绍游戏计划（选择—说—开始游戏）：向孩子们描述游戏区域和对应的颜色，解释他们将选择去哪里玩，告诉他们计划在那里做什么。示范选择游戏和表达计划的可用语言，如"我要用积木盖房子"，指出当一个游戏区域满员时，他们必须选择另一个游戏区域。其后，持续监督孩子们的选择，让他们体验各种各样的游戏区域。在几周内持续进行"选择—说—开始游戏"的活动，直到大多数孩子都能参与进来。即是，每个孩子都来到游戏板前，选择一个游戏活动，说出游戏活动的名称，拿起一个夹子、一条腕带或项链作为提示，然后去游戏区游戏。

- 在游戏计划中加入绘画（选择—说—画—开始游戏）：向孩子们介绍一个游戏计划模板，解释他们在游戏过程中首先需要说，然后需要写下自己的名字并尽最大努力地画出各自的计划。告诉孩子们，你（教师）和（或）助教将在他们的画作下方放置线条以及他们计划游戏的区域的名称。教师可做如下示范："去玩之前，你要画一张计划游戏的图，比如，我假装要去积木区盖房子。首先……我将积木区的名称放在这里……像这样。接下来，画我和朋友在积木区里……像这样。然后，我放置线条和我要去的地方的名称——积木区。现在，我希望你们试着这么做……我会帮助大家的。"给予相应的支持，请准备好的孩子聚集在地板上或桌子上，指导他们画出计划。助教会督导其他在各个游戏区域的孩子。这个过程可以持续几周，直到大多数孩子都能画出计划。

- 在游戏计划中增加书写：为那些看起来已经准备好的孩子介绍支架式书写。这些孩子会写自己的名字，识别并组成一些字母，知道一些字母和声音的匹配。支架式书写将在单词下面画线，接着是尝试拼写某些单词，再接着是尝试拼写所有单词。首先，教师向孩子们说明现在将尝试作画和书写。教师展示如何在单词下面画线，如何使用词干"我要去……"在每一行上写单词。教师可以这样示范："这次我要画出并写下要玩的东西，先写上我的名字，接着画出我要玩的游戏，再接着试着写下我要玩的游戏。我为每个单词画条横线，像这样……把这些单词写在线上，像这样……现在，请你们试着像我那样制订一个游戏计划。从画写单词的线开始，再试着写单词。"像之前一样，让那些准备好的孩子聚集在你身边，搭建他们作画和书写的支架。助教负责督导其他孩子，并在需要时提供支持。一旦孩子们能在听到的描述他们计划的句子中的每个单词上画线，便可鼓励他们试着在线上写下单词。通过练习，孩子们能够先使用单个字母表示一个单词（可能是也可能不是音素—字素匹配），接着能够使用字母名称拼写表示一个单词的首字母和（或）最后一个字母。孩子们将会以不同的速度在书写发展中进步，一些孩子会在年底时画出线条，一些孩子会制作前音素字母串，一些孩子会使用自己发明的拼写来制订计划。

有关游戏计划对发展儿童自我调节能力和单词层级（word-level）早期读写技能（如发展性拼写）的作用的研究结果各有不同。爱戴尔（Adele Dimond）和同事（Diamond, Barnett, Thomas & Munro, 2008）观察到，游戏计划不仅改善了幼儿的执行功能（抑制性控制、工作记忆和认知灵活性），还提高了他们的早期读写技能，即语音意识和字母知识。然而，克里斯托弗·洛尼根（Christopher Lonigan）和贝丝·菲利普斯（Beth Phillips）（2012）发现，与单独运用游戏计划相比，将游戏计划与以技能为教授重点的读写课程结合使用，更能促进儿童的自我调节和早期读写技能。

停下来思考

戏剧游戏

读写丰富的游戏环境会增加幼儿的读写行为，这是游戏与读写能力研究的一个重要发现（Christie & Roskos, 2012; Morrow & Schickedanz, 2006）。在游戏区域内，文字和读写物品（工具）的存在促进了儿童之间自发的读写互动。此外，成人和同伴为阅读和书写提供了榜样和支持，增加了游戏环境中读写互动的数量和质量。回想你幼年时的文字游戏。你曾经假装过服务员接收点菜吗？利用在早期教育课堂上了解到的，概述一个读写丰富的游戏环境，列出在关键游戏区域中需包含的物品、道具、角色和文字。

（四）发现法

发现法是一种基于探究的学习方法，它鼓励儿童对主题（如蝴蝶）进行调查和解决问题，这需要儿童利用自己过去的经验和现有的知识来发现事实、关系和概念。这是鼓励儿童探索和发现世界的方案教学法（Project Approach）的核心方法（Chard，2009），它包括一套教学策略，帮助教师指导儿童深入研究现实世界。受欢迎和广泛使用的创造性课程（creative curriculum）（Dodge，Coker & Heroman，2002）是基于方案教学的一个很好的实例。

早期阅读教学中的发现法有很多优势，它鼓励儿童积极参与，促进他们在学习中的积极性（如自主性、责任感、独立性），使学习个性化，同时整合语言艺术，培养创造力。它也有一些严重的不足，比如儿童容易因此形成错误的概念且很难纠正（如不准确的词义、不良的文字概念、较弱的听力理解能力）。虽然此方法具有直观性和以儿童为中心的特点，但由于其对教师知识的要求较高，且需要较强的组织和课程设计能力，因此教师难以实施。如果没有详细的计划，教师可能会忽视对重要概念的指导，并陷入与指导顺序不一致的困境，这可能会使一些儿童感到困惑。大量的研究也表明，与强调以直接的教学法来指导儿童的学习相比，发现法的有效性和效率不高（Kirshner，Sweller & Clark，2006）。

然而，如果有适当的指导和与任务相关的信息，发现法可以成功地让儿童参与到现实世界的主题和真实的问题中，从而发展和锻炼他们的早期读写能力。本章开头的短文即说明了儿童在研究管道的过程中探索性学习的要素，包括沿着学校建筑的管道散步，对管道和水流进行试验，画出淋浴器如何工作。孩子们在解决问题的过程中，不仅在语言艺术方面，而且在科学和数学方面都达到了许多学前学习标准。

实践链接

参观附近的幼儿班或幼儿园教室。观察并准备分享你对早期阅读教学的观察实例。幼儿教师采取了上述哪一种方法？你是如何知道的？在数字时代，早期读写教学和方法也需要包括数字资源。特别收录"电子书阅读之路"描述了教师如何将电子书融入早期读写经验和教学。

特别收录

电子书阅读之路

电子书或数字书正迅速地进入早期教育教室，邀请儿童以前所未有的方式与书籍互动。电子书对幼儿很有吸引力，是他们注意的焦点。这不仅因为电子书是带屏幕和按钮的有趣设备，而且还有神奇的点击、滑动、推动和动作。在电子书里，奶牛哞哞叫，鸭子摇晃晃，雨水滴滴答，胡迪警长（《玩具总动员》中的人物）"活"了过来，这些闪烁的热点是如此诱人。因此，与纸质书相比，儿童阅读电子书的速度更快，时间也更长。对阅读电子书非常重要的是，其声音、动画、音乐和热点应与文本内容一致，不要将儿童的注意力从文字和故事情节上转移开。

电子书还可以帮助儿童学习早期阅读技能，如读单词、学习新单词以及理解故事情节和内容。电子书的电子部分允许虚拟导师现场反复指导和解释，通常还配有补充的图形和视频。字典热点（dictionary hot spot）是许多电子书的一个流行功能。因此，电子书有可能增加家长或教师以外的阅读指导机会。以下是在学校和家中与儿童共享电子书阅读的入门技巧。

预览电子书至少两次，评估其文学性和技术质量。密切关注电子书的阅读辅助工具以及可能分散注意力的故事情节或内容（如分散注意力的声音或动画），确定是否使用叙述者的功能或录制自己的声音作为故事的讲述者（如果该选项可用）。

介绍电子书的书名和作者。向儿童展示主页图标、后退和前进图标、目录表（如果可用），以及菜单或工具栏上的任何其他特殊功能，确定是否要打开或关闭音频功能。

聆听或大声朗读故事。暂停并演示数字功能如何支持故事，如示范怎样探索主屏幕上的互动功能（如点击动画对象或查看热点）。一旦孩子们记住这些功能，他们将在再次阅读电子书时尝试独立操作。

一起阅读时邀请儿童不时控制电子书屏幕。例如，他们可以滑动屏幕翻页，或者轻击来聆听声音。请他们谈论屏幕页面的内容，在文本与插图之间建立联系。之后，当儿童重新阅读电子书时，他们可以练习这些数字阅读技能，进而增加对文字和故事情节的理解。

享受所有电子书提供的乐趣。让儿童回到他们最喜欢的部分，再次探索屏幕页面，尝试自主阅读文本。许多电子书应用程序都有附加功能，如游戏和涂色书等艺术素材。对孩子们说"让我们来玩吧！"，让他们参与故事的延伸。就像纸质书很容易让孩子们再次阅读一样，也应该在数字设备上提供新的电子书应用程序和经典书籍的应用程序，使儿童体验阅读的乐趣。可以鼓励儿童阅读熟悉的书籍和重读熟悉的片段，同时练习使用他们的前数字阅读技能。

当地图书馆是学习更多数字书籍和电子书的好资源。越来越多的儿童图书管理员成为"媒体导师"，引导儿童有目的和适当地使用电子书，引导教师和家长了解儿童的电子书应用程序。例如，柯科斯书评（Kirkus Reviews）提供了一份适合学步儿童到青少年的最佳图书应用程序列表（见 https：//www.kirkusreviews.com/book-reviews/ipad/），它还示范了如何在移动设备上发挥电子书和应用程序的最大效用。

以下是我们推荐的其他一些幼儿电子书（应用程序）优秀网站：
http：//digital-storytime.com/；
http：//childrenstech.com/；
https：//ittelit.com/。

四　单词层级的教学技巧

单词层级技巧是侧重于单词如何发挥作用以及表达内容的教学技巧，其教学目标是教授儿童字母名称、字母与发音的关系以及初期解码技巧，这些都是小学低年级自动识别单词的先备技能。

（一）字母活动

儿童在幼儿园期间的字母识别能力显著预测日后的阅读成绩（NELP，2008）。此外，研究还发现，当同时进行音素意识教学和字母知识教学时，效果会更佳（Ehri 等，2001）。为了达到"共同核心国家标准"中所描述的幼儿园年度期望，学前儿童需要接受大量的指导，以识别字母表中大部分的大写字母和小写字母。以下的教学技巧需要运用在教学过程中。

1. 字母歌

字母歌经常用来初次教授儿童认识26个英文字母。这首歌很有用，但它并不是教授字母的唯一歌曲。其他歌曲也可以用来帮助儿童学习字母。例如，一位参加了"早期阅读优先"计划的教师使用了以下歌曲。

你能找到字母_____吗？你能找到字母_____吗？字母_____？字母_____？它在这个房间的某个地方吗？

教师将歌词写在5张大的有字母槽的纸板上。这个班正在学习字母"M"，教师将"M"写在4张卡片上并把卡片放在字母槽里。现在这首歌变成了：你能找到字母"M"吗？你能找到字母"M"吗？字母"M"？字母"M"？它在这个房间的某个地方吗？

教师和儿童一起唱这首歌，然后等待他们回答房间里哪儿有字母"M"。例如，一个孩子可能会指着班级日历说"星期一（Monday）中有字母M"。因为有字母槽，这张歌曲表可以用来练习识别所有的字母。

2. 字母表

字母表包括一个字母（通常是其大写和小写形式）和以这个字母开头的实物图片。教师可以购买或使用杂志图片、环保印刷品等来制作图片。例如，字母"S"开头的海报可以包括太阳、海豹、帆船、三明治、沙子、太阳镜和贝壳图片。建议教师首先重点关注字母的发音，帮助孩子们意识到图表上所有物体都以同一个音"/s/"开头。然后孩子们会想到其他以"/s/"音开头的单词。接下来，教学重点转移到字母"s"上。复习海报上的单词，提醒孩子们所有这些单词都以"/s/"音开头。之后，教师在便签上写下每张图片中的物体名称，将第一个字母以不同的颜色标记，并将便签贴在图片上，再次指出所有的单词都以相同的字母"s"开头。最后，教师从海报上取下便签，让孩子们将便签放到对应的物体上。在教学中，教师要求儿童说出字母的名称、字母的发音和整个单词。这个过程可以重复多日，使所有孩子可以多次练习。

3. 文字参照

正如后文所言，故事书阅读是教授意义层级的早期阅读技能的首要策略。特别收录"文字突出的书籍和文字参照"解释了当教师使用文字突出的书籍和明确的文字参照时，故事书阅读也可以成为教授儿童字母和文字概念的卓越策略。

> **特别收录**
>
> **文字突出的书籍和文字参照**
>
> 索尼娅·卡贝尔（Sonia Cabell）和同事（Cabell, Justice, Vukelich, Buell & Han, 2008）建议教师在阅读纸质故事书时明确重点。劳拉·杰斯和海伦·艾泽尔（Helen Ezell）（2002）建议教师在阅读互动中选择文字突出的书籍和加入文字参照。
>
> 文字突出的书籍是指书籍的关键组成部分是文字的书籍，这些书使文字成为值得讨论的话题。代表性书籍有比尔·马丁（Bill Martin Jr.）和约翰·阿克汉堡尔特（John Archambault）所著的《叽咔叽咔碰碰》(*Chicka Chicka Boom Boom*)（Simon & Schuster, 1989）、多琳·克罗宁所著的《咔哒咔哒，哞：会打字的牛》（Simon & Schuster, 2000）以及谢里丹·凯恩（Sheridan Cain）的《咔哧咔哧的毛毛虫》(*The Crunching Munching Caterpillar*)（Tiger Tales, 2000）。在阅读任何一本书时，教师都可以指向插图中的文字并提问，比如"你认为我在读什么，图片还是文字？"，或是"这个单词表示危险！"，或是"这是字母 S，和你名字中的 S 一样"，抑或是"这是什么字母？"。文字突出的书籍提供特别的机会邀请儿童参与书中文字的学习。例如，在《咔哒咔哒，哞：会打字的牛》中，奶牛给农夫布朗写了一封要电热毯的信。整整一页都是奶牛给农民布朗的信，另一页也是一封信，信的内容有关奶牛告诉布朗母鸡很冷想要电热毯。在其他页面上，文字包含在插图中。例如，其中一页插图中画着一只母鸡举着"停业！没有牛奶，没有鸡蛋"的牌子，这是母鸡在罢工。在其他页面上，单词"哞"被放大并加粗。这本书给教师提供了很多机会吸引儿童注意文字。
>
> 在成人—儿童或儿童故事书阅读互动中包含文字参照策略是很重要的，因为当教师在故事书阅读中没有涉及文字时，儿童就不会注意到故事书中的文字（Justice, Bowles & Skibbe, 2006）。

停下来思考

使用字母表

讨论前文描述的字母表如何帮助儿童发展音素意识、字母识别和自然拼读法。

4. 字母词墙

词墙是指用于教育目的、在教室墙上展示的单词集合。在字母词墙中，大写字母和小写字母按照字母顺序排列在墙上，每个字母下方贴有以其为首字母的相应单词。每天挑选一到两个特别的单词贴在词墙上。这些单词可以来自儿童正在阅读的故事、儿歌、歌曲和诗歌，还可以来自儿童的名字、熟悉的环境文字以及主题单元中的单词，将这些单词放在相对应的首字母下方。在前幼儿园阶段，教师通常会在每个单词旁附上一张图片，到了幼儿园阶段，图片支持将被弱化。教师可以用词墙上的单词来强化儿童的字母识别（让孩子指着一个特定的字母）和字母命名（指着一个字母，让孩子说出它的名称）。

5. 游戏

游戏可以为儿童提供练习的机会来巩固和维持直接教学所习得的技能。当练习活动以游戏形式开展时，儿童的技能练习就会变得有趣和愉悦。他们在游戏中坚持练习的时间比使用习题册和作业本练习的时间要长。例如，有一项活动是教师使用钓鱼游戏帮助儿童练习字母命名。这个游戏的内容是，用回形针钩住小鱼的唇部后捕到小鱼、钓到字母。孩子们用悬挂在鱼竿一端的绳子上的磁铁捕鱼，"捕到"一条鱼时，说出鱼上的字母。如果说对了，就能留下鱼。如果说错了，等教师反馈后将鱼扔回池塘。在这个游戏中，孩子们经常会花费超过 15 分钟的时间来练习字母命名。

实践链接

名字书写可以帮助儿童获得解码未知单词所需的字母知识。请在网上搜索，找出适用于 3 至 5 岁儿童的有效的书写名字的活动。每个年龄段至少选择两个活动并进行记录，再与同伴分享你最喜欢的活动。

（二）语音（音素）意识活动

1. 语音意识

语音意识活动使儿童的注意力集中在单词的发音上。分割活动帮助儿童学习将口语句子分解成单个单词，再将它们分解成音节。在押韵活动中，儿童学习识别有相同中间音和结尾音的单词。在头韵活动中，重点转移至单词首字母的发音。声母和韵母活动涉及在选定的一组单词的尾音节中分解出起始音。这些活动使儿童意识到语言的声音，为音素意识奠定了基础。

2. 单词（音节）分割

单词（音节）分割活动可以帮助儿童学习如何将句子分割成单词，单词分割成音节，这有助于为完整的音素分割（将单词分割成单个发音的能力）奠定基础。单词分割活动有助于儿童意识到口语是由多个单词组成的。起初，儿童在单词边界方面存在困难。例如，幼儿经常认为"before"（之前）是两个单词（因为音节分割），而"once upon a time"（很久以前）是一个单词（因为读单词时常连音，中间很少停顿）。针对这种情况，教师可以通过和儿童一起背诵熟悉的儿歌（如《杰克和吉尔》）（*Jack and Jill*），来帮助他们将口语分解成独立的单词。背诵结束后，教师可以向儿童解释儿歌是由多个单词组成的。教师再次背诵儿歌时，可每说一个单词即拍手。儿童也参与到活动中，和教师一起说出单词并拍手。这样的环节持续多次，直到儿童能准确地随着单词拍手。此外，第六章描述的共享阅读大书中儿童追踪文字的活动，也是帮助他们发现单词概念的有效方法。

当儿童掌握单词分割后，教师可以开展培养儿童将单词分解为独立音节的活动。音节是口语的一个单位，比音素大，比词小。一旦儿童可以将单词分成音节（如"begin"可以分为"be-gin"），他们距离完全的音素意识就只差一步了（如"begin"可以分为"b-e-g-i-n"）。一些教师首先让儿童将同伴的名字当作一个整体音节（如"Bob-by"），并随音节拍手，然后他们可以边拍手边数名字中的音节个数（如"Bob-by"有2个音节）。随音节拍手和数音节数还可以延伸至其他项目，如押韵海报上和单词图卡中的单词。

3. 声母—韵母

声母—韵母常被用作语音意识和音素意识之间的教学桥梁。声母和韵母是以相同的元音和辅音集群结尾（如bat、cat、fat、hat、mat、rat、sat等均以"-at"结尾）的单词"家族"。单词中起始的辅音被称为声母，中间的元音和结尾的辅音叫作韵母。声母和韵母替代活动，即单词中有固定的韵母，儿童替换不同的声母组成新单词（如 c-ake、b-ake、sh-ake、m-ake）的活动，这一活动比将单词分解成单个音素（f-a-k）的音素意识活动更容易，因为在这一活动中，单词只是被分解成起始和结束（f-ake）两部分。前文的特别收录"声母和韵母活动"展示了直接教学可以用于教授儿童将单词分解成声母和韵母。

4. 声音匹配

声音匹配活动将儿童的注意力集中在构成单词的最小声音单位——单个音素上。这是真正的音素意识的开始。在声音匹配活动中，儿童从一些单词中分辨教师说出的首音并准确指认（Yopp & Yopp, 2000）。例如，教师可以向儿童展示熟悉的图片（如猫、鸟、猴的图片），并提问哪个单词以"/b/"音开头。

5. 音素混合（分割）

在音素混合活动中，儿童将单个发音组合成单词。游戏"我在想什么？"是向学前儿童介绍混合的好方法。具体地，教师告诉全班她在想某种动物，然后用分解的音素说出动物的名称"/k/ – /a/ – /t/"。接下来，要求儿童将这些发音混合起来，想出动物的名称。音素分割与音素混合相反。开展这类活动，教师要求儿童把单词分割成单个发音（McGee, 2007）。露西·卡尔金斯（Lucy Calkins, 1994）将分割单词的能力称为"橡皮筋"（rubber-banding），意指将单词拉长聆听单个音素。例如，教师可以给每个孩子提供筹码（counter）和埃尔科宁盒子（Elkonin boxes）。埃尔科宁盒子是一个由三个空白正方形组成的图表，正方形分别代表一个单词的首音、中间音和尾音。儿童被要求在盒子里放置筹码代表单词的每个发音。对于单词"cat"，一个筹码将被放置在左边的正方形中代表"/k/"音，另一个筹码在中心的正方形中代表"/a/"音，第三个筹码在右边的正方形中代表"/t/"音。这样的活动设计是为了使儿童能够形象地理解音素分割这一抽象的任务。

6. 音素操作

音素操作是音素意识的最高级形式。这些活动要求儿童在单词中添加或替换音素。在添加音素的活动中，儿童被要求说出一个单词，然后在单词的开头或结尾添加一个音素。音素删除活动涉及请儿童说出一个单词，然后去掉首音或尾音并重复一遍。最后，音素替换要求儿童用一个音代替另一个音（如在单词"rock"前添加字母"p"的发音"/p/"而变成

"pocket")。

大卫·迪金森和同事（Dickinson，McCabe，Clark-Chiarelli & Wolf，2004）建议，用西班牙语教授母语为西班牙语的儿童的音素意识，因为在音素删除和押韵识别方面，西班牙语和英语之间有很强的迁移表现。教师可以通过哪些活动来培养儿童的音素意识呢？哈莉·凯·约音（Hallie Kay Yopp）和莉莉娅·斯台普顿（Lilia Stapleton）（2008）建议，在西班牙语教学中开展发音游戏（如指出歌曲和诗歌的押韵或在歌曲的重复小节中替换发音），选择《我们去猎熊》（*Wamos a Cazar un Oso*）（Rosen，1993）等西班牙语书籍来教授绕口令。为了支持儿童的阅读发展，无论在幼儿班是否有人说儿童的母语，都应该鼓励父母在家中开展前文描述的这些活动。当然，在阅读的同时，父母还可以教授儿童新单词和文字概念，这是发展语言和读写技能的关键。

（三）自然拼读法

自然拼读法涉及使用**字母发音规则**（字母与口语的声音有关联）来解码单词。在教授这一重要的解码技能方面，幼儿之间存在着巨大的差异。斯塔尔（Stahl，1992：620）解释道："有些孩子会在没有任何指导的情况下学会解码，另一些孩子则需要一定程度的指导，从指出常见的拼写模式这样的指导到密集而系统的指导。"因此，正如读写教学那样，自然拼读法教学也要满足每位儿童的需要。

或多或少依靠自己学习自然拼读法的儿童需要的仅是本书中所描述的有意义的阅读和书写活动，这些书写活动包括功能性读写活动、读写丰富的游戏、共享阅读和共享书写。当这些儿童参与此类有目的的读写活动时，他们逐渐发现字母和声音之间的关系。那些需要适度帮助的儿童则受益于莫罗（Morrow）和特雷西（Tracey）（1997）提出的情境教学。这种教学常与前文描述的共享阅读和书写、读写丰富的游戏以及功能性读写活动结合使用。唯一的区别是，当儿童参与情境教学活动时，教师会将儿童的注意力吸引到字母和声音之间的关系上。例如，教师在读《傻瓜莎莉》（*Silly Sally*）（Wood，1992）时，可以先指出标题中的两个单词都以相同的发音"/s/"开头，然后提问："Silly 和 Sally 都以哪个字母开头？"当然，这样的教学需要教师时刻关注字母与声音之间的关系。建议教师尽量利用这类机会的优势，帮助班级里那些需要适度帮助的儿童。

此外，书写也是帮助儿童学习语音知识的方法之一（International

Reading Association & National Association for the Education of Young Children, 1998; Stahl, 1992）。一旦儿童在书写发展中达到了发明拼写的阶段，他们就开始使用字母名称知识和字母发音关系拼写单词。在这一阶段中，儿童会根据他们听到的发音拼写单词，而不是按照规范的拼写方式来拼写。例如，某个孩子可能会用"lev"来拼写单词"leave"（离开），因为"lev"是这个单词的发音。当儿童使用发明拼写时，他们的注意力自然会集中在字母与声音的关系上。

最后，教师可以为那些已经形成口语单词发音意识，并且能够认出字母表中的一些字母的儿童提供预先计划好的自然拼读法活动。开展这些活动，可以调整本章之前讨论的音素意识、字母识别和单词识别活动，使儿童在活动中专注于字母与声音之间的关系。后文是几个活动实例。

字音匹配活动 展示熟悉的图片（如猫、鸟、猴的图片）并提问，哪个单词以"/m/"音开头。接着提问，单词"猴"以哪个字母开头，并将这个单词写在黑板上。询问其他以"/m/"音开头的单词并将这些单词写在黑板上。

词墙活动 字母知识部分讨论过的词墙在帮助儿童学习自然拼读法方面非常有效。词墙上展示的单词是儿童熟悉的，并且通常具有强烈的个人意义和价值。这些高价值的单词可以帮助儿童发现字母与声音之间的关系。教师应该经常将这些单词与自然拼读法活动和课程相联系。例如，如果孩子已经能识别并说出字母"r"，教师可以要求他们在单词墙上找到以"/r/"音开头的单词（而不是以"r"开头的单词），从而帮助儿童建立字母与声音的对应关系。

游戏活动 游戏可以以一种愉快的方式强化儿童的字母和声音关系的相关知识。一种流行的自然拼读法游戏要求儿童将字母与以字母发音开头的图片配对，如字母"b"可以与一幅鸟的图片配对。教师在使用这种类型的自然拼读法配对游戏时，一定要告诉儿童每张图片所代表的单词，以避免与其他图片可能代表的单词混淆。例如，在"b/bird"（鸟）的例子中，儿童可能有理由相信鸟的图片代表了单词"robin"（知更鸟）或"sparrow"（麻雀）而不是"bird"（鸟）。

许多儿童在字母与声音的关系方面需要更多的直接指导。幼儿班和幼儿园的儿童需要更多的帮助来学习自然拼读法，他们需要更多地体验音素意识、字母识别和本章所述的非正式的自然拼读法指导。这些活动将帮助儿童在小学阶段从更加系统的自然拼读法学习中受益。

五　意义层级的教学技巧

意义层级的技巧是关注词汇发展、听力理解、共享阅读以及回应文学文本和信息文本的技巧，其教学将为小学三年级结束前儿童在文字、推理和应用层面上的阅读理解奠定基础。"共同核心国家标准"中的标准 10 设立了很高的期望，即到小学三年级结束时，儿童能够独立熟练地阅读以及理解二年级和三年级的文学文本和信息文本。为了达到这一具有挑战性的目标，需要通过文本对儿童进行大量意义层级的指导。

（一）语言体验法

语言体验法长期以来深受幼儿教师和儿童的喜爱，它涉及在儿童口述经验时，教师记录口述内容。下例是 3 名男孩口述的积木游戏。

"这是航空母舰。我们把 4 个大家伙、一架直升机、一个小东西和一辆机动货车放在一起。直升机和摩托车开始搏斗。它是恰吉（Chucky）、杰森（Jason）、杰里米（Jeremy）也就是我一起做的。"

语言体验的口述为儿童提供了丰富的机会来使用语言并见证成人的阅读和书写示范。更佳的是，它能记录一段儿童可以反复回忆并尝试独立阅读的文字。语言体验法包括以下几个基本步骤。

・确定小组或全班分享的共同经验，如自然的散步、实地考察、嘉宾介绍或特殊事件。

・记录。要求儿童帮助（教师）将这件事写下来，要求他们回忆最重要的事情，将评论写在图表纸上。教师一边指着单词，一边读他们的贡献。谈论这些单词像什么以及如何发音，称赞儿童的用词。

・读故事。一旦捕捉到由四五个句子组成的共同经验，就形成了一则完整的故事，给儿童朗读文本。接着再读一遍，并邀请他们一起朗读。最后再读一遍。这一次，停下来让他们"读"故事的部分内容。

・探索故事。一旦捕捉到由四五个句子组成的共同经验，就形成了一则完整的故事，给儿童朗读文本。接着再读一遍，并邀请他们一起朗读。最后再读一遍。这一次，停下来让他们"读"故事的部分内容。

・享受故事的乐趣。请儿童发现字母（"让我们找到故事中出现的所有'Ms'并用红色标记圈起来"）或单词（"让我们寻找单词'天竺葵'，还记得我们在散步时看到的那些美丽的红花吗？"）。帮助儿童查找特定的字母和单词，帮助他们聆听关键词中的发音。

·将故事贴在画架上（或网上）方便以后再看。每次回顾故事时，教学要点包括口语理解、词汇、语音意识和字母。提供故事的复印件给儿童，请他们带回家自主"阅读"。

（二）故事书阅读

第六章详细阐释了故事书阅读是一种必不可少的早期读写教学技巧。教师定期给儿童读各种好书并让他们与这些书互动，儿童就有机会学习广泛的意义层级的早期阅读技能。故事书阅读增加了儿童的词汇量，帮助儿童熟悉去情境化语言、建立概念知识以及发展听力理解能力。

第六章强调了一种故事书阅读策略——互动式阅读，这种方法在教授幼儿听力理解技能方面特别有效。这是因为，幼儿积极地参与阅读过程中的书籍讨论（而不是被动地聆听），这强化了他们对书的注意力，同时能够将书的内容与他们先前的知识相联系。这不仅提高了儿童对文字的理解能力，而且也为儿童推理文本奠定了基础。为了"读懂字里行间的意思"，读者必须将故事的内容和先前的知识相联系。这样，他们就可以填补缺失的部分，对故事有更深刻的理解。

特蕾莎·罗伯茨（2008）发现，当把儿童的母语书籍寄回家让照料者阅读，同时教师在教室里读同样的英语版书籍时，可以帮助第一语言为苗语（Hmong）或西班牙语的低收入学前儿童学习大量的英语单词。欧律狄刻·鲍尔（Eurydice Bauer）和帕特里克·曼雅克（Patrick Manyak）（2008）认为，要让学习新语言的儿童理解语言，教师需要辅以口头解释和大声朗读，需要辅以视觉、手势和戏剧表演来说明关键概念和词汇。这种策略适用于所有儿童。研究者还指出了将学习与学习者的个人经验联系起来的重要性（Bear, Invernizzi, Templeton & Johnston, 2016）。研究者推荐使用同源词这一策略。当英语单词与第一语言单词有相似之处时（如西班牙语单词"colores"与英语单词"colors"），教师应突出其相似之处。

（三）说—讲—做—玩

说—讲—做—玩（say-tell-do-play）（Roskos & Burstein, 2011）是通过大声朗读或共享阅读书籍（见图7.2）来教授词汇的直接教学法。在阅读故事书前，儿童会从故事中了解3到5个目标单词。教师会用带有照片的卡片和（或）具体物品来展示每个单词。在教师的示范下，儿童被鼓励展示与目标词关联的说、讲和手势（做）。在阅读过程中，教师突出或重复单词，邀请儿童"说—讲—做"故事语境中特定的单词。读完故事后，教师会简单地回顾单词，然后在现场或中心鼓励儿童使用新单词进行简单的结构化游戏活动（记忆游戏、棋盘游戏、木偶游戏）。

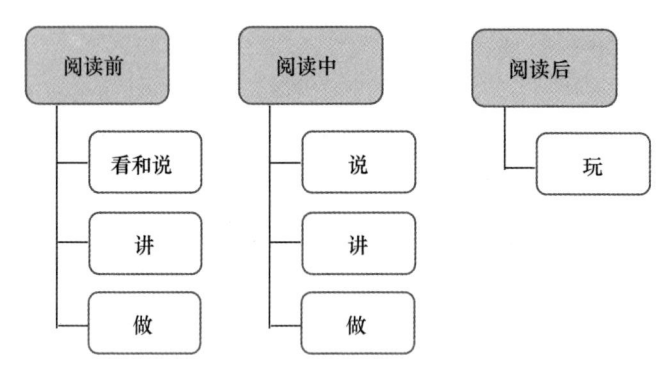

```
阅读前          阅读中          阅读后
  │              │              │
 看和说           说              玩
  │              │
  讲             讲
  │              │
  做             做
```

图7.2　说—讲—做—玩技巧

布伦娜·哈辛格达斯（Brenna Hassinger-Das）和同事（2016）将同时参与词汇游戏和共享阅读的儿童和没有参与游戏活动的儿童比较后发现，两个群体在词汇学习方面存在差异，研究结果证实了教授新词汇时，游戏作为共享阅读的组成部分的益处（Lenhart, Brueck, Roskos & Ling, 2017; Weisberg 等，2015）。

（四）第二层级技巧

这一词汇技巧最好用于故事阅读之后，其重点是儿童通常不会在日常对话中遇到的**第二层次单词**。教师与儿童讨论每个目标词并要求他们说出单词，接着告知儿童目标词的定义，然后在句子中使用所有目标词（Beck, McKeown & Kucan, 2002）。以下是马德里（Madrid）女士阅读了《小红母鸡》（*Little Red Hen*）（Galdone, 1985）后，运用这一技巧进行教学的片段：

在故事中，我们听到了这个词（目标词：打谷）。
跟我说这个词："打谷。"
告诉儿童"打谷"的定义："打谷意味着把种子从壳里剥出来。"
帮助儿童建立联系。"农民打小麦，打燕麦，他们有打谷机。"

再跟我说一遍这个词："打谷。"

重复每一个目标词。

在句子中使用所有的新词。"农民用打谷机打麦子，他们从麦壳中获得种子。"

（五）复述

正如第六章所述，教师在故事书阅读之后，通过活动鼓励儿童复述故事或信息型书籍的内容，有助于促进儿童的听力理解。请儿童复述或重演刚刚听过的故事，也可以提高其他关键的意义层级的阅读技能，如词汇、句法和故事结构知识。请参阅第六章，了解如何使用戏剧、木偶和法兰绒板或毡板支持儿童的复述。

停下来思考

意义层级的技巧

"幼儿园至 12 年级共同核心标准"强调精读。这意味着，需要要求儿童反复阅读文本，同时密切关注故事的单词和结构，以及作者实际上说了什么。请解释这一概念如何应用于之前描述的一种或多种意义层级的技能。在儿童还没有成为规范的阅读者之前，幼儿教师应该如何确保儿童精读呢？

六　习惯

习惯是指导个体日常行为的规律性倾向，是影响个体行为的模式。虽然学习习惯不像学习技能和概念那样受到重视，但它们是非常重要的。早期读写的重要目标之一是建立起儿童生命周期内频繁的阅读习惯。如果在以后的生活中儿童都拒绝阅读，为什么还要教授他们阅读呢？

终身阅读的根源始于童年早期。因此，幼儿教师应该为儿童提供大量的机会享受自主或与他人一起阅读各类书籍（包括电子书、应用程序）的乐趣。以下是一些可定期尝试的方法。

• 浏览图书。鼓励儿童从浏览图书开始新的一天。有策略地将一小叠的书（新书和孩子们最爱的书）放在圆圈时间的地毯上、活动区以及小组桌子上。当儿童进入房间时，鼓励他们拿起一本书，自主翻阅或与朋友一起阅览。一旦所有的孩子都聚集在一起，在一天的教学活动开始时，请一两名孩子帮忙把书放好。让这种方式成为一种常规，这样儿童就可以经常去阅览他们真正喜欢的图书。

• 同伴阅读。埃琳娜·波多娃和德博拉·丽温在《心智的工具》项目（2007）中开发了这一技术。在同伴阅读中，儿童成对地相互"读"书。他们轮流阅读（或假装读）和聆听时，使用提示卡提醒各自所扮演的角色。听者拿着画着一对耳朵的提示卡（提醒听），读者使用带有一对嘴唇的提示卡（提醒读）。当读另一本书时，儿童会交换角色。同伴阅读旨在促进儿童自我调节能力的发展以及同伴之间的积极互动，同时也支持早期阅读技能的发展，如文字意识和故事感。

• 游戏软件。"木偶朋友"是一个很好的游戏软件，旨在让儿童参与木偶艺术——选择角色、背景并创建要表演的场景。伊琳娜·维列尼金娜（Irina Verenikina）和同事（2010）描述了以一种有趣的方式促进幼儿语言发展的数字游戏的特征，这些特征包括动机、情境（如假装游戏）、学习路径（如探索游戏）和通路（适宜儿童的屏幕指示）。

停下来思考

终身阅读

安妮·坎宁安（Anne Cunningham）和基思·斯坦诺维奇（Keith Stanovich）在他们的经典文章《阅读对思维的作用》（*What Reading Does for the Mind*）中指出，大量阅读可以提高语言智能。阅读确实能让人变得更聪明，这对家长和教师来说是个好消息。那么，怎样确保儿童在学校内外经常阅读呢？如何教导他们热爱阅读（和听别人读）呢？

七　实施一项综合的语言和读写计划

无论采用哪种方法，有效的早期阅读教学都应该为幼儿提供与其发展相适应的环境、材料、学习经验和社会支持，这些都是规范阅读的基础。设计教学的基本实践（essential practices）为早期阅读教学提供了一个框架。前文描述了为早期阅读奠定基础的核心词汇和意义层级的教学技巧。然而，若想要使儿童的阅读学习有一个良好的开端，单一的技巧是不够的。用于支持儿童语言和读写能力发展的相关方法和技巧需要整合成综合性的早期读写计划，具体如下：

·丰富教师谈话。如第五章所述，教师应该在大组、小组和一对一的环境中让儿童进行丰富的对话。当与儿童交谈时，教师应该使用儿童在日常对话中不太可能遇到的"罕见"单词，教师也会将儿童的评论扩展成更具描述性的语法成熟的语句。此外，教师应该与儿童讨论具有认知挑战性的内容，包括不能立即呈现的主题和关于世界的新知识，或者鼓励儿童将语言作为一个对象来思考。最后，至关重要的是，教师要倾听并回应儿童的话语，这确保了教师和儿童之间的对话是真正双向的、合作的互动。

·支持前书写。如第八章所述，教师应鼓励儿童使用前书写，如涂鸦、随机的字母串和发明拼写。这可以通过：（1）提供一个备有钢笔、铅笔、记号笔、纸张和图书制作材料的书写区；（2）分享教师记录儿童口述的文本示范；（3）提供与课堂活动相关的功能性书写机会（如热门区域的报名表、图书馆借阅单、"请勿触摸"的标示）；（4）提供与游戏相关的书写材料（如在餐厅游戏区域提供点餐时使用的铅笔和记事本）。

·开展以主题内容为中心的活动。为儿童提供探究他们感兴趣的主题的机会，这样做的目的，是让儿童通过口语、阅读和书写来了解世界。一旦确定了主题，儿童可以：（1）聆听教师阅读与主题相关的信息型书籍并独立阅读；（2）通过观察、实验、访谈等方式收集资料；（3）运用前书写，记录观察和信息；（4）参与戏剧游戏来巩固和表达所学。通过这些活动，儿童的语言和读写技能得到提高，而且获得了宝贵的背景知识。本章开篇描述的沃克曼先生幼儿园的孩子们关于泵和管道的活动，就是内容丰富的活动的范例。

·调整。有特殊需要的儿童能够在主流环境中取得学业和社会性方面的成功（Stainback & Stainback，1992；Thousand & Villa，1990）。儿童彼此之间的相似之处远多于差异。无论存在何种差异，儿童都希望和需要他者的陪伴。特殊需要儿童在同伴面前更容易形成适应性的行为，但他们也有独特的需求。尽早频繁地与特殊教育部门的同事合作，对于制定策略使特殊需要儿童充分参与到课堂日常活动中是至关重要的。大多数特殊需要儿童在语言、阅读和书面表达方面存在困难。这些儿童通常可以从明确的早期阅读教学中受益，这种教学为学习分配更多的时间，根据需要调整空间和材料，帮助儿童顺利地从一种活动过渡至另一种活动，并尊重学习者之间的差异。后文特别收录"英语学习者教学策略：词汇和语音意识"提供了几种具体的策略，以适应特殊需要儿童的第二语言学习。

丰富语言的基本方法包括，支持前书写和早期书写，探索内容丰富的主题以及为特殊需要儿童调整方法，这些都与早期读写发展以及小学后的阅读成绩有着紧密联系（Roskos, Christie & Richgels, 2003）。需注意的是，游戏扮演着重要的角色（如将丰富的谈话、前书写和戏剧游戏等整合在单元中）。将读写和游戏相联系是一种有效的方法，这使得读写学习对幼儿不仅有意义，而且充满乐趣和动力。

特别收录

英语学习者教学策略：词汇和语音意识

年轻的英语学习者面临着一个艰巨的挑战：他们必须在发展第一语言的同时学习第二语言。最近，一项由教育科学研究所（Institute of Education Sciences）和美国教育部（U. S. Department of Education）赞助的针对英语学习儿童的研究报告指出，尽管缺乏严格的实验研究，但有充分的证据可以提供5种经过验证和实用的策略来提高英语学习儿童的早期读写能力（Gersten 等，2007：2）。这五种策略已被有效教育策略资料中心（What Works Clearinghouse）（Gersten 等，2007）分析和审查。

·使用语音处理、字母知识、单词和文本阅读等英语语言手段，对英语学习者进行形成性评估。

·为有阅读困难的英语学习者提供集中且密集的小组干预。

·全天提供高质量的词汇指导。

·提供课程和补充课程来调整核心阅读和数学系列课程，并为教师提供相关培训和专业发展。

·确保英语学习者的教师每周投入大约90分钟开展不同能力或不同英语水平学生结对完成学业任务的教学活动。

请注意，这些建议与本章所讨论的早期读写教学策略密切相关。

> 对英语学习儿童的指导和评估应该关注核心早期读写技能，如语音意识、字母知识、文字意识和词汇。除了本章建议的观点，是否有基于实证的建议帮助年幼的英语学习者发展这些关键的语言和阅读技能呢？

八　小结

第一，明确早期阅读教学的基本内容。早期阅读教学包括词汇阅读和阅读理解技能的教学。根据全美早期读写专家委员会（2008）的报告，这一层次的教学是由口语、词汇、语音意识、字母知识、文字规范和名字书写等领域的关键概念和技能来定义的。这些领域的过程和技能在前读写和早期读写发展中相互作用和相互依赖。

第二，描述早期阅读教学的方法和主要特点，包括教学组织、程序和活动。早期阅读教学开始于儿童早期发展阶段的后期，为小学阅读教学奠定基础。教学方法主要包括以下四种。（1）基础阅读法。这种方法按照既定的顺序使用书籍、材料和活动来教授和发展早期技能。（2）直接教学法。这种方法通过教师的示范和指导性实践，循序渐进地帮助儿童学习技能。（3）游戏法。这种方法通过成熟的假装游戏（社会戏剧游戏）让儿童参与游戏计划和支架式书写，从而发展字母发音规则。（4）发现法。这种方法通过基于问题的询问和（或）主题探索来建立早期的读写技能。

第三，描述教授前单词层级和意义层级阅读技能的有效技巧。有效的（和高效的）早期阅读教学以结构化技术的循证作为坚实的基础。所有的早期阅读教学方法都包括单词层级的教学技巧，这些技巧在语音意识、字母知识、初期解码技能和意义层级的技能方面提供了一定程度的指导，其重点关注词汇发展、听力理解以及对文学和信息型文本的回应。例如，大多数方法都让儿童参与字母活动，这类活动以一种有趣的方式教授儿童字母的名称和发音。教师通过阅读故事书来引导儿童学习书面语，学习如何利用故事和信息型书籍的内容表达意义（如提问和作答）。教师可以通过让儿童浏览和分享书籍，以及与书籍互动等方式来培养儿童的阅读习惯和将阅读当作一项愉快和有益的终身活动。

第四，解释早期阅读教学是综合性的语言和读写项目中不可或缺的组成部分。早期阅读教学促成了早期阅读概念和技巧的教学。它是综合性的语言和读写课程的组成部分，提供了许多机会进行丰富的教学对话，支持前书写以及整合学科内容单元和主题的多层次多模式经验，并为那些需要更多时间和练习才能在早期读写发展中取得进展的儿童做出调整。

第 八 章

教授早期书写

本章目标

（1）解释为什么早期书写（又称前书写）很重要。
（2）描述儿童书写发展的顺序。
（3）总结研究者关于儿童作为书写者发展的主要发现。
（4）描述教师用以支持儿童作为书写者发展的多种教学策略。
（5）描述教师为什么应该以及如何支持儿童书写技能的发展。

一　引言

　　卡罗尔三四岁的时候曾住在加利福尼亚州，而她亲爱的外婆则住在明尼苏达州。每当妈妈给外婆写信时，卡罗尔也会给外婆写信。妈妈总会在她写完信后问："你跟外婆说了什么呀？"然后，卡罗尔就挨个指着信纸上潦草的字迹，急切地把信上的内容告诉妈妈。妈妈在专心听完后总会问一句："你把想说的话都写上了吗？"随后，聪明的妈妈会往信封里塞一张小纸条，告诉外婆卡罗尔的去信内容大意。外婆给卡罗尔的回信总是在一两周内抵达。收到信后，卡罗尔和妈妈依偎在垫得又软又厚的绿沙发上，一遍遍地读着外婆的回信。等爸爸下班回到家，卡罗尔便迎上去说："外婆今天来信啦！"然后，她就会把外婆的信"读"给爸爸听。
　　我们在第四章中讨论了儿童书写指导，同时介绍了在幼儿班和幼儿园教室里非常重要的中心——书写中心，并提出应在教室的所有中心配备纸张和书写工具。因为儿童需要许多书写机会。本章描述的教学策略将探讨幼儿教师如何为年幼的儿童提供支持，使其能够将自己的想法用书写表达。

成人一直有在教授早期书写时为儿童提供纸张、书写工具以及支持的想法。十多年来，许多州的早期读写标准中均包含书写标准。一些州对其最年幼公民设定的标准包括：（1）结合使用绘画和书写来构成叙述、信息以及具有说服力的文本；（2）通过向成人口述分享故事；（3）用涂鸦和类似字母的形式来代表文字、传递思想或讲述故事。当前，正如第一章中所指出的，部分州采用了"共同核心国家标准"。"共同核心国家标准"针对幼儿园儿童应该知晓什么和能够做到什么设定了期望值，并设定了儿童书写发展相关的新知识。那些自定标准的州也为作为书写者的儿童设定了类似的期望值。儿童需要知道的内容应由幼教工作者教授。但是，尽管大量研究表明儿童参与有意义的早期书写体验十分重要，但并非所有幼儿教师都会为年幼的学习者提供这些重要体验。克里斯蒂娜·佩拉提（Christina Pelatti）、谢恩·皮斯塔（Shayne Piasta）、劳拉·杰斯和安·奥康纳尔（Ann O'Connell）发现，2至5岁的学前儿童平均每天用于书写的时间不到1分钟，而且这一分钟通常重点关注儿童的小肌肉运动技能或字母结构，而非意义的建构过程。每间早期教育教室都需要包含上述两种经验在内的更多经验。儿童需要通过各种机会，包括接触读写材料（教室环境中随处放置书写工具和纸张），与教师和同伴开展有意义的互动，在教师明确教学的引导下来进行书写学习。每种机会都能对儿童作为书写者的发展历程产生重大影响。

名词解释

重点课（Focus lesson）：通常在书写工作坊开始阶段的全班范围的书写课程。

互动式书写（Interactive writing）：是共享书写的一种延伸，师幼共用一支笔书写。

共享书写（Shared writing）：教师与全班、小组或个别儿童一起写下他们的口语故事。这些高度情境化的故事容易为儿童阅读。

书写工作坊（Writing workshop）：是指在重点课、书写时间以及小组分享时间内专为书写准备的时间，伴有与书写相关的明确的指导。

实践链接

搜索"共同核心国家标准"网站,学习幼儿园的书写期望。搜索你所在州的教育部门或早期学习办公室的网站,研究你所在州的幼儿园书写期望。比较你所在州的幼儿园书写期望与"共同核心国家标准"中的幼儿园书写期望。你能否看出这两套标准之间存在明确的联系?与同伴分享你的想法。

二 为什么早期书写很重要?

该领域的研究交替使用"早期书写"和"前书写"这两个术语。这两个术语均指儿童在纸(或墙壁、白板、人行道等)上做标记的技能,而且他们知道这些标记有一定的含义,进而逐渐理解书面语(拼写知识)是如何发挥作用的。根据全美早期读写专家委员会(2008)的研究,作为早期书写的最后一个组成部分,理解书面语如何发挥作用是儿童日后阅读成就的一个重要预测因素。具体而言,儿童对文字和字母(请参阅第七章有关名称和发音的内容)的理解是不断发展的。这种理解为儿童成为成功的读者奠定了基础。正如索尼娅·卡贝尔(Sonia Cabell)、劳拉·托尔托利(Laura Tortorelli)和霍普·格德(Hope Gerde)指出的(2013:651):"儿童通过书写尝试理解文字和发音是如何合二为一的。书写类似于一间实验室,即便是年龄很小的儿童也在主动创造和测试书写是如何起作用的。"

教育工作者和研究者通过研究儿童的假设,深入了解儿童对文字发展的理解。例如,3岁的本(Ben)被问到在写什么时,他回答说:"我的新猫咪!"后来,教师邀请本读一读自己写的内容。本指着一串单独的曲线标记读道:"小猫咪",然后又指着一处更大的曲线标记读道:"贝拉",继而补充说:"我的猫。"这表明,他对文字作用的假设可能是:因为小猫有很多,所以我需要写下很多标记。但是,猫妈妈只有一个,并且她更大,所以我需要写一个更大的标记。后来,随着本更加了解文字和发音如何相互映射(字母发音规则),他便可能用"KTZ"表示小猫咪,用"K"表示猫。3岁的本还没有破解字母的奥秘。

停下来思考

引导儿童书写的假设

4岁的小桂（Gui）正在写她的池塘日记。她用这本日记记录对池塘的理解。她在纸上写出一处短小的横向潦草记号，然后说："蝌蚪。"她又写出一处长长的竖向潦草记号，然后说："芦苇。那种植物对池塘很不好！"说说哪些假设可能引导小桂的书写活动？

实践链接

参观3至4岁儿童的幼儿班，坐到书写中心的孩子们中间。邀请孩子们将自己写的内容读给你听，记录他们写的和读的内容。这些孩子可能在检验什么假设？将你的发现与同伴的发现进行比较。

三 儿童的书写发展

从传统角度来看，研究者们用严格的标准来界定书写的开始。在儿童掌握正确的字母结构并且能够按照规范拼写单词之前，研究者认为他们并不是在从事书写活动。人们曾经认为儿童的早期书写尝试（胡写乱画或随意分组的字母）无关紧要且不合逻辑。

20世纪70年代，随着人们对前读写的兴趣增加，一些研究者开始关注儿童对阅读和书写的最初尝试（Clay，1975；Read，1971）。人们很快明白，这些早期的形式似乎具有目的性，并且受到规则的约束。如前文所述，研究者发现儿童在建构、检验和完善关于书面语的假设。研究开始揭示儿童书写的一般发展顺序：随着儿童年龄和阅历的增长，处于发展初期的阅读和书写形式逐渐变得更符合规范（Ferreiro & Teberosky，1982；Sulzby，Barnhart & Hieshima，1989）。

玛丽·克莱（Marie Clay，1975）、伊米莉亚·费列罗（Emilia Ferreiro）和安娜·泰贝洛斯基（Ana Teberosky）（1982）以及伊丽莎白·苏尔兹比（1985b，1990）的早期研究工作邀请2至5岁的学前儿童书写故事并读出所写的内容。基于此项研究结果，苏尔兹比（1990）提出七大类早期书写活动：绘画式书写、涂鸦式书写、类字母形式、非语音字母串、复制环境文字、发明拼写以及规范的书写（参见图8.1）。自从苏尔兹比开展早期研究工作以来，其他多位研究者也提出类似的观点帮助教师理解年幼书写者正在发展的书面语知识。因为没有证据表明哪种观点更好，所以我们选择使用苏尔兹比的分类法。

在绘画式书写阶段，当被要求书写时儿童往往会画画。对这一阶段的孩子来说，书写和绘画之间没有区别。过渡到涂鸦阶段（类似潦草书写内容的记号）的儿童有了重大发现，他们明白了书写不同于绘画。起初，他们的涂鸦可能毫无方向，随后，这些记号变得更加水平，并在页面上从左到右"移动"。一般情况下，处于上述两个阶段的儿童还不理解文字承载着信息。

接下来，他们用类字母的形式书写，也许还会用若干常规字母（通常是那些对他们十分重要的字母，比如儿童姓名中的字母）。在学习了更多字母后，儿童便会过渡到非语音字母串，即一串和字母发音不存在任何关系的字母（他们经常随机使用和重复使用自己姓名中的字母）。处于这两个阶段的儿童还不明白字母代表了语言的发音，但他们已经明白文字承载着信息。本书作者之一卡罗尔回忆起一个孩子，当时这个孩子拿着一页字母过来对她说："我要把自己写的东西念给你听。"卡罗尔认真地听着，孩子指着每一个字母，说出她创作的《三只小熊》故事中的单词。这页纸读到一半，孩子突然停下来说："哦，不好，我忘了两个字！"之后便匆忙离开，在纸上加了两个字母，然后又回来继续指着这些字母"读"，但卡罗尔没能觉察出孩子读到的词与写出来的字母之间有何联系。

在下一阶段，儿童开始把从口语词汇中听到的发音与自己写下的字母联系起来。凭借这些新发现的与声音和字母相关的知识，儿童开始使用发明式（或语音）拼写代表单词中最突出的发音。有时，这是一个在单词中占据主导地位的字母（如用"B"代表"baby"，用"K"代表"cat"），它往往是单词的首字母。一般情况下，在这一阶段，儿童还不清楚一个单词会在什么地方结束，另一个单词会在什么地方开始。因此，他们写出来的字母串之间没有空格，如"MDGF"等于"My dad goes fishing"（我爸爸去钓鱼）。

这些类别并未形成严格的发展层次。尽管从不甚成熟的形式到规范的形式之间存在普遍的变化，但是儿童在创作文本的过程中会反复游走于这些形式之间。此外，他们经常在一份书写品中运用多种不同书写方式的组合。图 8.1 中奎恩（Quinn）的书写内容反映了多种形式的混合体。也许他前两行类字母的单位指的是第一幅图，而两行涂鸦式书写指的是第二幅图。儿童似乎也会根据任务来调整自己的书写形式。学前儿童在书写单个单词时倾向于用发明拼写或规范的拼写方式。在书写较长文本时，他们常常切换到不甚成熟的形式，比如非语音字母串或涂鸦式书写，因为这么做省时省力（Sulzby & Teale，1991）。

(1) **绘画式书写**——图片代表书写。

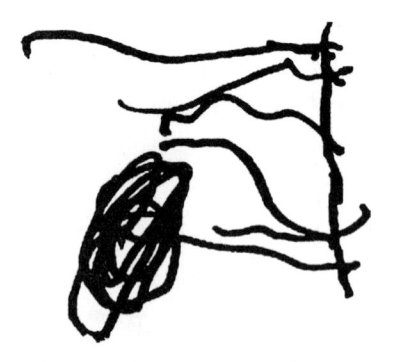

信息："我爱你。"（作者：伊万·格蕾丝）（Evan Grace）

(2) **涂鸦式书写**——连续线条代表书写。

(3) **类似字母的单位**——具有类似字母特征的一系列独立记号。这名孩子开始用类似字母的单位进行书写活动。在最后两行，他切换到了涂鸦式的书写方式。

信息："我先在餐馆吃了饭。然后，我去了一个地方拍照。"（作者：奎恩·皮特斯）（Quinn Peters）

（4）**非语音字母串**——无法显示字母与发音之间关系的字母串。

信息："这是万圣节舞会。"（作者：迦勒·艾伯森）（Caleb Albertson）

（5）**复制环境文字**——复制从环境中发现的文字。

信息："烹饪比赛开始后，烟……"（从一本书中复制的内容）（作者：迦勒·艾伯森）

(6) 发明拼写——使用字母与发音之间的关系拼写。

QUINN

I WTOMI DADN RK.

（这种方式可以是从每个单词中选用一个字母，也可以是用一个字母来代表每个单词中的若干发音。）

信息："我去过爸爸工作的地方。"（奎恩·皮特斯）

(7) 规范的拼写——大部分单词拼写无误。

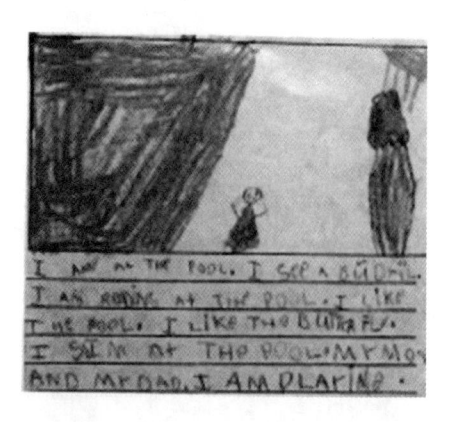

文本内容："我在水塘边。我看见一只蝴蝶。我正在水塘边读书。我喜欢这个水塘。我喜欢这只蝴蝶。我在水塘里游泳。我的妈妈和爸爸。我在做游戏。"（作者：伊万·格蕾丝）

图8.1　苏尔兹比的前书写类别

需谨记的是，教师不要对儿童的前书写能力抱有不切实际的期望。早期读者的相关案例研究（Baghban，1984；Bissex，1980）可能会让教师认为发明拼写常见于 4 至 5 岁的儿童。但纵向研究揭示，儿童的书写发展常常要慢得多，部分儿童直到幼儿园末才开始进行发明拼写活动，另一部分儿童直到小学一年级结束才会进行发明拼写活动（Sulzby & Teale，1991）。无论是早期拼写者，还是晚期拼写者都是正常的。本书作者卡罗尔最近参观了 4 至 5 岁儿童的课堂。她看到艾利克斯（Alex）在白板上写下 3 个潦草的记号，同时读道："Good morning, friends"；而索菲（Sophie）则写下了"Good morning, friends. Today we talk a Ion wok"。教师支持两位年幼书写者的尝试。

那么，学前儿童如何传递自己的意思呢？他们通过口语、书写、绘画的组合方式来传达想要表达的意思。

停下来思考

儿童用来建构文本的策略

听人说一种你不熟悉的语言，你是否能够说出每个单词在哪里开头？在哪里结束？如果你要试着写下来，你可能会用什么策略来造句？

四　研究如何诠释儿童的书写发展

儿童如何成为书写者？几十年来，不同的研究者对年幼书写者的生活和游戏展开了观察并报告了各自的发现。以下汇总了研究者的主要发现。

- 儿童首先通过真实的生活经历了解书写的用途。重读本章开头的短文。卡罗尔通过看母亲给外祖母写信而了解到写信。在日常家庭活动中，卡罗尔的母亲会写一些其他用途的文本，如购物单、提醒便条、电话留言和邀请函等。卡罗尔通过观察了解了书写的用途。她偶尔也会写自己的清单、笔记、便条和邀请函。简言之，儿童会关注成人所谓的"施教时刻"。
- 情境在决定儿童如何书写方面扮演着重要角色。凯润（Karena）和玛丽卡（Marika）在戏剧游戏区玩餐馆游戏。玛丽卡是服务员，手里拿着书写板。凯润读着菜单，指着菜单说她想要个汉堡。玛丽卡胡乱地写下一行字。然后，她冲厨师喊道："那位客人想要个汉堡，现在就要。"她把书写板上的字条撕下来扔到一边。传达这条信息的是她的口头语言，而不是纸上的记号。随后，在自由选择时间里，玛丽卡开始给妈妈写一张便条。凯润邀请她去玩换装游戏。教师准备了一本包含全班儿童姓名的"字典"。每一页都有一张同学的照片，下面是对应的本人姓名。玛丽卡对着"字典"抄写了凯润的名字。她询问道："'房子'这个词怎么写？"教师帮她逐步说出这个单词的发音。然后，玛利亚写下"HS"。她很是满意，因为妈妈会知道这是什么意思。她认真地将便条折好放进了书包。显然，这类书写是为了传达信息。请注意，情境是如何影响玛丽卡书写的。

- 儿童在能够创作出规范的书写形式之前便已经理解了书写的用途。书写形式是指字母结构、拼写等。卡罗尔用早期形式（线性涂鸦）写信告诉外祖母她在加利福尼亚曾做过什么。玛丽卡在游戏情境（线性涂鸦）中以早期形式书写，在书写中心以更高级的形式（发明拼写或语音拼写法）告诉母亲自己和凯润的换装游戏。从卡罗尔和玛丽卡的书写中可以看出，尽管她们还不能按照规范创作出书面语的形式，但是正在学习这种形式的功能。

- 成人在儿童作为书写者的发展过程中发挥着重要作用。儿童早期对文字的尝试是注意到他们口语中的牙牙语。一位母亲在认真聆听后，确信听到宝宝在说："妈妈。"教师经过认真观察，确信在一个孩子的类字母书写活动中看到了一个拼写形式正确的字母。当成人、母亲或教师对儿童的书写做出热情回应时，儿童也会给予热情的回应——不断地努力尝试。充满文字和语言的语境、成人的积极反应以及明确的读写指导，有助于塑造儿童的书写活动，使这些书写类似儿童生活中的书写。

- 儿童通过显性和隐性指导来学习书写。开篇的短文展示了卡罗尔如何通过观察母亲（隐性指导）学习传递书面信息。书写中心里，玛丽卡坐在老师身旁，让老师帮她把发音和正确符号一一匹配，通过这样的方式她学会了如何给母亲写便条（显性指导）。这两种指导方式均有必要，因为显性指导是教授书写技巧，而隐性指导是观察知识更丰富和从事书写活动的他者的具体做法。研究者（Bingham，Quinn & Gerde，2017）通过观察幼儿教师的课堂行为，发现他们的教学范围和重点存在局限性。盖瑞·宾汉（Gary Bingham）与同事（2017）的研究显示，教师更有可能关注儿童的手写和拼写技能，而不是他们的创作技能。

- 儿童需要更多的书写机会。优质的书写课程为儿童提供了许多独立书写的机会。在所有的教室区域（不仅是书写中心）配备书写工具（纸张和书写用笔），将为儿童提供使用知晓的书面语形式来创造信息的机会。

通过这些研究，我们建议，应在学前课堂中设计优质的书写课程。即便是年龄最小的儿童也喜欢写东西——不光写在纸上，还写在墙上和地板上。因此，幼儿教师必须为年幼的书写者提供各种书写材料，通过共享和互动式书写体验来示范书写，学习在正确的时间提出正确的问题，同时在正确的时间提供正确的指导，以此促进年幼书写者的发展。幼儿教师需要给儿童提供多样的创造文本的机会。

五 支持儿童作为书写者的发展

本节将描述一系列的活动，幼儿教师可以用它们来支持儿童作为书写者的发展。值得注意的是，这些活动除了包括教师提供给儿童的好玩的活动外，还包括在教室的各个区域放置书写纸和工具，以及在圆圈时间提供书写区（参见第四章）。

（一）共享书写

20世纪70年代开始流行的语言体验法（Allen，1976；Veatch, Sawicki, Elliot, Flake & Blakey，1979）提倡让儿童阅读由他们自己的口语编辑而成的文本。在共享书写中，教师与全班、小组或个别儿童一起学习。儿童先口述一则关于个人经历的故事，接着教师把它写下来。随后，教师将故事读给儿童听，再给他们自主读的机会。有时，儿童会举例解释自己口述的句子。近年来，这一策略被称作共享书写。这一策略是教师展示说、写、读三者之间关系的好方法，它可以帮助儿童意识到说过的话语可以用文字写下来，以及文字可以作为口语读出来。

基于文字和游戏的读写活动可以发挥其功能，与之类似的共享书写策略为儿童提供了广泛的学习机会。共享书写在最基本的层面上帮助儿童了解到书面语的用途与口语相同，都具有沟通的意义。对于其他儿童来说，这种策略能让教师明确地展示书面语的结构和规范。儿童观察教师按规范拼写单词，具体包括在单词之间空一格，用从左到右和从上往下的顺序书写，句子和名字以大写字母开始，句子以句号或其他标点符号结束等。这是向儿童展示书写活动如何发挥作用的理想方法。

共享书写还有一个优势，能让儿童更容易进行常规阅读和书写。教师通过担任抄写员消除了儿童书写创作上的障碍。儿童的创作仅受限于他们的经验背景和口语。当故事由儿童的口语组成，而且是基于他们的个人经验，阅读也变得更容易。这种与故事密切相关的联系让儿童很容易预测文中生词的确切含义。共享书写已经发展出了多种变体。接下来的章节将介绍4种尤其适合儿童使用的方法：共享图表、互动式书写、个人经历故事和班级报纸。

（二）共享图表

共享图表这一策略可以从具有某种共享经历的班级开始，如全班参加了农场、动物园、街对面超市的实地考察，一同观看了一场表演，班里的豚鼠生了宝宝，班级完成了一项特殊的烹饪活动或其他任务。无论什么事件，其经历应该由众多小组成员共享，这样，多名儿童可以共同创作出故事。

以下是一位教师如何让儿童参与集体故事书写的过程。

步骤1：先将儿童聚集在全班区域的地毯上，记录他们对一些经历的想法（以文字形式保存他们的回忆内容）。通常，教师在开始时要求："请告诉我你对……的回忆？"

步骤2：在儿童分享自己的回忆时，教师会用记号笔将他们说的话准确地记录在一大张图纸上。教师并不重新措辞或纠正，而是原本地记下儿童的言语。句子结构或句法由儿童掌握，但拼写则是正确的。

开展共享图表故事活动时，教师只从一小部分儿童的描述中提取句子。因为从所有儿童的描述中提取句子会让年幼的学习者坐得过久。如果一名儿童的话语含混不清，那教师可能不得不让他澄清观点，或者做一些细微修改，以便班上其余的儿童能理解这句话。当一名儿童用方言发言时，教师必须十分谨慎。如果教师将方言的说法换成所谓的标准英语，那么，儿童可能会认为教师拒绝了他的发言，进而导致他今后不再参与故事体验。在此情况下，教师最好接受他的发言，而不是做出改动。

教师在写图表故事时，可以将儿童的注意力吸引到各种关键的读写技能上。以下是一些技巧的实例。我们将这些技巧融入与儿童一同开展的共享书写图表制作活动中。

- "我要从这里开始写我们的第一个词。"（文字概念，表明书写从图表的左上角开始）

- "老师将从这里写到这里。"（文字概念，表明字母和单词的顺序是从左到右的）
- "所以，我们想写的句子是'我们去了邮局'。我会先写'我们'这个词。现在，我要写'去了'。看我在写'去了'之前做了什么（文字概念，移动记号笔空出一格）。大家看到了什么？老师刚才做了什么？"（文字概念，表明单词之间的空格）
- 在写单词之前稍作停顿，慢慢地说出单词"post"（邮局）后询问："大家有没有听到这个单词的开头发什么音？"在儿童分离出"/p/"音后，教师接着问："对应这个发音，老师应该写什么字母？"（字母知识，表明用一个字母表示一个发音）"看！老师写出了一个完整的句子。这句话里有几个单词？我们一起数一数。啊哈，有6个词！"（文字概念，句子是由单词组成）

步骤3：编完整个故事后（请记住，这个故事的长度可能仅有两句话），教师用手认真指着每个单词，将句子从头到尾重读一遍，同时强调从左到右和换行的顺序。然后，全班分组朗读故事（齐读练习）。儿童在齐读时，往往会跟着教师手指的单词逐词逐句地读。

步骤4：教师把故事挂到书写区域，悬挂的高度要足够低，以便让感兴趣的儿童可以模仿这则故事。由于教师把故事写在了图纸（小组故事时教师的首选媒介）上，且可以将故事存储在图表架上，儿童便可以定期复习故事。有时，教师会把每个孩子的句子重写在一张纸上，然后让当初说出这句话的孩子来举例说明自己的句子。然后，教师将这些书页整理成册，再补上有书名和作者姓名的扉页，将其放置在图书角。这些书在孩子们中间大受欢迎。其他时候，教师会通过影印或进行文字处理，为每个孩子单独复制一本故事。

特别收录"共享书写"中举例说明了幼儿教师丽萨·来莫斯在读完西姆斯·塔贝克（Simms Taback）的大书《有位老妇人吞下了一只苍蝇》（Scholastic，2000）后，带领年幼的学习者开展了共享书写活动。在本例中，共享书写的是一封团体信。其他一些幼儿教师会让儿童将注意力集中在书的封面上，要求他们预测故事可能与什么有关，以这种方式带领儿童开始阅读一本大书，最后记下儿童的预测结果。还有一些教师会在故事中的问题得到解决之前暂停，让儿童预测故事的结局。例如，在阅读朵琳·克罗宁的《咔哒咔哒，哞：会打字的牛》时，教师可能会在翻到最后一页前停下来，让儿童分享他们对结局的预测。

特别收录

共享书写

丽萨·来莫斯女士将共享阅读与共享书写活动联系起来。今天,她刚读完西姆斯·塔贝克的《有位老妇人吞下了一只苍蝇》这本大书,它是孩子们最喜欢的书之一。来莫斯决定将孩子们对这个故事的热情作为一种激励手段,创作一则群体体验故事——它会是一封团体信。她在刚上课时说:"也许今天我们可以给吞了苍蝇的老妇人写封信,谁愿意帮老师写这封信?"几乎所有孩子都举手大声说:"我!我!"来莫斯将信的开头写在一张图纸的顶端并读给孩子们听:"尊敬的老奶奶……",然后她说:"好吧,接下来大家想说点什么?"她询问黛莲娜(Dileanna),她说:"可别吃苍蝇了,也不要吃太多糖果。"来莫斯一边重复,一边写下黛莲娜的话。写完这些单词后,来莫斯又重读了一遍黛莲娜的那句话。然后继续询问:"为什么她不该吃太多糖果?"一个孩子回答:"因为这对我们不好!"来莫斯接着说:"我们还能说点什么?"基塞亚(Keetsia)说:"不要吃小动物。"来莫斯将这句话写下来,然后念给全班听。在来莫斯写"eat"(吃)的时候,努比亚(Nubia)喊道:"不是的,老师,'吃'是从't'开始写的!"来莫斯读出这个单词的发音(/- e-t/)后说:"是的,'吃'包含单词't',但它出现在这个单词的尾部。单词'吃'以'/- e/'音作为开头。那么,哪个字母发这个音呢?"有几个孩子回答"E"。接下来,大家继续说老妇人不该吃的东西:一头奶牛和一只蜘蛛。来莫斯问道:"我们还需要写其他内容吗?"几个孩子提到了健康食品。于是,来莫斯用"她应该吃健康食品"结束了这个故事。努比亚再次帮老师拼写,指出"health"(健康)一词的开头是"h"。然后,来莫斯重读了这则故事:

尊敬的老奶奶:

可别吃苍蝇了,也不要吃太多糖果。

不要吃小动物。

不要吃一头奶牛。

不要吃一只蜘蛛。

您应该吃健康食品。

来莫斯写道："来自你的朋友们"，最后又读给全班听。黛莲娜说："还要加上我们的名字，让她知道我们是谁。"来莫斯回答说："这个主意好。大家可以在中心时间过来写下自己的名字，这样老奶奶就知道是谁写的这封信。"来莫斯邀请孩子们"再读一遍我们的信"，然后结束了这次体验。活动进行到这里，孩子们已经明白书上说的是什么，而且还能和来莫斯一起流利地读出来。

第二天的全班集体时间，来莫斯可能会邀请一个孩子圈出大写字母"W"，在最长的句子下画一条线，给她名字中的一个字母加上方框或用红色圈出或将荧光笔带粘到表中所有发"/r/"的字母上（发该字母的音）等。此类活动是在有意义的背景下教授早期阅读技巧的绝佳方法。

在教师考虑为儿童提供何种类型的共享书写体验时，他们会记住"共同核心国家标准"中定义的三种文本类型：观点型、信息型（解释型）和叙述型。例如，教师可以考虑邀请儿童给中心主任写一封信，说明应改变他们午餐时间的原因（观点），写一篇有关他们正在学习的水生动物的报告（信息型/解释型），或复述一则他们听到的故事（叙述型）。对儿童而言，重要的是体验每种文本类型。

（三）互动式书写

共享书写图表策略的一种扩展形式是**互动式书写**。两者的显著不同之处在于，在互动式书写中，教师与儿童共享一支笔，邀请他们在图纸上写下一些字母和单词。后文是幼儿教师吉姆（Jim）与他幼儿园的孩子运用互动式书写和支架式书写的案例。

早上，吉姆来到学校，迫切地想告诉孩子们他的新船。吉姆说："大家猜猜老师这周末得到了什么？一条新船！老师想把它写下来，希望大家能帮帮我。大家能做到吗？相信大家能！这是我写的句子：我得到一条钓鱼用的新船。我们一起数一数我写的这句话里有多少个单词。"孩子们用手指着，大声地数数："1……2……3……4……5……6……7。"与此同时，吉姆则重复着这句话。接下来，吉姆说句子，同时用手指数数："我……得到……1 条……用来……钓鱼的……新……船。"最后，吉姆在孩子们面前的白板上画了 7 条线，代表每个单词。他一边画线，一边重复着这句话："我……得到……1 条……用来……钓鱼的……新……船。"他将横线清晰地展示出来，邀请孩子们逐一来到白板前，在他的句子里写上一个单词。

第一个孩子走近白板，写"I"（我），然后说"容易"。当这个孩子在白板上书写时，坐在地毯上的另一个孩子用一只手的食指在另一只手上写"I"。吉姆让另一个孩子走到白板前，他拖长"got"（得到）的发音，这个孩子在第二行写下了"gt"。他邀请第三个孩子写第 3 个单词"a"。第 4 个孩子走近白板，写下了"nu"。这一过程一直持续到最后一个孩子写出最后一个单词"fishing"（钓鱼）。（这个孩子知道如何写"ing"，因为在书写工作坊，一个孩子戴着的一顶王冠上写着"ing"。戴着王冠的孩子是"king"[国王]）。

吉姆问："那么，我们应该在这个句子后面用什么标点符号呢？"他从白板后面抽出三张小纸条。"让我们来试一试不同的标点符号。"他在句子末尾放了一张带问号的小纸条。"我们一起读一读这个最后带问号的句子。"吉姆和孩子们用问号的语调读了这个句子。吉姆问："是这个符号吗？"孩子们齐声回答："不是！"他拿掉了问号，然后把一张带有感叹号的小纸条放在句末。"我们一起来读一读这个结尾用感叹号的句子。"吉姆和孩子们一起用感叹号语调读了这句话。吉姆问："是这个符号吗？"孩子们不太确定地说"或许吧"。吉姆说："好吧，我们一起来读一读用句号结尾的这句话。"吉姆和孩子们用句号的语调读了这个句子。吉姆问："大家认为怎么样？"一个孩子回答说："它可以用句号或感叹号，你来决定！"

在上例中，吉姆用了 6 个步骤来造句。

步骤一，尽管在前文的描述中，教师在句子的选择过程中起到了核心作用，但教师和儿童一致同意用一个简短的句子。关键是句子要短。

步骤二，儿童掰着手指计算句子中单词的数量，每说出一个单词就竖起一根手指。

步骤三，教师计算这句话中有多少个单词，每说出一个单词就竖起一根手指。

步骤四，教师为每个单词画一条线，在画每条线的同时，重复说这句话中的每个单词。

步骤五，教师邀请一名儿童在图纸的第一行写下一个单词。在这名儿童将单词写在图纸上时，其余的儿童在自己的手上写这个单词。如果儿童需要帮助，教师会把单词发音拖长，让所有儿童能听到每一个发音。（其他一些教师会给每名儿童提供一块白板。一名儿童在图纸上写单词时，其余的儿童在白板上写同一个单词。）

步骤六，教师和儿童重复第5步，直到写出一整句话。

吉姆使用了由艾琳娜·柏卓娜（Elena Bodrova）和黛博拉·里昂（Deborah Leong）开发的互动式书写教学策略（2007）。柏卓娜和里昂称其为"支架式书写"。教师开始上课时，他们会给单词画线，在延长单词的发音上为儿童提供强有力的支持，帮助他们听清每个单词的发音，然后将单词写在横线上。在儿童变得相当熟练后，教师邀请他们画线，并在每条线上写一个单词。

后文特别收录"支架性的互动式书写"展示了幼儿教师凯茜·科波尔如何将支架性的互动式书写用作她前幼儿园课堂的第一次全班圆圈时间。

特别收录

支架性的互动式书写

凯茜·科波尔邀请孩子们阅读晨间信息开始当天的全班活动。今天，她在孩子们观看时写下了一条信息，她拖长了单词发音，这样孩子们就能在阅读她选择的信息时听到字母发音。

"今天我们要制作一条龙。"

她迅速写下单词，然后邀请孩子们一起阅读晨间信息。孩子们读得很快，因为其中的部分单词已经在昨天早晨的信息中用过了。只有单词"dragon"（龙）有挑战性。一名小读者沉思着喊道："龙！"孩子们快读到第四行时，有几个孩子猜想这个单词是"书"的意思。

科波尔问："为什么认为它是书？"

几个孩子回答说："因为它有4个字母。"他们重读了一遍句子，但没有人能想出另一个符合这句话的单词。

科波尔说："老师能不能给大家说说自己的想法？"她展示了一个龙面具，同时建议感兴趣的孩子可以在中心时间里制作面具。（教室里有若干名中国孩子，大家一直在参加与中国新年相关的活动。）

孩子们马上说："面具。"

科波尔问："你听到了多少个发音？我们的横线够用吗？第一个字母是什么？"

> 蕾拉（Layla）猜是"m"，科波尔让蕾拉拿笔在第一条横线上写"m"。
>
> 索菲（Sophie）猜下一个字母是"a"，然后拿起笔在第二条横线上写"a"。
>
> 艾利克斯（Alex）猜下一个字母是"s"，然后拿起笔在第三条横线上写"s"。
>
> 迈克尔（Michael）猜测最后一个字母是"c"。
>
> 科波尔问："另一个发这个音的字母是什么？"
>
> 迈克尔迅速回应"是k"。他拿起笔，费力地拼出字母"k"。科波尔教他如何书写母"k"。
>
> 在第一次全班活动时间结束时，科波尔解释了接下来的中心时间将会举行哪些活动。

（四）个人经历故事书写

在一场个人书写体验中，每个孩子单独与教师见面，讲述自己的故事。教师根据儿童的口述，写出句子或段落。因为这件故事作品不针对群体听众，因此可以基本保持儿童的语言不变。一旦完成听写，教师将文字内容重新读给儿童听。这种重读提供了一种流利的口语阅读模式，并给儿童提供了修改文本的机会（"有没有哪些话需要改变一下？"）。最后，由儿童读出文本。

教师可以采用各种媒材来记录个人书写，每种媒材均各具优点。横格书写纸让教师更容易示范整洁的书写和正确的字母结构。故事纸和无线绘图纸为儿童提供了为自己的作品绘制插图的机会。教师也可以使用教室里的电脑来编辑个人书写作品。儿童十分喜欢观看教师在电脑上键入他们的文本然后文字出现在显示器上的样子。文字处理程序让教师可以很容易地对儿童的作品做出任何改动。然后，教师可以将这些作品打印成册，做成看起来很专业的文本。

个人书写可以用来制作儿童创作的书。一种方法是将儿童的单词直接写到空白的书上。教师用建筑用厚纸或精装封面装订成空白书。一些教师将它们剪成与课堂学习主题相匹配的形状（如在学习天气时，教师会使用雨滴形的蓝色绘图纸和太阳形的黄色绘图纸）。一些教师用自己的智能手机给每位参与活动的儿童拍照。儿童可以从教师拍摄的照片中选择照片，把它们粘贴到自己的书上，并且在每一页上口述他们的评论。一个孩子编写的文本可以放在教室图书角供其他孩子阅读。这些书常常很受欢迎，因为孩子们喜欢阅读自己朋友写的内容。

个人经历故事拥有集体故事没有的几个重要优势。个人直接参与会让儿童对这些故事产生高度的阅读兴趣和动机。儿童的经历与文本之间存在完美的契合度，这让故事十分容易阅读。儿童也会对自己的故事产生一种主人翁感，同时开始认可自己的作者身份。

但是，这种策略存在一个缺陷，即一对一的听写需要教师付出大量时间。许多教师会邀请家长志愿者或年龄稍长的儿童帮忙，以此克服这一障碍。

（五）班级报纸

这一策略（Veatch，1986）始于口头分享，每个孩子讨论一些最近发生在他们身上的事件。例如，鲍比可能说："我们去了湖边，我看到一条大鱼在水里游。我试着逮住它，但我掉进了湖里，全身都湿透了。"五六个孩子分享了个人经历后，教师会挑选其他孩子感兴趣的一些事件放到班级报纸上。然后，教师将这些经历写到一张图纸上并注明日期。教师重新编排孩子们的发言内容，对其稍加润色，然后将其转换为第三人称。例如，鲍比的供稿可以编辑成以下内容："鲍比和家人去了湖边。他试图逮住一条大鱼，但自己却掉进了水里。他浑身都湿透了！"请注意，教师保留了鲍比的想法，但将文本内容转换成了报纸书写风格的第三人称叙事。

接下来，孩子们轮流阅读当天的新闻。教师可以将这些图表保存起来，到一周快结束时再拿出来复习。班级报纸不需要共享经历，相比团体故事体验更容易使用。这项技巧也可以让那些报告个人经历的儿童提升自我。因此，教师应该努力确保所有儿童都有机会在新闻中分享自己的故事。

班级报纸是一种很好的方式，它可以帮助儿童从使用第一人称叙事风格，转向许多杂志和成人编辑的儿童书籍中用到的第三人称叙事风格。报纸记录的一个典型变体是在每天结束时向儿童提问：你今天学了什么？教师将这些"重要学习内容"记录在案，并且邀请儿童选择明年还会记住的学习内容。然后，教师将选定的项目记录在专门的纸上，并将其放在教室的一个特定位置，或将单独的纸页收集成册放到图书中心进行展示。

停下来思考

支架性的互动式书写

卡贝尔、托尔托利和格德（2013）提醒教师，要利用他们对年幼学习者书写发展阶段或类别的理解来指导其书写教学决策。对儿童而言，在哪个阶段或书写类别中使用支架性的互动式书写最合适？为什么？

实践链接

在幼儿园做志愿者。评价儿童的书写阶段后，召集一小组儿童，使用前述 6 个步骤，针对性地开展一次支架性的互动式书写活动。

六 书写工作坊

唐纳德·格雷夫斯（Donald Graves，1983）在其著作《书写：师生工作》（*Writing: Teachers and Children at Work*）中首次描述了**书写工作坊**。该活动最初针对的是小学儿童和年龄稍大的儿童，幼儿教师对其进行调整并用到了自己的班级（如 King，2012）。凯利·金（Kelly King）提到，她在分享她幼儿班的孩子们参加书写工作坊时常常受到一种怀疑的反馈，甚至一些教育工作者似乎也不相信幼儿班的儿童有能力书写。当然，关键是了解每个年幼学习者的书写发展阶段（或类别）后给予指导，以此来支持每个儿童作者的发展。

书写工作坊通常包含如下几个组成部分。

· 重点课：用一节 5 分钟的短课教授儿童书写（如"我想在自己的书写上做出改变，这就是我将采用的做法"），讲授书写项目的过程（如"我们在朋友书写时帮助他们。我们会说，多给我讲讲你的狗吧，它是什么颜色？"），好的书写内容的特质（如"我可以通过添加颜色，黑色，来介绍有关我的狗的更多信息。所以我会写'我有一条黑狗'"），书写的动手操作特征（如"I"要大写），或者有关人们为什么要从事书写活动（如"我们需要列张清单"）。

·书写：在 10 至 15 分钟的时间内，儿童书写并与同伴和教师谈论他们的书写内容。教师在师幼会谈期间提供一对一的支持。

·小组分享：在 10 分钟内，一两名儿童为小组朗读他们的书写内容，并接受积极的反馈和与内容相关的提问。

幼儿教师如何使用书写工作坊的方法来帮助儿童作者成长？

（一）重点课

重点课是简短的课程，它明确教授儿童关于书写的某个方面。这些课程是教授书写各方面内容的一种有效方式，许多儿童在课上需要得到这方面的帮助。教师经常遇到的一个话题是，如何匹配字母发音与正确的字母符号？因为他们知道，儿童不会在上了一节课后便完全理解发音与符号之间的关系。教师将这节课的内容融入许多课程中，同时在与年幼作者谈论他们的书写时强化其理解。

从字母发音到字母符号的课程可能听起来像后文描述的场景。教师可能会选择这样的句子，比如"我去看了场电影"。重点课的对话可能会以下面这种方式开展。

教师：周末，我去看了一场精彩的电影。所以，我今天的句子会是"I went to a movie"（我去看了场电影）。我需要你们帮我写出这句话。第一个词是"I"。这是一个很简单的词，只包含一个字母，就是大写的"I"。第二个单词是"went"。[教师将单词发音拖长（如 w-e-n-t），然后让孩子们的注意力集中到每个字母的发音上。]

教师：什么字母发"/w/"音？

根据查尔斯·里德（Charles Read，1971）的研究，孩子们的答案很可能是"y"。教师接受了孩子们的答案，写上"y"；又询问关于字母群"/ent/"的发音，同时在"n"和"t"上加重音。写完两个单词（"I yn"）后，教师边读边指着每个单词读"I went"。

教师："To"和"a"是我们需要理解并记住的。有没有哪位小朋友记得"to"这个词怎么写？不是数字 2，是"to"这个词。

如果没人记得，教师就会边写边读"I went to a"。教师也可能会让儿童观看教室的词汇墙帮助写出这些单词。之所以这样做，是因为她想让孩子们在书写时使用教室里的资源。

教师：最后一个词是"movie"。

教师拖长单词的发音，这样孩子们便能听清发音。他们很可能会回答"m、v、e"。发音与字母名称相同的字母对儿童来说是最容易学习的。这个句子很可能会表述为"I ynt to a mve"。

教师：谢谢你们帮我写句子。我把它再读一遍："I went to a movie。"

这类从声音到符号的重点课可以融入大多数重点课中。每节以书写为目的的课程都可以为儿童提供额外的经验，让他们在字母的发音与对应的字母符号之间建立联系，如列一张清单、制作一个标志或广告、写一封信、做一张康复卡或一处提醒。重点课旨在示范书写以及作者为什么要书写。

停下来思考
教师使用发明拼写或语音拼写

园长或中心主任偶尔会担心幼儿教师使用发明拼写或语音拼写法来书写信息，他们会担心教师在为儿童示范错误的单词拼写。你将怎样向园长或主任（或家长）解释前文阐述的一些课程的合理性？

（二）书写时间

重点课之后便是儿童的书写时间。在儿童书写时，教师会与这些年幼的书写者当面讨论他们的书写内容。书写过程中的交谈机会是书写工作坊的重要组成部分。这种交谈涉及书写的内容和工作原理（通常是字母与发音之间的关系）。通过这种当面交谈，教师可以提供一对一的指导，在某位儿童需要的时间内提供正确帮助。这些会谈允许教师因材施教。当教师坐在一位正以绘画或涂鸦方式书写的儿童身旁时，她会为这名儿童写标签，或写下他说的关于图画或涂鸦的单词。当教师坐在一位正在用类字母形式和非语音字母串书写的儿童身旁时，她会询问这名儿童接下来想写什么单词、听到这个单词发什么音。教师支持这名儿童写出这些发音，有时还为其写单词。当教师坐在一位使用发明拼写方式书写的儿童身旁时，她会读出这些单词的发音，帮助这名儿童不仅听到初始发音或初始音和结尾音，还有完整的单词发音。如果儿童标记出了几个单词的发音但没有听出句子中的个别单词，教师会帮助他计算句子中单词的数量，然后在另一张纸上，按照这名儿童写的句子重写句子，但在单词之间加上空格。教师总是用鼓励的话语来祝贺儿童作者，如"你真是一个很棒的书写者！""你知道怎样……"。教师填空，同时说明这名儿童显示出了作为书写者的哪些能力。

（三）小组分享时间

工作坊的结束环节是小组分享时间。在小组分享环节，两名或三名儿童坐在作者椅子上逐个与班上其他作者分享自己的书写内容。一般情况下，其他儿童都聚集在进行分享的作者身边，专心听他读，准备发表评论或提问。下面是一个小组课堂分享实例。

德米特里（Demetri）：我喜欢你的故事。

教师：德米特里，当我们谈论自己如何喜欢一位作者的故事内容时，应该告诉他你喜欢他故事的哪部分内容。你能这样告诉亚伦（Aaron）吗？

德米特里：我真的很喜欢你想养条狗的那部分，因为我也想养狗。

亚伦：谢谢。

在这节课上，作者要求有3名儿童提问或发表评论。第一个回应是评价，另外两个回应必须是提问。教师利用这段时间来帮助儿童理解评论（陈述或句子）与问题之间有何区别。学习这种区别需要进行大量练习。

亚伦问路易莎（Luisa）一个问题。

路易莎：你是边画边写还是边写边画？

亚伦：我先画，然后才写。（亚伦叫了比尔。）

比尔：我知道怎么拼写，你知道吗？

亚伦不知道该如何回答比尔的问题。他写下一行与字母发音不相匹配的字母串。根据伊丽莎白·苏尔兹比对前书写的分类，亚伦的书写行为代表非语音字母串。

教师理解了他的困惑，过来帮忙。她问："比尔，你能帮我们在图表上写些词吗？"（比尔迫切想展示他知道什么）"请听亚伦的句子'I want to get a dog'（我想养条狗）。请你数一数亚伦说的话中包含多少个词。"教师说句子，边说边伸出一个手指。（孩子们答对了）"比尔说的是亚伦的第三个单词'to'。我们应该把它加到词汇墙上吗？如果需要把'to'写进句子，可以看看词汇墙。"（教师拿出一张3×5英寸的卡片，在卡片上写下"to"，然后庄重地把它加到教室的词汇墙上。）"亚伦和比尔，谢谢你们。

今天我们知道了亚伦希望得到的生日礼物，还有如何写'to'这个单词。还有谁想要分享呢？"

通过小组分享，儿童明白了书写应该与他人分享。作者书写是为了与读者交流自己的思想。他们还学到如何与他人分享（如大声朗读让他人听清，将自己书写的内容举起来让他人看到），学到提问和评论的区别以及如何向同伴提出有益的批评。教师将儿童的文本、问题和评论用作语境来教授书写的知识和技能。

实践链接

儿童不知如何向他人提供有益的反馈，教师需要教授这项技能。访问探险学习网（www.eleducation.org），观看视频《奥斯汀的蝴蝶：建立出色的学生工作——模式、批评与描述性反馈》（Austin's Butterfly: Building Excellence in Student Work—Models, Critique, Descriptive Feedback）。（进入探险学习网后直接点击资源，快速链接后点击视频，按 A 到 Z 的排序，滚动找到该视频。）你会了解幼儿园阶段的儿童学习如何提供优质反馈的重要性。你可能怎样支持儿童学习如何向同伴进行反馈？

有些教师带了一把独特的椅子进教室（凳子、摇椅、毛绒椅）作为作者的座椅。在儿童或教师面向小组朗读时，读者会坐在这张特殊的座椅上。

之前描述的书写工作坊与艾琳·菲尔德盖斯（Eileen Feldgus）和伊萨贝尔·卡东尼克（Isabell Cardonick）在其著作《儿童书写：自然拼读法、日记和书写工作坊的系统方法》（Kid Writing: A Systematic Approach to Phonics, Journals, and Writing Workshop）（1999）或凯利·金（2012）描述的书写工作坊没有区别。在前文的书写工作坊中，教师明确地教授音素分割、字母—发音联想、初始音知识等技能，所有这些活动均在儿童的有意义的书面信息背景下开展。

教师如何开始书写工作坊活动？凯瑟琳·布朗（Kathryn Brown, 2010）通过邀请儿童探索书籍在她的幼儿园班级里开展了书写工作坊。她让儿童思考自己在这些书中注意到了什么。他们注意到书有标题、作者、插图、页数、文字、图片等。布朗给儿童空白书，鼓励他们自主书写，并且确保将他们注意到的书的所有元素都写进去。后来，她开设了一些简短的课程，并在年幼作者书写时与他们交流。在完成书本创作后，儿童在作者椅上分享自己的书。这样一来，布朗的幼儿园教室便涌现出了许多作者，即年幼的书写者。凯利·金（2012）在她的前幼儿园教室里开展了书写工作坊，邀请年幼的作者每天写一页日记。她开设的重点课课时有限，因为她不希望自己的书写工作坊仅专注于技能和规范，她想让儿童自由地书写。她课上的书写工作坊时间被称为日记时间，因为儿童在教师创造的日记上书写，每天持续20分钟。她每周在儿童的活动时间（而不是在他们的书写工作坊时间）举行一次会谈。之所以对日常的书写工作坊做了这样的调整，是因为她发现许多儿童在书写工作坊中需要得到她的支持，她需要在儿童中间自由地移动。金的分享时间在结构上与前述内容类似。阿曼达·范内斯（Van Ness, Murnen & Bertelsen, 2013）的书写计划更简单，她让班上的孩子们相信他们自己能够书写。首先，她教孩子们如何书写和使用"I"（我），她以"I"为示范造句（如我打网球、我是你的老师），教他们如何写"I"并思考包含"I"的句子。在让孩子们相信自己可以书写后，她编制了课程计划，安排好书写时间，然后帮助他们发表书写作品。

教师应该提供机会，让年幼的学习者体验书写不同的文本类型。例如，在学习园艺时，教师利（Leigh）给三四岁的孩子读格伦达·米勒德（Glenda Millard）的《伊莎贝拉的花园》（*Isabella's Garden*）。读完故事后，她要求每个孩子找一个同伴，分享自己学到的有关植物的一个事实。然后，孩子们编辑整理自己有关花园的事实日记，针对学到了什么画出具体的插图，然后将事实写下来。利在教室里来回走动，给孩子们的画贴标签，或者记录下需要帮助的孩子的口述内容。苏尔兹比提出的每一种前书写类型都在课堂上得到了证明（1990）。这些年幼作者在教师的支持下，使用绘画、口述和书写的组合方式来书写提供有用信息的文本。这恰好与"共同核心标准"建议的适合年幼学习者的方法类似。

实践链接

登录火箭阅读（Reading Rocket's）网，点击查看"书写：前幼儿园"

（Writing：Pre-K），你会发现前幼儿园儿童的书写样本。下载你最喜欢的书写内容，比较你选择的作品与同伴选择的作品，说说这两份作品证明了儿童哪些书写技巧？

他人的书写示范对建立儿童独立的书写非常重要。示范可以是你写的内容、另一名儿童写的内容、一本儿童读物或是一张海报。教师可能会提供哪些示范给那些书写出你最喜欢作品的儿童？

（四）发表儿童的书写作品

发表儿童的作品就是用他们的书面文本做一些特别的事。发表就是将书写的内容公开展示。儿童书写作品的发表方式多种多样。

·要求每个孩子携带一个 8×11 英寸的透明塑料画框到学校。（当然，如果家长无法提供，教师便要为这些孩子购买画框。）教师将孩子们选择的作品逐个装裱到他们带来的画框里，再把这些画框挂在教室后墙的"名人墙"上。

·在教室内穿一根晾衣绳，用晾衣夹把孩子们的作品挂到晾衣绳上。

·在几张纸的左上角打一个洞。所有纸张可以选用工程用纸。如果没有此类材料，请在纸面顶部和底部加上一张彩色工程用纸或海报板作为书的封面。用绳、线、金属环穿过小洞，将书页装订在一起。

·让每个孩子带一件浅色 T 恤到学校。（同样，教师要为那些家长无法提供的孩子提供 T 恤。）邀请孩子用洗衣笔和记号笔在他们的 T 恤上写下自己的故事并画上插图。

·购买一本带有大号贴纸塑料套封的便宜相册。（这些材料可以在折扣店找到，跳蚤市场和车库市场偶尔有售。）把每个孩子写的一页纸放进塑料封。同样的相册可以反复使用，因为一篇文章可以替换成另一篇文章。有时，所有的孩子可能书写同一个主题，而且可能会写一本关于这个主题的班级书（如苹果园实地考察游）。将这些特殊的书保存好，供孩子们反复阅读。

·开展特殊体验活动时，教师应该给孩子们拍照。将图片粘在彩色工程用纸上，让每个孩子选一张照片。请他们针对选好的照片在白纸上写一段话。将白纸剪成一个有趣的形状，然后贴在照片下面的工程用纸上。把每一页纸用螺旋装订器钉在一起。（教师会希望将孩子符合规范的拼写版本与他们的个人手稿一起打印出来装订好。确保包含两个版本的书写内容。如果不包括孩子们的手稿，那么年幼的作者往往认不出书写内容并且无法阅读这些文字内容。）

· 用明亮的纸或织物覆盖到一个布告板上。用大的镂空字母，在布告板上贴上"年轻作者"或"101房间作者"之类的标签。用纱线或毡尖记号笔将布告板均匀地分成矩形，给班里的每个孩子一个位置。在每个部分贴上孩子的姓名。鼓励孩子们每周在自己的专栏位置写一些内容。教师可以用钉书钉或图钉将书写内容固定下来。

以上只是儿童书写作品发表方式中的一小部分。我们反复强调的是，发表儿童的作品意味着将他们的作品公开展示。要注意的是，尽管有时儿童愿意在自己的文本中添加一些内容，但是从发展的角度来说，要求他们修改或誊抄自己的书写内容是不恰当的。大多数儿童的注意力持续时间和兴趣还不足以让他们修改或抄写文本。

如果儿童书写的内容是个人手稿——也就是说，如果它是一种前书写形式，需要通过儿童阅读来建构意义，那么，教师可能会选择在儿童的个人手稿版本中加入符合规范的拼写版本。正如前文所述，重要的是在儿童的个人手稿页面上加入符合规范的拼写版本，这样可以保留儿童对作品的所有权。

七　手写

截至目前，我们关注的是为儿童提供书写机会。那手写是怎样的呢？当前的文献强调了手写的重要性。劳拉·代恩哈特（Laura Dinehart, 2015：98）研究了相关文献，确定了两个有益的原因，说明教师为什么应该帮助儿童做好"手写准备"。首先，幼年时期用手书写似乎有助于儿童阅读技能的发展。研究者利用功能性磁共振成像技术发现，儿童用铅笔、钢笔或魔术记号笔书写字母的活动会激活他们大脑中与阅读相关的区域。其次，儿童的小肌肉运动技能是儿童在幼儿园留园率（kindergarten retention）和日后学术成功的重要预测因素。

正确地书写字母需要儿童具备一些灵巧的手部和小肌肉运动技能。大多数儿童的这些技能正处于发展之中。教师应该给儿童提供大量机会来参与活动，比如拼图、缝纫卡片、桌游、裁剪、绘画，帮助他们培养灵巧度。教师还应该为儿童准备适合的字母模型以供参照。这意味着教师在为儿童书写或陪伴他们书写时，应该正确地写出大写字母和小写字母；教师还应该在书写中心的视线水平处设立一个大写字母和小写字母表供儿童使用。但是在学前阶段，参与灵巧活动的机会通常很有限。儿童还需要学习如何正确组合出字母表中的字母，对此，教师需要提供明确的手写指导。

尽管研究印证了手写和儿童学术成就之间存在重要联系，但指导幼儿教师书写教学的研究却少之又少。人们的共识是，教师应该为年幼的学习者提供一种平衡的方法——明确的教学指导加上大量的机会，让儿童在一日活动中接触纸张和书写工具（如铅笔、钢笔、魔术记号笔）。这也是我们推荐的一种方法。

因为儿童姓名中的字母对他们来说至关重要，教师要为儿童提供很多实际的理由来书写自己的名字。例如，每天早上签到是书写自己名字的理由。一个有效的策略是在年初将每个儿童的名字写在一张纸的顶部。（对于3岁的儿童，教师要把他们的照片贴在卡片上几个月，帮助他们建立对自己姓名的认知度。）将纸铺在一两张桌子上。儿童的首项任务是找到写有自己姓名的纸，然后将自己的姓名写到范例下方。（3岁儿童在年初可能只会写自己姓名的首字母，而且字迹可能难以辨认。）教师可以在当年晚些时候在桌子上放一些加印时间戳的空白纸。儿童写下自己的名字并在纸上加盖日期。一张纸可以用一周。在这一背景环境中，教师可在儿童书写时为他们提供全年一对一的字母结构辅导。教师可以把样本页保存下来，作为儿童在这数月之间手写成长的记录。

儿童书写自己的姓名以及对同伴姓名的关注可以分散到一整天的活动中。儿童可以在中心外张贴的图表上报名参加流行的中心的活动。准备转移到另一个中心的儿童可以负责提醒列表上的下一名儿童中心的可用空间。同样，儿童也可以报名成为下一个在户外游戏时使用三轮车的人。诸如此类的活动为学习书写字母提供了有意义的理由，也为教师提供了机会，以此支持儿童练习书写对其十分重要的字母。

为儿童提供明确的手写指导不仅是教他们正确的字母结构，还包括帮助儿童学习正确使用握笔器，用他们不握笔的手固定纸张，以及将纸张放到合适的位置（右利手儿童可将纸张稍微向左倾斜，左利手儿童可将纸张稍微向右倾斜）。儿童通常仍在形成左、右手偏好。大多数儿童在4岁前的某个时期会发展出对左（右）手的明确偏好。如果不确定儿童的选择，教师可以让儿童扔球、用剪刀剪纸、画画、串珠子、握铅笔或蜡笔。这些活动会提供有关儿童用手偏好的线索。有时这些观察结果会提供矛盾的信息。本书作者之一卡罗尔用左手书写、画画，用右手打网球、刷墙。幸运的是，她的老师允许她自行选择用哪只手书写。教师如果不知道如何教儿童正确的握笔姿势，可上网找到许多巧妙的建议。

许多早期教育中心设有针对教师实施手写指导的引导性课程。一些中心为幼儿园阶段的儿童设立了一门流行课程，即快乐手写（Handwriting Without Tears）（Olsen & Knapton，2008）。（该课程网站 www. lwtears.com 显示，每年有超过 300 万儿童受益于这门课程。）这门课程包含多种教学工具（如字母结构歌，制作大写字母的木片、石板和粉笔），供教师向儿童介绍字母和字母结构。教师指导提供了教师用语说明，以此来帮助儿童学习如何正确地写出字母。例如，要写出字母"B"，教师会说："从最上面开始，宽线向下，拐个小弯，再拐个小弯。"

实践链接

一些没有或几乎没有书写工具使用经历的儿童会参加儿童保育和教育课程。教师需要教授他们一些十分基础的书写技能，包括如何正确握铅笔、蜡笔和记号笔。（文献表明，儿童应该在 3 岁左右开始接受这种指导。）在搜索引擎中输入"教授幼儿正确的握笔姿势"，说说哪一种握笔教学法让你有共鸣？为什么？

如果你是右利手，请将你的纸稍微向右倾斜。如果你是左利手，请将你的纸稍微向左倾斜。这其中，你的手位和书写方式发生了什么变化？

参观前幼儿园教室，准备一份有关这个班如何教授手写的描述。比较你的描述与同伴的描述，说说能得出什么结论？

八 小结

本章重点帮助理解年幼儿童作为书写者的发展过程，以及教师如何通过明确的读写指导来帮助儿童实现成长。

第一，解释为什么早期书写（又称前书写）很重要。早期书写十分重要，因为书写尝试促进儿童理解文字和发音如何共同发挥作用。正是这一早期书写的最后一个组成部分，成为儿童日后阅读成就的一项最佳预测因素。具体而言，儿童对文字和字母表（名称和发音）的理解不断发展。这一理解为儿童成为成功的读者打下了基础。

第二，描述儿童书写发展的顺序。研究确立了儿童在书写发展过程中的 7 种书写方式，即从绘画式书写到涂鸦式书写、类字母形式、非语音字母串、复制环境文字、发明拼写，再到规范的拼写。教师应该将所有的书写类型视为合理的形式。

第三，总结研究者关于儿童作为书写者发展的主要发现。数十年来，研究者一直在关注儿童如何成为书写者。他们的研究成果为教师提供了以下方面的信息：（1）儿童如何以及何时了解书写的用途；（2）情境在决定儿童的书写方式上的重要性；（3）成人在儿童作为书写者发展过程中发挥着重要作用；（4）儿童需要显性和隐性的指导；（5）儿童需要大量的书写机会。

第四，描述教师用以支持儿童作为书写者发展的多种教学策略。有几种适合课堂使用的书写指导策略，包括共享书写、互动式书写、个人经历故事书写、班级报纸和书写工作坊。由于书写的用途是让人阅读，因此儿童应该彼此分享书写内容。儿童的书写作品易于发表且方式多样。

第五，描述教师为什么应该以及如何支持儿童书写技能的发展。当前的研究文献已经确定教师为什么应该帮助儿童发展书写技能的两个原因。首先，幼年时期用手书写似乎有助于儿童阅读技能的发展。其次，儿童的小肌肉运动技能是儿童在幼儿园留园率和日后学术成功的重要预测因素。教师应该为年幼的学习者提供一种明确的手写指导，还要结合大量的机会，让儿童在一日活动中接触纸张和书写工具。教师应该为儿童提供经验，培养他们的小肌肉运动技能和字母组合技能，促进他们进行建构意义的书写。

第 九 章

评估早期读写学习的基础

本章目标

(1) 讨论评估活动中早期学习标准的作用。
(2) 定义评估体系的概念。
(3) 确定早期读写评估的原则、类型和特征。
(4) 举例描述评估模型。
(5) 讨论评估信息的主要用途。

一 引言

萨恩斯（Saenz）女士正看着 4 岁的马丁（Martine）和莫妮卡（Monique）一起在邮政中心玩。她记下两个孩子之间发生的趣事，为自己的教学提供信息。两个孩子在扮演邮递员，正忙着把信件分类放进邮件分拣机里（邮件分拣机是一个塑料办公分拣机，分为 24 个槽，每个槽上都粘有字母）。萨恩斯看着孩子们把信件放入槽中，其间她注意到马丁先识别信封上每个名字的首字母，然后把信件与标记有对应字母的分拣槽配对，完成了任务。她也注意到莫妮卡直接把信件塞进分拣槽，根本不在乎信封上的名字。过了一小会儿，马丁叫住了莫妮卡。

马丁：莫妮卡，你弄错了，要看名字的。看到这个大写字母没？它意味着要把信件放进这个邮箱。

莫妮卡：它念什么？

马丁：它念"B"。我觉得这是给鲍比的信。看到没？（把信件塞进 B 信箱）

莫妮卡：我来吧。（伸手拿过另一封信）它念什么？

马丁：它念"R"。

莫妮卡：（想了一会儿，接着开始唱字母歌，边唱边把手放在每个字母上。）

马丁：唱歌有用……对吧？

名词解释

问责（Accountability）：教师、学校或机构需要对儿童的学习负责。

评估（Assessment）：教师收集关于儿童学习的信息。

基准（Benchmark）：描述特定时间点进展情况的参照。

标准参照测验（Criterion-referenced test）：比较学生对所学特定内容掌握程度的测验。其成绩标准参照一些标准水平，比如合格分数线（如 60 分意味着掌握）。

双语学习者：同时学习英语和第二语言的儿童。

形成性评价（Formative assessment）：一种依靠定期收集儿童的作业（work）来说明儿童的知识水平和学习情况的评估形式。儿童在参与日常课堂活动的过程中创造出了这些作品，他们在接受评估的同时也在不断学习。

元认知（Metacognition）：表现出对自身思想的认识。

常模参照测验：一种比较两组学生的测验。

成果（Outcomes）：儿童应该知道和能够做到的。

发展模式（Pattern of development）：重要过程和技能的组织和方向。

档案袋（Portfolio）：学生作业的集合。

档案袋评估系统（Portfolio assessment system）：评估一段时间内不同类型的学生作业来给学生的进步情况打分的一种体系。

信度（Reliability）：指数据的一致性。如果一位儿童连续几天参加同样的测验，那么他的成绩应该相似。

标准化测验（Standardized test）：教师将说明材料逐字读给学生听。无论何时举行测验，这些条件和说明内容都应一模一样。标准化测验是按需测验的一种形式。

总结性评价（Summative assessment）：在为测验留出的特定时间内实

施的一种评估。多数情况下，教师会在教学活动完全结束后实施这一评估。

效度（Validity）：指一个评估能够测量到想要测量的特征。

二　早期学习标准的作用

评估是反映儿童的知识和能力水平的一种手段。它是早期教育的核心要素，高效的教师会特意参与评估活动，从而促进儿童的学习和成长。幸运的是，幼儿教师拥有一些触手可及的专业资源，它们描述了幼儿早期读写评估中有关语言和早期读写的内容。全美州长协会和校长委员会（the Council of Chief School Officers）这两大全国性组织在2010年春天联合发布了一份从幼儿园开始实施的英语语言艺术和数学标准（National Governors Association Center for Best Practices, Council of Chief State School Officers Title; Common Core State Standards, 2010），它们被称作"共同核心标准"。

全国各类专业组织也确定了幼儿早期的学习成果或期望值。例如，联邦开端计划已制定出一套儿童成果框架。它包含两个语言发展类别：一是倾听和理解，二是说和沟通。它针对的是语音意识、书本知识与鉴赏、文字意识与概念、早期书写、字母知识等关键的早期读写领域（U. S. Department of Health and Human Services, Administration for Children and Families Office of Head Start）。

早期教育领域曾在儿童标准的适宜性以及语言与早期读写**成果**方面存在巨大分歧。这一分歧的核心主要包含两类担忧：一是教育工作者和家长担心这些标准可能导致以内容为导向的技能化课程会取代以儿童为中心的传统游戏化课程；二是担心**问责**会给以满足儿童个人需求为目的的基于课堂的评估方式蒙上一层阴影。所有幼教工作者务必提高警惕，确保这些担忧不会成为现实。

由于对儿童存有共同的期盼，如今大多数教育工作者都认识到这些框架的重要性。也就是说，联邦和州各团体中的教育工作者已对儿童的语言和读写学习的重要价值达成一致。此外，如前所述，所有教育工作者一致同意对照这些标准或成果来评估儿童的进步情况。这些标准和成果不仅引导教师对儿童的进步情况做出评估，还引导教师的教学内容。它们向教师表明了公众、家长、学区、捐资机构期望教师教授的内容和期望儿童学习的内容（Bowman，2006，引自 Gewertz，2010）。

实践链接

上网搜索你所在州的幼儿早期学习标准，回顾涉及语言和读写的标准，将该网站加入书签。搜索邻州针对同一年龄段儿童的类似标准，将该网站加入书签。比较两州的语言和早期读写标准。两州有哪些相同标准，有哪些不同标准？两州的标准与其他标准相比结果如何？这些不同的标准是如何组织的？哪一套标准对教师更为友好？与同伴分享你的分析结果。

三 评估体系

评估是收集证据并证明儿童力所能及和力所不及的过程。有时，这一证据用于帮助儿童学习更多知识；有时，它用于评估和报告涉及期望值的儿童学业掌握程度。将评估视作一个多种措施和方法的协调集合或一套评估体系是非常实用的。一套评估体系是一组相互关联的部分，它们共同为教学发挥作用。为了真正为早期读写教学提供信息，我们需要将评估视为一套为教育工作者提供有关儿童语言和前读写能力的有效和可信信息的体系。评估体系可以让教师了解儿童目前的成绩水平，跟踪他们的进步情况，并且检测课程中的语言和早期读写课程。图 9.1 说明了评估体系的重要组成部分，它们共同发挥作用，提供针对儿童口语和早期读写学习的综

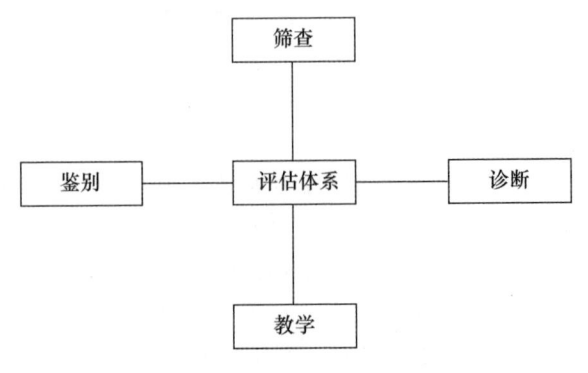

图 9.1 评估体系的组成部分

合观点。

一般而言，评估体系用于以下目的。

筛查　旨在发现语言和早期读写发展过程中可能存在的潜在问题。筛查评估往往十分迅速且易于管理。它可以识别出那些有可能需要接受进一步评估的儿童。筛查是一项重要的评估活动，因为它可以及早识别和注意到新出现的问题。

教学　提供有关儿童在特定时间点的知识内容和能力水平的信息，引导学习的"下一步"内容，并且提供目标儿童进步情况的反馈。支持教学的评估是一个连续的过程，直接关系到语言和读写课程。

诊断　是针对早期读写发展和（或）学习的综合性评估。它旨在识别出具体的学习困难和迟缓、残障以及特定技能缺陷，也旨在评估额外的支持服务（如说话和语言能力）、婴幼儿早期干预和特殊教育的适当性。诊断评估常常由受过语言和（或）读写训练的专业人士来开展，它需要使用专门的口头语言和早期读写测验。

鉴别　适用于课程层面的成果，它注重儿童的团体成绩，关注"语言和早期读写课程是否有助于幼儿成长和成为说话者、倾听者、读者和书写者"。鉴别评估通常应外部机构的要求开展，并被政策制定者用于制定与资金、课程支持以及需求相关的决策。

四　早期读写评估的注意事项

早期读写评估是早期教育领域中相对较新的理念，因此需要一些特殊考量。在对其基础展开更为深入的讨论前，我们应记住一些注意事项（或警示）。

首先，正如本书所讨论的，早期读写研究文献表明，5岁以下幼儿的特定技能与能力可以预测他们今后的阅读成绩。在幼年阶段，儿童的口语理解能力和前读写技能存在大量重叠。因此，早期读写评估需要反映出这一重叠。早期读写评估的基础包含以下多项关键预测能力和技术。

・**口语**能力体现在听力理解中，即语义（词义、词汇量）、句法（语法）、推理、记忆（回忆）以及思想整合。

・字母名称和发音等**字母编码**（alphabetic code）知识以及快速检索这些知识的能力。

・与文字功能有关的**文字知识（概念）**以及理解口语词汇与文字之间的匹配关系。

其次，幼儿在评估过程中面临复杂的挑战，因此需要制定灵活的步骤来收集准确且有意义的评估信息。教育工作者需要考虑疲劳、饥饿、疾病、气质等个人变量，以及有可能影响到个人成绩的时间和环境（如较嘈杂的环境与较安静的环境）等变量。要预备好对评估活动做出修改或重新安排，以此来确保得到优质的评估信息。

最后，早期读写评估工具和步骤的效果参差不齐。幼儿以行动为导向，通过行为来展示他们最了解的内容。早期读写评估方法应酌情包括观察熟悉环境（如游戏环境）中以及熟悉人员陪伴下的儿童的表现，以此来评估他们的知识和技能。例如，维果茨基（1978：102）认为，在成熟游戏中的儿童要比他们自身"高出一头"，这样可以发挥出他们知识和技能的上限。因此，积极的游戏是观察儿童口语理解力和前读写技能的主要环境。同样需要注意的是，更多的评估并不意味着更好的评估。最理想的评估方式是确定一套恰当的工具和步骤，以此来收集与早期读写学习经验密切相关的教学决策信息。

五　早期读写评估的原则、类型和特征

（一）原则

早期读写评估的主要目标是收集儿童学习的证据，为教育决策提供信息，确保儿童的读写健康发展。帮助儿童打下读写基础的努力取决于决策质量，而决策反过来又依靠收集的评估信息的质量。瑞克·思迪金斯（Rick Stiggins，2017）针对合理的评估实践给出了若干原则。

・明确评估目的，平衡评估在服务使用者中的用途。换言之，差异化的评估不仅能提高儿童的学习水平，还能提升他们的幸福感。

・确立清晰的学习目标，精准聚焦儿童需要知道和能够做的事情，也就是推动个人成就的高度优先的个人期望。

・施行适龄、高效、合乎标准且尽可能减少偏见的优质评估。

・针对结果开展有效的沟通，可以即刻提供关于儿童成绩的实用信息。新技术提供多种创新方式，通过移动设备和仪表盘共享评估信息，让教育工作者和家庭更易获取、理解和使用这些评估信息。

·强大的个人动机链接，可帮助儿童为成功而奋斗，建立信心，保持努力并激发想象力。

（二）评估类型

形成性评价和**总结性评价**这两大评估方法被用于测量幼儿是否达到语言和早期读写标准中描述的年终期望。形成性评价是教学过程不可分割的组成部分，而总结性评价是在教学结束后的某个时间点来测量成绩。

（三）评估特征

1. 形成性评价

以下特征使形成性评价有别于总结性评价。

·形成性评价是一台"差距仪"，可以确定儿童个体当前的语言和读写技能与年终预期水平之间存在的差异。它描述了儿童当前的水平和可以达到的能力之间的距离。

·形成性评价产生反馈循环，提供有关教学有效性的信息。教师提出"这种教学方式是否在推动儿童的知识和能力朝着预期方向发展？""它起作用了吗？"之类的问题。

·形成性评价帮助儿童根据期望的目标来自我监督学习状况。儿童（在接受教师帮助的过程中）越发意识到成功的标准，他会询问："我现在做得怎么样？"教师将定期的自我评估纳入早期读写教学过程，以此帮助儿童学会如何设定目标、如何开展自我评估以及如何对自己负责。

·形成性评价促进儿童的语言和读写技能朝着预期成果稳步前进。例如，5岁的亨特（Hunter）常常跳过细节，于是埃文斯（Evans）小姐让他讲出自己最喜欢的书《海星》（*Starfish*）中的几页内容（Hurd，2000）。教师在这一过程中引导并且分步支持亨特逐步达到听力理解的标准：通过提示和支持，询问和回答文本中关键细节的问题。

形成性评价通常依靠儿童作业中的实例作为其知识和能力水平的证据。这些作业具有指导和评估的双重用途。相较于成绩的单一简要说明，这些实例具有一些优势，即儿童用在作业上的时间可能不同，教师可以现场分析每位儿童的表现并给出反馈信息；教师可以借此确定儿童的下一项学习目标，从而达到期望标准。

2. 总结性评价

教师使用（或经常需要使用）总结性评价（有时也称按需评估）来鉴别儿童的读写成绩（Johnston & Costello，2005）。可以把总结性评价想象成一次年度体检。大家都需要停下手头正忙的工作去接受一次正式的身体健康检查。总结性评价通常按照特定的时间间隔举行，比如一年一次或每季度一次。例如，学区内所有幼儿园的孩子会在周二参加一场纸笔测验。孩子们必须听几段由两三句话组成的短篇故事，然后按要求在每张最匹配故事的图片上打"×"，并圈出教师大声读出的字母。他们可能需要聆听教师大声的发音（如"b"），然后圈出发这个音的字母。总结性评价也可能涉及儿童完成任务的表现。例如，教师可能会读一小段故事，然后向一个孩子提出一系列与这则故事有关的问题。或者，教师可能会说一句话，然后让一个孩子重复一遍。

教师将以相同的方式为所有参试儿童出题、评分并做出解释。每位参试儿童听取相同的故事，回答相同的问题。当所有变量保持不变时，这一评估便被称作一场**标准化测验**。这些测验应该产生具有信效度的数据。**信度**是指数据的一致性；如果同一位儿童一连数天参加同一场测验，那么，他的成绩应该相似。如果两名教师评估同一位儿童，如果这场评估可靠，那么该名儿童的两次得分应该相近。**效度**是指一个评估能够测量到想要测量的特征。

标准化测验分为以下两类。

· 根据一套具体目标制定，反映地区、州、联邦、国家学习标准的**标准参照测验**。标准参照测验的目标是让所有儿童都能证明自己熟练掌握了所学的信息和技能。特别收录"幼儿标准化评估"专题说明了标准参照评估的具体步骤，即"课程本位测量"（curriculum-based measurement，CBM）。

· **常模参照测验**旨在测量一位儿童相对于整个班级的成就，是在同一所学校或托幼中心的两个前幼儿园班级之间做比较，在一个学区或一个项目中所有班级内的全部儿童中间做比较，或在全国儿童中间做比较。常模参照标准化测验可用于确定一所学校的课程是否反映出国家对特定年龄或年级的儿童应该知晓的内容的期望，并且用来在儿童中间做比较。表9.1说明了目前在全美幼儿教育项目中用到的若干种针对语言和读写的常模参照标准化测验。

表 9.1　　　　　用于幼儿的标准化语言和早期阅读测验

标题/出版单位	用途	说明	适用年龄段
"早期基础读写技能——字母命名流利度动态指标"（Dynamic Indicators of Basic Early Literacy Skills-Letter-Naming Flueny，DIBELST）	评估儿童识别字母名称的流利程度。在建立低阅读轨迹前，尽早识别出存在阅读困难风险的儿童。	单独开展的音素意识定时任务。用 1 分钟时间向儿童展示随机排列的小写和大写字母，儿童需要准确说出尽可能多的字母。	从幼儿园开始到小学一年级秋季学期，或者直到儿童能够在 1 分钟内准确说出 40 到 60 个字母名称。
"音素分割流利度"（Phonemic Segmentation Fluency）出版单位：俄勒冈大学教育学院学校心理学项目课程本位测量网络，http://dibels.uoregon.edu/	评估儿童将口述单词切分成音素的能力。识别出存在阅读困难风险的儿童。	单独开展的语音意识定时任务。用 1 分钟时间向儿童口述单词；儿童按照指示将每个单词切分成单个音素（如发音）。	从幼儿园冬季学期到小学一年级；直到儿童能够在 1 分钟时间内准确发出 35 到 45 个音素。
"IDEA 水平测验"（IDEA Proficiency Test，IPT）出版单位：Ballard & Tigh	确定非英语背景儿童的英语能力。	儿童将接受口语能力、书写能力和阅读能力评估，并且需要写出自己的故事，然后针对故事回答问题。	幼儿园至 12 年级的儿童。
"个体生长和发育指标"（Individual Growth and Developmental Indicators，IGDI）www.getgotgo.net	识别出儿童语音意识的优势和不足。	测验 3 项内容：图画命名、押韵和头韵。测验大约需要 5 分钟时间。	3 至 5 岁儿童。
"前幼儿园语音意识读写筛查"（Phonological Awareness Literacy Screening Pre-K，PALS Pre-K）http://pals.virginia.edu/PALS-Instruments/PALS-PreK.asp	提供有关儿童优势和不足的资料。	测量名字书写能力、大小写字母识别能力、字母发音和开始音的产生、文字和单词意识、韵律意识、儿歌意识。	用于前幼儿园秋季学期，也可用来测量儿童在春季学期的进步情况。
《皮博迪图片词汇测验Ⅲ》（Peabody Picture Vocabulary Test-Ⅲ，PPVR-Ⅲ）出版单位：American Guidance Service	测量接受性词汇得，并且作为语言能力的筛查测验。	被试指着最能代表刺激词的图片。	2.5 至 90 岁以上人群。

续表

标题/出版单位	用途	说明	适用年龄段
"语音意识测验"（The Phonological Awareness Test，PAT）出版单位：Lingui Systems	评估儿童的语音意识能力。	5种不同音素意识（音素分割、音素分离、音素删除、音素替换、音素混合）的测量和1种针对押韵的敏感度测验。	从幼儿园第二学期至小学二年级。
"学前早期读写测验"（Test of Preschool Early Literacy，TOPEL）出版单位：Pro-Ed	识别存在读写问题风险，或在读写方面出现问题的儿童。	单独开展。提供关于文字知识、单字口语词汇、规定词汇、语音意识的信息。	3至6岁儿童。
"语言发展测验"（Test of Language Development，TOLD）出版单位：Pearson	识别出儿童的优势和不足以及主要的语言障碍。	单独开展。提供关于接受性和表达性词汇、语法、单词发音、词汇辨析、语法等的信息。	初级版本，评估4至8岁11个月的儿童。
"读写和语言评估"（Assessment of Literacy and Language，ALL）出版单位：Pearson	识别出语言障碍的早期迹象。	单独开展。从以下方面评估口语和书面语：听力、阅读理解、语言理解、语义、句法、语音意识、字母发音原则、文字概念。	适用于幼儿班、幼儿园和小学一年级儿童。

特别收录

幼儿标准化评估

凯伦·伯斯坦

在过去20年里，幼儿评估越发受到重视。如今，人们常常期望幼儿教师开展多重标准化测验，对测验结果做出解释，并对儿童开展非正式的全年评估。对幼儿开展测验的想法在教师和研究者中引发热议。对一部分人而言，这类测验给出了考察课程和达标程度的可靠措施；对另一部分人而言，它会让人联想到让儿童承受价值不明的体验的负面印象。也就是说，仍有一种持续的推动对儿童进行测试，以跟踪他们在学前教育过程中的进步情况。幼教工作者要如何作为呢？

测验的原因

随着针对幼儿的评估不断增多，教师和研究者想知道其中的原因。评估背后的驱动力在于结果：评估能得到什么信息？谁可以使用这些信息？能给儿童带来何种裨益？评估的主要原因有以下四个方面（Shepard，Kagan & Wurtz，1998）。

第一，在各学区（学校）之间做比较。相关部门会在不同社区的学区（学校）之间做比较，问题在于，这些比较的标准是否达到了州级标准或基准。为达到此目的，早期项目可能会使用"早期基础读写技能——字母命名流畅度动态指标"（DIBELS），幼儿班可能会使用"个体生长和发育指标"（IGDI）等。这些都是教师实施的早期读写技能的标准化测量，与基于科学的阅读研究教学法的实施一致。这些测验为各学区和学校提供基准信息，为教师提供儿童对特定技能的掌握程度。这些测验工具每年大约使用3次，从中得出儿童对发音（语音意识）、字母表、字母、词汇以及口语朗读流畅度等技能的学习结果。

第二，确定哪些儿童需要获得额外的支持服务。自1975年实施《障碍者教育法》（IDEA）以来，对幼儿开展标准化评估最常见的原因是协助学校确定儿童是否具备获得特殊服务的资格。这些测验包括"韦氏学前和小学智力量表"（Wechsler Preschool and Primary Scale of Intelligence，WPPSI）或"斯坦福-比奈幼儿智力量表"（Stanford-Binet Intelligence Scales for Early Childhood）等标准化智力测验，以及测量儿童其他领域发展的"文兰幼儿社会情感量表"（Vineland Social-Emotional Early Childhood Scales）和"皮博迪图片词汇测验Ⅲ"等。所有这些测验均单独开展，其中部分测验需要教师先接受特殊培训或持有高级证书才能开展，而且教师还要对测验结果做出解释。儿童的原始分数通常会转换为标准分数，形成一个可以让儿童个体与同龄儿童的"正常"分布做比较的连续体（continuum）。它们通常不表示学业上的优势或不足，一般也不能帮助教师制订教学计划。标准化评估的优势是加快特殊服务资格的确定过程。但是，重要的教育决策应该基于多种信息源，包括观察结果、作业实例和家访。

第三，监测儿童进步情况并评估课程的总体成效。最普遍且最受关注的课程评估模式是"开端计划全国报告体系"（Head Start National Reporting System，NRS）。早在2003年，布什政府便宣布，要求所有参加联邦开端计划课程的4至5岁儿童在每个课程年度开始和结束时接受评估。"开端计划全国报告体系"对一系列有限的能力开展标准化测量，包括表达性和接受性英语词汇、大写字母命名以及识数、简单加减法等早期数学技能。"开端计划全国报告体系"尽管由教师开展，但由外部组织评分。该组织随后会向开端计划办公室和地方政府提交总体课程成果报告。教师必须要清楚，"开端计划全国报告体系"主要关注各组儿童在每项开端计划课程中取得的总体进步，它并不指向评估单个儿童的入学准备情况。目前，"开端计划全国报告体系"暂停。

也可以在地方一级对课程进行评估。例如，联邦政府资助的"早期阅读优先项目"要求设立一项评估计划，以此来测量其在提高学前儿童入学准备方面的有效性。因此，亚利桑那早期教育卓越中心（Arizona Center of Excellence in Early Education）项目开发出一套评估模型，其中包括每半年开展一次标准化评估，每半年开展一次系统化课堂观察，以及每周开展一次"课程本位测量"。存在许多针对特定能力的评测，对评估的选择是基于测验出版者汇报的信度和效度，以及该测验与受测儿童之间的"符合度"（即以标准化样本来表示的人数）。该项目的评估者培训了一批当地代课教师作为施测者。亚利桑那早期教育卓越中心的评估给出每位儿童的以下信息：英语流利度、初始发音和韵律基线（baseline）、文字意识能力领域、接受性词汇量以及识别的字母数量和名称。在儿童完成这一系列测验后，教师会收到一份简单易懂的儿童个体评估结果汇总以及一套总体成绩图。家长也会收到类似信息，还会在学年结束时收到教师提供的一份儿童各领域能力的汇总资料。

第四，向教师提供每位儿童的教学所需信息。从教师角度来看，最重要的评估原因是获取教学需要的准确信息。评估—计划—教学—反馈的教学模式引导教师：

・理解早期教育标准的内容；

·让班级课程匹配这些标准；
·根据这些标准评估每位儿童的能力水平；
·做好教学规划，回应儿童的评估需求和能力；
·开展明确针对需求的教学活动；
·重新评估，确保儿童逐渐学会教师教授的内容。

在该模式下，评估是良好教学的关键步骤。随着要求评估的呼声增加，现有大量涵盖各种能力的测量标准。甚至课程开发者也开始制定与教材保持一致的标准化措施。但是，绝大部分的标准化评估在其范围和条目数量上均受到限制。将这一局限性与幼儿显著的发展差异结合起来，人们就可以开始理解使用标准化评估来让教师充分了解学生需求的后果。教师需要借助多种评估模式获取特定的信息，以此来制订有效的课程计划和开展课堂活动。教师的能力范围不仅包括运用标准化的评估，还包括掌握有关儿童发展的知识，以及在观察、作业抽样、家访、家校合作、课程衔接和"课程本位测量"（参见特别收录"课程本位测量"）等方面具备较强的能力。

实践链接

采访一位前幼儿园教师或幼儿园教师，了解他或她在收集儿童语言和早期读写学习证据时常用的评估工具。说说这位教师如何使用这些信息，如何与家长分享这些信息？

六　评估模式

教学与评估在高效的读写教学中交错进行。在开篇短文中，教师萨恩斯观察了两名在字母识别水平上存在差别的儿童。她认识到，尽管马丁和莫妮卡在字母辨识力上存在区别，但他们在字母表知识上均有进步。她注意到莫妮卡是双语学习者，正表现出良好的英语掌控能力。萨恩斯用这些观察结果来引导自己选择教学活动，比如字母游戏和字母配对。她知道这些活动将促进儿童理解字母发音规则。她对准确评估儿童早期读写知识和技能的挑战十分敏感。她知道自己的观察结果将用于制定重要的教学决策。因此，基于我们对早期读写发展的了解，这些观察结果需要"提供信息"。

全美幼儿教育协会和全国州级教育部门幼儿专家协会（National Association of Early Childhood Specialists in State Departments of Education，NAECD-SDE）于2004年通过了一份关于课程、评估和项目评价的联合立场声明。这两个协会一致认为，"可靠的评估应该成为所有早期教育课程的核心部分"；评估应旨在评估儿童的"优势、进步和需求"（NAEYC & NAECS-SDE，2004：51－52）。简言之，这份声明提倡评估—计划—教学—反思模式，为教学规划和在持续的改进循环中开展教学提供信息。（参见图9.2）

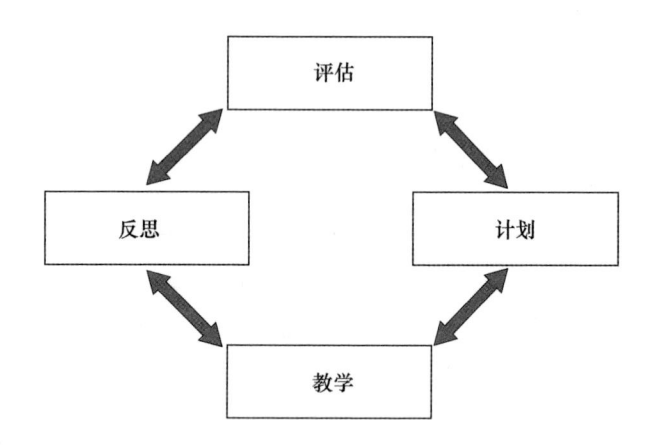

图9.2　评估—计划—教学—反思模式

接下来我们将剖析这一模式。早期读写评估的一项重要目标是提供每位儿童的信息，进而改善针对他们的教学工作。实现这一重要目标需要一个持续的过程，涉及对儿童的早期读写成绩展开系统的观察，而观察结果反过来又会指导教学决策。此外，评估—计划—教学—反思循环为教师提供了机会，以此来思考自身的教学工作以及帮助儿童学习必要的早期读写知识和技能的总体课程的有效性。简言之，该循环不仅监测儿童的学习过程，也监测教师的教学活动。

除了课堂层面的效应外，评估—计划—教学—反思循环也可用作一种问责机制。例如，根据联邦《改善开端入学准备法案》（Improving Head Start for School Readiness Act，2007）的规定，每所开端计划机构均必须开展全面自查，依照《开端计划儿童成果框架》（Head Start Child Outcomes Framework）描述儿童的进步情况。评估—计划—教学—反思循环有助于提供机构所需的证据来证明其课程适用于他们教授的儿童，进而最终保护项目资金。

停下来思考

像评审员一样思考

格兰特·维金斯（Grant Wiggins）和杰伊·麦克泰（Jay McTighe）（2005）建议教师要学习像评审员那样思考。以这一角色思考，教师需持续关注必要的评估证据，以此来审查预期结果是否实现。换言之，教师在脑海中思考结局。说说评审员角色与教师角色有何联系？

七　早期读写评估方法和工具

（一）筛查评估

筛查包括对一组儿童开展快速评估，以此识别那些需要在早期读写知识和技能发展方面需接受更深入评估的儿童。典型的筛查工具短小并易于管理，它们参照常模将儿童的成绩与同龄人做比较，或参照标准能力列表来评估儿童的早期读写知识与能力，如故事理解力、字母知识等。筛查评估一般会设定一条分数线。如果得分低于及格线，则表明儿童在基本的早期读写概念和技能方面可能存在问题。早期读写筛查工具实例如下。

·早期阅读筛查法（Early Reading Screening Instrument，ERSI）（Morris & Slavin，2003）。"早期阅读筛查法"是一种可靠的工具，可用来识别那些存在阅读风险的幼儿园儿童。它包含4项评估任务：（1）字母识别和发音；（2）词的概念；（3）拼写；（4）词汇认知。早期阅读筛查法总分为40分。总分低于均值一个标准差的儿童被视作有风险（平均值=22.67；标准差=8.67）。每名儿童需要25至30分钟来完成评估。尽管所有分项测验均反映出阅读初期所需技能，但其中部分任务要比其他任务（拼写、词语认读）更能预测儿童小学一年级的阅读成绩。可以从莫里斯（Morris）和斯莱文（Slavin）（2003：29－32）撰写的教科书中获取该工具。

・口语和读写教师评分（Teacher Rating of Oral Language and Literacy，TROLL）（Dickinson，McCabe & Sprague，2003）。针对口语和读写的教师评分适用于3至5岁儿童，包含3个分量表：语言运用、阅读和书写。它由25个项目组成，其中多数依照4分制打分。例如，针对一名儿童押韵能力的评分标准为：从不认识韵脚（1分）到在两个及以上的单音节词汇中自发押韵，再到能够识别出所有押韵单词（4分）。针对口语和读写的教师评分的原始总分被换算为百分位数，以便进行比较。它是一项具有信度和效度的工具（教师评分与正式测验结果密切相关），可用于识别和追踪有特殊需要的儿童。每位儿童需要25至30分钟来完成整个评估。教师可以在提高早期阅读成绩中心（Center for Improvement of Early Reading Achievement）出版的一份文件附录A中找到该工具（见www.ciera.org）。

・学前早期读写测验（TOPEL）（Lonigan，Wagner & Torgeson，2007）。"学前早期读写测验"是针对3至5岁儿童的常模参照测验。它符合信度和效度标准，旨在识别具有读写问题和需要接受早期干预的儿童。"学前早期读写测验"包含3个分项测验：（1）文字知识；（2）定义词汇；（3）语音意识。每位儿童需要25至30分钟来完成该测验。分项测验和综合分数或早期读写指数可采用标准分数和百分位排名。"学前早期读写测验"规定施测者必须接受早期教育环境中的执考培训。各类商业供应商（如www.academictherapy.com）均有销售，每套测验大约250美元。

・IGDIs学前普遍监测与进展监测（My IGDIs Preschool Universal Monitoring & Progress Monitoring）（https://www.myigdis.com/preschool-assessments/early-literacy-assessments/）。由明尼苏达大学开发的"个体早期读写成长与发展指标"（Individual Growth & Development Indicators of Early Literacy）第二版采用了基于数据的方法开展筛查和监测。此项评估包含5项早期读写措施：（1）图片命名（口语）；（2）押韵（语音意识）；（3）发音识别（字母知识）；（4）"哪一项不属于？"（阅读理解）；（5）头韵（语音意识）。该评估十分迅速，每位儿童仅需约10分钟便可完成测验。平板电脑用于管理模块，计算机自适应技术使教师能够根据与早期读写结果相符的能力范围自动定位儿童。

筛查仅仅是识别儿童阅读准备情况的第一步。评估是一个宽泛的指标，表明儿童是步入正轨、滞后或是尚待了解。对分数的解读依赖该方法的两个特性：一是识别存在风险的儿童的敏感性，二是识别真正存在问题的儿童的专业性（specificity）。优质的筛查依赖于多重信息源（测验、观察结果、家长面谈）。评估应包含后续指南，即若儿童得分低于标准该怎么办。最后，评估应满足信度和效度技术可行性的标准，并用于确定哪些儿童将受益于进一步的评估。

（二）课堂和非正式诊断评估

请先思考钱德拉（Chandra）放学后对自己日记内容的评论。

"你要知道，我刚来这所学校时有些紧张。这没什么。（摇头表示着重强调）我什么也读不了，什么也写不了。看这个。（翻开日记前几页）一个字都没有！一个字都没有！（她轻敲页面，添加了一句旁白。）而且画也画不好。现在，看这个。（翻到日记结尾）一、二、三、四，整整4页！我还能读出来！听听。（读起来）词！（点头）是的，我现在会读会写可多词了！"

钱德拉的手写日记是教师用来收集读写学习证据的多个课堂评估工具之一。钱德拉和教师均可见证整个书写成长历程。课堂评估工具的美妙（实用）之处在于，它们可以让教师收集有关读写学习的信息，同时还能让儿童参与到本书所述的诸多适龄的发展活动之中。这里还有若干可以履行"双重职责"的工具。

1. 趣闻笔记

以下是教师记录的儿童行为。除了儿童的姓名、日期、教室区域外，具体事件或作品还应准确描述所见所闻。以下是一段趣闻笔记：

玛莎（Martia）　9月25日

玛莎正在图书馆中心"读"大书的一页。她边读边指着那些字。（她每发一个音节便指着一个字）但她没来得及读完便把字指完了。她试了一遍，又一遍，一遍又一遍。然后摇头走开了。

教师用各种不同的纸（如记事本、活页、索引卡、便利贴）记录下儿童的行为与趣闻。一些教师发现了一种很实用的方法——电脑标签贴纸，他们将儿童的名字写在每张标签上。他们用一周的时间，以简短的笔记描述儿童的行为，和前文提到的笔记差不多。在一周的末尾，他们撕下标签，然后把笔记贴在每位儿童的文件夹中。接下来的一周，他们又拿出一张空白的电脑标签贴纸，继续做记录。电脑标签贴纸的一个好处是，教师一眼便能看出哪些儿童得到了观察，哪些被忽略了。随着早期教育教室里配备的电子平板电脑越来越多，教师有了另一种儿童趣闻记录工具。他们可以用记录应用程序为每位儿童创建一个文档。每位儿童的文档均可作为一个仓库，用来存储教师在全年中观察到的儿童语言和读写行为。

教师用趣闻笔记来描述儿童的各类行为，比如他们的书写步骤、游戏时用到的书写功能、在大组时间内的谈话特点等。请注意，趣闻笔记要准确描述发生的事件和儿童说过的话语，教师在记录期间不要添加任何判断或解释。

2. 花絮或教师反思

教师有时间专注下来时，便可收录一些重要事件的录音或回忆。花絮就像趣闻笔记，但它们是在儿童行为发生一段时间之后由教师基于对事件的回忆而准备的，其用途与趣闻笔记类似。这些事后描述或花絮的内容可能比趣闻笔记更详细，因此在记录对特定儿童重要或独特的语言和读写行为时特别有用。以下是一个花絮实例：

> 这些天贾迈利（Jamali）一直在抱怨孩子们在户外做完游戏后回到教室时在饮水机旁喝水时弄出的一团糟。"看这乱糟糟的样子！地上到处都是水！"在他坚持下，全班讨论了解决这个问题的办法。尽管问题没有得到解决，但我认为地上的水变少了。但贾迈利的抱怨显然没有减少。今天，他试图用"笔的力量"来解决这个问题。他写了一个警示牌：
>
> "BEWR!! WTR SHUS UP,
> ONLETRNALITL."
>
> （小心！水喷出来了，只转动一下就可以啦。）
>
> 他把警示牌贴在了饮水机旁。这是我初次看到他用书写来控制其他孩子的行为。

为激起儿童对某一事件的回忆，教师有时会用电子设备（智能手机或平板电脑）给儿童或正在进行读写活动的儿童拍照。当天晚些时候，将照片下载并打印出来，然后在照片底部空白处或背面写下孩子们对事件的解释。教师仔细记下照片拍摄日期，以便与家长讨论每位儿童的发展历程。

花絮是针对重要事件的回忆。教师可以在不受干扰的情况下写花絮，因此他们可以更详细地描述驱动儿童读写行为的关切点，并将这一事件与儿童之前的同类行为联系起来。

3. 清单

清单是一种辅助观察工具，指明需要寻找的行为并给出一套便捷的记录系统。它们可以让观察更成体系，也更容易开展。可用于描述儿童读写发展的清单数量似乎无穷无尽。表 9.2 提供了一个清单实例，用于评估幼儿对书籍的理解情况。当儿童阅读故事书和分享阅读内容时（见第六章），教师可以近距离、系统地观察儿童与书籍有关的行为，收集关于儿童读写知识和学习情况的重要信息。读者会注意到，我们在清单上用星号标出与"共同核心国家标准"中的幼儿园标准类似的项目。在将清单项目与标准关联起来后，教师可以定期监测儿童的关键语言习得和读写行为。

表 9.2　　　　　　　　　　评估幼儿理解书籍情况清单

（幼儿姓名）＿＿＿＿＿能够

有关书本的概念	日期	评论
手拿一本书并不尝试吃或咬 识别一本书的封面、封底、扉页* 正确翻页，竖着拿书 认识到作者书写文字，插画家画插图*	—	—
文字规范		
依照从左到右，从上往下的顺序读单词* 指向读者开始阅读的书页位置 当被问到"人们阅读时看什么？"时，儿童能指向文字内容 按要求找到一个字母* 按要求准确说出一个字母* 计算一个句子中的单词数量 针对字母提问或给出评论 针对单词提问或给出评论* 阅读单词或短语		

续表

(幼儿姓名)_____能够		
理解故事		

回答和提出一些关于故事的字面问题
回答和提出一些关于故事详情和事件的问题*
回答和提出一些关于故事的推理问题
提出"你怎么想"的问题
提出一些关于故事或信息文本的问题
用图片帮助回忆详细内容*
复述故事，其中包括：
    情境*
    主要角色*
    主题（主人公想得到或需要什么）*
    结尾
    事件顺序*
    从开头到中间
    从中间到结尾
将故事中的信息与他生活中的事件相联系
比较和对比熟悉故事中的角色行为*
在信息型书籍中找到信息*
讲述信息型书籍的主要观点*		

对书本的态度	日期	评论
和照料者一起参与图书分享 聚精会神地聆听各种体裁的图书 自愿阅读 对书籍和阅读表现出兴奋的情绪 让成人读给自己听 将书籍用作答疑解惑的资源		

在早期教育中最常用的书写清单类似图 8.1 中所述的早期书写形式。美国一些学区和托儿中心已将之转变为一份供教师使用的清单，用以追踪儿童向规范的拼写方式进步的过程。表 9.3 是早期书写发展清单的实例。随着越来越多的儿童将白板用作书写的视觉记录，这种方式为教师、家长或监护人提供了儿童发展的视觉记录。手机或平板电脑等电子设备配备的摄像头，让教师很容易对儿童的发展做视觉记录。

这些清单很实用，因为它们提供了教师一眼可辨的信息，展示了儿童力所能及的事情。教师已经认识到：（1）儿童有时会做出仅仅持续几周的某种行为；（2）许多不同的变量（如正在阅读的一本故事书、小组里的其他儿童）能影响儿童的读写行为。因此，教师应仔细记下每次观察活动的日期，并且在一年中多次使用清单，以此努力为儿童的读写发展创造一幅准确的图景。知晓每位儿童何时展现出每项读写技能，有助于教师和家长了解每位儿童的**发展模式**。阅读每位儿童的清单，可以为教师提供信息，了解儿童的优势和需要。阅读所有儿童的清单，可以让教师知道全班的指导需求。

4. 视频和音频记录

一种准确评估儿童对口语了解程度和使用情况的方法是记录他们彼此间的谈话内容。以下是收集视频记录时的指南。

- 选择一个鼓励语言交流的活动背景。（戏剧游戏区是一处很好的开始场所）
- 将相机放在三脚架上，调整变焦镜头，使其覆盖主要的儿童活动区域。开启相机并不时检查，以确保相机角度正在捕捉重要的行为。
- 做一遍试录音，确保设备运行正常，可以清晰地记录儿童的语言。这一试验也有助于儿童对设备脱敏。
- 尽快查看录音，以便您的记忆帮助填补录音中难以理解部分的空白。

表9.3　　　　　　　　　　**早期书写发展形式清单**

姓名＿＿＿＿＿＿＿

书写形式	观察日期	观察环境（如戏剧游戏中心、书写中心、科学中心）
绘画式书写		
涂鸦式书写		
类似字母的单位		
非语音字母串		
发明拼写或语音拼写		

此外，对于简短的观察，手机和平板电脑配备的录像功能让记录儿童之间的语言交流变得更加容易。视频片段也能存储在儿童的电子文档中，

以备查阅与分享。这是真实捕捉儿童语言丰富内容的唯一方法——但之后该怎么办？教师在收集样本之后该做什么？文献建议，教师对儿童的对话内容做逐字转录，同时详细描述这类对话的背景。之后，教师可以分析转录文本，从而确定对话用语的平均句长、用语的形式以及遵循的语用规则等（Miller & Chapman, 2000）。但这类工作极为耗时，对于大多数教师来说不切实际。幸运的是，教师可以采用一些更实用的方案来评估儿童的口语能力。每种方案均以儿童在教室里的谈话录音作为开始。为了具体说明这些方案，我们用两位作者在大学附属的幼儿班观察到的事件举例。茱莉亚（Julia）是一名4岁的韩国女孩，已经在美国生活了8个月。她参加课堂活动，特别是戏剧游戏，但很少说韩语（她是班上唯一的韩国孩子）或英语。事情发生时，茱莉亚的老师正和其他几个孩子做游戏。老师扮演顾客，需要使用邮局主题中心的玩具电话。她拿起电话，假装给行为变得粗鲁的巴迪（Buddy）打电话。老师说："叮零零……巴迪，邮局有个包裹等你来取。"这成功地让巴迪远离他一直在参与的捣乱游戏。茱莉亚独自在家政中心玩，扮演一位照顾宝宝（玩具娃娃）的家长。茱莉亚无意中听到了老师假装给巴迪打电话，但她还是继续独自游戏。过了几分钟，茱莉亚拿起了家政中心的玩具电话说："叮零零……老师，你愿意到我家来吗？"这是茱莉亚在课堂上用英文说出的第一个完整句子。

在孩子们离园后，教师在观看录像带的过程中采用了若干方法来回忆茱莉亚的语言突破。她使用了清单。表9.4是一份可以用在多语言教室中的清单。这份清单重点关注迈克尔·韩礼德（Michael Halliday, 1975）提出的语言的功能性用途。这类清单易于使用，且用时极短。这份清单易于修改，可适应其他情况（如在单语言教室便可以取消语言栏目）或聚焦语言的其他方面。这些工具为儿童的课堂用语提供了广阔视野，但却丢失了儿童实际用语的许多丰富内涵。

教师可能会使用一种结构较松散的观察记录表，如表9.5展示的表格。此类表格可让教师记录到更详细的儿童语言信息。通常，这类表格包含儿童姓名栏、语言实例栏、教师可能关注的其他变量栏。有些教师关注儿童语言样本的收集背景和所展现的语言形式，它们可能在观察记录表格上增加两栏。请注意，我们没有在观察记录表上添加行。这是有意为之。未添加行意味着教师可以尽量记录每个事件的必要信息，以便他们回忆每个语言事件。

表9.4　　　　　　　　　　　　　　口语清单

幼儿名称	语言			伙伴		位置						功能					
	英语	西班牙语	其他语言	儿童	若干儿童	成人	图书馆中心	书写中心	聆听中心	家政中心	主题（游戏）中心	积木中心	数学/科学中心	艺术中心	工具性的	控制的	互动的	个人的	探索的	想象的	提供信息的
茱莉亚	√									√									√	

表9.5　　　　　　　　　　　　　　口语观察记录表

幼儿姓名	背景	话语内容	语言形式

教师也可以将录音和录像用于其他目的。例如，记录儿童复述故事的圆圈时间或小组时间，将为教师提供有关儿童发展故事理解力的宝贵信息。儿童的复述包含了哪些叙事结构？起始事件、主角、问题、解决方案是什么？教师在多大程度上支架他们完成复述？

将摄像机镜头对准戏剧游戏中心或书写中心，也可为教师提供有关儿童书写功能知识的信息。例如，录像显示，在幼儿园教室的戏剧游戏中心开展的露营游戏中，孩子们给露营的超速者开罚单，做出"请勿喂熊"之类的警示牌，还在一张纸条上写明露营者的帐篷编号，然后画出一张指示该地点的地图。制作警示牌的行为表明，儿童知道书写的目的在于控制他人的行为；地图表明他们知道书写的目的在于为他人提供信息。由于教师当时正忙着与其他中心的儿童互动，她可能错失机会，无法在这次游戏中了解这些孩子正在发展的关于书面交流功能的知识。

教师需要针对上述每一段视频记录提前制订计划。有了电子设备，教师便可以更自然地捕捉儿童的读写活动。例如，当本书作者之一拿着平板电脑去一间前幼儿园教室记录描述儿童读写活动的笔记时，她碰巧看到一个孩子拿到一本书，并邀请一位同伴来听他读书。她迅速从笔记应用程序切换到摄像机，记录下这个孩子在向同伴朗读时发出"jump"（跳跃）一词的每个字母的读音（"/j/、/u/、/m/、/p/"，jump）。教师请本书作者之一将这段视频转发给她，以便她与晚上来接送的家长分享这段视频。（本书作者删掉了自己平板电脑上的这段视频，因为没有得到家长的允许，无法与他人分享。）

5. 作品或作业实例

儿童书写样本等作品可以集中放在一个文件夹下。如果儿童的原创作品无法得到保存（如一封寄出的信函），则可以将作品复印或给它拍照。其他作品，比如儿童用他们书写的标签创建的三维结构可能不便保存。针对这一情形，教师可以制作照片。由于记忆很短暂，教师应该对作品或形成作品的活动做出简要说明。

上述每项实例均描述了教师在课堂环境中使用评估工具的情形。卡斯佩（Caspe）及其同事（Caspe, Seltzer, Kennedy, Cappio & DeLorenzo, 2013）提醒我们关注家庭参与课堂评估过程的重要性。这一体系的核心组成部分是让教师和家长持续定期分享有关儿童的资讯。例如，婴幼儿教室的每个孩子可能都有一本日记，主班教师或助手会记录每个孩子的短暂日常观察结果。这本日记会跟着孩子回家，家长或照料者被鼓励快速地记录孩子的日常居家活动。在我们见过的实例中，类似如下的内容在家长给教师的笔记中十分明显："拥抱，读《晚安，月亮》。她手指着书咕咕哝哝地读了一遍。""在给 A. J. 洗澡时，我说：'妈—妈—妈—妈—妈—妈。'他回应：'哒—哒—哒—哒—哒—哒。'这是他的第一段对话？""'不'是她今晚最喜欢的字，这对两岁的宝宝来说正常吗？"这种双向交流至关重要，可以让教师和家长更好地了解每位儿童的发展状况，同时也为教师提供额外信息，以此为每位儿童进行教学设计。

停下来思考

你是如何被评估的？

回想你刚开始阅读和书写时的经历，说说老师如何评估你的读写进步情况？老师是否为你的作品做过剪贴簿或档案袋？在刚开始阅读和书写时，什么最有助于你了解自己的行为？

（三）解决存储问题

使用如前所述的各种工具将导致教师和家长需要将积累的大量素材存储在某处。一些教师用评估笔记本帮助组织儿童读写学习的信息。这些笔记本由若干部分组成，其中一部分包含一份记录儿童前书写情况的清单。另一部分包含一份记录前阅读行为的清单，其中包括有关文字和字母识别概念的信息。还有一部分会包含趣闻笔记或花絮。

一些教师会为每位儿童设置一个文件夹。许多教师发现，带有口袋和中间搭扣的三孔纸文件夹比普通文件夹更适合储存材料。可以在清单、照片打印件、儿童书写实例以及其他类似文件上打三个孔，方便将它们插入每位儿童的文件夹中。将趣闻笔记和花絮写在电脑邮寄标签上时，可以把这些标签贴在每位儿童的文件夹的内封面上。如果这些笔记被写在了索引卡上，可以将这些卡片存放在文件夹的一个口袋里。当借助平板电脑的笔记应用程序输入上述内容时，就可以把它们下载并打印出来。另外，可以在每位儿童的文件夹中钉一个可以反复密封的塑料三明治袋，用来装DVD光盘。袋子的密封性意味着可以将DVD光盘安全地保存在文件夹内。一个班的文件夹可以放在一个塑料容器里，也可以放在文件柜内的悬挂式文件夹内。

通常，前述文件夹称为一个**档案袋**；儿童的作业和手工件、教师笔记的集合被称为**档案袋评估系统**。每个档案袋都记录了儿童在一段时间内的学习情况。教师研究每位儿童的档案袋，以便了解如何调整自己的教学方式和每位儿童需要的经验类型。伊莱达·维莱斯·拉斯基（Elida Velez Laski，2013）提出了档案袋的一项额外用途，她认为这"为儿童提供了一个自我评估的机会"（Laski，2013：39）。档案袋让儿童有机会去做钱德拉在翻阅日记时所做的事，为儿童提供了一个回顾自身进步过程的机会。拉斯基认为，邀请儿童研究自己档案袋里的手工件，有助于支持儿童**元认知**（对思想和表现的自我意识）的早期发展。元认知是认知的一个重要方面，对学习至关重要。拉斯基邀请孩子们从自己的文件夹中选出手工件，然后放入自己的档案袋中。这些手工件可以证明他们的某项技能成就或达标成就。孩子们表达出与所选手工件有关的思考，这对他们监测自己的学习情况至关重要。像拉斯基这样的教师会使用以下语言，比如，"你为什么为它感到骄傲？""完成这件作品的过程是否涉及你之前无法做到的事情？""记得创作这件作品时你在想什么吗？""你觉得下一次你能在哪些方面做得更好？你的目标是什么？"。

一位教师为班级孩子的家长准备了一份永恒的年终礼物。这位教师从之前描述的形成性评价工具和儿童作品的数码照片中甄选出每位孩子的读写行为实例，然后扫描成件，再为每位家长创作了一场年终数码演示。看到每个孩子的语言和读写能力在这一年里都有了很大进步，孩子们与家长们都十分激动。

但是，随着技术方式的增多，传统档案袋可能很快会转变为存储在云服务器（比如多宝箱或谷歌驱动器）上的电子档案袋，进而克服实物档案袋的物理存储和管理难题。电子档案袋是儿童早期评估中的一种十分新颖的评估方式，但对于它作为一种替代性评估形式的研究仍然有限。受到这些可能性的启发，一小群教师研究者在希腊的一所幼儿园教室里探索出一条电子档案袋评估流程（Tsirika，Kakan & Michalopoulou，2017）。通过使用一套内容管理工具，该团队开发出一个安全的电子档案袋网站。档案袋被分为3类：自由活动、主题活动和与课程目标相关的作业。每个周末，每位儿童都有机会从每个类别中选择一件作品，然后以评论的形式来说明自己的选择。起初，教师在帮助孩子们发表评论方面更多地发挥着顾问的作用，数月后，她鼓励他们提供更多关于自己选择的详细信息。这样，档案袋中的素材选择范围可以从孩子最喜欢的作品到他们认为最难的作品。通过使用行动研究法，该团队发现电子档案袋流程支持教师与儿童开展积极互动，鼓励儿童在电子档案袋的收集和选择过程中培养反思能力，同时促进自我评估和同伴评估能力的发展。最后，作为一种数字化方式，电子档案袋让针对儿童的各类项目可达家庭，允许家庭更积极地参与评估过程。

（四）衔接课堂和进行更正式的诊断评估

课堂或教学评估用于提供和监测与幼儿学习和前读写技能发展相关的信息。这些工具与持续的教学和学习的关系最为密切。诊断评估用于解决涉及幼儿前读写发展、基本知识和技能的具体问题。儿童正在学习的这些知识和技能为他们学习阅读和书写打下了基础。诊断评估的直接目的在于查明问题，并为早期干预决策提供信息。极少数儿童没有展现出典型的语言和读写成长轨迹，这种评估方式可针对他们而开展。因为诊断评估通常由干预专家（如语言治疗师）和心理学家开展，我们在这里不做深入说明。后文将描述一些衔接课堂和诊断评估程序的评估工具，以及属于幼儿教师责任范畴的评估工具。以下是两个实例："黄金教学策略"（Teaching Strategies GOLD™）和"课程本位测量"。许多早期课程均用到了这些工具。特别收录介绍了这两种评估工具。

"黄金教学策略"要求有意使用该策略的教师必须参加培训，以确保每位教师均可观察到做出同类行为的儿童。每个目标中的每一行为级别均定义有十分具体的参数。有关该评估工具的更多信息，请访问黄金教学策略网站。在特别收录中，科琳·奎因描述了如何在开端计划中心对3至4岁儿童使用"黄金教学策略"。

特别收录

黄金教学策略：在开端计划中心的使用

克罗尼尔（Clonial）学区　　科琳·奎因

什么是"黄金教学策略"？

"黄金教学策略"是一套专为教师设计，基于观察结果的真实评估体系。它适用于从出生至幼儿园的儿童，供幼儿学习者参与持续开展的课堂活动。

该体系可与任何发展适宜的课程一起使用。它涉及38项发展目标（36项基本目标和2项关于英语语言习得的目标），涵盖了研究文献确定的可以预测儿童日后学业成就的知识、技能和行为。这些目标被组织成四个主要的发展领域（社交情绪、身体、语言、认知）、五个内容学习领域（读写、数学、科学技术、社会研究、艺术）以及英语语言习得。

"黄金教学策略"是一套评估体系，可用于开端计划以及其他早期发展和教育课程。每个开端计划中心必须选用一套评估体系，并要获得开端计划办公室的批准。评估的效度和信度非常重要，可以确保幼儿的发展和学习得到准确监测。

教师如何使用"黄金教学策略"？

开端计划机构的教师通过以下方式使用"黄金教学策略"。教师在学年伊始或儿童入学时开始收集所有儿童的"黄金教学策略"观察结果。在一个评估周期的前 6 周，教师观察和评估每位儿童在全部 38 个目标中每一个发展连续体的表现。教师收集观察记录，然后将其在线输入儿童的表现记录或档案袋中，从而记录每位儿童在每个目标上的当前成绩，为监测持续进步奠定基础。尽管偶然的观察活动十分频繁［如在戏剧游戏"医生办公室"中，教师观察到一个孩子在用模拟字母（mock letters）"写"处方］，但是支持和记录目标进展的需要经常推动课程计划（例如，计划一项数学活动，通过从 6 到 10 的量化条目集来评估儿童的表现）。

教师要进行持续不断的观察。他们使用各种方法收集观察结果，包括但不限于在随机的纸上记录趣闻笔记、拍照，或根据观察的活动和目标提前准备观察表。一个完整的学年包含 3 个检查点：第一个是开学 6 周，第二个是 12 周后，开端计划中心的第三个检查点在学年末。在每个检查点，教师必须将所有的观察数据（每项目标包含大约 3 项实质性的观察结果）输入每位儿童的个人发展记录或档案袋。

教师利用评估信息来支持课程规划、监测进步情况以及与家庭和其他服务供应商沟通儿童的发展和学习情况。尽管教师每天都在收集观察数据，但很难再找出时间将这些数据输入每位儿童的在线发展记录或档案袋中。教师报告，他们会在晚上和周末在家输入大部分数据。他们在每个工作日开始和结束时均分配时间来记录观察结果，但这些时间通常被其他任务和责任抵消。一些教师靠助教帮忙收集观察数据（例如，在教师授课时，助教会完成针对读写目标的小组观察任务）。但在一些情况下，主班教师认为自己有责任收集大部分观察结果，以便更好地确定或更详细地描述儿童的进步情况。可能的情况下，尽量将观察结果用于针对一个以上的目标（如书写活动用于记录读写和小肌肉运动能力的目标）。在书写中心，教师负责将所有数据录入儿童的档案袋，助教不会协助输入观察结果。

"黄金教学策略"是一套稳健的评估方法，可将诊断性思维嵌入常规的课堂语言艺术教学，它已被确定为一种有关儿童成长和发展的有效且可靠的测量方法。2010 至 2011 学年，相关初步研究确立了其效度和信度（Lambert, Kim, Taylor & McGee, 2010）。此外，北卡罗来纳大学夏洛特分校的测量与评估中心开展了广泛研究并确立了规范，使得教师能将儿童的进步情况与正常发展儿童的预期成长状况做比较（Lambert，2012）。教师发现，这项评测对残障儿童和母语非英语的儿童具有同等的信度和效度（Kim，Lambert & Burts，2013）。这是一项重大的发现，因为早期教育中包括大量属于这些类别的儿童。未来的研究可能集中于教学经验、教育水平、教师培训质量和数量对这一评估体系的影响。家庭人口统计数据的影响以及残障儿童和非残障儿童的其他特征也可能反映出一些问题。比如，两名评分教师会对儿童的成绩做出不同的评估，数据会报告存在的分数偏差问题等（Lambert，Kim，Burts，2013）。

"课程本位测量"是一套简单可靠且有效的测量步骤集，教师可以经常使用它来反复测量儿童基本学术能力的发展。在我们的案例中，幼儿口语和早期读写技能的成长对提升读写成绩至关重要。"课程本位测量"将课程材料和标准用作选择和创建任务的基础，然后依据这些任务来测量儿童的成绩。由动态测量组开发的"学前早期读写指标"（Preschool Early Literacy Indicators，PELI）评估便是一个良好的实例，它可以筛查和监测学前儿童的早期基础读写技能。"学前早期读写指标"测量了4项早期读写技能领域：字母表知识、语音意识、词汇和口语以及理解。所有测验项目均通过故事书的形式呈现，以常见的幼儿班主题为中心（如"在农场""杂货店之旅"）。目前，该评估正在确立基准目标，预计不久的将来会用于普通教育（Dynamic Measurement Group）。

特别收录

"课程本位测量"

凯伦·伯斯坦

什么是"课程本位测量"？

"课程本位测量"是一种形成性评价方法，教师可以用它来确定学生在语音意识、字母表知识、口语词汇等基本阅读技能方面的进步。它旨在按周提供信息，表明学生如何向着基准和（或）年底预期成绩逐步取得进步。从这一层面来说，它是一项诊断工具，同时它也是监测教学效果的一种手段，若学生没有取得进步，便需要进行教学改革。

"课程本位测量"如何发挥作用？

它可用于单个儿童和小组儿童，简短测验需要 1 至 5 分钟。此测验可以在商业读写课程或在线资源中找到，如干预中心网站（http://www.interventioncentral.org）。

教师还可以根据每周课程建立自己的"课程本位测量"，然后确定具体的字母表字母知识、语音意识技能和口语词汇来监测儿童的进步情况。例如，"课程本位测量"可以评估接受性词汇（如"给我看看"）、表达性词汇（如"跟我说说"）、字母识别、头韵（识别初始发音）。每一技能领域仅需若干条目：从每周课程计划中选取 6 至 8 个目标词汇、2 至 4 个字母表字母、2 个头韵发音。每周用同等数量的单词、发音和字母来监测儿童的进步情况。

"课程本位测量"可在每周固定时间开展。施测时，每位儿童遵循相同的流程和候考时间。一些教师每周会与一两名分别来自高、中、低成绩水平群体的儿童举行 5 分钟的简短会谈，以此了解某个儿童是否遇到问题，是否所有儿童都在犯错，或者教学是否未达成预期目的（例如，教材对每个孩子来说都很难）。每位儿童在每轮"课程本位测量"测验中的得分均经过汇总，制成图表。横轴表示测验日期，纵轴表示每轮分项测验的正确答案数量。图表让教师了解每位儿童对课程的掌握情况，并对有特殊需要的儿童、有风险的儿童、取得典型成就的儿童以及取得高成就的儿童的成绩进行比较。

"课程本位测量"有何益处？

"课程本位测量"帮助教师监测学生在满足早期读写期望方面的具体成绩。在研究数据之后，他们可以思考：（1）是不是有一两个孩子没有达到期望水平？（2）是不是所有孩子都没有达到期望水平？（3）是不是所有孩子都超过了期望水平？教师可以设立一个目标分数线来评估学生向着预期水平的进步速度。然后，他们便能做出有关教学有效性的决策，帮助学生学习基本技能。教师应该让家长参与到这一过程中来，给家长发送一份（或与之讨论）"课程本位测量"说明、每次探索或每周关注的单词和字母以及单个学生的成绩图表。教师应该标记儿童进步情况中的积极变化，借此解释相关图表，为家长提供可以在家开展的活动来支持课堂学习。

制作图表可参看如下资源：

http：//nces.ed.gov/NCESKIDS/createagraph/default.aspx；

http：//www.jimwrightonline.com/php/chartdog_2_0/chartdog.php。

鉴别评估工具

前面的章节讨论了一些评估方法和工具，用它们来查明儿童在读写发展和学习的最初阶段知晓什么和能做什么。所收集的评估信息十分重要，它们可以帮助教育工作者解决问题，制定关于早期语言、读写经验和教学的决策。然而，评估还有一项用途——评估课程的总体质量。在此用到的一些方法和工具解决了一个重要问题：语言和读写课程是否正在发挥作用？课程评估旨在支持早期项目或服务水平的持续提升。大多数教师并不直接从事课程评估管理，但他们是活跃的参与者。他们被期待根据课程评估结果来采取措施，从而强化课程的总体内容和落实情况。一个典型实例是"课堂评估评分系统"（Classroom Assessment Scoring System，CLASS）（Pianta, La Paro & Hamre, 2008）。该体系广泛应用于前幼儿园至小学三年级的课程。该体系是一项观察工具，在课堂经验的三大领域评估课堂质量：情感支持、课堂组织和教学支持。最终的评估结果将被用于问责目的（确定总体质量）、课程规划和评估（确定课程的优势和不足）以及专业发展和监督（提供关于课堂实践的直接反馈）。其他项目层面的评估工具还包括"早期环境评分量表"（Early Childhood Environment Rating Scale，ECERS）（Harms, Clifford, Cryer & 2005; https：//www.ersi.info/scales.html）、"早期语言和读写课堂观察量表"（前幼儿园和幼儿园—小学三年级）（Early Language and Literacy Classroom Observation Scale PreK and K-3, ELLCO）（Smith, Brady & Anastasopoulos, 2008）、"家庭幼儿保育环境

> 量表"（修订版）（the Family Child Care Environment Scale-Revised Edition, FCCERS-R, 2007）。幼教工作者可以期望在自己的职业生涯中使用一项或多项此类评估工具。

八　有效运用评估信息

（一）告知指导

在"幼儿标准化评估"专题中，凯伦·伯斯坦指出了对儿童进行评估的4个原因。我们认为，最后一个原因，即告知教师儿童所需的指导是重中之重。我们完全同意不应该采用单一测验分数来判断儿童在读写知识和技能方面的进步。但是，如果课堂上的大多数儿童在标准化测验中的表现不尽如人意，那么，教师必须重新思考自己的语言、阅读和书写教学法。教师需要自问："我要怎么做才更好？我们可以采用哪些不同的办法？""我是不是在明确的语音意识教学方面用时不够？""我是不是明确教过孩子们听力和阅读理解需要的词汇？"其他人肯定也会提出这些问题。教师必须通过分析自己的教学实践，通过学习哪些内容需要合理地修正来做出回应，以支持儿童的读写成绩。教师需要反思评估信息，确定哪些教学内容有效哪些无效，哪些内容具有挑战性哪些不具有挑战性，哪些是真实成绩哪些不是，然后批判地审视自己的教学实践，进而持续改进教学方法。

需要记住的是，幼儿教师并不是在教课，而是在育人。教师必须开展（而且要好好开展）形成性评价和总结性评价，以此来深化自己对儿童知晓什么、能做什么以及暂时还不能做什么的理解。在连续不断的改进循环中，为将来的教学规划提供信息。

（二）与家长及家庭分享评估结果

教师应该利用家长会在家长与教师间建立起伙伴关系，然后分享儿童读写进步过程中的关键细节。儿童是复杂的社会个体，他们必须在学校与家庭这两种截然不同的文化中恰当得体地活动。家长需要了解儿童如何运用自己的语言和读写技能来融入班集体。同样，经验丰富的教师十分重视儿童的家庭生活，并且认识到它对儿童行为和学习能力产生的重大影响。当家长和教师从自身独特的视角来分享有关儿童的信息，重视儿童的个体需要和优势，为儿童的利益而共同努力时，这一伙伴关系便能彻底发挥其潜力。

1. 进步回顾会

进步回顾会是家长和教师分享有关儿童发展信息的机会。大部分学校和中心每年会安排三轮进步回顾会。一种可以帮助家长和教师准备会上分享信息的方法是会前问卷。教师将问卷寄给家长，由家长填写完毕并在会前寄回。后文的"会前问卷调查表"展示了曼纽尔（Manuel）的母亲在准备与儿子的幼儿园老师琼斯（Jones）小姐会谈时做的笔记。罗德里格斯（Rodriguez）女士提供的信息告知琼斯她的担忧，由此，琼斯对如何聚焦会议主题有了更好的想法。请记住，教师有必要将信和调查问卷翻译成儿童的母语。

琼斯在进步回顾会上分享了孩子们的学业进步情况。除了学业进步情况，大多数家长还想知道孩子在社交互动和课堂行为方面的表现。教师记录的观察数据有助于提供课堂环境中的儿童面貌。

家长教师关系的成功与否，取决于教师能否突出儿童的学业、社交优势及进步情况。在讨论双方均关注的领域时，教师有必要提供儿童的作业实例或回顾观察数据来进行说明。通常，家长揭示的问题与教师关心的问题有直接关联。只要有可能，教师就该把这些问题联系起来。这样做会强化教师和家长在帮助儿童学习方面的共同目标感。征求家长的意见和建议对帮助儿童十分必要，提供实例来说明可以如何帮助儿童学习也很有必要。

为了确保教师与家长达成共识，教师和家长要简要回顾会议期间讨论的主要观点和建议。教师要允许家长口头讨论他们对此次会议主要观点的想法，同时要核实家长的看法。最后，教师要将家长的口头总结简要记录在会议表格上。后文展示了曼纽尔的进步回顾会表格。

会前问卷调查表

尊敬的家长：

　　为充分利用时间，我们现在向您发出这份调查表，以便促进我们的进步回顾会。请阅读并完成以下问题。若您还有其他问题，请把它们写在问卷上，我们将在会后与您讨论。期待能更好地了解您和您的孩子。

　　1. 您的孩子的整体健康状况怎样？
　　不错，但曼纽尔经常感冒。

---

2. 您的孩子有没有一些老师需要知道的健康问题？（包括过敏症）

感冒和时不时地耳朵发炎。

3. 您的孩子一般睡几个小时？

大约 9 个小时。

4. 您的孩子是否经常吃药？如果有，吃什么药？

他在耳朵发炎后会吃青霉素。

5. 您的孩子的兄弟姐妹的姓名和年龄？

玛丽亚，9 岁；洛萨丽娜，7 岁；卡洛斯，3 岁。

6. 您如何描述自己的孩子对学校的态度？

他喜欢学校。

7. 您的孩子最喜欢的学校活动是什么？

体育和艺术。

8. 您的孩子最不喜欢的学校活动是什么？

数学。

9. 您的孩子最喜欢的电视节目是什么？

《恐龙战队》和《忍者神龟》。

您的孩子通常每天晚上看多长时间的电视？

3 个小时。

10. 您的孩子最喜欢的故事书是什么？

《野兽家园》。

11. 您多久给孩子读一次书？

大多是他的姐姐们给他读书。

12. 您的孩子还喜欢哪些活动？

踢足球。

13. 您还关心孩子的哪些方面？

我看不懂他写的字。他的姐姐们上幼儿园时这方面表现很好。

2. 儿童—家长—教师会

回顾会的一项比较新颖的创新是请儿童参与其中，以平等的方式参加会议，讨论自己注意到的进步，然后建立学业和（或）社交目标。这类会议要求儿童积极参与选择会议期间的针对性作业。儿童—家长—教师会是频繁的儿童—教师会的自然产物。

由于三方会议对家长可能是一种新体验，因此，教师针对家长和儿童制定指南便十分重要。教师可以向儿童家里寄一封信，说明会议形式并讨论每个人的角色。这一点至关重要。教师要鼓励家长向孩子提出一些开放式的问题，比如：

"你在哪方面学到的最多？"

"你在哪方面学得最困难？"

"你想更多了解哪些方面？"

诸如此类的问题可以鼓励儿童分析自己的学习情况，同时帮助他们设定新的学习目标。家长不应批评孩子的作业，或仅关注会上提供的任何消极材料。消极的评论，尤其是来自家长的消极评论，只会抑制儿童的学习积极性和对学校的热忱。

也许有人会认为，幼儿并不具备在家长会上讨论自己学习情况的能力。那可是错了。在教师的帮助下，幼儿可以观看教师一年来收集的作业样本，注意自己现在能做什么，九月份时不能做什么，计划如何告诉父母自己学到的东西。还记得本章提到的钱德拉一例吗？

表 9–1　　　　　　　　　　进步回顾会表格

学生姓名：曼纽尔	家长姓名：罗德里格斯
会议日期：11 月 1 日	时间：下午 4：30

积极表述：曼纽尔非常渴望学习

　　回顾会议步骤：

　　今天的会议将由三部分组成。首先，我会请您回顾孩子的进步情况，和我分享他在学业（社交）上的优势和需要关注的方面。其次，我将与您一起回顾曼纽尔的工作，然后讨论他的学业（社交）优势，以及我们希望帮助他成长的领域。最后，我们将讨论今天的会谈要点，回顾我们决定帮助曼纽尔继续进步的策略。

　　(1) 询问家长的意见

　　今年您从曼纽尔身上观察到了什么让您对他的学业感到满意？（家长分享时做好笔记）

　　曼纽尔喜欢学校、绘画、交朋友等。

　　您担忧的是什么？

　　他的书写看来很潦草，他不阅读但喜欢别人给他讲的故事。

　　(2) 教师发表意见

　　我想分享一些针对曼纽尔作业的观察结果，并回顾曼纽尔需要改进的优势和能力。

　　曼纽尔对阅读很感兴趣，这非常棒。他渴望在班级日志中书写，尽管他的书写仍在发展中，他正开始运用发明拼写。请观看他档案袋中的书写实例，注意他是如何拼写单词的。如果您无法看懂他写的是什么，请他为您读一读。随着时间的推移并加以鼓励，他的书写水平会自然而然地提高。我们需要支持他的尝试。曼纽尔喜欢在班里与朋友们分享他的书写，他的美术作品也充满了细节的描画。曼纽尔有很多朋友，他很容易与人相处。

续表

| 学生姓名：曼纽尔 | 家长姓名：罗德里格斯 |

（3）结束

让我们回顾一下我们讨论过的那些将会促进持续成功的事情。（教师需要写下"家长谈话信息"）

曼纽尔的书写对他来说是"没问题的"。

曼纽尔正在书写，我很惊讶地看到他真的在书写。我只是需要请他为我读一读，然后我就会很容易指出他写的字母说了什么。

九　评估双语学习者

　　研究表明，评估相关的问题往往源于缺乏培训、意识和敏感性。要对母语非英语的幼儿做出良好的评估，就需要掌握有关幼儿文化和语言的技能、敏感度和知识。在特别收录"评估年幼双语学习者的语言和读写能力"中，秀贤·米查姆针对母语非英语的儿童给出了最佳实践建议。

特别收录

评估年幼双语学习者的语言和读写能力

北爱荷华大学　秀贤·米查姆

　　以下是针对母语非英语的幼儿开展适当评估的最佳实践建议。

　　第一，考虑每个双语学习者的独特语言背景。双语学习儿童的两种语言能力因语境而异（Langdon & Wiig, 2009; Valdes & Figueroa, 1994）。他们会根据话题和情境选择不同的词汇，或组合使用两种语言中的词汇。收集尽可能多的证据来证明双语学习儿童的母语和英语的语言和读写能力。

　　第二，仔细选择语言和发展适宜的以及具有文化敏感度的评估工具。在针对儿童使用评估工具之前，教师要先研究评估工具所包含的条目，确定是否存在不适合评估双语学习群体的项目。

　　第三，选择符合评估目的的工具。不同的测量标准可以用于各种目的，具体包括：(1)确定儿童是否满足获得服务的要求；(2)满足问责要求；(3)规划课堂教学；(4)监测儿童的进步情况。例如，由于常模参照标准化测验一年只能进行几次，因此它们不适合用来监测课堂的进展。"课程本位测量"能用于筛查目的，因为它没有给出规范参照基准。

第四，确保评估涉及儿童语言和读写能力的全部方面，包括接受性和表达性语言、语音意识、字母知识和文字概念。教师不应过分强调儿童语言和读写能力的单个方面。例如，尽管一位双语学习者的口语技能不像母语为英语的同龄人那么熟练，但这名儿童可以说出所有英文字母，包括大写和小写字母。语言和读写的各个方面对日后的阅读发展均十分重要。为了针对每位儿童制订恰当的计划，教师需要获得每位儿童语言和读写技能发展所有方面的信息。

第五，语言能力之外的多重因素可能与双语学习者的成绩相互影响（Spinelli, 2008）。例如，英语学习者的应试经验可能少于英语为母语的同龄人，这可能会让他们比英语为母语的同龄人感到更焦虑或更分心（Meisels, 2001）。因此，建议施测者要友善，并与双语学习儿童建立融洽的关系，以便获得他们的信任（Spinelli, 2008）。来自低收入家庭的双语学习者可能存在营养问题（Ortiz, 2003），当他们饥饿时，针对他们的语言和读写成绩评估可能受到负面的影响。施测者要考虑到这些因素，尽量满足每位儿童的独特需求。

第六，酌情修改双语学习者的测验条件。若施测者可以说儿童的母语，各种团体和研究者均认为这样最好（Noland, 2009），则允许将测验说明翻译成儿童的母语。当只采用英语开展测验时，施测者可能会考虑稍后用受测儿童的母语来重新测验漏掉的项目。尽管漏掉的项目不会计入受测儿童的分数中，但这些信息对教师很有用，他们可以借此设计出满足每位儿童需求的计划。教师可以利用双语学习儿童掌握的母语和读写知识，帮助他们掌握同等的英语技能。

第七，可酌情重写测验指导并确保双语学习者在继续接受测验之前理解相关规定。这些条目和指导或许还可以以图形和图片的方式呈示。一定要给儿童留出充足的时间来答题（Spinelli, 2008）。

第八，确定儿童是否需要接受进一步的测验，考虑后续的课堂观察活动及与家庭成员展开对话。这样做的目的，是确认在评估过程中对儿童的行为做出解释。

第九，谨慎解读标准化测验的结果。对双语学习儿童使用标准化或常模参照测验引发的一项突出问题是，几乎没有测验具备针对双语学习儿童的规范。因此，对双语学习儿童使用这些测验可能是一种延伸（Noland，2009）。尽管为了筛查并确定政府服务的合格对象，这种测验往往不可避免，但教师需要审慎解读。

第十，采用超越标准化测验的深入方法来支持针对双语学习儿童的个性化"干预计划"（Langdon & Wiig，2009；Roseberry-McKibbin & O'Hanlon，2005）。教师应做好家访，获得语言历史信息，将语言样本、趣闻笔记、标准参照测验、观察结果、日记、档案袋等替代性评估纳入动态和真实的评估程序。这么做不仅能让教师了解双语学习儿童不知道什么和不能做什么，也能够了解他们知道什么和能做什么。

十　小结

第一，讨论评估活动中早期学习标准的作用。早期学习标准提供了一套框架，说明儿童作为处于发展初期的读者和书写者应该知晓什么和能够做什么。它们定义了早期课程的语言和读写学习成果，指导了针对幼儿发展和进步情况的评估活动，还为与家长、家庭以及更广泛的社区讨论期望水平提供了一种共同语言。

第二，定义评估体系的概念。评估体系是一套经过协调的多重测量和方法，提供了有关儿童语言和前读写技能的可信和有效信息。该系统包括为了筛查、指导、诊断和评价课程结果等目的的评估。一套健全的系统反映出了语言和早期读写之间的重叠，考虑到幼儿评估中的个人变量，应该在真实且熟悉的早期环境中（如游戏）开展观察。

第三，确定早期读写评估的原则、类型和特征。早期读写评估秉持实践原则，指导对幼儿开展均衡、集中、优质、高效且具有个人激励作用的评估。它由两大类别组成：形成性评价和总结性评价。前者是教学的常规组成部分，后者是通过与同龄人相比，定期评估儿童的成绩。形成性评价用于确定学习差距，提供反馈，帮助儿童实现自我监督，并促使儿童朝着预期方向进步。总结性评价通常是满足一定信度（一致性）和效度（测验声称要测量的内容）的标准化或标准参照测验，在一个课程年度的若干具体时间点开展。

第四，举例描述评估模型。采用评估—计划—教学—反思循环的评估模式可以推动儿童学习以及教师不断改善教学。评估方法和评估工具一般围绕评估的主要目的来组织，即筛选、为教学提供信息、诊断和评价项目。"学前早期读写测验"是筛查工具的一个实例。教师将多种工具用于非正式的课堂评估（如趣闻笔记、清单、音频或视频记录）。这些评估结果往往被集中到每位儿童的档案袋之中。"课程本位测量"是更为正式的诊断工具实例，可以精准地确定儿童能力发展中的缺口。"课程本位测量"一般简短快捷且便于开展，可以帮助教师监测儿童在特定目标能力上的成长（如字母知识）。在项目层面（评估项目是否在发挥作用）上，"课堂评估评分系统"等观察工具在早期教育课程中的应用越来越多，它可用于判断教师与儿童之间的语言和读写互动的质量。

第五，讨论评估信息的主要用途。作为语言和早期读写课程不可分割的组成部分，应该用评估数据来为教学提供信息，还要与家长、监护人和儿童本人分享评估结果。这些具体做法至关重要，可以创建健康的成长环境和协作集体，培养每位儿童日常的说、听、读、写能力。一旦缺乏这一点，评估便失去了方向，失去了目的和益处。

附 录

家庭活动

活动 1　冻结舞（Freeze Dance）
活动 2　发现押韵
活动 3　一起唱歌
活动 4　厨房鼓手
活动 5　人行道涂鸦与交谈
活动 6　漂亮的喷瓶
活动 7　杂货店"狩猎"
活动 8　边走边观察
活动 9　驾车时我侦察到……
活动 10　动物园的乐趣
活动 11　环境标识游戏
活动 12　图书馆之旅
活动 13　制作生面团
活动 14　和我一起栽盆植物

活动 1　冻结舞

所需材料：不同类型的音乐

1. 播放音乐。让孩子在音乐播放时做动作，在音乐止时停下来。
2. 可以让孩子跳舞并自行做动作，或帮助孩子提出想法（如双臂跳舞、绕圈跳舞、抬头跳舞）。
3. 您也可以谈论孩子为何选择不同的方式做动作。谈谈音乐带给您的感受，做出能够表达音乐带给您感受的表情。音乐是慢还是快、是高还是低？

家庭活动
3 岁及以上儿童

家里和汽车里的音乐
为什么这很重要？
唱歌和玩音乐玩具能够刺激大脑中听觉、认知和运动的连接。
语言和自尊也能得到发展。

活动 2　发现押韵

所需材料：不同类型的音乐

1. 为孩子播放音乐。
2. 聆听并谈论您在歌词中听到的押韵词。
3. 押韵词的模式是什么？押韵词是在歌曲的开头、中间还是结尾？

家庭活动
3 岁及以上儿童

家里和汽车里的音乐
为什么这很重要？
唱歌和玩音乐玩具能够刺激大脑中听觉、认知和运动的连接。
语言和自尊也能得到发展。

活动 3　一起唱歌

所需材料：孩子、您和您的歌声

在进行日常活动的同时，花点时间和您的孩子一起歌唱。这是享受彼此陪伴的一种有趣的方式。试试适合相关场合的各类歌曲，例如：

1. 驾车的时候，可以唱《巴士上的轮子》，或者其他更新的、与开车或坐巴士主题有关的歌曲。

2. 一起在厨房做饭的时候，唱《做蛋糕》（*Patty Cake, Patty Cake Baker's Man*）

3. 下雨的时候，一边看着雨从窗口落下，一边唱《小蜘蛛》。

4. 一起看星星的时候，唱《一闪一闪亮晶晶》（*Twinkle, Twinkle, Little Star*）。

享受一起演唱其他喜爱的家庭歌曲或儿歌吧！可能的情况下，将孩子的名字放到歌中。

家庭活动
3 岁及以上儿童

家里和汽车里的音乐
为什么这很重要？
唱歌和玩音乐玩具能够刺激大脑中听觉、认知和运动的连接。
语言和自尊也能得到发展。

活动 4　厨房鼓手

所需材料： 安全的厨房用具，如一个大的塑料碗或锅、一对木勺。

1. 让孩子坐在厨房里一处安全的地方。
2. 递给孩子一个倒置的塑料大碗和一对木勺。
3. 允许孩子用工具创作各种鼓点音乐和节奏。

和孩子一起创作音乐吧！

家庭活动
3 岁及以上儿童

无论是在室外还是在室内
为什么这很重要？
这些活动建立了孩子运动发展和解决问题的能力。与孩子互动也增加了有意义的语言体验和早期数学思维的机会。

活动 5　人行道涂鸦与交谈

所需材料： 用于人行道涂鸦的大号粉笔

1. 向孩子示范如何在人行道上做标记，和他一起在水泥地上画画。
2. 向孩子示范如何画线、形状甚至是他名字里的字母。当您画画的时候，谈谈您的画。
3. 您可以画一组简单的跳房子方格，然后和孩子一起玩游戏。
4. 也可以让孩子自由尝试使用粉笔。

不要让孩子单独使用粉笔或其他可能导致窒息的物品。

享受跟孩子一起聊天、画画和蹦蹦跳跳的乐趣。

家庭活动
3 岁及以上儿童

无论是在室外还是在室内
为什么这很重要？
艺术和手工活动能够激发创造性、决策、口语和自尊技能。

活动 6　漂亮的喷瓶

所需材料：塑料喷瓶、水、食用色素、纸张

1. 向每个塑料瓶中加入 1 杯半的水。
2. 每瓶中加 8 滴食用色素。
3. 和孩子一起创造出尽可能多的不同颜色。
4. 将一张纸拿到户外，把它放在人行道上或草地上。可以用小石块压住纸，防止它被吹走。
5. 鼓励孩子将彩色的水喷在纸上，创造出独特而多彩的图案、字母、形状或他自己的名字。

祝贺并支持他的艺术才华。

家庭活动
3 岁及以上儿童

无论是在室外还是在室内
为什么这很重要？
艺术和手工活动能够激发创造性、决策、口语和自尊技能。

活动 7　杂货店"狩猎"

所需材料：您和您的孩子正在去杂货店的路上

您知道在杂货店购物的时候，也可以跟孩子一起"狩猎"吗？当你俩在商店的过道里行走的时候，可能想玩这个游戏。

1. 来到熟悉的通道时，比如谷类食品通道，和您的"助手"玩"我来猜"游戏。
2. 您可以说："我发现一个橙

家庭活动
3 岁及以上儿童

无论是在室外还是在室内
为什么这很重要？
在日常生活中寻找字母可以帮助孩子理解文字的功能，他们开始明白符号是多么有用和重要。

色的盒子，它的正面有一只蜜蜂，而且以字母 C 开头"（用与您想要孩子去寻找的物品相匹配的任何描述）。

3. 允许孩子找寻您给他的线索，这些线索能够帮助他猜出您正寻找的物品。您也可以给他一些提示："你离它越来越近了"，或者"快到了，再往左走两步就好了"。

一起享受找东西的乐趣吧。

活动 8　边走边观察

所需材料：您的孩子和您

1. 和孩子一起散步。步行时，请孩子观察人们不同的移动方式。

2. 请孩子说说人们是如何移动的，比如，是走、跑、骑自行车还是驾车等。在步行的过程中，建议孩子发现并命名一些正在生长的东西，如树、花、草、猫、人、狗，等等。您可以问孩子，岩石、街道或汽车会生长吗？

3. 谈谈这天的天气。是晴天，多云还是下雨？是热还是冷？将当天和前一天进行比较，并预测明日的天气会是什么样，说说为什么。

家庭活动
3 岁及以上儿童

无论是在室外还是在室内
为什么这很重要？
给人、地点、行为和物品贴上标签，有助于发展新的理解和表达性词汇。

活动 9　驾车时我侦察到……

当孩子被安全地扣在您汽车的后座上时，游戏就可以开始了。

1. 驾车时，可以与孩子一起寻找具有特定颜色的物品或预先确定的数字。例如，如果想一起练习颜色，您可以说："谁能先发现红色物品？"然后，都去寻找符合描述的物品。当您或孩子发现这种颜色时，就说"我侦察到……"。

2. 一旦你们中的一人发现了红色的东西，就将其记为一件红色物品，然后继续寻找其他红色物品。

3. 目标是在驾车过程中找到尽可能多的红色物品，并统计出数量。

4. 如果愿意，可以改变颜色或开始寻找字母。也可以在标志和车牌上寻找数字或形状。

在寻找字母、颜色、形状和数字并进行计数的过程中获得乐趣。

家庭活动
3 岁及以上儿童

无论是在室外还是在室内
为什么这很重要？
练习识别颜色、数字、字母和形状的游戏有助于建立概念发展和信心。游戏还能够在父母和孩子之间建立持续的联系。这也建立了问题解决和空间技能。

活动 10　动物园的乐趣

准备好去动物园欢快地玩一天了吗？

1. 寻找熟悉的动物，将它们分类。您可以根据动物的种类、颜色、脚的数量或者它们是否有翅膀进行分类。

2. 让孩子跟着地图走，寻找他喜欢的动物。

3. 请孩子描述他最喜欢的动物及其原因。

4. 花些时间在宠物动物园里。

讨论动物的感觉和嗅觉，问问孩子对此有何感受。他们喜欢抚摸动物吗？

一起在动物园开心地玩。

家庭活动
3 岁及以上儿童

无论是在室外还是在室内
为什么这很重要？
练习识别颜色、数字、字母和形状的游戏有助于建立概念发展和信心。游戏还能够在父母和孩子之间建立持续的联系。这也建立了问题解决和空间技能。

活动 11　环境标识游戏

所需材料：环境中熟悉的产品标签、剪刀、书写工具（蜡笔、无毒记号笔或铅笔），笔记本活页夹是可选的工具。

1. 从日常生活环境中找到一些产品的标签，比如家人和孩子们喜欢或使用的东西，可以是商店、食品、玩具、电视节目的标志，这些都是孩子能够识别的产品标签。

家庭活动
3 岁及以上儿童

无论是在室外还是在室内
为什么这很重要？
这些活动鼓励阅读和书写，它们也增加了有意义的语言体验和早期数学思维的机会。还能激发想象力和创造力！

2. 将它们剪下来，用订书钉或胶水将它们粘在笔记本或图画书上。

3. 给孩子观看这些图片，询问他是否认识这些产品。

4. 重复这项活动。一旦孩子开始认识这些产品，他就会展现阅读的早期迹象。

一起享受这个游戏吧！

活动 12　图书馆之旅

1. 把孩子送到图书馆。

2. 让孩子挑出感兴趣且想和您一起阅读的书籍。不要帮孩子挑选！

3. 选择图书馆的一角，坐下来和孩子一起阅读 15 分钟。有些孩子很难安静地久坐。

4. 询问孩子有关这本书的开放式问题。例如，询问他喜欢这则故事的哪一点，最喜欢的角色是谁，在图画里看到了什么。

5. 阅读这本书的时候，一定要和孩子互动。阅读时要停下来讨论这本书的内容，以便将孩子带入阅读过程之中！这对那些难以安静坐着的孩子特别有帮助。

如果想借书，可以在当地图书馆办一张借书证，然后将书带回家阅读。这是一种经济的给孩子阅读新书的方式。

家庭活动
3 岁及以上儿童

无论是在室外还是在室内
为什么这很重要？

这些活动鼓励阅读和书写，它们也增加了有意义的语言体验和早期数学思维的机会。还能激发想象力和创造力！

活动 13　制作生面团

1. 随着孩子小肌肉运动技能的发展，要给他有机会去练习通过混合各种材料来制作并玩生面团，这一点非常重要。

2. 首先按照下面的配方制作生面团。

3. 确保面团不粘。如果感觉很黏，需要时再加些面粉。

4. 询问孩子需要什么材料来制作生面团。让孩子把材料放进碗里并用手搅拌。

5. 制作生面团时，一定要和孩子互动。可以提问：制作生面团需要多少种原料？你能做出什么东西？

6. 让孩子用生面团制作不同的东西。让孩子用手掌对着手掌，手指微微向手掌弯曲，把生面团揉成球状。

家庭活动
3 岁及以上儿童

无论是在室外还是在室内
为什么这很重要？
这些活动建立了运动发展和解决问题的能力。与孩子互动也增加了有意义的语言体验和早期数学思维的机会。

生面团配方

4 杯面粉　　　　　　　　　1 杯盐
2 汤匙明矾粉（一种香料）　2 汤匙油
2 杯温水

将原料混合在一起。需要的话，再加些面粉。如果想加上颜色，可以添加食用色素或鸡蛋。做完之后储存在塑料袋或密封容器中。

活动 14　和我一起栽盆植物

所需材料： 花盆、花卉或植物、盆栽土壤、岩石和水

1. 随着孩子小肌肉运动技能的发展，为他提供机会练习使用小肌肉是很重要的。在花盆里种花是提高小肌肉运动技能的好机会。

2. 找一个底部有洞的小花盆，将水排出。

3. 让孩子在底部放三四块小石头，确保水能够从洞里流出来。

4. 然后让孩子在花盆底部放少量土壤。

5. 接下来，让孩子把花放到花盆里。

6. 用土壤填满花盆至顶部，然后用力压，并给花浇水。

享受一起栽一盆植物的乐趣吧！

家庭活动
3 岁及以上儿童

无论是在室外还是在室内
为什么这很重要？
这些活动建立了运动发展和解决问题的能力。与孩子互动也增加了有意义的语言体验和早期数学思维的机会。

参考文献

Adams, M. (1990). *Beginning to Read: Thinking and Learning about Print*, Cambridge, MA: MIT Press.

Adams, M. J. (2011). Technology for Developing Children's Language and Literacy: Bringing Speech Recognition to the Classroom, New York: The Joan Ganz Cooney Center at Sesame Workshop, http://joanganzcooneycenter.org/Reports-30.html.

Aikens, N. L., & Barbarin, O. (2008). Socioeconomic Differences in Reading Trajectories: The Contribution of Family, Neighborhood, and School Contexts. *Journal of Educational Psychology*, 100 (2), 235–251.

Allen, R. (1976). *Language Experiences in Communication*. Boston: Houghton Mifflin.

Alpei, M. (2013). Developmentally Appropriate New Media Literacies: Supporting Cultural Competencies and Social Skills in Early Childhood Education. *Journal of Early Childhood Literacy*, 13 (2), 175–196.

Alton, L. (2017). Phone Calls, Texts or Email? Here's How Millennials Prefer to Communicate. *Forbes*. https://www.forbes.com/sites/larryalton/2017/05/11/How-do-millennials-prefer-to-communicate/#6f67877b6d6f.

Amato, P. R., Patterson, S., & Beattie, B. (2015). Single-Parent Households and Children's Educational Achievement: A State-Level Analysis. *Social Science Research*, 53, 191–202.

American Academy of Pediatrics (2016). New Recommendations for Children's Media Use. https://www.aap.org/en-us/about-the-aap/aap-press-room/pages/American-academy-of-pediatrics-announces-mew-recommendations-for-childrens-media-use.aspx.

Amorsen, A., & Wilson, D. (2016). Let Me Talk! The Relationship between

Children's Oral Language and Early Literacy Skills. *Educating Young Children: Learning and Teaching in the Early Childhood Years*, 22 (1), 23.

Andersen, E. (2014). *Speaking with Style: The Sociolinguistics Skills of Children.* London, UK: Routledge.

Anderson, D. R., & Hanson, K. G. (2017). Screen Media and Parentchild Interactions. In *Media Exposure During Infancy and Early Childhood* (pp. 173 – 194). Springer International Publishing.

Anderson, G., & Markle, A. (1985). Cheerios, Mcdonald's and Snickers: Bringing EP into the Classroom. *Reading Education in Texas*, 1, 30 – 35.

Anderson, M. (2017). Digital Divide Persists Even as Lower-Income Americans Make Gains in Tech Adoption. The Pew Research Center. http://www.pewresearch.org/fact-tank/2017/03/22/digital-divide-persists-even-as-lower-income-americans-make-gains-in-tech-adoption/.

Anderson, R., & Nagy, W. E. (1991). Word Meanings. in R. Barr, M. L. Kamil, P. Rosenthal, & P. D. Pearson (eds.), *Handbook of Reading Research* (Vol. 2, pp. 690 – 724). White Plains, NY: Longman.

Arizona's First Things First (2006). Quality First. http://www.qualityfirstaz.com/providers/how-quality-first-works/FY18_ Participant_ Guide. pdf.

Arndt, P. A. (2016). Computer Usage for Learning How to Read and Write in Primary School. *Trends in Neuroscience and Education*, 5 (3), 90 – 98.

August, D., & Hakuta, K. (eds.) (1997). *Improving Schooling for Language-Minority Children: A Research Agenda.* National Research Council and Institute of Medicine. Washington, DC: National Academy Press.

Baghban, M. (1984). *Our Daughter Learns to Read and Write.* Newark, DE: International Reading Association.

Baldo, J. V., Paulraj, S. R., Curran, B. C., & Dronkers, N. F. (2015). Impaired Reasoning and Problem-Solving in Individuals with Language Impairment Due to Aphasia or Language Delay. *Frontiers in Psychology*, 6.

Barac, R., & Bialystok, E. (2012). Bilingual Effects on Cognitive and Linguistic Development: Role of Language, Cultural Background, and Education. *Child Development*, 83 (2), 413 – 22.

Barajas, M. S. (2011). Academic Achievement of Children in Single Parent Homes: A Critical Review, *The Hilltop Review*, 5 (1), 13 – 21.

Barker, R. (1978). *Habitats, Environments and Human Behavior*. San Francisco: Jossey-Bass.

Barker, T. A., Torgesen, J. K., & Wagner, R. K. (1992). The Role of Orthographic Processing Skills on Five Different Reading Tasks. *Reading Research Quarterly*, 27, 335–345.

Barbour, A. (1998–1999). Home Literacy Bags: Promote Family Involvement. *Childhood Education*, 75 (2), 71–75.

Barclay, K. H. (2010). Using Song Picture Books to Support Early Literacy Development. *Childhood Education*, 86, 138–145.

Barclay, K. (2014). Preschool: Conducting Interactive Reading Experiences. *Young Children*, 69, 78–83.

Barone, D. M., & Mallette, M. H. (eds.) (2013). *Best Practices in Early Literacy Instruction*. New York: The Guilford Press.

Baroody, A. E., & Diamond, K. E. (2016). Associations Among Preschool Children's Classroom Literacy Environment, Interest and Engagement in Literacy Activities, and Early Reading Skills. *Journal of Early Childhood Research*, 14 (2), 146–162.

Bauer, E., & Manyak, P. (2008). Creating Language-Rich Instruction for English Language Learners. *The Reading Teacher*, 62, 176–178.

Bear, D., Invernizzi, M., Templeton, S., & Johnston, F. (2016). *Words Their Way: Word Study for Phonics, Vocabulary, and Spelling Instruction* (6th ed.). New York: Pearson.

Beck, I. L., & Mckeown, M. G. (2007). Increasing Young Low-Income Children's Oral Vocabulary Repertoires Through Rich and Focused Instruction. *The Elementary School Journal*, 107 (3), 251–271.

Beck, I. L., Mckeown, M. G., & Kucan, L. (2002). *Bringing New Words to Life: Robust Vocabulary Instruction*. New York: Guilford.

Becker, H. (2000). Who's Wired and Who's Not: Children's Access to and Use of Computer Technology. *Children and Computer Technology*, 10 (2), 44–75.

Bergen, E., Zuijen, T., Bishop, D., & Jong, P. F. (2016). Why Are Home Literacy Environment and Children's Reading Skills Associated? What Parental Skills Reveal. *Reading Research Quarterly*, 52, 147–160.

Bialystok, E. (ed.) (1991). *Language Processing in Bilingual Children*.

Cambridge, UK: Cambridge University Press.

Bialystok, E. (2016). Bilingual Education for Young Children: Review of the Effects and Consequences. *International Journal of Bilingual Education and Bilingualism*, 1 – 14.

Bialystok, E., Craik, F., Green, D., & Gollan, T. (2009). Bilingual Minds. *Psychological Science in the Public Interest*, 10 (3), 89 – 129.

Bialystok, E., Craik, F. L., & Luk, G. (2012). Bilingualism: Consequences for Mind and Brain. *Trends in Cognitive Sciences*, 26 (4), 240 – 250.

Bickle, T. (2017). 6 Essentials of a High-Quality Classroom Library. Book Source. http://www.Booksourcebanter.com/2017/03/07/6-essentials-of-a-high-quality-classroom-library/.

Biemiller, A. (2003). Oral Comprehension Sets the Ceiling on Reading Comprehension. *American Educator*, Spring, 23 – 24.

Biemiller, A., & Boote, C. (2006). An Effective Method for Building Meaning Vocabulary in Primary Grades. *Journal of Education Psychology*, 98 (1), 44 – 62.

Bierman, K. L., Heinrichs, B. S., Welsh, J. A., Nix, R. L., & Gest, S. G. (2017). Enriching Preschool Classrooms and Home Visits with Evidence-Based Programming: Sustained Benefits for Low-Income Children. *Journal of Child Psychology and Psychiatry*, 58 (2), 129 – 137.

Bingham, G. E., Quinn, M. F., & Gerde, H. K. (2017). Examining Early Childhood Teachers Writing Practices: Associations Between Pedagogical Supports and Children's Writing Skills. *Early Childhood Research Quarterly*, (39), 35 – 46.

Bissex, G. (1980). *GNYS AT WRK: A Child Learns to Read and Write*. Cambridge, MA: Harvard University Press.

Black, J., Puckett, M., & Bell, M. (1992). *The Young Child: Development from Prebirth Through Age Eight*. New York: Merrill.

Blankson, A. N., O'Brien, M., Leerkes, E. M., Calkins, S. D., & Marcovitch, S. (2015). Do Hours Spent Viewing Television at Ages 3 and 4 Predict Vocabulary and Executive Functioning at Age 5?. *Merrill-Palmer Quarterly*, 61 (2), 264 – 289.

Bodrova, E., & Leong, C. (2007). *Tools of the Mind: The Vygotskian*

Approach to Early Childhood Education (2nd ed.). Upper Saddle River, NJ: Prentice Hall.

Bohn, C. M., Roehrig, A. D., & Pressley, M. (2004). The First Days of School in Effective and Less Effective Primary-Grade Classrooms. *Elementary School Journal*, 104, 269–287.

Bond, G. L., & Dykstra, R. (1967). The Cooperative Research Program in First-Grade Reading Instruction. *Reading Research Quarterly*, 2, 10–141.

Borgstrom, K., Von Koss Ibrkildsen, J., & Lindgren, M. (2015). Event-Related Potentials During Word Mapping to Object Shape Predict Toddlers Vocabulary Size. *Frontiers in Psychology*, 6 (143), 33–45.

Bornstein, M. H. (2013). Mother-Infant Attunement: A Multilevel Approach Via Body, Brain, and Behavior. in Legerstee, M., Haley, D. W., Bomstein, M. H. (eds.), *The Infant Mind: Origins of the Social Brain* (pp. 266–298). New York: Guilford Press.

Bornstein, M. H., Putnick, D. L., Rigo, P., Esposito, G., Swain, J. E., Suwalsky J. T., Su, X., Du, X., Zhang, K., Cote, L. R., & De Pisapia, N. (2017). Neurobiology of Culturally Common Maternal Responses to Infant Cry. *Proceedings of the National Academy of Sciences*, 114 (45), E9465–E9473.

Bortnem, G. M. (2008). Teacher Use of Interactive Read Alouds Using Nonfiction in Early Childhood Classrooms. *Journal of College Teaching & Learning*, 5 (12), 29–43.

Bowman, B. (2006). Standards: At the Heart of Educational Equity. *Young Children*, 61, 42–48.

Bowman, B. T., Donovan, M. S., & Bums, M. S. (eds.) (2001). *Eager to Learn: Educating Our Preschoolers*. Washington, DC: National Research Council.

Boyd, F. B., Causey, L. L., & Galda, L. (2015). Culturally Diverse Literature: Enriching Variety in an Era of Common Core State Standards. *The Reading Teacher*, 68, 378–387.

Brandon, R. N. (2005). *Enhancing Family, Friend and Neighbor Caregiving Quality: The Research Case for Public Engagement*. Seattle: University of Washington, Human Services Policy Center.

Brooks, R., & Meltzoff, A. N. (2005). The Development of Gaze Following and Its Relation to Language. *Developmental Science*, 8 (6), 535 – 543.

Brown, K. M. (2010). Young Authors: Writing Workshop in Kindergarten. *Young Children*, 65, 24 – 29.

Bruner, J. (1983). Play, Thought, and Language. *Peabody Journal of Education*, 60 (3), 60 – 69.

Buckleitner, W. (2009). What Should a Preschooler Know about Technology? *Early Childhood Today*. Online: www2. scholastic. com/browse/article. jsp? id = 3751484.

Bullard, J. (2016). *Creating Environments for Learning: Birth to Age Eight*. New York: Pearson.

Burman, D. D., Bitan, T., Booth, J. R. (2008). Sex Differences in Neural Processing of Language Among Children. *Neuropsychologia*, 46 (5), 1349 – 1362.

Bus, A., & Smeets, D. J. H. (2012). Interactive Electronic Storybooks for Kindergartners to Promote Vocabulary Growth. *Journal of Experimental Child Psychology*, 112, 3 – 55.

Bus, A., Van Ijzendoom, M., & Pellegrini, A. (1995). Joint Book Reading Makes for Success in Learning to Read: A Meta-Analysis on Intergenerational Transmission of Literacy. *Review of Educational Research*, 65, 1 – 21.

Bus, A. G., Takacs, Z. K., & Kegel, C. A. T. (2015). Affordances and Limitations of Electronic Storybooks for Young Children's Emergent Literacy. *Developmental Review: Perspectives in Behavior and Cognition*, 35, 79 – 97.

Cabeu, S., Justice, L., Vukelich, C., Buell, M., & Han, M. (2008). Strategic and Intentional Shared Storybook Reading. in L. Justice & C. Vukelich (eds.), *Achieving Excellence in Preschool Literacy Instruction* (pp. 198 – 220). New York: Guilford Press.

Cabell, S. Q., Tortorelli, L. S., & Gerde, H. K. (2013). How Do I Write…? Scaffolding Preschoolers' Early Writing Skills. *The Reading Teacher*, 66 (8), 650 – 659.

Cadwell, L. B. (2002). *Bringing Learning to Life: A Reggio Approach to Early Childhood Education*. New York: Teachers College Press.

Calkins, L. (1994). *The Art of Teaching Writing*. Portsmouth, NH: Heinemann.

Camarota, S. A. (2012). Immigrants in the United States, 2010: A Profile of America's Foreign-Born Population. http://cis.org/2012-prOfile-of-americas-foreign-born-population.

Cartmill E., Armstrong, B. F., Gleitman, L. R., Goldin-Meadow S., Medina, T. N., & Trueswell, J. C. (2013). Quality of Early Parent Input Predicts Child Vocabulary 3 Years Later. Proceedings of the National Academy of Sciences. Doi: 10.1073/Pnas.L309518110.

Caspe, M., Seltzer, A., Kennedy, J. L., Cappio, M., & Delorenzo, C. (2013). Engaging Families in the Child Assessment Process. *Young Children*, 68 (3), 8–14.

Castro, M., Exposito-Casas, E., Lopez-Martin, E., Lizasoain, L., Navarro-Asencio, E., & Gaviria, J. L. (2015). Parental Involvement in Student Academic Achievement: A Meta-Analysis. *Educational Research Review*, 14, 33–46.

Cazden, C. (1976). Play with Language and Meta-Inguistic Awareness: One Dimension of Language Experience. in J. Brunei, A. Jolly, & K. Sylva (eds.), *Play: Its Role in Developmmt and Evolution* (pp. 609–618). New York: Basic Books.

Census Bureau of U. S. Citizenship and Immigration Services (Formerly the Immigration and Naturalization Service). (2001). Immigrants, Fiscal Year 2001. Washington, DC: Census Bureau.

Ceppi, G., & Zini, M. (1998). *Children, Spaces, Relations: Meta-Project for an Environment for Young Children.* Reggio Emilia, Italy: Reggio Children.

Chall, J. (1967/1995). *Learning to Read: The Great Debate.* New York: Wadsworth Publishing Co.

Chard, S. (N. D.). *The Project Approach: A Study Guide.* http://projectapproach.org/.

Chard, S. C. (2009). *Phase 3: Concluding the Project: Presenting the Work: A Series of 6 Practical Guides for Teachers*, Number 6., http://projectapproach.org.

Chatterji, M. (2006). Reading Achievement Gaps, Correlates, and Moderators of Early Reading Achievement: Evidence from the Early Childhood Longitudinal Study (ECLS) Kindergarten to First Grade Sample. *Journal of Educational*

Psychology, 98 (3), 489 – 507.

Chaudron, S., Beutel, M. E., Donoso Navarrete, V Dreier, M., Fletcher Watson, B., Heikkila, A. S., & Mascheroni, G. (2015). Young Children (0 – 8) and Digital Technology: A Qualitative Exploratory Study Across Seven Countries. http://publications.jrc.ec.europa.eu/repository/handle/JRC93239.

Cheatham, G. A., & Ostrosky, M. M. (2013). Goal Setting During Early Childhood Parent-Teacher Conferences: A Comparison of Three Groups of Parents. *Journal of Research in Childhood Education*, 27 (2), 166 – 189.

Child Trends (2012). Analysis of 2012 American Community Survey Data: Language Spoken at Home. Washington, DC. https://www.childtrends.org/Indicators/dual-language-learners/.

Child Trends (2013). Teen Births. Washington, DC. https://www.childtrends.org/indicators/teen-births/.

Child Trends (2014). The Academic Achievement of English Language Learners. Washington, DC. https://childtrends-ciw49tixgw51bab.stackpathdns.com/wp-content/uploads/2015/07/2014-62academicachievementenglish.pdf.

Child Trends (2014). Watching Television: Indicators of Child and Youth Well-Being. Washington, DC. https://www.childtrends.org/wp-content/uploads/2014/12/55_watching_TV.pdf.

Child Trends (2015). Family Structure: Indicators of Child and Youth Well-Being. Washington, DC. https://www.childtrends.org/wp-content/uploads/2015/12/59_Family_Structure.pdf.

Childers, J. B., & Tomasello, M. (2002). Two-Year-Olds Learn Novel Nouns, Verbs, and Conventional Actions from Massed or Distributed Exposures. *Developmental Psychology*, 38, 967 – 978.

Chiong, C., Ree, J., Takeuchi, L., & Collins, I. (2012). Comparing Parent-Child Co-Reading on Print, Basic, and Enhanced E-Book Platforms. A Cooney Center Quick Report.

Christian, K., Morrison, F. J., & Bryant, F. B. (1998). Predicting Kindergarten Academic Skills: Interactions Among Child Care, Maternal Education, and Family Literacy Environments. *Early Childhood Research Quarterly*, 13, 501 – 521.

Christie, J., Enz, B., Han, M., Prior, J., & Gerard, M. (2007). Effects of Environmental Print on Young Children's Print Recognition. In D. Sluss & O. Jarrett (eds.), *Investigating Play in the 21st Century* (pp. 220 – 228). Lanham, MD: University Press of America.

Christie, J., & Roskos, K. (2012). Play's Potential in Early Literacy Development. in Tremblay R. E., Barr R. G., Peters Rdev Boivin M. (eds.), *Encyclopedia on Early Childhood Development* [Online]. Montreal, Quebec: Centre of Excellence for Early Childhood Development, 2009: 1 – 6. http://www.child-encyclopedia.com/documenTs/Christie-RoskosANGxp. Pdf.

Christie, J. F., & Roskos, K. (2015). How Does Play Contribute to Literacy? in J. E., Johnson, S. G., Eberle, T. S., Henricks, & D. Kuschner (eds.), *The Handbook of the Study of Play*, V. II (pp. 417 – 424). New York: Strong & Roman & Littlefield.

Christie, J., & Wardle, F. (1992). How Much Time Is Needed for Play? *Young Children*, 47 (93), 28 – 32.

Clark, R. M. (2015). *Family Life and School Achievement: Why Poor Black Children Succeed or Fail*. Chicago: University of Chicago Press.

Clay, M. (1975). *What Did I Write?* Auckland, NZ: Heinemann.

Clay, M. (1982). *Observing Young Readers*. Portsmouth, NH: Heinemann Books.

Clay, M. (1985). *The Early Detection of Reading Difficulties* (3rd ed.). Portsmouth, NH: Heinemann.

Clay, M. (1991). *Becoming Literate*. Portsmouth, NH: Heinemann Books.

Clements, D., & Sarama, J. (2003). Young Children and Technology: What Does the Research Say? *Young Children*, 58, 34 – 41.

Collins, E. (1999). The Use of Traditional Storytelling in Education to the Learning of Literacy Skills. *Early Child Development and Care*, 152, 77 – 108.

Collins, M. (2005). ESL Preschoolers' English Vocabulary Acquisition from Storybook Reading. *Reading Research Quarterly*, 40, 406 – 408.

Common Core State Standards Initiative. *Common Core State Standards: English Language Arts and Literacy in History/Social Studies & Science*. (2010). www.corestandards.org.

Comstock, G., & Scharrer, E. (2007). *Media and the American Child*. Burlington, MA: Academic Press.

Common Sense Media (2011). *Zero to Eight*: *Children's Media Use in America*. San Francisco: Author. www. commonsensemedia. prg/research/zero-eight-childrens-media-use-america.

Conger, R. D. , Conger, K. J. , & Martin, M. J. (2010). Socioeconomic Status, Family Processes, and Individual Development. *Journal of Marriage and the Family*, 72 (3), 685 – 704.

Connell, S. L. , Lauricella, A. R. , & Wartella, E. (2015). Parental Co-Use of Media Technology with Their Young Children in the USA. *Journal of Children and Media*, 9 (1), 5 – 21.

Cooper. E. , Osborne C. A. , Beck. A. N. , & Mclanahan, S. (2011). "Partnership Instability, School Readiness, and Gender Disparities". *Sociology of Education*, 84 (3). 246 – 59.

Council of Chief State School Officers and National Governors Association (2002). *Common Core Standards-English Language Arts*. www. corestandards. org.

Crosnoe, R. , Benner, A. D. , & Davis-Kean, P. (2016). Preschool Enrollment, Classroom Instruction, Elementary School Context, and the Reading Achievement of Children from Low-Income Families. *Research in Sociology of Education*, 19, 19 – 47.

Cunningham, A. , & Stanovich, K. (1998). What Reading Does for the Mind. *American Educator*, 22 (1 & 2), 8 – 15.

Curtis, D. , & Carter, M. (2014). *Designs for Living and Learning*: *Transforming Early Childhood Environments*. St. Paul, MN: Redleaf Press.

Debruin-Parecki, A. (2007). *Let's Read Together*: *Improving Literacy Outcomes with the Adult Child Interactive Reading Inventory* (ACIRI). Baltimore: Brookes Publishing Company.

Debruin-Parecki, A. , & Gear, S. B. (2013). Parent Participation in Family Programs: Involvement in Literacy Interactions, Adult and Child Instruction, and Assessment. *Dialog*, 16 (1), 236 – 252.

De Montfort Supple, M. , & Soderpalm, E. (2010). Child Language Disability: A Historical Perspective. *Topics in Language Disorders*, 30 (1), 72 – 78.

Dennaoui, K. , Nicholls, R. J. , O'Connoi, M. , Tarasuik, J. , Kvalsvig, A. , & Goldfeld, S. (2016). The English Proficiency and Academic Language Skills of Australian Bilingual Children During the Primary School Years. *International*

Journal of Speech-Language Pathology, 18（2），157 – 165.

Diamond, A. , Barnett, W. S. , Thomas, J. , & Munro, S.（2008）. Preschool Program Improves Cognitive Control. *Science*, 318, 1387 – 1388.

Diamond, A. , & Lee, K.（2011）. Interventions Shown to Aid Executive Function Development in Children 4 – 12 Years Old. *Science*, 333, 959 – 964.

Dias, P. , & Britto, R.（2018）. Young Children and Digital Media in the Home：Parents as Role Models, Gatekeepers, and Companions. In *Digital Multimedia：Concepts, Methodologies, Tools, and Applications*（pp. 964 – 981）. IGI Global.

Dickinson, D. K.（2010, April）. *Too Precious to Get It Wrong：Trends, Challenges and Directions in Early Literacy Intervention*. Paper Presented at the Literacy Development for Young Children Research Forum. Chicago：International Reading Association.

Dickinson, D. K. , Griffith, J. A. , Golinkoff, R. M. , & Hirsh-Pasek, K.（2012）. How Reading Books Fosters Language Development Around the World. *Child Development Research*, Vol. 2012, Article ID 602807. Doi：10. 1155/2012/602807.

Dickinson, D. , Mccabe, A. , Clark-Chiarelli, N. , & Wolf, A.（2004）. Cross-Language Transfer of Phonological Awareness in Low-Income Spanish and English Bilingual Preschool Children. *Applied Psycholinguistics*, 25, 323 – 347.

Dickinson, D. , Mccabe, A. , & Essex, M.（2006）. A Window of Opportunity We Must Open to All：The Case for High-Quality Support for Language and Literacy. in D. K. Dickinson & S. B. Neuman（eds. ）, *Handbook of Early Literacy Research*（pp. 11 – 28）. New York：Guilford Press.

Dickinson, D. , Mccabe, A. , & Sprague, K.（2001）. *Teacher Rating of Oral Language and Literacy*（TROLL）：A Research-Based Tool. CIERA Report #3 – 016. http：//www. ciera. org/library/reports/inquiry-3/3 – 016/3 – 016fm. Html.

Dickinson, D. K. , Mccabe, A. , & Sprague, K.（2003）. Teacher Rating of Oral Language and Literacy（TROLL）：Individualizing Early Literacy Instruction with a Standards-Based Rating Tool. *The Reading Teacher*, 56（6），554 – 564.

Dickinson, D. K. , & Neuman, S. B.（2006）. *Handbook of Early Literacy*

Research, V2. New York: Guilford Press.

Dickinson, D., & Tabors, R. (eds.) (2001). *Beginning Literacy and Language: Young Children Learning at Home and in School*. Baltimore: Brookes.

Dinehart, L. H. (2015). Handwriting in Early Childhood Education: Current Research and Future Implications. *Journal of Early Childhood Literacy*, 15, 97-118.

Dodd, B., & Bradford, A. (2000). A Comparison of Three Therapy Methods for Children with Different Types of Developmental Phonological Disorders. *International Journal of Language and Communication Disorders*, 35, 189-209.

Dodge, D. T., Coker, L. J., & Heroman, C. (2002). *The Creative Curriculum for Preschool* (4th ed.). Washington, DC: Teaching Strategies.

Duke, N., Halvorsen, A., & Knight, J. (2012). Building Knowledge Through Informational Text. in A. Pinkham, T. Kaefe, & S. Neuman (eds.), *Knowledge Development in Early Childhood: Source of Learning and Classroom Implications* (pp. 205-219). New York: Guilford.

Dunst, C. J., Simkus, A., Hamby, D. W. (2012). Effects of Reading to Infants and Toddlers on Their Early Language Development. *Cell Reviews*, 5 (4), Asheville, NC: Orelena Hawks Puckett Institute.

Dynamic Measurement Group (N. D.). *PELI (Pre-K) Early Release*. https://dibels.org/arm_peli.html.

Education Commission of the States (2016). 50 State Review: Full Day Kindergarten. Denver: CO. http://www.ecs.org/ec-content/uploads/Full-Day-Kindergarten-A-look-across-the-states.pdf.

Ehri, L. C. (1979). Linguistic Insight: Threshold of Reading Acquisition. in T. G. Waller & G. F. Mackinnon (eds.), *Reading Research: Advances in Theory and Practice* (Vol. 1, pp. 63-111). New York: Academic Press.

Ehri, L. (2014). Orthographic Mapping in the Acquisition of Sight Word Reading, Spelling Memory and Vocabulary Learning. *Scientific Studies of Reading*, 18, 5-21.

Ehri, L., Nunes, S., Willows, D., Schuster, B., Yaghoub-Zadeh, Z., & Shanahan, T. (2001). Phonemic Awareness Instruction Helps Children Learn to Read: Evidence from the National Reading Panel's Meta-Analysis. *Reading Research Quarterly*, 36, 250 – 287.

Ehri, L., & Roberts, T. (2006). The Roots of Learning to Read: Acquisition of Letters and Phonemic Awareness. in S. Neuman & D. Dickinson (eds.), *Handbook of Early Literacy Research* (2nd ed., pp. 113 – 131). New York: Guilford.

Ellis, E. S., & Worthington, L. A. (1994). *Research Synthesis on Effective Teaching Principles and the Design of Quality Tools for Educators* (Technical Report No. 5). Eugene: University of Oregon, National Center to Improve the Tools of Educators.

Emig, C. (2000). School Readiness: Helping Communities Get Children Ready for School and Schools Ready for Children. *Child Trends Research Brief*. https://www.childtrends.org/wp-content/uploads/2013/03/schoolreadiness.pdf.

Enz, B. (2003). The ABC's of Family Literacy. in A. Debruin-Pareki and B. Krol-Siiiclair (eds.), *Family Literacy: From Theory to Practice*, (pp. 50 – 67). Newark, DE: International Reading Association.

Enz, B., & Christie, J. (1997). Teacher Play Interaction Styles: Effects on Play Behavior and Relationships with Teacher Training and Experience. *International Journal of Early Childhood Education*, 2, 55 – 69.

Enz, B., & Foley, D. (2009). Sharing a Language and Literacy Legacy—A Middle-Class Family's Experience. in Guofang Li (ed.), *Multicultural Families, Home Literacies, and Mainstream Schooling* (pp. 153 – 174). Charlotte, NC: New Age Information.

Enz, B. J., Prior, J., Gerard, M., & Han, M. (2008). Exploring Intentional Instructional Uses of Environmental Print in Preschool and Primary Grades, in *Here's How, Here's Why: Developing Early Literacy Skills*. IP, MI: High Scope Press.

Enz, B. J., & Stamm, J. (2014). Parent Role in Developing Children's Comprehension. In A. Debruin-Parecki & S. Gear (eds.), *Developing Early Comprehension*, Baltimore, MD: Brookes Publishing Company.

Ergin, E., & Bakkaloglu, H. (2017). Examination of In-Classroom Transitions in Inclusive Preschool Classrooms. *Early Child Development and Care*, 1 – 15.

Ernest, J. M., Causey, C., Newton, A. B., Sharkins, K., Summerlin, J., & Albaiz, N. (2014). Extending the Global Dialogue about Media, Technology, Screen Time, and Young Children. *Childhood Education*, 90 (3), 182 – 191.

Eunice Kennedy Shriver National Institute of Child Health and Human Development, NIH, DHHS. (2000). Report of the National Reading Panel: Teaching Children to Read: Reports of the Subgroups (00 – 4754). Washington, DC: U. S. Government Printing Office.

European Commission (2012). Europeans and Their Languages. Special Eurobarometer 386. http://Ec. Europa. Eu/Commfrontoffice/Publicopinion/Archives/Ebs/Ebs_386_En. Pdf.

Farrell, C. H., & Nessel, D. D. (1982). The Effects of Storytelling: An Ancient Art for Modern Classrooms (Report No. ISBN-0-936434-04-X). San Francisco, CA.

Federal Interagency Forum on Child and Family Statistics (2015). America's Children: Key National Indicators of Well-Being 2015. Washington, DC: U. S. Government Printing Office. https://www. Childstats. Gov/Pdf/Ac2015/Ac_15. Pdf.

Feldgus, E., & Cardonick, I. (1999). *Kid Writing: A Systematic Approach to Phonics, Journals, and Writing Workshop*. Bothell, WA: The Wright Group/McGraw-Hill.

Fennell, C. T., Byers-Heinlein, K. & Werker, J. F. (2007). Using Speech Sounds to Guide Word Learning: The Case of Bilingual Infants. *Child Development*, 78 (5), 1510 – 1525.

Ferreiro, E., & Teberosky, A. (1982). *Literacy Before Schooling*. Heinemann Educational Books Inc., 70 Court St., Portsmouth, NH03801.

Field, T., Woodson, R., Greenberg, R., & Cohen, D. (1982). Discrimination and Imitation of Facial Expressions by Neonates. *Science*, 218, 179 – 181.

Figueras-Daniels, A., & Barnett, W. S. (2013). Preparing Young Hispanic Dual Language Learners for a Knowledge Economy. *National Institute for Early Education Research*. Rutgers. Policy Brief, 24, 1 – 17.

Filippa, M. Panza, C., Ferrari, E, Frassoldati, R., Kuhn, P., Balduzzi, S., & D'Amico, R, (2017). Systematic Review of Maternal Voice Interventions Demonstrates Increased Stability in Preterm Infants. *Acta Paediatrica*.

Fisher, B. (1995). Things Take off: Note Taking in the First Grade. in P. Cordeiro (ed.) *Endless Possibilities: Generating Curriculum in Social Studies and Literacy* (pp. 21 – 32). Portsmouth, NH: Heinemann.

Fisher, K., Hirsh-Pasek, K., & Golinkoff, R., & Berk, L., & Singer, D. (2010). Playing Around in School: Implications for Learning and Educational Policy. *Handbook of the Development of Play* (Book). Doi: 10.1093/oxfordhb/9780195393002.013.0025.

Foley D. (2010). *Instructional Strategies and Their Role in the Achievement of First Grade Stndents Literacy Skills as Measured by Benchmark Assessments.* Unpublished Doctoral Dissertation, Arizona State University.

Fomby, P., James-Hawkins, L., & Mollbom, S. (2015). Family Resources in Two Generations and School Readiness Among Children of Teen Parents. *Population Research and Policy Review*, 34 (5), 733 – 759.

Foorman, B. R., Herrara, S., Petscher, Y., Mitchell, A., & Truckenmiller, A. (2015). The Structure of Oral Language and Reading and Their Relation to Comprehension in Kindergarten Throug Grade 2. *Reading and Writing*, 28, 655 – 681.

Forrest, K. (2002). Are Oral-Motor Exercises Useful in the Treatment of Phonological/Articulatory Disorders? *Seminars in Speech and Language*, 23, 15 – 25.

Fractor, J., Woodruff, M., Martinez, M., & Teale, W. (1993). Let's Not Miss Opportunities to Promote Voluntary Reading: Classroom Libraries in the Elementary School. *The Reading Teacher*, 46, 476 – 484.

Frede, E. C. (1998). Preschool Program Quality in Programs for Children in Poverty. in W. S. Barnett & S. S. Boocock (eds.), *Early Care and Education for Children in Poverty: Promises.*

Freeman, Y., & Freeman, D. (1994). Whole Language Learning and Teaching for Second Language Learners. in C. Weaver (ed.), *Reading Process and Practice: From Sociopsycholinguistics to Whole Language.* (pp. 558 – 629). Portsmouth, NH: Heinemann.

Friedrich, M., & Friederici, A. D. (2017). The Origins of Word Learning: Brain Responses of 3-Month-Olds Indicate Their Rapid Association of Objects and Words. *Developmental Science*, 20 (2).

Froiland, J. M., Powell, D. R., & Diamond, K. E. (2014). Relations

Among Neighborhood Social Networks, Home Literacy Environments, and Children's Expressive Vocabulary in Suburban At-Risk Families. *School Psychology International*, 35 (4), 429-444.

Froiland, J. M., Powell, D. R., Diamond, K. E., & Son, S. H. C. (2013). Neighborhood Socioeconomic Well-Being, Home Literacy, and Early Literacy Skills of At-Risk Preschoolers. *Psychology in the Schools*, 50 (8), 755-769.

Fuligni, A. S., Howes, C., Huang, Y., Hong, S. S., & Lara-Cinisomo, S. (2012). Activity Settings and Daily Routines in Preschool Classrooms: Diverse Experiences in Early Learning Settings for Low-Income Children. *Early Childhood Research Quarterly*, 27 (2), 198-209.

Gauvreau, A. N., & Sandall, S. R. (2017). Using Mobile Technologies to Communicate with Parents and Caregivers. *Young Exceptional Children*. https://doi.org/10.1177/1096250617726530.

Genesee, F. (2009). Early Childhood Bilingualism: Perils and Possibilities. *Journal of Applied Research in Learning*, 2 (2), 1-21.

Gerson, S., Gattis, M., & Weinstein, N. (2017). Before Babies Understand Words, Then Understand Tone of Voice. *The Conversation*. https://theconversation.com/before-babies-understand-words-they-understand-tones-of-voice-81978.

Gersten, R., Baker, S. K., Shanahan, T., Linan-Thompson, S., Collins, P., & Scarcella, R. (2007). *Effective Literacy and English Language Instruction for English Learners in the Elementary Grades: A Practice Guide* (NCEE 2007-4011). Washington, DC: National Center for Education Evaluation and Regional Assistance, Institute of Education Sciences, U. S. Department of Education. http://ies.ed.gov/ncee/wwc/publications/practiceguides.

Gervain, J. (2015). Plasticity in Early Language Acquisition: The Effects of Prenatal and Early Childhood Experience. *Current Opinion in Neurobiology*, 35, 13-20.

Gewertz, C. (April 7, 2010). Potential for Both Value and Harm Seen in K-3 Common Standards. *Education Week*, 29, 1, 20.

Gibson, E. J., & Levin, H. (1975). *The Psychology of Reading*. Boston: MIT Press.

Gifford, R. (2007). *Environmental Psychology: Principles and Practice* (4th ed). Colville, WA: Optimal Books.

Gilkerson, J., & Richards, J. A. (2009). The Power of Talk: Impact of Adult Talk, Conversational Turns, and TV During the Critical 0 – 4 Years of Child Development, 2nd ed. LENA Foundation Technical Report ITR-01-2. Lena Foundation.

Gillanders, C., & Castro, D. (2011). Storybook Reading for Young Dual Language Learners. *Young Children*, 66, 91 – 95.

Glazer, J., & Giorgis, C. (2012). *Literature for Young Children: Supporting Emergent Literacy, Ages 0 – 8* (7th ed.). Boston: Pearson.

Goldenberg, C. (1991, January). *Instructional Conversations and Their Classroom Applications*. NCRCDSLL Educational Practice Reports. Center for Research on Education, Diversity and Excellence: UC Berkeley.

Goldenberg, C. (2008, Summer). Teaching English-Language Learners: What the Research Does-And Does Not-Say. *American Educator*, 8 – 24.

Goldenberg, C., Hicks, J., & Lit, I. (2013). Dual Language Learners: Effective Instruction in Early Childhood. *American Educator*, 37 (2), 26 – 29.

Goldstein, P. A., & Randolph, K. M. (2017). Word Play: Promoting Vocabulary in Learning Centers. *Young Children*, 72, 66 – 73.

Golinkoff, R. M., Can, D. D., Soderstrom, M., & Hirsh-Pasek, K. (2015). (Baby) Talk to Me: The Social Context of Infant-Directed Speech and Its Effects on Early Language Acquisition. *Current Directions in Psychological Science*, 24 (5), 339 – 344.

Gonzalez-Mena, J. (1997). *Multicultural Issues in Childcare* (2nd ed.). Mountain View, CA: Mayfield Publishing Company.

Goodall, J. S. (2016). Technology and School-Home Communication. *International Journal of Pedagogies and Learning*, 11 (2), 118 – 131.

Good Start. (2002). *Grow Smart: The Bush Administration's Early Childhood Initiative*. Washington, DC: The White House.

Goswami, U. (2001). Cognitive Development: No Stages Please—We're British. *British Journal of Psychology*, 1, 257 – 277.

Graves, D. (1983). *Writing: Teachers and Children at Work*. Portsmouth, NH: Heinemann.

Grebelsky-Lichtman, T. (2014). Parental Patterns of Cooperation in Parent-

Child Interactions: The Relationship between Nonverbal and Verbal Communication. *Human Communication Research*, 40 (1), 1 – 29.

Griffin, E. & Morrison, F. (1997). The Unique Contribution of Home Literacy Environment to Differences in Early Literacy Skills. *Early Child Development and Care* (127 – 128), 233 – 243.

Grosjean, F. (1982). *Life with Two Languages.* Cambridge, MA: Harvard University Press.

Guernsey, L., & Levine, M. (2016). *Tap, Click, Read: Growing Readers in a World of Screens.* San Francisco, CA: Jossey-Bass.

Gump, B. (1989). Ecological Psychology and Issues of Play in M. Bloch & A. Pellegrini (eds.), *The Ecological Context of Children's Play* (pp. 35 – 36). Norwood, NJ: Ablex.

Gutierrez, K., & Rogoff, B. (2003). Cultural Ways of Learning: Individual Traits or Repertoires of Practice. *Educational Researcher*, 32, 19 – 25.

Hagvet, B. E. (1999). Preschool Oral Language Competence and Literacy Development. in P. Reitsma & L. Verhoeven (eds.), *Problems and Interventions in Literacy Development* (pp. 63 – 79).

Halle, T., Forry, N., Hair, E., Perpei, K., Wandner, L., Wessel, J., & Vick, J. (2009). Disparities in Early Learning and Development: Lessons from the Early Childhood Longitudinal Study-Birth Cohort (ECLS-B). *Child Trends.* Washington, DC.

Halliday, M. (1975). *Learning How to Mean: Explorations in the Development of Language.* London: Edward Arnold.

Hammer, C. S., Hoff, E., Uchikoshi, Y., Gillanders, C., Castro, D., & Sandilos, L. E. (2014). The Language and Literacy Development of Young Dual Language Learners: A Critical Review. *Early Childhood Research Quarterly*, 29 (4), 715 – 733.

Han, J., & Neuharth-Pritchett, S. (2014). Parents' Interactions with Preschoolers During Shared Book Reading: Three Strategies for Promoting Quality Interactions. *Childhood Education*, 54 – 60.

Hansen, C. (1998). *Getting the Picture: Talk about Story in a Kindergarten Classroom.* Unpublished Doctoral Dissertation, Arizona State University.

Hanover Research (2016). Best Practices in Engaging Diverse Families. Arlington, VA. http: //www. pthvp. org/wp-content/uploads/2016/10/Engaging- Diverse-Families. pdf.

Harms, T. , Clifford, R. M. , & Cryer, D. (2005). *Early Childhood Environment Rating Scale-R.* New York: Teachers College Press.

Harms, T. , Cryer, D. , Clifford, R. M. , & Yazejian, N. (2017). *Infant/Toddler Environment Rating Scale.* New York: Teachers College Press.

Hart, B. , & Risley, T. (1995). *Meaningful Differences in the Everyday Experience of Young American Children.* Baltimore, MD: Paul H. Brookes Publishing Company.

Hart, B. , & Risley, T. (2003). The Early Catastrophe. *American Educator*, 27 (4), 6 –9.

Harvard Family Research Project (2017). *Parent Teacher Conferences Tip Sheets: For Principals, Teachers and Parents.* Harvard Graduate School of Education. Cambridge: MA.

Hassinger-Das, B. Ridge, K. , Parker, A. , Golinkoff, R. , Hirsh-Pasek, K. , & Dickinson, D. K. (2016). Building Vocabulary Knowledge in Preschoolers Through Shared Book-Reading and Game-Play. *Mind, Brain, and Education*, 10, 71 –80.

Hattie, J. (2008). *Visible Learning: A Synthesis of Over 800 Meta-Analyses Relating to Achievement.* Abingdon, UK: Routledge.

Heath, S. (1982). What No Bedtime Story Means: Narrative Skills at Home and School. *Language in Society*, 11, 49 –76.

Heath, S. (1983). *Ways with Words.* Cambridge, UK: Cambridge University Press.

Heath, S. M. , Bishop, D. V. M. , Bloor, K. E. , Boyle, G. L. , Fletcher, J. , Hogben, J. H. , Wigley, C. A. , & Yeong, S. H. M. (2014). A Spotlight on Preschool: The Influence of Family Factors on Children's Early Literacy Skills. *Plos One*, 9 (4), E95255.

Hemmeter, M. , Ostrosky, M. , Artman, K. , & Kinder, K. (2008). Moving Right Along: Planning Transitions to Prevent Challenging Behaviors. *Young Children*, 63 (3), 18 –25.

Hepburn, E. , Egan, B. , & Flynn, N. (2010). Vocabulary Acquisition in Young Children: The Role of the Story. *Journal of Early Childhood Literacy*,

10（2），159 – 182.

Hernandez, D. J. (2011). *Double Jeopardy: How Third Grade Reading Skills and Poverty Influence High School Graduation.* Atlanta, GA: Annie E. Casey Foundation.

Higgins, S., Hall, E., Wall, K., Woolner, P., & Mccaughey, C. (2005). *The Impact of School Environments: A Literature Review.* London, UK: the Design Council. http://www.design-council.org.uk/resources/assets/assets/pdf/Publications/The%20Impact%.

Hindman, A. H., Connor, C. M., Jewkes, A. M., & Morrison, R. J. (2008). Untangling the Effects of Shared Book Reading: Multiple Factors and Their Associations with Preschool Literacy Outcomes. *Early Childhood Research Quarterly*, 23, 330 – 350.

Hindman, A. H., Skibbe, L. E., & Foster, T. D. (2014). Exploring the Variety of Parental Talk During Shared Book Reading and Its Contributions to Preschool Language and Literacy: Evidence from the Early Childhood Longitudinal Study-Birth Cohort. *Reading and Writing*, 27 (2), 287 – 313.

Hirsch, E. D. (2003). Reading Comprehension Requires Knowledge of Words and the World. *American Educator*, 27（1），10 – 14.

Hirsch, E. D. (2006). *The Knowledge Deficit.* Boston: Houghton Mifflin.

Hirsh-Pasek, K., Adamson, L. B., Bakeman, R., Tresch Owen, M., Michnick Golinkoff, R., Pace, A., Yust, P. K. S., & Suma, K. (2015). The Contribution of Early Communication Quality to Low-Income Children's Language Success. *Psychological Science*, 26（7），1071 – 1083.

Hirsh-Pasek, K., Zosh, J. M., Golinkoff, R. M., Gray, J. H., Robb, M. B., & Kaufman, J. (2015). Putting Education in "Educational" Apps: Lessons from the Science of Learning. *Psychology Science Public Interest*, 16（1），3 – 34.

Hirschler, J. (1994). Preschool Children's Help to Second Language Learners. *Journal of Educational Issues of Language Minority Students*, 14, 227 – 240.

Hoff, E. (2006). How Social Contexts Support and Shape Language Development. *Developmental Review*, 26, 55 – 58.

Hoff, E. (2013). Interpreting the Early Language Trajectories of Children from Low SES and Language Minority Homes: Implication for Closing Achievement Gaps. *Developmental Psychology.* 49（1），4 – 14.

Hoffman, J. , Roser, N. , & Battle, J. (1993). Reading Aloud in Classrooms: From Modal Toward a "Model". *The Reading Teacher*, 46, 496 – 503.

Hogan, T. P. , Adlof, S. M. , & Alonzo, C. N. (2014). On the Importance of Listening Comprehension. *International Journal of Speech-Language Pathology*, 16 (3), 199 – 207.

Holdaway, D. (1979). *The Foundations of Literacy.* Toronto: Ashton Scholastic, 1979.

Holdaway, D. (1984). *The Foundations of Literacy.* Portsmouth, NH: Heinemarm.

Hollandsworth, R. , Donovan, J. , & Welch, M. (2017). Digital Citizenship: You Can't Go Home Again. *Techtrends*, 1 – 7.

Huey, E. (1908). *The Psychology and Pedagogy of Reading.* New York: Macmillan.

Huttenlocher, J. , Waterfall, H. , Vasilyeva, M. , Vevea, J. & Hedges, L. V. (2010). Sources of Variability in Children's Language Growth. *Cognitive Psychology*, 61, 343 – 365.

Hutton, J. (2015, July). *MRI Evidence Supports Reading to Young Children.* Paper Presented at the American Academy of Pediatrics. San Diego, CA.

International Reading Association/National Association for the Education of Young Children (IRA. /NAEYC) (1998). Learning to Read and Write: Developmentally Appropriate Practices for Young Children. *Young Children*, 53 (4), 30 – 46.

Isaacs, J. B. (2012). Starting School at a Disadvantage: The School Readiness of Poor Children. The Social Genome Project. Center on Children and Families at the Brookings Institution. https: //www. brookings. edu/wp-ccntent/uploads/2016/06/0319_ school_ disadvantage_ isaacs. pdf.

Isenberg, J. P. , & Jalongo, M. R. (1993). *Creative Expression and Play in the Early Childhood Curriculum.* New York: Macmillan.

Jackman, H. (1997). *Early Education Curriculum: A Child's Connection to the World.* Albany, NY: Delmar.

Jamison, K. R. , Cabell, S. Q. , Locasale-Crouch, J. , Hamre, B. K. , & Pianta, R. C. (2014). CLASS-Infant: An Observational Measure for Assessing Teacher-Infant Interactions in Center-Based Child Care. *Early Education and*

Development, 25 (4), 553 – 572.

Janus, M., & Dukti, E. (2007). The School Entry Gap: Socioeconomic, Family, and Health Factors Associated with Children's School Readiness to Learn. *Early Education and Development*, 18 (3), 375 – 403.

Jarrett, R. L., & Coba-Rodriguez, S. (2017). We Keep the Education Goin' at Home all the Time": Family Literacy in Low-Income African American Families of Preschoolers. *Journal of Education for Students Placed at Risk*, 22 (2), 57 – 76.

Jiang, Y., Ekono, M., & Skinner, C. (2016). Basic Facts about Low-Income Children Under 18 Years, 2016. *National Center for Children in Poverty*. http://www.nccp.org/publications/pub_1145.html.

Jimenez-Castellanos, O., & Garcia, E. (2017). Intersection of Language, Class, Ethnicity, and Policy: Toward Disrupting Inequality for English Language Learners. *Review of Research in Education*, 41 (1), 428 – 452.

Jha, A. (2012). Why Crying Babies Are So Hard to Ignore. http://www.theguardian.com/science/2012/oct/17/cryingbabies-hard-ignore.

Johnson, D. D., & Johnson, B. (2011). *Words: The Foundation of Literacy*. Philadelphia: Westview Press.

Johnson, K., Caskey, M., Rand, K., Tucker, R., & Vohr, B. (2014). Gender Differences in Adult-Infant Communication in the First Months of Life. *Pediatrics*, 134 (6).

Jolmson, J., Clmstie, J., & Wardle, F. (2005). *Play, Development, and Early Education*. New York: Allyn & Bacon.

Johnson, J. E., Christie, J. F., & Yawkey, T. D. (2010). *Play and Early Childhood Development* (2nd Edition). New York: Allyn & Bacon.

Johnston, E., & Costello, P. (2005). Principles for Literacy Assessment. *Reading Research Quarterly*, 40 (2), 256 – 267.

Justice, L., Bowles, R., & Skibbe, L. (2006). Measuring Preschool Attainment of Print Concepts: A Study of Typical and At-Risk 3-to 5-Year-Old Children. *Language, Speech, and Hearing Services in Schools*, 37, 1 – 12.

Justice, L., & Ezell, H. (2000). Enhancing Children's Print and Word Awareness Through Home-Based Parent Intervention. *American Journal of Speech-Language Pathology*, 9, 257 – 269.

Justice, L., & Ezell, H. (2002). Use of Storybook Reading to Increase Print Awareness in At-Risk Children. *American Journal of Speech-Language Pathology*, 11, 17-29.

Justice, L., Kaderavek, J., Fan, X., Sofka, A., & Hunt, A. (2009). Accelerating Preschoolers, Early Literacy Development Through Classroom-Based Teacher-Child Storybook Reading and Explicit Print Referencing. *Language, Speech, and Hearing Services in Schools*, 40, 67-85.

Justice, L., Pullen, P., & Pence, K. (2008). Influence of Verbal and Nonverbal References to Print on Preschoolers' Visual Attention to Print During Storybook Reading. *Developmental Psychology*, 44, 855-866.

Kabali, H. K., Irigoyen, M. M., Nunez-Davis, R., Budacki, J. G., Mohanty, S. H., Leister, K. R, & Bonner, R. L. Jr. (2015). Exposure and Use of Mobile Media Devices by Young Children. *Pediatrics*, 136 (6).

Kaefer, T., Pinkham, A. M., & Neuman, S. B. (2017). Seeing and Knowing: Attention to Illustrations During Storybook Reading and Narrative Comprehension in 2-Year-Olds. *Infant and Child Development*, 26 (5).

Kervin, L., (2016). Powerful and Playful Literacy Learning with Digital Technologies. *Australian Journal of Language and Literacy*, 39 (1), 64-73.

Kervin, L., & Mantei, J. (2016). Digital Storytelling: Capturing Children's Participation in Preschool Activities. *Issues in Educational Research*, 26 (2), 225-240.

Kids Count Data Book (2017). The Annie E. Casey Foundation. http://datacenter.kidscount.org/publications.

Kiefer, B., & Tyson, C. (2013). *Charlotte Huck's Children's Literature: A Brief Guide* (2nd ed.). New York: McGraw-Hill.

Kim, D. H., Lambert, R. G., & Burts, D. C. (2013). Evidence of the Validity of Teaching Strategies GOLD™ Assessment Tool for English Language Learners and Children with Disabilities. *Early Education & Development*, 24 (4), 574-595.

Kim, K., Relkin, N., Lee, K., & Hirsch, J. (1997). Distinct Cortical Areas Associated with Native and Second Languages. *Nature*, 388, 171-174.

King, K. (2012). Writing Workshop in Preschool. *The Reading Teacher*, 65 (6), 392-401.

Kintsch, W., & Kintsch, E. (2005). Comprehension. in S. G. Paris &

S. A. Stahl (eds.), *Current Issues in Reading Comprehension and Assessment* (pp. 71 – 92). Mahwah, NJ: Lawrence Erlbaum Associates.

Kirshner, P. A., Sweller, J., & Clark, R. E. (2006). Why Minimal Guidance During Instruction Does Not Work: An Analysis of the Failure of Constructivist, Discovery, Problem-Based, Experiential, and Inquiry-Based Teaching. *Educational Psychologist*, 41 (2), 75 – 86.

Knutson, J. (2016). 6 Tech Tools That Boost Teacher-Parent Communication. *Common Sense Education*. https://www.commonsense.org/education/.

Konishi, H., Kanero, J., Freeman, M. R., Golinkoff, R. M., & Hirsh-Pasek, K. (2014). Six Principles of Language Development: Implications for Second Language Learners. *Developmental Neuropsychology*, 19 (5), 404 – 420.

Kovach, B., & De Ros-Voseles, D. (2015). *Being with Babies: Understanding and Responding to the Infants in Your Care*. Boston, MA: Gryphon House, Inc.

Krashen, S. (1981). Bilingual Education and Second Language Acquisition Theory. California State Department of Education (ed.), *Schooling and Language Minority Students: A Theoretical Framework* (pp. 51 – 79). Los Angeles: Evaluation, Dissemination, and Assessment Center.

Krashen, S. (1987). Encouraging Free Reading. in M. Douglass (ed.), 51*st Claremont Reading Conference Yearbook*. Claremont, CA: Center for Developmental Studies.

Kuhl, P. (2004). Early Language Acquisition: Cracking the Speech Code. *Nature Reviews*, 5, 831 – 843.

Kuhl, P. (2010). The Linguistic Genius of Babies. TED Talk. https://www.ted.com/talks/patricia_kuhl_the_lmguistic_genius_of_babies.

Kuhn, M., Marvin, C. A., & Knoche, L. L. (2017). In It for the Long Haul: Parent-Teacher Partnerships for Addressing Preschool Children's Challenging Behaviors. *Topics in Early Childhood Special Education*, 37 (2), 81 – 93.

Kuppen, S., Huss, M., Foskei, T., & Fegan, N., & Goswami, U. (2011). Basic Auditory Processing Skills and Phonological Awareness in Low-IQ Readers and Typically Developing Controls. *Scientific Studies of Reading*, 15, 211 – 243.

Labbo, L. (2005). Books and Computer Response Activities That Support Literacy Development. *Reading Teacher*, 59, 288 - 292.

Lacina, J., Baumi, M., & Taylor, E. R. (2016). Promoting Resilience Through Read-Alouds. *Young Children*, 71, 16 - 21.

Lally J. R., Butterfield, G., Mangione P. L., & Signer, S. (2004). *Space to Grow: Creating a Child Care Environment for Infants and Toddlers*, 2nd Edition [DVD]. United States: the Program for Infant/Toddler Care California Department of Education and Wested.

Lally, J. R., Stewart, J., & Greenwald, D. (2009). *Infant/Toddler Caregiving: A Guide to Setting up Environments* (2nd ed.). Sacramento, CA: California Department of Education.

Lambert, R. G. (2012). Teaching Strategies GOLD™ Assessment System: Growth Norms Technical Report. Charlotte, NC: Center for Educational Measurement and Evaluation.

Lambert, R. G., Kim, D. H., & Burts, D. C. (2013). Using Teacher Ratings to Track the Growth and Development of Young Children Using the Teaching Strategies GOLD™ Assessment System. *Journal of Psychoeducational Assessment*. 32 (1), 27 - 39.

Lambert, R. G., Kim, D., Taylor, H., & Mcgee, J. R. (2010). Technical Manual for the Teaching Strategies GOLD™ Assessment System (CEMETR-2010 - 06). https://Education.Uncc.Edu/Ceme/Ceme-Technical-Reports.

Langdon, H. W., & Wiig, E. H. (2009). Multicultural Issues in Test Interpretation. *Seminars in Speech and Language*, 30 (4), 261 - 278.

Language and Reading Research Consortium (2017). Oral Language and Listening Comprehension: Same or Different Constructs? *Journal of Speech, Language, and Hearing Research*, 60, 1273 - 1284.

Lantolf, J., & Thome, S. L. (2007). Sociocultural Theory and Second Language Learning. in. B. Van Patten & J. Williams (eds.), *Theories in Second Language Acquisition* (pp. 201 - 224). Mahwah, NJ: Lawrence Erlbaum.

Lapointe, A. (1986). The State of Instruction in Reading and Writing in U. S. Elementary Schools. *Phi Delta Kappan*, 68, 135 - 138.

Laski, E. V. (2013). Portfolio Picks: An Approach for Developing Children's Metacognition. *YC Young Children*, 68 (3), 38.

Laughlin, L. (2014). A Child's Day: Living Arrangements, Nativity, and Family Transitions: 2011 Selected Indicators of Child Well-Being. *Household Economic Studies*. U. S. Department of Commerce. Census Bureau. https://ntrl. ntis. gov/NTRL/dashboard/searchresults/titleDetail/PB2015102387. xhtml.

Lauricella, A. R., Wartella, E., & Rideout, V. J. (2015). Young Children's Screen Time: The Complex Role of Parent and Child Factors. *Journal of Applied Developmental Psychology*, 36, 11–17.

Lee, D. & Mclanahan, S. (2015). Family Structure Transitions and Child Development: Instability, Selection, and Population Heterogeneity. *American Sociological Review*, 80 (4), 738–763.

Lenhart, L., Brueck, J., Roskos, K., & Ling, X. (2017). *Say-Tell-Do-Play: Improving Breadth and Depth of Word Learning at Preschool*. Poster Presented at Annual Meeting of the Society for the Scientific Study of Reading, July 14, Halifax, Nova Scotia, CA.

Lennox, S. (1995). Sharing Books with Children. *Australian Journal of Early Childhood*, 20, 12–16.

Lessow-Hurley, J. (2000). *The Foundations of Dual Language Instruction*. New York: Longman.

Lever, R., & Senechai, M. (2011). Discussing Stories: How a Dialogic Reading Intervention Improves Kindergarteners' Oral Narrative Construction. *Journal of Experimental Child Psychology*, 108 (1), 1–24.

Levin, L, & Bus, A. G. (2003). How Is Emergent Writing Based on Drawing? Analyses of Children's Products and Their Sorting by Children and Mother. *Developmental Psychology*, 39 (5), 891–905.

Lewis-Brown, L. (2016). When to Introduce Your Child to a Smartphone or Tablet. *Children and Media*. PBS Parents. http://www. pbs. org/parents/childrenandmedia/article-when-introduce-child-smartphone-tablet. htm.

Lewis, K., Sandilos, L. E., Hammer C. S., Sawyer, B. E., & Mendez, L. I. (2016). Relations Among the Home Language and Literacy Environment and Children's Language Abilities: A Study of Head Start Dual Language Learners and Their Mothers. *Early Education and Development*, 27 (4), 478–494.

Li, G. (2009), *Multicultural Families, Home Literacies, and Mainstream Schooling*. (pp. 153–174). Charlotte, NC: New Age Information.

Lin, L. Y., Cherng, R. J., Chen, Y. J., Chen, Y. J., & Yang, H. M.

(2015). Effects of Television Exposure on Developmental Skills Among Young Children. *Infant Behavior and Development*, 38, 20-26.

Lindfors, J. (1987). *Children's Language and Learning* (2nd ed.). Englewood Cliffs, NJ: Prentice Hall.

Lindsay, J. (2010). *Children's Access to Print Materials and Education-Related Outcomes*. Washington, DC: Reading Is Fundamental (RIF).

Linebarger, D. L., Barr, R., Lapierre, M. A., & Piotrowski, J. T. (2014). Associations Between Parenting, Media Use, Cumulative Risk, and Children's Executive Functioning. *Journal of Developmental & Behavioral Pediatrics*, 35 (6), 367-377.

Liszkowski, U., & Tbmasello, M. (2011). Individual Differences in Social, Cognitive, and Morphological Aspects of Infant Pointing. *Cognitive Development*, 26, 16-29.

Livingstone, S., Mascheroni, G., Dreier, M., Chaudron, S., & Lagae, K. (2015). How Parents of Young Children Manage Digital Devices at Home: The Role of Income, Education and Parental Style. http://eprints.lse.ac.uk/63378/1/_lse.ac.uk_storage_LIBRARY_Secondary_Hbfile_shared_repository_Content_EU%20ICids%20Online_EU_Kids_Online_How%20parents%20manage%20digital%20devices_2016.pdf.

Lomax, R. G., & Mcgee, L. M. (1987) Young Children's Concepts about Print and Reading: Toward a Model of Reading Acquisition. *Reading Research Quarterly*, 22, 237-256.

Lonigan, C. J., & Phillips, B. (2012). *Comparing Skills-Focused and Self-Regulation Focused Preschool Curricula: Impacts on Academic and Self-Regulatory Skills*. Paper Presented at the Annual Meeting of the Society for the Scientific Studies in Reading, Montreal, CA.

Lonigan, C. J., Wagner, R. K., Torgesen, J. K., & Rashotte, C. A. (2007). *Test of Preschool Early Literacy*. Pro-Ed, Austin, TX.

Lynch, J. (2008). Engagement with Print: Low-Income Families and Head Start Children. *Journal of Early Childhood Literacy*, 8, 151-175.

Maclean, M., Bryant, P., & Bradley, L. (1987). Rhymes, Nursery Rhymes, and Reading in Early Childhood. *Merrill-Palmer Quarterly*, 33, 255-281.

Malloch, S., & Trevarthen, C. (2010). *Communicative Musicality: Explo-

ring the Basis of Human Companionship. London：Oxford University Press.

Manav, B. (2007). Color-Emotional Associations and Color Preferences：A Case Study for Residences. *Color Research and Application*. 32（2），144－150.

Marian, V., & Shook, A. (2012). The Cognitive Benefits of Being Bilingual. *Cerebrum：The Dana Forum on Brain Science* 2012. Dana Foundation, New York.

Marsh, J., & Yamada-Rice, D. (2013). Early Literacy Development in the Digital Age. in D. Barone & M. Mallette (eds.), *Best Practices in Early Literacy Instruction* (pp. 79－95). New York：Guilford.

Martinez, M., & Teale, W. (1988). The Ins and Outs of a Kindergarten Writing Program. *The Reading Teacher*, 40, 444－451.

Martini, E., & Senechai, M. (2012). Learning Literacy Skills at Home：Parent Teaching, Expectations and Child Interest. *Canadian Journal of Behavioral Sciences*, 44, 210－221.

Marulis, L. M., & Neuman, S. B. (2010). The Effects of Vocabulary Intervention on Young Children's Word Learning：A Meta-Analysis. *Review of Education Research*, 80（3），300－355.

Masur, E. E., Flynn, V., & Olson, J. (2015). The Presence of Background Television during Young Children's Play in American Homes. *Journal of Children and Media*, 9（3），349－367.

Mather, M. (2010). US Children in Single-Mother Families. Population Reference Bureau. Washington, DC. http：//www.brb.org/pdfl 0/single-mother-families.pdf.

May, R. J., Downs, R., Marchant, A., & Dymond, S. (2016). Emergent Verbal Behavior in Preschool Children Learning a Second Language. *Journal of Applied Behavior Analysis*, 49（3），711－716.

McBride-Chang, C. (1999). The Abcs of the Abcs：the Development of Letter-Name and Letter-Sound Knowledge. *Merrill Palmer Quarterly*, 45, 285－308.

McCabe, A., Tamis-Lemonda, C. S., Bornstein, M. H., Cates, C. B., Golinkoff, R., Hirsh-Pasek, K., & Guerra, A. W. (2013). Multilingual Children：Beyond Myths and Towards Best Practices. *Society for Research in Child Development*, 27（4），2－37.

McCardle, P., & Chhabra, V. (2004). *The Voice of Evidence in Reading Re-*

search. Baltimore: Brookes.

McCardle, P., Scarborough, H. S., & Catts, H. W. (2001). Predicting, Explaining, and Preventing Reading Difficulties. *Learning Disabilities Research and Practice*, 16, 230 – 239.

McGee, L. (2004). *The Role of Wisdom in Evidence-Based Preschool Literacy Curriculum*. Paper Presented at the Annual Meeting of the National Reading Conference, San Antonio, TX.

McGee, L. (2005). The Role of Wisdom in Evidence-Based Preschool Literacy Curricula. in B. Maloch, J. Hoffman, D. J., Schallert, C. D., Fairbanks, & J. Worthy (eds.), 54*th Yearbook of the National Reading Conference* (pp. 1 – 21). Oak Creek, WI: National Reading Conference.

McGee, L. (2007). *Transforming Literacy Practices in Preschool*. New York: Scholastic.

McGraw-Hill. (2002). *Doors to Discovery*. Chicago, IL: McGraw-Hill.

Meisels, S. (2001). Fusing Assessment and Intervention: Changing Parents' and Providers' Views of Young Children. *Zero to Three*, 21 (4), 4 – 10.

Meltzoff, A. N., & Kuhl, P. K. (2016). Exploring the Infant Social Brain: What's Going on in There? *Zero to Three*, 36 (3), 2 – 9.

Metsala, J. (1999). The Development of Phonemic Awareness in Reading-Disabled Children. *Applied Psycholinguistics*, 20 (1), 149 – 158.

Miller, J., & Chapman, R. (2000). SALT: Systematic Analysis of Language Transcripts [Computer Software]. Language Analysis Laboratory, Waisman Center, University of Wisconsin-Madison.

Minai, U., Gustafson, K., Fiorentino, R., Jongman, A., & Sereno, J. (2017). Fetal Rhythm-Based Language Discrimination: A Biomagnetometry Study. *Neuro Report*, 28 (10), 561 – 564.

Mol, S., Bus, A., De Jong, M., & Smeets, D. (2008). Added Value of Dialogic Parent-Child Book Readings: A Meta-Analysis. *Early Education and Development*, 19 (1), 7 – 26.

Mollborn, S., & Dennis, J. A. (2012a). Investigating the Life Situations and Development of Teenage Mothers' Children: Evidence from the ECLSB. *Population Research and Policy Review*. 31 (1), 31 – 66.

Mollborn, S., & Dennis, J. A. (2012b) Ready or Not: Predicting High and

Low School Readiness Among Teen Parents' Children. *Child Indicators Research*, 5 (2), 253 – 279.

Morris, A. S., Robinson, L. R., Hays-Grudo, J., Claussen, A. H., Hartwig, S. A., & Treat, A. E. (2017). Targeting Parenting in Early Childhood: A Public Health Approach to Improve Outcomes for Children Living in Poverty. *Child Development*, 88 (2), 388 – 397.

Morris, D. (1992). *Case Studies in Teaching Beginning Readers: the Howard Street Tutoring Manual*. Boone, NC: Fieldstream Publications.

Morris, D., & Slavin, R. E. (2003). *Every Child Reading*. New York: Pearson Education.

Morrow, L. (1982). Relationships Between Literature Programs, Library Corner Designs, and Children's Use of Literature. *Journal of Educational Research*, 75, 339 – 344.

Morrow, L. M., & Tracey, D. H. (1997). Strategies Used for Phonics Instruction in Early Childhood Classrooms. *The Reading Teacher*, 50 (8), 644 – 651.

Morrow, L. (2005). *Literacy Development in the Early Years. Helping Children Read and Write* (5th ed.). New York: Pearson.

Morrow, L. (2009). *Literacy Development in the Early Years: Helping Children Read and Write* (6th ed.). New York: Pearson.

Morrow, L., Freitag, E., & Gambrell, L. (2009). *Using Children's Literature in Preschool to Develop Comprehension: Understanding and Enjoying Books*. Newark, DE: International Reading Association.

Morrow, L. M., & Schickedanz, J. A. (2006). The Relationships Between Sociodramatic Play and Literacy Development. in D. K. Dickinson & S. B. Newman (eds.), *Handbook of Early Literacy Research* (Vol. 2, pp. 269 – 280). New York: Guilford.

Morrow, L., Tracey, D., Gee-Woo, D., & Pressley, M. (1999). Characteristics of Exemplary First-Grade Literacy Instruction. *The Reading Instructor*, 52, 462 – 476.

Morrow, L., & Weinstein, C. (1982). Increasing Children Use of Literature Through Program and Physical Changes. *Elementary School Journal*, 83, 131 – 137.

Moscoso Del Prado Martin, F. (2017). Vocabulary, Grammar, Sex, and Aging. *Cognitive Science*, 41 (4), 950 – 975.

Moyer, M. W. (2017). Getting Preschool Right. *Scientific American Mind*. 26 – 34.

Muir, D., Lee, K., Hains, C., & Hains, S. (2005). Infant Perception and Production of Emotions During Face-To-Face Interactions with Live and "Virtual" Adults. *Emotional Development: Recent Research Advances*, 207 – 233.

Mui, S., & Anderson, J. (2008). At Home with the Johars: Another Look at Family Literacy. *The Reading Teacher*, 62 (3), 234 – 243.

Namy, L., & Waxman, S. (2000). Naming and Exclaiming: Infants' Sensitivity to Naming Contexts. *Journal of Cognition and Development*, 1, 405 – 428.

Nappa, R., & Arnold, J. E. (2014). The Road to Understanding Is Paved with the Speaker's Intentions: Cues to the Speaker's Attention and Intentions Affect Pronoun Comprehension. *Cognitive Psychology*, 70, 58 – 81.

Nathanson, A. L., & Fries, P. T. (2014). Television Exposure, Sleep Time, and Neuropsychological Function Among Preschoolers. *Media Psychology*, 17 (3), 237 – 261.

National Association for the Education of Young Children (NAEYC) (2009). http://www.Naeyc.Org/Positionstatements.

National Association for the Education of Young Children, (N. D.). Developmentally Appropriate Practice (DAP) Introduction. https://www.naeyc.org/resources/topics/dap.

National Association for the Education of Ybung Children (NAEYC), & Fred Rogers Center for Early Learning and Children's Media at Saint Vincent College. (2012). *Technology and Young Children: Technology and Interactive Media as Tools in Early Childhood Programs Serving Children from Birth Through Age* 8. http://www.naeyc.org/content/technology-and-yoimg-children.

National Association for the Education of Young Children (NAEYC), & National Association of Early Childhood Specialists in State Departments of Education (NAECS/SDE) (2003). Early Childhood Curriculum, Assessment, and Program Evaluation: Building an Effective, Accountable System in Programs for Children Birth Through Age 8. A Joint Position Statement. Washington, DC: Authors. Online: www.naeyc.org/about/positions/pdf/pscape.pdf.

National Association for the Education of Yoimg Cliildren (NAEYC) & NAECS/SDE. (2004). Where We Stand: On Curriculum, Assessment, and Program

Evaluation. *Young Children*, 59, 51 – 54.

National Commission on Excellence in Education. *The Nation at Risk: An Imperative for Educational Reform.* (1983). Alerter to the American People Submitted by the Commission to the Honorable T. H. Bell, Secretary of Education. p. 7.

National Early Literacy Panel (NELP). (2008). *Developing Early Literacy: Report of the National Early Literacy Panel: A Scientific Synthesis of Early Literacy Development and Implications for Intervention.* Washington, DC: National Center for Family Literacy.

National Governors Association and the Council of Chief School Officers, (2010) Common Core State Standards. Washington, DC.

National Governors Association Center for Best Practices, Council of Chief State School Officers. Title: Common Core State Standards (Insert Specific Content Area If You Are Using Only One) Publisher: National Governors Association Center for Best Practices, Council of Chief State School Officers, Washington, DC, 2010.

National Reading Panel. (2000). *Teaching Children to Read: An Evidence Based Assessment of the Scientific Research Literature on Reading and Its Implications for Reading Instruction.* Washington, DC: U. S. Government Printing Office.

Neuman, S. B. (2006). *How We Neglect Knowledge—and Why American Educator*, 30 (1), 24. https://www.aft.org/sites/default/files/periodicals/Neuman_2.pdf.

Neuman, S., & Dwyer, J. (2009). Missing in Action: Vocabulary Instruction in Pre-K. *The Reading Teacher*, 62 (5).

Neuman, S. B., Kaefer, T., & Pinkham, A. M. (2018). A Double Dose of Disadvantage: Language Experiences for Low-Income Children in Home and School. *Journal of Educational Psychology*, 110 (1), 102.

Neuman, S. B., & Moland, N. (2016). Book Deserts: The Consequences of Income Segregation on Children's Access to Print. *Urban Education.* Doi: https://doi.org/10.1177/0042085916654525.

Neuman, S. B., Newman, E. H., & Dwyer J. (2011). Educational Effects of a Vocabulary Intervention on Preschoolers' Word Knowledge and Conceptual Development: A Cluster-Randomized Trial. *Reading Research Quarterly*, 46

(3), 249-272.

Neuman, S., & Roskos, K. (1993). *Language and Literacy Learning in the Early Years: An Integrated Approach*. Fort Worth, TX: Harcourt Brace Jovanovich.

Neuman, S., & Roskos, K. (1997). Literacy Knowledge in Practice: Contexts of Participation for Young Writers and Readers. *Reading Research Quarterly*, 32, 10-32.

Neuman, S., & Roskos. K. (2005). The State of the State Prekindergarten Standards. *Early Childhood Research Quarterly*, 20, 125-145.

Neuman, S. B., & Roskos, K. (2012). More Than Teachable Moments: Enhancing Oral Vocabulary Instruction in Your Classroom. *The Reading Teacher*, 66, 63-67.

Neuman, S., Roskos, K., Wright, T., & Lenhart, L. (2007). *Nurturing Knowledge: Building a Foundation for School Success by Linking Early Literacy to Math, Science, Art, and Social Studies*. New York: Scholastic.

New Standards Speaking and Listening Committee (2001). *Speaking and Listening for Preschool Through Third Grade*. Washington, DC: New Standards.

Neumann, M. M. (2018). Using Tablets and Apps to Enhance Emergent Literacy Skills in Young Children. *Early Childhood Research Quarterly*, 42, 239-246.

Newman, R. S., Rowe, M. L., & Ratner, N. B. (2016). Input and Uptake at 7 Months Predicts Toddler Vocabulary: The Role of Child-Directed Speech and Infant Processing Skills in Language Development. *Journal of Child Language*, 43(5), 1158-1173.

Nicolopoulou, A., Cortina, K. S., Ilgaz, H., Cates, C. B., & De Sa, A. B. (2015). Using A Narrative-And Play-Based Activity to Promote Low-Income Preschoolers' Oral Language, Emergent Literacy, and Social Competence. *Early Childhood Research Quarterly*, 31, 147-162.

Noland, R. M. (2009). When No Bilingual Examiner Is Available: Exploring the Use of Ancillary Examiners as a Viable Testing Solution. *Journal of Psychoeducational Assessment*, 27(1), 29-45.

O'Donnell, C. R., Tharp, R. G., & Wilson, K. (1993). Activity Settings as the Unit of Analysis: A Theoretical Basis for Community Intervention and Development. *American Journal of Community Psychology*, 21(4), 501-520.

Olsen, J. Z., & Knapton, E. F. (2008). *Handwriting Without Tears.* Cabin John, MD: Handwriting Without Tears.

Ortiz, A. A. (2003). *English Language Learners with Special Needs: Effective Instructional Strategies.* ERIC Number ED469207. Washington, DC: ERIC Clearinghouse on Language and Linguistics.

Ostrosky, M., Jung, E., & Hemmeter, M. (2008). *What Works Briefs: Helping Children Make Transitions Between Activities.* www.vanderbilt.edu/csefel/briefs.

Otto, B. W. (2017). *Language Development in Early Childhood Education.* New York: Pearson.

Palmer, B. C., Harshbarger, S. J., & Koch, C. A. (2001). Storytelling as a Constructivistmodel for Developing Language and Literacy. *Journal of Poetry Therapy*, 14 (4), 199–212.

Paradis, J., Emmerzael, K., & Sorensen Duncan, T. (2010). Assessment of English Language Learners: Using Parent Report on First Language Development. *Journal of Communication Disorders*, 43, 474–497.

Paradis, J., Schneider, R., & Sorensen Duncan, T. (2013). Discriminating Children with Language Impairment Among English-Language Learners from Diverse First-Language Backgrounds. *Journal of Speech, Language, and Hearing Research*, 56 (3), 971–981.

Patchan, M. M., & Puranik, C. S. (2016). Using Tablet Computers to Teach Preschool Children to Write Letters: Exploring the Impact of Extrinsic and Intrinsic Feedback. *Computers & Education*, 102, 128–137.

Patrikakou, E. N. (2016). Parent Involvement, Technology, and Media: Now What? *School Community Journal*, 26 (2), 9–24.

Paulsell, D., Porter, T., Kirby, G., Boiler, K., Martin, E. S., Burwick, A., Begnoche, C. (2010). *Supporting Quality in Home-Based Child Care: Initiative Design and Evaluation Options.* Washington, DC: Mathematica Policy Research.

Pedersen, T. (2017). MRI Evidence Supports Reading to Young Children. *Psychcentral*, June 28, 2017 from https://psychcentral,com/news/2015/04/29/mri-evidence-spports-readmg-to-young-children/84047.html.

Pelatti, C. Y., Piasta, S. B., Justice, L. M., & O'Connell, A. (2014).

Language and Literacy-Learning Opportunities in Early Childhood Classrooms: Children's Typical Experiences and Within Classroom Variability. *Early Childhood Research Quarterly*, 29, 445 – 456.

Pempek, T. A., Kirkorian, H. L., & Anderson, D. R. (2014). The Effects of Background Television on the Quantity and Quality of Child-Directed Speech by Parents. *Journal of Children and Media*, 8 (3), 211 – 222.

Pentimonti, J., Zucker, T., Justice, L. (2011). What Are Pre-School Teachers Reading in Their Classrooms? *Reading Psychology*, 32, 197 – 236.

Perfetti, C. (2007). Reading Ability: Lexical Quality to Comprehension. *Scientific Studies of Reading*, 11 (4), 357 – 383.

Pianta, R. C., Cox, M. J., & Snow, K. L. (eds.) (2007). *School Readiness & the Transition to Kindergarten in the Era of Accountability*. Baltimore: Paul H. Brookes.

Pianta, R., La Paro, K. M., & Hamre, B. K. (2008). *Classroom Assessment Scoring System Manual: K-3*. Baltimore: Paul H. Brookes.

Pikeg R. (2013). Understanding Influences of Play on Second Language Learning: A Microethnographic View in One Head Start Preschool Classroom. *Journal of Early Childhood Research*, 11 (2), 184 – 200.

Pillet-Shore, D. (2016). Criticizing Another's Child: How Teachers Evaluate Students During Parent-Teacher Conferences. *Language in Society*, 45 (1), 33 – 58.

Pinkham, A. (2012). Learning by the Book: The Importance of Picture Books for Young Children Knowledge Acquisition. in A. Pinkham, T. Kaefer, & S. Neuman (eds.), *Knowledge Development in Early Childhood: Source of Learning and Classroom Implications* (pp. 90 – 108). New York: Guilford.

Porter, T., Paulsell, D., Nichols, T., Begnoche, C., & Del Grosso, P. (2010). *Supporting Quality in Home-Based Child Care: A Compendium of 23 Initiatives*. Washington, DC: Policy Research.

Potocki, A., Ecalle, J., & Magnan, A. (2013). Narrative Comprehension Skills in 5-Year Old Children: Correlational Analysis and Comprehender Profiles. *The Journal of Educational Research*, 106, 14 – 26.

Prevoo, M. J., & Tamis-Lemonda, C. S. (2017). Parenting and Globalization in Western Countries: Explaining Differences in Parent-Child Interac-

tions. Current Opinion in Psychology.

Puranik, C. S., & Lonigan, C. J. (2014). Emergent Writing in Preschoolers: Preliminary Evidence for a Theoretical Framework. *Reading Research Quarterly*, 49, 169-193.

Radesky, J. S., Schumacher, J., & Zuckerman, B. (2015). Mobile and Interactive Media Use by Young Children: The Good, the Bad, and the Unknown. *Pediatrics*, 135 (1), 1-3.

Rainville, N., & Gordh, B. (2016). Toward a Narrative Classroom: Storytelling, Media, And Literacy. *Young Children*, 71, 76-81.

Ramasubbu, S. (2015). Using Technology to Enable Parent Teacher Communication. The Blog. *Huffington Post.* https://www.huffingtonpost.com/suren-ramasubbu/using-technology-to-enabl_b_6479766.html.

Ramirez, F. N., & Kuhl, P. K. (2017). The Brain Science of Bilingualism. *Young Children*, 72 (2), 38-44.

Read, C. (1971), Pre-School Children's Knowledge of English Phonology. *Harvard Educational Review*, 41, 1-34.

Reardon, S. F., Valentino, R. A., & Shores, K. A. (2013). Patterns of Literacy Among U. S. Students. *The Future of Children*, 23 (2), 17-37.

Reed, J., Hirsh-Pasek, K., & Golinkoff, R. M. (2017). Learning on Hold: Cell Phones Sidetrack Parent-Child Interactions. *Developmental Psychology*, 53 (8), 1428.

Reich, S. M., Yau, J. C., & Warschauer, M. (2016). Tablet-Based E-Books for Young Children: What Does the Research Say? *Journal of Developmental and Behavioral Pediatrics*, 27 (7), 585-91.

Reutzel, D. R. (2013). *Handbook of Research-Based Practice in Early Education.* New York: Guildford.

Rhodes, M., Enz, B., & Lacount, M. (2006). Leaps and Bounds: Preparing Parents for Kindergarten. *Young Children*, 61 (1), 50-51.

Rideout, V. (2013). *Zero to Eight: Children's Media Use in America* 2013. San Francisco: Common Sense Media. https://www.commonsensemedia.org/research/zero-to-eight-childrens-media-use-in-america-2013.

Roberts, J., Jurgens, J., & Burchinal, M. (2005). The Role of Home Literacy Practices in Preschool Children's Language and Emergent Literacy

Skills. *Journal of Speech, Language, and Hearing Research*, 48, 345 – 359.

Roberts, T. (2008). Home Storybook Reading in Primary or Second Language with Preschool Children: Evidence of Equal Effectiveness for Second-Language Vocabulary Acquisition. *Reading Research Quarterly*, 43, 103 – 130.

Robbins, C., & Ehri, L. C. (1994). Reading Storybooks to Kindergartners Helps Them Learn New Vocabulary Words. *Journal of Educational Psychology*, 86 (1), 54 – 64.

Robbins, T., Stagman, S., & Smith, S. (2012). Young Children at Risk: National and State Prevalence of Risk Factors. National Center for Children in Poverty. http://www.nccp.org/publications/pdf/text_1073.pdf.

Roseberry-Mckibbin, C., & O'Hanlon, L. (2005). Nonbiased Assessment of English Language Learners: A Tutorial. *Communication Disorders Quarterly*, 26 (3), 178 – 185.

Rosenqvist, J., Lahti-Nuuttila, P., Holdnack, J., Kemp, S. L., Laasonen, M. (2016). Relationship of TV Watching, Computer Use, and Reading to Children's Neurocognitive Functions. *Journal of Applied Developmental Psychology*, 46, 11 – 21.

Roskos, K., Brueck, J., & Widman, S. (2009). Investigating Analytic Tools for E-Book Design in Early Literacy Learning. *Journal of Interactive Online Learning*, 8 (3).

Roskos, K., & Burstein, K. (2011). Assessment of the Design Efficacy of a Preschool Vocabulary Instruction Technique. *Journal of Research in Early Childhood*, 25 (3).

Roskos, K., & Christie, J. (eds.) (2007). *Play and Literacy in Early Childhood: Research from Multiple Perspectives* (2nd ed.). Mahwah, NJ: Lawrence Erlbaum.

Roskos, K., & Christie, J. (2013). Strengthening Play in Early Literacy Teaching Practice. in D. Barone & M. Mallette (eds.), *Best Practices in Early Literacy Instruction* (pp. 251 – 268). New York: Guilford.

Roskos, K., Christie, J., & Richgels, D. (2003). The Essentials of Early Literacy Instruction. *Young Children*, 58 (2), 52 – 60.

Roskos, K., Christie, J., Widman, S., & Holding, A. (2010). Three Decades in: Priming for Meta-Analysis in Play-Literacy Research. *Journal of Early*

Childhood Literacy, 10, 55-96.

Roskos, K., & Neuman, S. (1993). Descriptive Observations of Adults' Facilitation of Literacy in Play. *Early Childhood Research Quarterly*, 8, 77-97.

Roskos, K., Tabors, P., & Lenhart, L. (2009). *Oral Language and Early Literacy in Preschool*. Reston, VA: International Reading Association.

Rowe, M. L., Leech, K. A., & Cabrera, N. (2017). Going Beyond Input Quantity: Wh-Questions Matter for Toddlers' Language and Cognitive Development. *Cognitive Science*, 41 (S1), 162-179.

Roy, D. (2011). The Birth of a Word. TED Talk. https://www.ted.com/talks/deb_roy_the_birth_of_a_word.

Rusby, J. C., Crowley, R., Jones, L. B., & Smolkowski, K. (2017). Providing Opportunities to Learn in Home-Based Child Care Settings: Observations of Learning Contexts and Behavior. *Early Education and Development*, 1-12.

Sakai, K. (2005). Language Acquisition and Brain Development. *Science*, 310 (4), 815-819.

Samuels, S. J. (1987). Factors That Influence Listening and Reading Comprehension. in R. Horowitz & S. Jay Samuels (eds.), *Comprehending Oral and Written Language* (pp. 295-325). New York: Academic Press, Inc..

Saville-Troike, M. (1988). Private Speech: Evidence for Second Language Learning Strategies in the "Silent Period". *Journal of Child Language*, 15, 567-90.

Saxton, M. (2017). *Child Language: Acquisition and Development*. Newcastle-On-Tyne, UK: Sage.

Senechai, M., Ouellette, G., & Rodney, D. (2006). The Misunderstood Giant: On the Predictive Role of Early Vocabulary to Future Reading. in D. Dickinson & S. Neuman (eds.), *Handbook of Early Literacy Research* (Vol. 2, pp. 173-184). New York: Guilford.

Scarborough, H. (2001). Connecting Early Language and Literacy to Later Reading Disabilities: Evidence, Theory and Practice. in S. B. Neuman & D. Dickinson (eds.), *Handbook of Early Literacy Research* (pp. 97-110). New York: Guilford Press.

Schickedanz, J. (1986). *Literacy Development in the Preschool* [Sound Filmstrip]. Portsmouth, NH: Heinemaim.

Schickedanz, J. (1998). What Is Developmentally Appropriate Practice in Early Literacy? Considering the Alphabet. in S. Neuman & K. Roskos (eds.), *Children Achieving: Best Practices in Early Literacy* (pp. 20 – 37). Newark, DE: International Reading Association.

Schickedanz, J. A., & Casbergue, R. M. (2009). *Writing in Preschool: Learning to Orchestrate Meaning and Marks.* Newark, DE: International Reading Association.

Share, D. L., & Stanovich, K. E. (1995). Cognitive Processes in Early Reading Development: Accommodating Individual Differences into a Model of Acquisition. *Issues in Education*, 1, 1 – 57.

Shepard, L. A., Kagan, S. L., & Wurtz, E. (1998). Goal 1 Early Childhood Assessments Resource Group Recommendations. Public Policy Report. *Young Children*, 53 (3), 52 – 54.

Shonkoff, J. P., Gamer, A. S., Siegel, B. S., Dobbins, M. L., Earls, M. F., & Mcguinn, L. (2012). The Lifelong Effects of Early Childhood Adversity and Toxic Stress. *Pediatrics*, 129 (T), 232 – 246.

Silverman, R. (2007). A Comparison of Three Methods of Vocabulary Instruction During Read-Alouds in Kindergarten. *The Elementary School Journal*, 108 (2), 97 – 113.

Singer, D. (2013). Reflections on Pretend Play, Imagination and Child Development: An Interview with Dorothy G. and Jerome L. Singer. *American Journal of Play*, 6 (1), 1 – 14.

Sirin, S. R. (2005). Socioeconomic Status and Academic Achievement: A Meta-Analytic Review of Research. *Review of Educational Research*, 75 (3), 417 – 53.

Siu, A. L. (2015). Screening for Speech and Language Delay and Disorders in Children Aged 5 Years or Younger: US Preventive Services Task Force Recommendation Statement. *Pediatrics*, 136 (2), 474 – 481.

Smith, F. (1988). *Understanding Reading* (4th ed.). Hillsdale, NJ: Erlbaum.

Smith, M. W., Brady, J. P., & Anastasopoulos, L. (2008). *Early Language & Literacy Classroom Observation: Pre-K Tool.* Baltimore: Brookes Publishing Co.

Smith, M. W., Brady, J. P., & Anastasopoulos, L. (2008). *User's Guide to the Early Language and Literacy Classroom Observation Tool.* Baltimore: Paul H. Brookes Publishing Co.

Smith, C., Constantino, R., & Krashen, S. (1997). Access to Books in Watts, Compton and Beverly Hills. *Emergency Librarian*, 24 (40), 8 – 10.

Smith, M. W., & Dickinson, D. K. (2002). *Early Language and Literacy Classroom Observation Toolkit.* Baltimore: Brookes Publishing Co.

Snell, E., Hindman, A., & Wasik, B. (2015). How Can Book Reading Close the Word Gap? Five Key Practices from Research. *The Reading Teacher*, 68, 560 – 571.

Snow, C., Bums, M., & Griffin, P. (1998). *Preventing Reading Difficulties in Young Children.* Washington, DC: National Academy Press.

Snow, C., Chandler, J., Lowry, H., Barnes, W., & Goodman, I. (1991). *Unfilled Expectations: Home and School Influences on Literacy.* Cambridge, MA: Harvard University Press.

Spector, J. M., & You-Qun, R. E. N. (2016). The History of Educational Technology. *E-Education Research*, 2, 18.

Spinelli, C. G. (2008). Addressing the Issue of Cultural and Linguistic Diversity and Assessment: Informal Evaluation Measures for English Language Learners. *Reading & Writing Quarterly*, 24, 101 – 118.

Stahl, S. (1992). Saying the "P" Word: Nine Guidelines for Exemplary Phonics Instruction. *The Reading Teacher*, 45, 618 – 625.

Stainback, S., & Stainback, W. (1992). *Curriculum Considerations in Inclusive Classrooms.* Baltimore: Brookes.

Stanovich, K. (1986). Matthew Effects in Reading: Some Consequences of Individual Differences in the Acquisition of Lieracy. *Reading Research Quarterly*, 21, 360 – 407.

Steinhoff, A. (2016). The Hidden Benefits of Reading Aloud to Children. *Early Childhood Development.* Blog. https://novakdjokovicfoundation.org/benefits-reading-aloud-children/.

Stevens, R. J., Van Meter, P., & Warcholak, N. D. (2010). The Effects of Explicitly Teaching Story Structure to Primary Grade Children. *Journal of Literacy Research*, 42, 159 – 198.

Stiggins, R. (2017). *The Perfect Assessment System*. www. Ascd. Org.

Sulzby, E. (1985a). Children's Emergent Reading of Favorite Storybooks: A Developmental Study. *Reading Research Quarterly*, 20, 458 – 481.

Sulzby, E. (1985b). Kindergartners as Writers and Readers. in M. Farr (ed.), *Advances in Writing Research, Vol. 1: Children's Early Writing Development* (pp. 127 – 200). Norwood, NJ: Ablex.

Sulzby, E. (1990). Assessment of Emergent Writing and Children's Language While Writing. in L. Morrow & J. Smith (eds.), *Assessment for Instruction in Early Literacy* (pp. 83 – 109). Englewood Cliffs, NJ: Prentice Hall.

Sulzby, E., & Barnhart, J. (1990). The Developing Kindergartner: All of Our Children Emerge as Writers and Readers. in J. Mckee (ed.), *The Developing Kindergarten: Programs, Children, and Teachers* (pp. 169 – 189). Ann Arbor, Michigan: Association for the Education of Young Children.

Sulzby, E., Barnhart, J., & Hieshima, J. (1989). Forms of Writing and Rereading from Writing: A Preliminary Report. in J. Mason (ed.), *Reading and Writing Connections* (pp. 31 – 63). Boston: Allyn and Bacon.

Sulzby, E., & Teale, W. H. (1991). The Development of the Young Child and the Emergence of Literacy. *Handbook of Research on Teaching the English Language Arts*, 273 – 285.

Suskind, D. (2015). *Thirty Million Words: Building a Child's Brain*. New York: Dutton Publishing.

Suskind, D., Suskind, B., & Lewinter-Suskind, L. (2015). *Thirty Million Words: Building a Child's Brain: Tune in, Talk More, Take Turns*. New York: Dutton Adult.

Sussman, R., Allen, G., & Templeton, A. (2016). Genetics and the Origins of Race. *The Crisis of Race in Higher Education: A Day of Discovery and Dialogue* (pp. 3 – 15). Bingley, West Yorkshire, UK: Emerald Group Publishing Limited.

Swanborn, M., & De Glopper, K. (1999). Incidental Word Learning While Reading: A Meta-Analysis. *Review of Educational Research*, 69, 261 – 285.

Tabors, P. (1997). *One Child, Two Languages*. Baltimore: Paul Brookes.

Tabors, P. (1998). What Early Childhood Educators Need to Know: Developing Effective Programs for Linguistically and Culturally Diverse Children and

Families. *Young Children*, 53 (6), 20 - 26.

Tabors, P. (2008). *One Child, Two Languages* (2nd ed.). Baltimore: Paul H. Brookes.

Tabors, P., & Snow, C. (1994). English as a Second Language in Preschool Programs. in F. Genesee (ed.), *Educating Second Language Children: The Whole Child, the Whole Curriculum, the Whole Community* (pp. 103 - 126). New York: Cambridge University Press.

Tal-Harbi, S. S. (2015). The Influence of Media in Children's Language Development. *Journal of Educational and Developmental Psychology*, 5 (1).

Tanner, M. (2014). *A New Look at Parent Teacher Conferences*. Cambridge, MA: Harvard Family Research Project.

Teale, W. (1987). Emergent Literacy: Reading and Writing Development in Early Childhood. in J. Readence and R. Baldwin (eds.), *Research in Literacy: Merging Perspectives* (pp. 45 - 74). Thirty-Sixth Yearbook of the National Reading Conference. Rochester, NY: National Reading Conference.

Texas Education Agency (2002). *The Alphabetic Principle*. http://www.readingrockets.org/article/alphabetic-principle.

Tharp, R., & Gallimore, R. (1991). *The Instructional Conversation: Teaching and Learning Social Activity* (Research Report No. 2). Washington, DC: National Center for Research on Cultural Diversity and Second Language Learning.

The Kaiser Family Foundation (2015). Population Distribution by Race/Ethnicity. Menlo Park, CA. http://www.kff.org/other/state-indicator/distribution-by-aceethnicity/?currentTimeframe=0&sortModel=%7B%22colId%22:%22Location%22,%22sort%22:%22asc%22%7D.

The National Survey of Early Care and Education Project Team (2016). *Characteristics of Home-Based Early Care and Education Providers: Initial Findings from the National Survey of Early Care and Education*. Washington, DC: U. S. Department of Health and Human Services, Administration for Children and Families, Office of Planning, Research and Evaluation.

The Pew Research Center (2015). A Portrait of Smartphone OwneRship. http://www.pewinternet.org/2015/04/01/chapter-one-a-portrait-of-smartphone-ownership/.

The Pew Research Center (2015b). Parenting in America. http://assets. pewresearch. org/wp-content/uploads/sites/3/2015/12/2015-12-17_parenting-in-america_ FINAL. pdf.

The United States Census Bureau (2014). Poverty Rates for Selected Detailed Race and Hispanic Groups by State and Place: 2007 – 2011. https://www. census. gov/prod/2013pubs/acsbrll-17. pdf.

The United States Census Bureau (2015). American Community Survey. https://www. census. gov/newsroom/press-releases/2015/cbl5-185. html.

The United States Census Bureau (2016). Population Estimates. https://www. census. gov/quickfacts/fact/table/us/pst045216.

Thompson, B. C., Maze, J. R, & Flood-Grady, E. (2015). The Changing Nature of Parent-Teacher Communication: Mode Selection in the Smartphone Era. *Communication Education*, 64 (2), 187 – 207.

Thousand, J., & Villa, R. (1990). Sharing Expertise and Responsibilities Through Teacher Teams. in W. Stainback & S. Stainback (eds.), *Support Networks for Inclusive Schooling: Interdependent Integrated Education* (pp. 151 – 166). Baltimore: Brookes.

Tbminey, S. L., O'Bryon, E. C., Rivers, S. E., & Shapses, S. (2017). Leaching Emotional Intelligence in Early Childhood. *Young Children*, 72, 6 – 14.

Tonyan, H. A., Paulsell, D., & Shivers, E. M. (2017). Introduction to the Special Issue: Understanding and Incorporating Home-Based Child Care into Early Education and Development Systems. *Early Education and Development*, 28 (6), 633 – 639.

Tough, J. (1981). *A Place for Talk*. London: Ward Lock Educational.

Trelease, J. (2013). *The Read-Aloud Handbook*. New York: Macmillan.

Trivette, C. M., Dunst, C. J., & Gorman, E. (2010). Effects of Parent-Mediated Joint Book Reading on the Early Language Development of Toddlers and Preschoolers. *Cell Reviews*, 3 (2), 1 – 15.

Trivette, C. M., Simkus, A., Dunst, C. J., & Hamby, D. W. (2012). Repeated Book Reading and Preschoolers' Early Literacy Development. *Cell Reviews*, 5 (5), 1 – 13.

Trostle, S., & Hicks, S. J. (1998). The Effects of Storytelling Versus Story Reading on Comprehension and Vocabulary Knowledge of British Primary

School Children. *Reading Improvement*, 35（3），127－136.

Tsirika, M. , Kakana, D-M. , & Michalopoulou, A. （2017）. The E-Portfolio in a Kindergarten Classroom: Adopting Alternative Assessment Methods Through Action Research. *American Journal of Educational Research*, 5（2），114－123.

Tunmer, W. , Herriman, M. , & Nesdale, A. （1988）. Metalinguistic Abilities and Beginning Reading. *Reading Research Quarterly*, 23（2），134－158.

Ullman, C. （2014）. Forbidden Language: English Learners and Restrictive Language Policies By. *Latino Studies*, 12（2），321－323.

U. S. Department of Education, National Center for Education Statistics. （2012）. The Condition of Education 2011. Washington, DC: U. S. Government.

U. S. Department of Health and Human Services Administration for Children and Families Office of Head Start, （N. D.） *Head Start Early Learning Outcomes Framework: Ages Birth to Five.* https://eclkc. ohs. acf. hhs. gov/sites/default/files/pdf/elof-ohs-framework. pdf.

U. S. Deparhnent of Health and Social Services, Office of the Administration of Children and Families （2016）. Head Start Program Facts. Washington, DC: U. S. Government.

U. S. Department of Education, National Center for Education Statistics. （2017）. Washington, DC: U. S. Government, https://www. ed. gov/news/media-advisories/us-department-educations-national-center-education-statistics.

Valdes, G. , & Figueroa, R. A. （1994）. *Bilingualism and Testing: A Special Case of Bias.* Norwood: Ablex Publishing.

Vanness, A. R. , Murnen, T. J. , & Bertelsen, C. D. （2013）. Let Me Tell You a Secret: Kindergartners Can Write! *The Reading Teacher*, 66（7），574－585.

Veatch, J. （1986）. *Whole Language in the Kindergarten.* Tempe, AZ: Jan V Productions.

Veatch, J. , Sawicki, E, Elliot, G. , Flake, E. , & Blakey, J. （1979）. *Key Words to Reading: The Language Experience Approach Begins.* Columbus, OH: Merrill.

Verenikina, I., Herrington, J., Peterson, R., & Mantei, J. (2010). Computers and Play in Early Childhood: Affordances and Limitations. *Journal of Interactive Learning Research*, 21 (1), 139 – 159.

Virmani, E. A., & Mangione, P. L. (2013). *Infant/Toddler Caregiving: A Guide to Culturally Sensitive Care* (2nd ed.). Sacramento, CA: California Department of Education.

Vukelich, C. (1994). Effects of Play Interventions on Young Children Reading of Environmental Print. *Early Childhood Research Quarterly*, 9, 153 – 170.

Vukelich, C., & Christie, J. (2009). *Building a Foundation for Preschool Literacy: Effective Instruction for Children's Reading and Writing Development* (2nd ed.). Newark, DE: International Reading Association.

Vukelich, C., Christie, J. F., & Enz, B. (2002). *Helping Young Children Learn Language and Literacy*. Boston, MA: Allyn and Bacon.

Vgotsky, L. (1962). *Thought and Language*. Cambridge, MA: MIT Press.

Vgotsky, L. (1978). *Mind in Society: The Development of Psychological Processes*. Cambridge, MA: Harvard University Press.

Wagner, R. K., Ibrgesen, J. K., Rashotte, C. A., Hecht, S. A., Barker T. A., Burgess, S. R., Donohue, J., & Garon, T. (1997). Changing Relations between Phonological Processing Abilities and Word-Level Reading as Children Develop from Beginning to Skilled Readers: A 5-Year Longitudinal Study. *Developmental Psychology*, 33 (3), 468 – 479.

Wanerman, T. (2010). Using Story Drama with Young Preschoolers. *Young Children*, 65, 20 – 28.

Wanless, S. B., & Crawford, P. A. (2016). Reading Your Way to a Culturally Responsive Classroom. *Young Children*, 71, 8 – 15.

Warren, S. F. (2015, May) *Right from Birth: Eliminating the Talk Gap in Young Children*. Boulder, CO: LENA Research Foundation.

Wasik, B., & Bond, M. (2001). Beyond the Pages of a Book: Interactive Book Reading and Language Development in Preschool Classrooms. *Journal of Educational Psychology*, 93 (2), 243 – 250.

Wasik, B. A., & Lannone-Campbell, C. (2013). Developing Vocabulary Through Purposeful, Strategic Conversations. *The Reading Teacher*, 66, 321 – 32.

Weisberg, D. K., Ilgaz, H., Hirsh-Pasek, K., Golinkoff, R., Nicolopoulou,

A. , & Dickinson, D. (2015). Shovels and Swords: How Realistic and Fantastical Themes Affect Children's Word Learning. *Cognitive Development*, 35, 1–14.

Wells, G. (1986). *The Meaning Makers: Children Learning Language and Using Language to Learn.* Portsmouth, NH: Heinemann.

What Works Clearinghouse. (2007). Shared Book Reading. http://ies.ed.gov/ncee/wwc/pdf/intervention_reports/wwc_shared__book_092806.pdf.

White, B. (1985). *The First Three Years of Life.* Englewood Cliffs, NJ: Prentice Hall.

Whitehurst, G. , Arnold, D. , Epstein, J. , Angell, A. , Smith, M. , & Fischel, J. (1994). A Picture of Book Reading Intervention in Day Care and Home for Children from Low-Income Families. *Developmental Psychology*, 30 (5), 679–689.

Whitehurst, G. , Falco, F. , Lonigan, C. , Fischel, J. , Debaryshe, B. , Valdez-Menchaca, M. , & Caulfield, M. (1988). Accelerating Language Development Through Picture Book Reading. *Developmental Psychology*, 24, 552–559.

Whitehurst, G. J. , & Lonigan, C. J. (1998). Child Development and Emergent Literacy. *Child Development*, 69, 848–872.

Wien, C. , & Kirby-Smith, S. (1998). Untiming the Curriculum: A Case Study of Removing Clocks from the Program. *Young Children*, 53 (5), 8–13.

Wiggins, G. (1993). *Assessing Student Performance.* San Francisco: Jossey-Bass.

Wiggins, G. , & Mctighe, J. (2005). *Understanding by Design*, 2nd ed. Alexandria, VA: ASCD.

Wilder, D. , Chen, L. , Atwell, J. , Pritchard, J. , & Weinstein, P. (2006). Brief Functional Analysis and Treatment of Tantrums Associated with Transitions in Preschool Children. *Journal of Applied Behavior Analysis*, 39, 103–107.

Wilson, S. J. , & Farraii, D. (2012). *Experimental Evaluation of the Tools of the Mind Curriculum.* Nashville, TN: Peabody Research Institute, Vanderbilt University.

Winters, D. , Saylor, C. , & Phillips, C. (2003). Full-Day Kindergarten: A Story of Successful Adoption and Initial Implementation. *Young Children*, 58, 54–57.

Wittmer, D. S. , & Petersen, S. (2013). *Infant and Toddler Development and Responsive Program Planning: A Relationship-Based Approach*. New York: Pearson.

Wohlwend, K. E. (2015). One Screen, Many Fingers: Young Children's Collaborative Literacy Play with Digital Puppetry Apps and Touchscreen Technologies. *Theory into Practice*, 54, 154–162.

Wong-Fillmore, L. (1991a). Second-Language Learning in Children: A Model of Language Learning in Social Context. in E. Bialystok (ed.), *Language Processing in Bilingual Children* (pp. 49–69). New York: Cambridge University Press.

Wong-Fillmore, L. (1991b). When Learning a Second Language Means Losing the First. *Early Childhood Research Quarterly*, 6, 232–346.

Wood, D. J. , Mcmahon, L. , & Cranston, V. (1980). *Working with Under Fives*. London: Grant McIntryre.

Woodward, A. , & Guajardo, J. (2002). Infants' Understanding of the Point Gesture as an Object-Directed Action. *Cognitive Development*, 17, 1061–1084.

Woodard, C. (1984). Guidelines for Facilitating Sociodramatic Play. *Childhood Education*, 60, 172–177.

Wright Group/McGraw-Hill. (2002). *Doors to Discovery*. Bothell, WA: The Wright Group.

Yopp, H. (1992). Developing Phonemic Awareness in Young Children. *The Reading Teacher*, 45, 696–703.

Yopp, H. , & Stapleton, L. (2008). Conciencia Fonémica En Español (Phonemic Awareness in Spanish). *The Reading Teacher*, 61, 374–382.

Yopp, H. , & Yopp, R. (2000). Supporting Phonemic Awareness Development in the Classroom. *The Reading Teacher*, 54, 130–143.

Yopp, R. H. , & Yopp, H. K. (2006). Informational Texts as Read-Alouds in School and Home. *Journal of Literacy Research*, 38, 37–51.

Yudell, M. , Roberts, D. , Desalle, R. , & Tishkoff, S. (2016). Taking Race out of Human Genetics. *Science*, 351 (6273), 564–565.

Zemach, I. , Chang, S. , & Teller, D. (2007). Infant Color Vision: Prediction of Infants' Spontaneous Color Preferences. *Vision Research*, 47 (10), 1368–1381.

Zucker, T. A., Justice, L. M., Piasta, S. B., & Kaderavek, J. N. (2010). Preschool Teachers' Literal and Inferential Questions and Children's Responses During Whole-Class Shared Reading. *Early Childhood Research Quarterly*, 25 (1), 65 – 83.

译 后 记

近年来，早期读写对于学前儿童发展的价值越来越受到社会的重视。诸多研究表明，儿童的早期读写能力与其日后的学业成绩之间存在显著的正相关关系。我国《3—6岁儿童学习与发展指南》针对学前儿童的阅读与书写准备提出了目标要求。那么，应该如何帮助学前儿童学习语言和读写呢？四位美国教授合著的《帮助儿童学习语言和读写：从出生至幼儿园（第五版）》一书为我们提供了有意义的指导和建议。

作者首先指出，儿童语言能力与读写能力的发展紧密关联，在培养这两种能力上，有必要将自然法和明确指导法有机整合，为低龄学习者提供高质量的早期读写计划（第一章、第四章）。鉴于此，作者强调了家庭和早期教育机构在儿童语言和读写发展的重要作用（第二章、第三章），认为应创设丰富的语言和读写环境来促进儿童语言和读写能力的发展，具体涉及支持儿童发展口语理解（第五章）、支持儿童有效阅读（第六章）、教授早期阅读（第七章）和早期书写（第八章）。最后，作者探讨了评估在促进儿童早期语言和读写学习中的价值，阐明了教师和家长应该如何有效地运用评估信息（第九章）。

作者通过大量实证研究和日常教学案例，充分描述并详细阐释了如何帮助儿童学习语言和读写，这是我们最欣赏和推荐本书之处。本书的特色还包括，每一章都包含了"前言""停下来思考""实践链接"和"特别收录"等多个模块。"前言"是生动的儿童语言和读写学习实例，吸引读者的兴趣。"停下来思考"帮助读者反思每一小节的内容，促进对内容的深入理解。"实践链接"侧重于实践运用，鼓励读者将理论与实际关联起来。"特别收录"针对一些热点话题提供了教学实例和最新研究进展，拓宽了读者的视野。此外，本书还特别讨论了如何为双语学习儿童和特殊儿童提供语言和读写学习支持，相信这可以在一定程度上解决一线教师和家长的实践困惑。综上可见，无论是内容的全面性还是组织的逻辑性，抑或是研究的学术性和实践的指导性，本书都体现了较强的理论和实践价值，能够为幼儿教师、即将从事幼儿教育工作的学前教育专业师范生、幼儿家长以及学前教育研究者提供重要的专业参考。这也正是我们翻译这本著作的初衷。

本书四位作者均长期致力于儿童早期语言和读写研究并取得了相当丰硕的学术成果，在此要感谢他们辛劳的付出！同时也要表达我们的怀念和遗憾，本书作者之一詹姆斯·克里斯蒂教授无法见证本书第五版中译本的出版，在此特别感谢他的学术贡献！本书的出版，要特别感谢作者之一卡罗尔·乌克利希教授，在我于特拉华大学访学期间，她时任教育与人类发展学院院长，虽然并不担任我访学期间的导师，但实际上承担了大量的指导工作。本书中译本的出版，正是得益于她对本书翻译工作的首肯以及与培生公司的沟通。

本书中译本的出版，要感谢合作者吴彦博士，她承担了本书第五至第九章的翻译工作，我承担了前言、第一至第四章以及附录的翻译工作并进行统稿。从 2020 年 9 月到 2021 年 5 月，我们一直在繁忙的工作之余"挤压"时间进行翻译。要感谢我所在的江苏高校哲学社会科学优秀创新团队对本书翻译出版的资助，以及团队所有成员对本书翻译出版的支持！还要感谢中国社会科学出版社副总编辑王茵女士和马明老师为本书出版所做的努力！感谢国家留学基金委的赴美访学资助！

对于翻译过程中的疏漏，敬请读者朋友们批评指正！

周 红
2021 年 5 月于南京